TRABALHO

PRÁTICA

OAB

2ª FASE

ARYANNA LINHARES
RENATO SARAIVA

TRABALHO

PRÁTICA

OAB

2ª FASE

12ª edição revista e atualizada

2019

EDITORA JusPODIVM

www.editorajuspodivm.com.br

EDITORA
*Jus*PODIVM
www.editorajuspodivm.com.br

Rua Território Rio Branco, 87 – Pituba – CEP: 41830-530 – Salvador – Bahia
Tel: (71) 3045.9051
• Contato: https://www.editorajuspodivm.com.br/sac

Diagramação: Isabella Giordano *(giordano.bella@gmail.com)*

Capa: Ana Caquetti

ISBN: 978-85-442-2869-2

12.ª ed., *2.ª tir.:* jul./2019; *3.ª tir.:* out./2019.

Dedico este livro a Rafael Tonassi, meu amor, por tantas horas dedicadas pacientemente ao debate dos casos apresentados.

Agradeço por existir na minha vida e me mostrar como ela pode ser maravilhosa.

Aryanna Linhares

Apresentação

A presente obra tem por objetivo fornecer subsídios ao candidato para a preparação do Exame de Ordem, no que diz respeito à prática trabalhista.

Com base em nossa experiência de mais de dez anos lecionando em cursos preparatórios para o Exame de Ordem e de colaborar com a aprovação de milhares de candidatos, não temos dúvidas de que a melhor preparação é aliar a teoria ao treinamento. Por isso, com o intuito de oferecer aos nossos leitores um livro completo e direcionado para a prova da ordem, o dividimos no estudo das peças e das questões. Ao longo da obra, são 17 capítulos destinados ao estudo das peças processuais e um voltado especificamente para as questões.

Os capítulos iniciais são reservados às peças processuais. Em cada um deles, primeiro, são minuciosamente detalhadas todas elas, com a finalidade de que o nosso leitor aprenda a identificá-las, interpretá-las e estruturá-las com tranquilidade na hora da prova. Após o estudo da teoria, é chegado o momento de treinar, por isso, na sequência, no próprio capítulo, há exercícios para treinamento, com peças processuais resolvidas nos padrões exigidos pela Banca Examinadora do Exame de Ordem, a FGV.

No último capítulo, reservado às questões, há exercícios de direito material e processual, que já foram cobrados no Exame de Ordem, e outros, que elaboramos, com o intuito de que o nosso leitor exercite sua capacidade de interpretação e de resolução das questões nos moldes da FGV.

Importante destacar ainda que todas as peças e questões estão atualizadas de acordo com a Reforma Trabalhista. Diversas delas, que já foram objeto do Exame de Ordem, foram adaptadas para adequar-se à legislação em vigor.

O diferencial deste livro é que nele não só reunimos a resolução das peças e das questões, mas procuramos criar um procedimento de pensamento que poderá ser adotado todas as vezes que o candidato se deparar com essas mesmas peças ou com qualquer outra questão do Exame de Ordem da FGV, fazendo com que o nosso leitor se sinta seguro na hora da prova.

Bom estudo!

Sumário

CAPÍTULO 1
RECLAMAÇÃO TRABALHISTA

1.1. ESTRUTURA DA RECLAMAÇÃO TRABALHISTA

O primeiro passo para elaborar uma reclamação trabalhista é o endereçamento.

A petição deve ser dirigida para o juízo do local da prestação dos serviços ou da contratação (art. 651, *caput*, e § 3º, da CLT), da seguinte maneira:

AO DOUTO JUÍZO DA____ VARA DO TRABALHO DE ____.

O próximo passo é a qualificação das partes, a indicação do fundamento legal da peça processual (art. 840, *caput* e § 1º, da CLT), a sua denominação e a menção ao rito.

NOME DO RECLAMANTE, qualificação e endereço completos, vem, respeitosamente, perante Vossa Excelência, por intermédio de seu advogado adiante assinado **(procuração anexa)**, com escritório profissional no endereço completo, onde recebe intimações e notificações, com fulcro no **art. 840, *caput* e § 1º, da CLT, PROPOR:**

RECLAMAÇÃO TRABALHISTA, pelo rito (...)

em face de **NOME DA RECLAMADA**, qualificação e endereço completos, pelas razões de fato e de direito a seguir expostas.

A seguir, é necessário memorizar a estrutura da reclamação trabalhista:

I – Preliminar de Mérito;

II – Mérito;

III – Pedidos;

IV – Requerimentos Finais.

É preciso analisar, no caso concreto, se há preliminares. Os tópicos do mérito, dos pedidos e dos requerimentos finais estarão presentes em todas as reclamações trabalhistas.

Acompanhe a análise desses tópicos:

São **hipóteses de preliminares** os seguintes casos de tramitação preferencial do feito:

a) dissídios em que figurar como parte ou interessado idoso – pessoa com idade igual ou superior a 60 anos (art. 71 da Lei nº 10.741/2003 e art. 1.048, I, do CPC[1]);

b) dissídios que versam exclusivamente sobre salário (art. 652, parágrafo único, da CLT[2]);

c) dissídios que decorrerem da falência do empregador (art. 652, parágrafo único, da CLT[3]);

1 **Art. 71 da Lei nº 10.741/2003.** É assegurada prioridade na tramitação dos processos e procedimentos e na execução dos atos e diligências judiciais em que figure como parte ou interveniente pessoa com idade igual ou superior a 60 (sessenta) anos, em qualquer instância. § 1º O interessado na obtenção da prioridade a que alude este artigo, fazendo prova de sua idade, requererá o benefício à autoridade judiciária competente para decidir o feito, que determinará as providências a serem cumpridas, anotando-se essa circunstância em local visível nos autos do processo. § 2º A prioridade não cessará com a morte do beneficiado, estendendo-se em favor do cônjuge supérstite, companheiro ou companheira, com união estável, maior de 60 (sessenta) anos. § 3º A prioridade se estende aos processos e procedimentos na Administração Pública, empresas prestadoras de serviços públicos e instituições financeiras, ao atendimento preferencial junto à Defensoria Publica da União, dos Estados e do Distrito Federal em relação aos Serviços de Assistência Judiciária. § 4º Para o atendimento prioritário será garantido ao idoso o fácil acesso aos assentos e caixas, identificados com a destinação a idosos em local visível e caracteres legíveis.

Art. 1.048 do CPC. Terão prioridade de tramitação, em qualquer juízo ou tribunal, os procedimentos judiciais:

I – em que figure como parte ou interessado pessoa com idade igual ou superior a 60 (sessenta) anos ou portadora de doença grave, assim compreendida qualquer das enumeradas no art. 6º, inciso XIV, da Lei nº 7.713, de 22 de dezembro de 1988; (...)

2 Art. 652 da CLT.

(...)

Parágrafo único. Terão preferência para julgamento os dissídios sobre pagamento de salário e aqueles que derivarem da falência do empregador, podendo o Presidente da Junta, a pedido do interessado, constituir processo em separado, sempre que a reclamação também versar sobre outros assuntos.

3 **Art. 652 da CLT.**

(...)

Parágrafo único. Terão preferência para julgamento os dissídios sobre pagamento de salário e aqueles que derivarem da falência do empregador, podendo o Presidente da Junta, a pedido do interessado, constituir processo em separado, sempre que a reclamação também versar sobre outros assuntos.

d) dissídios em que figurar como parte ou interessado portador de doença grave (art. 1.048, I, do CPC[4]); e

e) dissídios em que figurar como parte pessoa com deficiência (art. 9º, VII, da Lei nº 13.146/2015[5]). À luz do art. 2º da Lei nº 13.146/2015, "considera-se pessoa com deficiência aquela que tem impedimento de longo prazo de natureza física, mental, intelectual ou sensorial, o qual, em interação com uma ou mais barreiras, pode obstruir sua participação plena e efetiva na sociedade em igualdade de condições com as demais pessoas".

No tópico que diz respeito ao mérito, deve-se formular subtópicos para cada um dos pedidos a serem elaborados na peça processual, expondo os fatos, os fundamentos e os pedidos, de acordo com os dados apresentados na prova.

Segue o exemplo:

MÉRITO

1. *Salário in natura*

A reclamada pagava mensalmente em favor do Reclamante, durante os cinco anos em que perdurou o contrato de trabalho, aluguel de um veículo no valor de R$ 500,00 mensais, apenas para que ele tivesse mais conforto, sendo absolutamente desnecessário para o trabalho. **(Fato)**

Com base no art. 458 da CLT, as utilidades fornecidas pelo empregador por força do contrato de trabalho, como contraprestação pelos serviços prestados, de forma habitual, têm natureza salarial, devendo, portanto, integrar o salário para fins de projeções legais. **(Fundamento)**

Diante do exposto, requer a integração do valor do aluguel pago mensalmente pela reclamada para fins de reflexos em verbas contratuais e resilitórias.

Por fim, requer a retificação da CTPS do Reclamante, para incluir o salário *in natura, nos termos do art. 29, § 1º, da CLT.* **(Pedido)**

---

4 Art. 1.048 do CPC. Terão prioridade de tramitação, em qualquer juízo ou tribunal, os procedimentos judiciais:

I – em que figure como parte ou interessado pessoa com idade igual ou superior a 60 (sessenta) anos ou portadora de doença grave, assim compreendida qualquer das enumeradas no art. 6º, inciso XIV, da Lei nº 7.713, de 22 de dezembro de 1988; (...)

5 Art. 9ºda Lei nº 13.146/2015. A pessoa com deficiência tem direito a receber atendimento prioritário, sobretudo com a finalidade de:

(...)

VII – tramitação processual e procedimentos judiciais e administrativos em que for parte ou interessada, em todos os atos e diligências.

Por sua vez, no **tópico acerca dos pedidos,** deve ser feita uma repetição de todos os requerimentos já realizados no mérito da reclamação trabalhista.

Veja o exemplo:

PEDIDOS

Diante do exposto, requer:

a) a integração do valor do aluguel pago mensalmente pela reclamada para fins de reflexos em verbas contratuais e resilitórias .... R$.... ;

b) as diferenças salariais decorrentes da equiparação salarial, bem como de seus reflexos em verbas contratuais e resilitórias........................ R$.... ;

c) a condenação da reclamada ao pagamento das verbas rescisórias, bem como a anotação da extinção na CTPS para levantamento do FGTS e requerimento do seguro-desemprego .... R$ .....

Na sequência, deve ser formulado o **tópico dos requerimentos finais.** Este compreende os seguintes pedidos: a notificação da reclamada, a produção de todos os meios de prova em direito admitidos e a procedência dos pedidos, com a condenação da reclamada ao pagamento das verbas postuladas, acrescidas de juros e correção monetária.

Observe o exemplo:

REQUERIMENTOS FINAIS

Diante do exposto, requer:

a) **a notificação** da Reclamada para oferecer resposta à reclamação trabalhista, sob pena de revelia e confissão quanto à matéria de fato;

b) **a produção** de todos os meios **de prova** em direito admitidos, em especial a prova documental, o depoimento pessoal e a oitiva de testemunhas;

c) por fim, **a procedência dos pedidos** com a **condenação** da reclamada ao pagamento das verbas pleiteadas, acrescidas de juros e correção monetária.

Depois disso, o examinando deve indicar o valor da causa da seguinte maneira:

Atribui-se à causa o valor de R$..., correspondente à somatória dos valores dos pedidos.

Por último, para **finalizar a peça processual** é necessário escrever o seguinte:

Nestes Termos,

Pede deferimento.

Local e data.

Advogado(a)

OAB nº

1.2. EXERCÍCIOS DE RECLAMAÇÃO TRABALHISTA

1.2.1. Primeiro exercício

Tonassi Fininho foi contratado pela empresa **Heart Attack Grill Ltda.**, para trabalhar na cidade de Florianópolis/SC, como garçom, mediante salário de R$ 1.500,00.

O empregado afirma que uma das especialidades da Lanchonete era o sanduíche denominado *quadruple bypass* com 4 hambúrgueres: 1 quilo de carne e 8.000 calorias.

O empregado relata que foi contratado no mesmo dia que Juan para exercer a mesma função, na mesma filial, contando que o trabalho se dava com a mesma perfeição técnica e produtividade, porém este recebia salário fixo de 2.500,00 por mês.

O senhor Fininho relata que foi descontado do seu salário um dia de trabalho no mês de janeiro do ano da extinção do contrato, em razão de ele ter faltado ao trabalho para comparecer em juízo como parte no processo em que estava litigando contra seu antigo empregador, muito embora tivesse apresentado certidão da Justiça do Trabalho confirmando suas alegações.

O empregado comenta também que trabalhava de segunda a sexta-feira, 8 horas diárias, usufruindo de apenas 30 minutos de intervalo intrajornada.

No curso do contrato, o empregador depositava apenas 4% do valor da remuneração a título de FGTS, pois havia acordo coletivo de trabalho autorizando o recolhimento de apenas metade do valor.

Na qualidade de advogado(a) do reclamante, apresente a medida processual cabível para a defesa de seus direitos.

Nos casos em que a lei exigir liquidação de valores, não se faz necessária a apresentação pelo Examinando, admitindo-se que o escritório possui setor próprio ou contratado especificamente para tal fim. (Valor: 5,00)

RESOLUÇÃO

AO DOUTO JUÍZO DA ____ VARA DO TRABALHO DE FLORIANÓPOLIS/SC

TONASSIANDO FININHO, garçom, qualificação e endereço completos, vem, respeitosamente, perante Vossa Excelência, por intermédio de seu advogado adiante assinado (procuração anexa), com escritório profissional no endereço completo, onde recebe intimações ou notificações, com fulcro no **art. 840, *caput* e § 1º, da CLT, PROPOR:**

RECLAMAÇÃO TRABALHISTA, pelo rito ordinário

em face de **HEART ATTACK GRILL LTDA.**, e SINDICATO DOS EMPREGADOS ..., qualificação e endereço completos, qualificação e endereço completos, pelas razões de fato e de direito a seguir expostas.

I – MÉRITO

1. Equiparação salarial

O reclamante foi contratado no mesmo dia que Juan para exercer a mesma função, na mesma filial, com a mesma produtividade e perfeição técnica, porém enquanto recebia 1.500,00, o seu colega recebia salário fixo de 2.500,00 por mês.

Nos termos do art. 461, *caput* e § 1º, da CLT, é devido o mesmo salário aos empregados que exerçam a mesma função, para o mesmo empregador, no mesmo estabelecimento comercial, com a mesma produtividade e perfeição técnica, entre pessoas cuja diferença de tempo de serviço para o mesmo empregador não seja superior a quatro anos e a diferença de tempo na função não seja superior a dois anos.

Diante do exposto, requer a condenação da reclamada ao pagamento das diferenças salariais, bem como de seus reflexos nas verbas contratuais e resilitórias. Por fim, requer a retificação da CTPS do empregado para constar o seu real salário, nos termos do art. 29, § 1º, da CLT.

2. Desconto salarial

A reclamada descontou do salário do reclamante um dia de trabalho no mês de janeiro do ano da extinção do contrato, em razão de o reclamante ter faltado ao trabalho para comparecer em juízo como parte no processo em que estava litigando contra seu antigo empregador, muito embora tivesse apresentado certidão da Justiça do Trabalho confirmando suas alegações.

Com base no art. 473, VIII, da CLT e súmula 155, TST, o empregado poderá deixar de comparecer ao serviço para comparecimento como parte na Justiça do Trabalho.

Diante do exposto, requer a condenação da reclamada à devolução do dia de trabalho descontado de seu salário.

3. Intervalo intrajornada

O reclamante trabalhava de segunda a sexta-feira, 8 horas diárias, usufruindo de apenas 30 minutos de intervalo intrajornada.

Nos termos do art. 71, *caput*, da CLT, aqueles que laboram mais de 6 horas diárias fazem jus a um intervalo intrajornada de, no mínimo, 1 hora, o qual não era observado.

Diante do exposto, requer a condenação da reclamada ao pagamento do período suprimido, ou seja, de 30 minutos diários, acrescidos de 50%, à luz do art. 71, § 4º, da CLT.

4. Diferenças de FGTS

No curso do contrato, o empregador depositava apenas 4% do valor da remuneração do reclamante a título de FGTS, pois havia acordo coletivo de trabalho autorizando o recolhimento de apenas metade do valor.

Nos termos do art. 611-B, III, da CLT, é ilícita e, portanto, nula a cláusula de acordo coletivo de trabalho que implique redução do valor dos depósitos mensais do FGTS. Ressalte-se que, o art. 15 da Lei nº 8.036/90 determina que os depósitos do FGTS devem ser de 8% da remuneração paga ou devida ao trabalhador no mês anterior.

Diante do exposto, requer a declaração de nulidade da cláusula do acordo coletivo de trabalho que estabelece a redução dos depósitos do FGTS e a condenação da reclamada ao pagamento das diferenças salariais.

5. Honorários advocatícios

Requer a condenação da reclamada ao pagamento de honorários advocatícios, no importe de 15%, sobre o valor que resultar da liquidação, à luz do art. 791-A da CLT.

II – PEDIDOS

Diante do exposto, requer:

a) a condenação da reclamada ao pagamento das diferenças salariais, bem como de seus reflexos nas verbas contratuais e resilitórias .... R$.... ;

b) a condenação da reclamada à devolução do dia de trabalho descontado de seu salário .... R$.... ;

c) a condenação da reclamada ao pagamento do período suprimido, ou seja, de 30 minutos diários, acrescidos de 50%, nos termos do art. 71, § 4º, da CLT .... R$.....;

d) a declaração de nulidade da cláusula do acordo coletivo de trabalho que institui a redução dos depósitos do FGTS e a condenação da reclamada ao pagamento das diferenças salariais;

e) a condenação da reclamada ao pagamento de honorários advocatícios, no importe de 15%, sobre o valor que resultar da liquidação, à luz do art. 791-A da CLT.

III – REQUERIMENTOS FINAIS

Diante do exposto, requer:

a) a notificação da Reclamada e do Sindicato dos Empregados em..., para oferecer resposta à reclamação trabalhista, sob pena de revelia e confissão quanto à matéria de fato;

b) a produção de todos os meios de prova em direito admitidos, em especial a prova documental, o depoimento pessoal e a oitiva de testemunhas; e

c) por fim, a procedência dos pedidos com a condenação da reclamada ao pagamento das verbas pleiteadas, acrescidas de juros e correção monetária.

Atribui-se à causa o valor de R$..., correspondente à somatória dos valores dos pedidos.

Nestes termos,

pede deferimento.

Local e data.

Advogado(a)

OAB nº

ESPELHO DE CORREÇÃO

QUESITOS AVALIADOS	FAIXA DE VALORES	ATENDIMENTO AO QUESITO
1. Endereçamento Juízo de Florianópolis/SC (0,20) – qualificação das partes (0,20).	0,00/ 0,20/ 0,40	
2. Equiparação salarial Pedido de equiparação salarial com Juan, informando a identidade de função e a diferença salarial (0,80). Fundamento: art. 461, *caput*, e § 1º, da CLT (0,80).	0,00/ 0,80/1,60	
3. Desconto salarial Argumentar que o empregado poderá deixar de comparecer ao serviço sem prejuízo do salário, quando tiver de comparecer a juízo (0,60). Fundamento: art. 473, VIII, da CLT OU Súmula 155 do TST (0,20).	0,20/ 060/ 0,80	

QUESITOS AVALIADOS	FAIXA DE VALORES	ATENDIMENTO AO QUESITO
4. Intervalo intrajornada Pedido de condenação da reclamada ao pagamento do período suprimido, ou seja, de 30 minutos diários, acrescidos de 50% (0,30), art. 71, *caput* e § 4º, da CLT (0,30). **Obs.:** Haverá redutor de 0,30 caso seja requerida uma hora de intervalo ou reflexos.	0,00/ 0,30/ 0,60	
5. Diferenças de FGTS Argumentar que, nos termos do art. 611-B, III, da CLT, é ilícita e, portanto, nula a cláusula de acordo coletivo de trabalho que implique redução do valor dos depósitos mensais do FGTS, que é de 8% (0,30), art. 611-B, III, da CLT (0,30).	0,00/ 0,30/ 0,60	
6. Honorários advocatícios Pedir honorários advocatícios, à luz do art. 791-A da CLT (0,60).	0,00/ 0,60	
7. Requerimentos finais Requerimento de notificação do reclamado para apresentar defesa (0,20) e requerer a procedência dos pedidos (0,20).	0,00/ 0,20/ 0,40	
TOTAL		

1.2.2. Segundo exercício

Tonassiando Fininho foi contratado para trabalhar na cidade de Fortaleza, em 02 de janeiro de 2018, pela Companhia de Atletismo Movimentando o Brasil Ltda. como auxiliar administrativo, prestando serviço somente no escritório da empresa, mediante salário fixo de R$ 1.800,00 mais o benefício de utilizar, para fins particulares, um Peugeot 207, modelo do ano, cujo valor aproximado do aluguel mensal seria de R$ 600,00, os quais nunca foram considerados no cômputo dos demais direitos trabalhistas. Foi demitido em 12 de junho de 2018, com aviso-prévio indenizado.

Tonassiando cumpriria uma jornada de trabalho de segunda a sexta-feira, das 8h às 17h, com 15 minutos de intervalo.

Tonassiando substituiu sua supervisora administrativa, Marcia Atalaia, no período de suas férias, sem receber nada a mais por isso. Marcia recebia um adicional de 40% ao salário em razão de sua função gerencial.

Fininho faltou por 5 dias consecutivos quando seu filho nasceu, tendo o empregador descontado esses dias de seu salário.

Quando a empresa passou por dificuldades financeiras, Tonassiando aceitou a proposta que seu empregador lhe fez, em 1º de março, de reduzir seu salário para R$ 1.500,00 até que a situação da empresa melhorasse. A empresa conseguiu se reerguer, porém não reestabeleceu o seu salário.

A situação ficou tão favorável que o empregador resolveu abrir uma filial do escritório na cidade de Campinas/SP, e Fininho foi transferido provisoriamente para a nova filial por 2 meses para treinar os novos funcionários. Menciona que não recebeu qualquer adicional para tanto, pois, segundo o empregador, havia cláusula expressa de transferência no seu contrato.

Por fim, conta que, ao voltar para a matriz da empresa, teve uma surpresa, foi demitido, sem qualquer justificativa, sem receber qualquer verba rescisória.

Recebia participação nos lucros, porém a mesma não era integrada ao seu salário.

Tonassiando, inconformado com a situação, o procura em seu escritório, disposto a tomar a medida cabível. Na qualidade de advogado(a) de Fininho, elabore a medida processual cabível, formulando os pedidos do que entender ser devido a seu cliente.

Nos casos em que a lei exigir liquidação de valores, não se faz necessária a apresentação pelo Examinando, admitindo-se que o escritório possui setor próprio ou contratado especificamente para tal fim. (Valor: 5,00)

RESOLUÇÃO

AO DOUTO JUÍZO DA ____ VARA DO TRABALHO DE FORTALEZA/CE

TONASSIANDO FININHO, auxiliar administrativo, qualificação e endereço completos, vem, respeitosamente, perante Vossa Excelência, por intermédio de seu advogado adiante assinado **(procuração anexa)**, com escritório profissional no endereço completo, onde recebe intimação ou notificação, com fulcro no **art. 840, *caput* e § 1º, da CLT, PROPOR:**

RECLAMAÇÃO TRABALHISTA, pelo rito ordinário

em face de **COMPANHIA DE ATLETISMO MOVIMENTANDO O BRASIL LTDA.**, qualificação e endereço completos, pelas razões de fato e de direito a seguir expostas.

I – MÉRITO

1. Do salário *in natura*

O reclamado fornecia ao reclamante, para fins particulares, um veículo Peugeot 207, modelo do ano, cujo valor aproximado do aluguel mensal seria de R$ 600,00, os quais nunca foram considerados no cômputo dos demais direitos trabalhistas.

Nos termos do art. 458, *caput,* da CLT, as utilidades fornecidas ao empregado pelo empregador pelos serviços prestados, de forma habitual, possuem natureza salarial, devendo, portanto, integrar o seu salário para fins de projeções legais.

Diante do exposto, requer a integração ao salário do reclamante dos valores correspondentes ao aluguel do veículo fornecido pela reclamada para fins de reflexos em verbas contratuais e resilitórias, bem como a retificação da CTPS do reclamante para constar o salário *in natura*, à luz do art. 29, § 1º, da CLT.

2. Horas extras

O reclamante laborava de segunda a sexta-feira das 8h às 17h com 15 minutos de intervalo.

Nos termos dos arts. 7º, XIII, da CF e 58 da CLT, a jornada máxima diária é de 8 horas, sendo extrapolada diariamente no curso do contrato de trabalho.

Diante do exposto, requer a condenação da reclamada ao pagamento das horas extras, assim consideradas as excedentes a 8ª diária, acrescidas do adicional de 50%, nos termos do art. 7º, XVI, da CF e do art. 59, § 1º, da CLT, bem como reflexos nas verbas contratuais e resilitórias.

3. Intervalo intrajornada

O reclamante cumpriria uma jornada de trabalho de segunda a sexta-feira, das 8h às 17h, com 15 minutos de intervalo.

Com base no art. 71, *caput,* da CLT, aqueles que laboram mais de 6 horas diárias fazem jus a um intervalo intrajornada de, no mínimo, 1 hora, o qual não era observado.

Diante do exposto, requer a condenação da reclamada ao pagamento do período suprimido, ou seja, de 45 minutos diários, acrescidos de 50%, nos termos do art. 71, § 4º, da CLT.

4. Da substituição em virtude de férias

O reclamante substituiu sua supervisora Marcia Atalaia, no período de suas férias, sem receber nada a mais por isso. No entanto, a supervisora recebia um adicional de 40% ao seu salário em razão de sua função gerencial.

Nos moldes da Súmula 159 do TST, item I, enquanto perdurar a substituição que não tenha caráter meramente eventual, inclusive nas férias, o empregado substituto fará jus ao salário contratual do substituído.

Diante do exposto, requer a condenação da reclamada ao pagamento das diferenças salariais, correspondente à diferença entre o salário do reclamante e o da supervisora, relativas ao mês em que ocorreu a substituição.

5. Devolução do desconto

O reclamante faltou por 5 dias consecutivos quando seu filho nasceu, tendo o empregador descontado esses dias de seu salário.

À luz do art. 10, § 1º, do ADCT, a licença-paternidade assegurada pelo art. 7º, XIX, da CF, é de 5 dias.

Diante do exposto, requer a devolução dos 5 dias descontados do salário do reclamante.

6. Da redução salarial

Em razão de dificuldades financeiras pelas quais passava a empresa, em 1º de março, o empregador reduziu o salário do reclamante para R$ 1.500,00, sem jamais ter sido reestabelecido.

Com base no art. 7º, VI, da CF, o salário é irredutível, salvo por acordo ou convenção coletiva de trabalho, os quais não se verificam no presente caso.

Diante do exposto, requer a condenação da reclamada ao pagamento das diferenças salariais, bem como de seus reflexos nas verbas contratuais e resilitórias.

7. Da transferência temporária

O reclamante informa que o empregador resolveu abrir uma filial do escritório na cidade de Campinas, transferindo-o pelo lapso temporal de 2 meses para tal localidade, a fim de que treinasse os novos funcionários, conforme estava previsto em seu contrato. O reclamante não recebeu qualquer adicional para tanto.

Nos termos do art. 469, § 3º, da CLT e da OJ 113 da SDI-1 do TST, tratando-se de transferência provisória, ainda que exista no contrato cláusula expressa de transferência, o empregador ficará obrigado a pagar um adicional nunca inferior a 25% do salário que o empregado recebia naquela localidade, enquanto durar essa situação.

Diante do exposto, requer a condenação da reclamada ao pagamento do respectivo adicional referente ao período em que perdurou a transferência, bem como de seus reflexos nas verbas contratuais e resilitórias.

8. Verbas rescisórias

O reclamante foi admitido em 02 de janeiro de 2018 e demitido sem justa causa, no dia 12 de junho de 2018, com aviso-prévio indenizado, sem receber qualquer rescisória.

Diante disso, requer a condenação da reclamada ao pagamento de todas as verbas rescisórias próprias da extinção do contrato de trabalho sem justa causa, que compreendem: saldo de salário (12 dias), aviso-prévio (30 dias), 13º salário (6/12) e férias proporcionais acrescidas de 1/3 (6/12) e multa de 40% do FGTS.

Ademais, requer ainda a anotação da extinção na CTPS para levantamento do FGTS e requerimento do seguro-desemprego considerando o aviso-prévio indenizado (art. 29, § 2º, "c", da CLT e OJ 82 da SDI-1 do TST).

9. Multa do art. 467 da CLT

À luz do art. 467 da CLT, o reclamante requer que o pagamento das verbas incontroversas seja realizado em primeira audiência, sob pena da incidência de multa de 50% sobre o valor correspondente.

10. Multa do art. 477, § 8º, da CLT

O reclamado não respeitou o prazo para pagamento das parcelas rescisórias previsto no art. 477, § 6º, da CLT, visto que até o presente momento não pagou as verbas rescisórias.

Diante deste fato, o reclamante requer a condenação da reclamada ao pagamento de multa no valor equivalente ao seu salário, com base no § 8º do art. 477 da CLT.

11. Honorários advocatícios

Requer a condenação da reclamada ao pagamento de honorários advocatícios, no importe de 15%, sobre o valor que resultar da liquidação, nos termos do art. 791-A da CLT.

II – PEDIDOS

Diante do exposto, requer:

a) a integração ao salário do reclamante dos valores correspondentes ao aluguel do veículo fornecido pela reclamada para fins de seus reflexos ..... R$ .... ;

b) a condenação da reclamada ao pagamento das horas extras, assim consideradas as excedentes a 8ª diária, acrescidas do adicional de 50%, nos termos do art. 7º, XVI, da CF e do art. 59, § 1º, da CLT, bem como reflexos nas verbas contratuais e resilitórias .... R$ .....

c) a condenação da reclamada ao pagamento do período suprimido, ou seja, de 45 minutos diários, acrescidos de 50% .... R$ .... ;

d) a condenação da reclamada ao pagamento das diferenças salariais, correspondente à diferença entre o salário do reclamante e o da supervisora, relativas ao mês em que ocorreu a substituição .... R$ .... ;

e) a devolução dos 5 dias descontados do salário do reclamante ..... R$ .... ;

f) a condenação da reclamada ao pagamento das diferenças salariais decorrentes da redução salarial, bem como de seus reflexos .... R$ .... ;

g) a condenação da reclamada ao pagamento do respectivo adicional de transferência referente ao período em que perdurou a transferência, bem como de seus reflexos .... R$ .... ;

h) a condenação da reclamada ao pagamento de todas as verbas rescisórias próprias da extinção do contrato de trabalho sem justa causa. Baixa da CTPS.

i) multas dos arts. 467 e 477, § 8°, da CLT .... R$.... ;

j) honorários advocatícios .... R$.....

III – REQUERIMENTOS FINAIS

Diante do exposto, requer:

a) a notificação da reclamada para oferecer resposta à reclamação trabalhista, sob consequência de revelia e confissão quanto à matéria de fato;

b) a produção de todos os meios de prova em direito admitidos, em especial a prova documental, o depoimento pessoal e a oitiva de testemunhas;

c) por fim, a procedência dos pedidos com a condenação da reclamada ao pagamento das verbas pleiteadas, acrescidas de juros e correção monetária.

Atribui-se à causa o valor de R$ ...., correspondente à somatória dos pedidos.

Nestes termos,

pede deferimento.

Local e data.

Advogado(a)

OAB n°

ESPELHO DE CORREÇÃO

QUESITOS AVALIADOS	FAIXA DE VALORES	ATENDIMENTO AO QUESITO
1. Endereçamento Juízo de Fortaleza (0,25). Indicação da espécie de ação – reclamação trabalhista/reclamatória trabalhista (0,25).	0,00/ 0,25/ 0,50	
2. Salário *in natura* Argumentação de que o veículo era fornecido pelo trabalho (0,25). Indicação do art. 458 da CLT (0,25).	0,00/ 0,25 / 0,50	
3. Horas Extras Argumentação de que era extrapolada a jornada máxima diária de 8 horas (0,20) Indicação do art. 7, XIII da CF/88 e art. 58 da CLT (0,10). Requerer o adicional de 50% do período excedente (0,10) indicação do art. 7, XVI da CF/88 Ou do art. 59, § 1 da CLT (0,10)	0.00/ 0,01/ 0,02/ 0,03/ 0,04/ 0,50	

QUESITOS AVALIADOS	FAIXA DE VALORES	ATENDIMENTO AO QUESITO
4. Intervalo intrajornada Pedido de 45 minutos de intervalo, acrescido de 50% (0,20), Indicação do art. 71, § 4º, da CLT (0,20).	0,00 /0,25 /0,50	
5. Substituição temporária da supervisora Pedido do adicional de 40% durante o período da substituição (0,20). Indicação da Súmula 159, I, do TST (0,20).	0,00/ 0,20/ 0,40	
6. Devolução do desconto Pedido de devolução dos 5 dias descontados do salário do empregado (0,20). Indicação do art. 10, § 1º, do ADCT (0,25).	0,00/ 0,20/ 0,45	
7. Redução salarial Arguição da irredutibilidade salarial (0,25). Indicação do art. 7º, VI, da CF (0,25).	0,00/ 0,25/ 0,50	
8. Transferência temporária do empregado Arguição de que é devido o adicional de 25% quando a transferência é provisória, mesmo quando há cláusula expressa de transferência no contrato (0,25). Indicação do art. 469, § 3º, da CLT (0,20).	0,00/ 0,25 /0,45	
9. Pagamento das verbas rescisórias Saldo de salário de 12 dias (0,10). Aviso-prévio de 30 dias (0,10). 13º salário de 6/12 (0,10). Férias proporcionais de 6/12 acrescidas de 1/3 de 10/12 (0,20). Baixa da CTPS (0,30).	0,00/ 0,80	
10. Honorários advocatícios Pedido de honorários advocatícios (0,10). Indicação do art. 791-A da CLT (0,10).	0,00/ 0,20/ 0,20	
11. Requerimentos finais Pedido de procedência dos pedidos (0,10). Indicação do valor da causa, local, data e nome do(a) advogado(a), OAB nº... (0,10).	0,00/ 0,10/ 0,20	
TOTAL		

1.3. RECLAMAÇÕES TRABALHISTAS NO EXAME DE ORDEM

1.3.1. Exame de Ordem – XII – adaptado

Síntese da entrevista feita com Bruno Silva, brasileiro, solteiro, CTPS: 0010, Identidade: 0011, CPF: 0012 e PIS: 0013, filho de Valmor Silva e Helena Silva, nascido em 20.02.1990, domiciliado na Rua Oliveiras, 150, Cuiabá, CEP: 20000-000; que teve a CTPS assinada e exercia a função de empacotador, na empresa Central de Legumes Ltda., pessoa jurídica de direito privado, localizada na Rua das Acácias, 58, Cuiabá, CEP: 20000-010, recebendo por último o salário de R$ 1.300,00 por mês; que sua tarefa consistia em empacotar congelados de legumes numa máquina adquirida para tal fim.

Em janeiro de 2018 sofreu acidente de trabalho na referida máquina, quando sua mão ficou presa no interior do equipamento, ficando afastado pelo INSS por mês e recebendo auxílio-doença acidentário. Em junho de 2018, após o seu retorno ao trabalho, pediu demissão.

No acidente, sofreu amputação traumática de um dedo da mão esquerda, gerando um dano ao trabalhador de natureza gravíssima, obrigando-o a submeter-se a tratamento médico e psicológico, gastando com os profissionais R$ 2.500,00 entre honorários profissionais e medicamentos, tendo levado consigo os recibos.

No retorno, tendo sido comprovada pelos peritos do INSS a perda de 20% da sua capacidade laborativa, foi readaptado em outra função.

A CIPA da empresa, convocada quando da ocorrência do acidente, verificou que a máquina havia sido alterada pela empresa, que retirou um dos componentes de segurança para que ela trabalhasse com maior rapidez e, assim, aumentasse a produtividade.

Bruno costumava fazer digitação de trabalhos de conclusão de curso para universitários, ganhando em média R$ 200,00 por mês, mas nos dois meses em que esteve afastado pelo INSS não teve condição física de realizar esta atividade, que voltou a fazer tão logo retornou ao emprego.

Analisando cuidadosamente o relato feito pelo trabalhador, apresente a peça pertinente à melhor defesa, em juízo, dos interesses dele, sem criar dados ou fatos não informados.

Nos casos em que a lei exigir liquidação de valores, não se faz necessária a apresentação pelo Examinando, admitindo-se que o escritório possui setor próprio ou contratado especificamente para tal fim. (Valor: 5,00)

EXAME DE ORDEM XII – RESOLUÇÃO

AO DOUTO JUÍZO DA ____ VARA DO TRABALHO DE CUIABÁ, MATO GROSSO

BRUNO SILVA, brasileiro, solteiro, empacotador, Identidade: 0011, CPF: 0012, CTPS: 0010, PIS: 0013, filho de Valmor Silva e Helena Silva, residente e domiciliado na Rua Oliveiras, 150, Cuiabá, CEP: 20000-000, vem, respeitosamente, perante Vossa Excelência, por intermédio de seu advogado adiante assinado **(procuração anexa)**, com escritório profissional no endereço completo, onde recebe intimações ou notificações, com fulcro no **art. 840, *caput* e § 1°, da CLT, PROPOR:**

RECLAMAÇÃO TRABALHISTA, pelo rito ordinário

em face de CENTRAL DE LEGUMES LTDA., pessoa jurídica de direito privado, inscrita no CNPJ sob o nº..., situada na Rua das Acácias, 58, Cuiabá, CEP: 20000-010, pelas razões de fato e de direito a seguir expostas.

I – PREMILINAR

1. Tramitação preferencial do feito

Nos termos do art. 9° da Lei nº 13.146/2015, nos dissídios em que figurar pessoa com deficiência, o feito deve tramitar de forma preferencial.

Ressalte-se que, o reclamante sofreu a amputação de um dedo, o que reduziu sua capacidade laborativa em 20%, enquadrando-se, portanto, no conceito de deficiente previsto no art. 2° da Lei nº 13.146/2015, o qual estabelece: "... Considera-se pessoa com deficiência aquela que tem impedimento de longo prazo de natureza física, mental, intelectual ou sensorial, o qual, em interação com uma ou mais barreiras, pode obstruir sua participação plena e efetiva na sociedade em igualdade de condições com as demais pessoas".

Diante do exposto, requer a tramitação preferencial do feito.

II – MÉRITO

1. Dano material – dano emergente

Em janeiro de 2018 sofreu acidente de trabalho na máquina de empacotar congelados, quando sua mão ficou presa no interior do equipamento. No acidente, sofreu amputação traumática de um dedo da mão esquerda e se submeteu a tratamento médico e psicológico, gastando com os profissionais R$ 2.500,00 entre honorários profissionais e medicamentos, de acordo com os recibos anexos.

Encontram-se presentes os requisitos da responsabilidade civil, previstos nos arts. 186 e 927 do CC/2002, que compreendem: culpa, dano e nexo. A culpa verifica-se pelo fato de que a máquina havia sido alterada pela empresa, que retirou um dos componentes de segurança para que ela trabalhasse com maior rapidez e, assim, aumentasse a produtividade. O dano material (emergente) corresponde a R$ 2.500,00 entre honorários profissionais e medicamentos, consoante os recibos anexos. Por fim, o nexo também se verifica, uma vez que o dano decorreu do ato culposo do empregador.

Diante do exposto, requer a condenação da reclamada ao pagamento de indenização pelos danos materiais (danos emergentes) no importe de R$ 2.500,00.

2. Dano material – pensão vitalícia

Em razão de o acidente referido no item 1, no retorno às atividades ficou comprovada, pelos peritos do INSS, a perda de 20% da capacidade laborativa do reclamante, o qual foi readaptado em outra função.

Uma vez comprovados os requisitos da responsabilidade civil, nos termos do art. 950 do CC/2002, se da ofensa resultar defeito que diminua a capacidade de trabalho do ofendido, a este será devida pensão correspondente à importância do trabalho para o qual se inabilitou, ou da depreciação que ele sofreu.

Diante do exposto, requer a condenação do reclamado ao pagamento de pensão vitalícia, no importe de 20% do salário do empregado, por conta da redução da capacidade laborativa.

3. Dano material – lucros cessantes

Bruno costumava fazer digitação de trabalhos de conclusão de curso para universitários, ganhando em média R$ 200,00 por mês, mas nos dois meses em que esteve afastado pelo INSS não teve condição física de realizar esta atividade, voltando a realizá-la tão logo retornou ao emprego.

Uma vez comprovados os requisitos da responsabilidade civil, fundamentados nos arts. 402 e 950 do CC/2002, o ofensor deve indenizar o ofendido naquilo que razoavelmente deixou de lucrar.

Diante do exposto, requer a condenação da reclamada ao pagamento de R$ 200,00 por mês, relativos ao período em que o Reclamante esteve afastado pelo INSS.

4. Dano extrapatrimonial – dano moral

Conforme já referido, o Reclamante sofreu amputação traumática de um dedo da mão esquerda em acidente ocasionado por culpa da empresa que retirou um dos componentes de segurança da máquina para que ela trabalhasse com maior rapidez e, assim, aumentasse a produtividade.

Nos termos dos arts. 223-B, 223-C e 223-E da CLT, aquele que por ação ou omissão ofender a esfera moral do trabalhador deve indenizá-lo, e, no presente caso, o acidente provocou grande sofrimento ao trabalhador por violar a sua integridade física.

Diante do exposto, requer a condenação da reclamada ao pagamento de indenização por danos morais, no importe de cinquenta vezes o último salário contratual do ofendido, considerando a natureza gravíssima da ofensa, à luz do art. 223-G, § 1º, IV, da CLT.

Ao arbitrar o valor, esse Douto Juízo deve considerar as circunstâncias previstas nos incisos do art. 223-G da CLT, sobretudo, a culpa evidente na conduta do empregador (art. 223-G, VII, da CLT).

Ressalte-se que, nos termos do art. 223-F da CLT, a reparação por danos extrapatrimoniais pode ser pedida cumulativamente com a indenização por danos materiais decorrentes do mesmo ato lesivo.

5. Dano extrapatrimonial – Dano estético

Consoante já referido, o Reclamante sofreu amputação traumática de um dedo da mão esquerda em acidente ocorrido na empresa por culpa desta.

Nos termos dos arts. 223-B, art. 223-C e 223-E da CLT, aquele que por ação ou omissão ofender a esfera moral do trabalhador deve indenizá-lo, e, no presente caso, verifica-se o dano estético que se caracteriza pela deformidade física, atingindo o lado psicológico do indivíduo diminuído na integridade corporal e estética de sua imagem externa.

Ressalte-se que, nos termos das Súmulas nºs 37 e 387 do STJ, é possível a cumulação dos danos morais com os danos estéticos oriundos do mesmo fato.

Da mesma forma, à luz do art. 223-F da CLT, a reparação por danos extrapatrimoniais pode ser pedida cumulativamente com a indenização por danos materiais decorrentes do mesmo ato lesivo.

Diante do exposto, requer a condenação da reclamada ao pagamento de indenização, no importe de cinquenta vezes o último salário contratual do ofendido, considerando a natureza gravíssima da ofensa, à luz do art. 223-G, § 1º, IV, da CLT.

Ao arbitrar o valor, esse Douto Juízo deve considerar as circunstâncias previstas nos incisos do art. 223-G da CLT, sobretudo, o dolo evidente na conduta do empregador (art. 223-G, VII, da CLT).

6. Honorários advocatícios

Requer a condenação da reclamada ao pagamento de honorários advocatícios, no importe de 15%, sobre o valor que resultar da liquidação, nos termos do art. 791-A da CLT.

III – PEDIDOS

Diante do exposto, requer:

a) a condenação do reclamado ao pagamento de indenização por danos emergentes, no importe de R$ 2.500,00;

b) a condenação do Reclamado ao pagamento de lucros cessantes, no valor de R$ 200,00 por mês, durante o período em que o empregado esteve afastado pelo INSS .... R$.....

c) a condenação do Reclamado ao pagamento de pensão vitalícia, no importe de 20% do salário do empregado, por conta da redução da capacidade laborativa .... R$.....

d) a condenação do Reclamado ao pagamento de danos morais e estéticos, no importe de cinquenta vezes o último salário contratual do ofendido, considerando a natureza gravíssima da ofensa, à luz do art. 223-G, § 1º, IV, da CLT .... R$.... ;

e) a condenação do Reclamado ao pagamento de honorários advocatícios R$.

IV – REQUERIMENTOS FINAIS

Diante do exposto, requer:

a) a notificação da Reclamada para oferecer resposta à reclamação trabalhista, sob pena de revelia e confissão quanto à matéria de fato;

b) a produção de todos os meios de prova em direito admitidos, em especial a prova documental, o depoimento pessoal e a oitiva de testemunhas; e

c) por fim, requer o acolhimento da preliminar, deferindo a tramitação preferencial do feito e a procedência dos pedidos com a condenação da reclamada ao pagamento das verbas pleiteadas, acrescidas de juros e correção monetária.

Atribui-se à causa valor de R$...., correspondente à somatória dos valores dos pedidos.

Nestes termos,

pede deferimento.

Local e data.

Advogado(a)

OAB nº

EXAME DE ORDEM XII – ESPELHO DE CORREÇÃO – ADAPTADO

QUESITOS AVALIADOS	FAIXA DE VALORES	ATENDIMENTO AO QUESITO
Formato de petição inicial, com endereçamento ao juízo do trabalho de Cuiabá (0,20); nome e qualificação do Reclamante (0,20); nome e qualificação do Reclamado (0,20).	0,00/ 0,20/ 0,40/ 0,60	
PRELIMINAR – Tramitação Preferencial do Feito – Requerer a tramitação preferencial do feito demonstrando que o reclamante tem a sua capacidade laborativa reduzida em 20%. (0,10) Indicação dos arts. 2º e 9 da Lei nº 13.146/2015. (0,10)	0,00/ 0,10/ 0,20	
Dano material (dano emergente) – reparação pelo dano material (dano emergente), no valor de R$ 2.500,00 (0,50).	0,00/ 0,50	

QUESITOS AVALIADOS	FAIXA DE VALORES	ATENDIMENTO AO QUESITO
Dano material (lucro cessante) – reparação pelo dano material (lucro cessante), no valor de R$ 200,00 mensais (0,50), no período de dois meses de afastamento (0,20).	0,00/ 0,50/ 0,70	
Fundamento (culpa ou risco da atividade) (0,20) e indicação dos artigos para o dano material: arts. 186, OU 402, OU 927, OU 950 do CC/2002 (0,20).	0,00/ 0,20/ 0,40	
Dano extrapatrimonial – dano moral – reparação do dano moral por ofensa a esfera moral do trabalhador (0,20) Indicação dos artigos arts. 223-B, 223-C e 223-E da CLT (0,20). Requerer indenização no importe de cinquenta vezes o último salário contratual do ofendido (0,10) Indicar o art. 223-G, § 1º, IV, da CLT (0,10).	0,00/ 0,10/ 0,20 / 0,30/ 0,40/ 0,60	
Dano extrapatrimonial – dano estético – devido em razão do defeito aparente ou amputação de um dedo (0,20) Indicação dos arts. 223-B, 223-C e 223-E da CLT (0,20). Requerer o pagamento da indenização no importe de 50 vezes do último salário contratual do empregado, devido ao dano de natureza gravíssima (0,10) Indicação do art. 223-G, § 1º, IV, da CLT (0,10).	0,00/ 0,10/ 0,20/ 0,30/ 0,40/ 0,60	
Pensão vitalícia – pagamento de pensão vitalícia (de 20% do seu salário) por conta da redução da capacidade laborativa OU pagamento de indenização em cota única ou de uma só vez (0,40). Indicação do art. 950 do CC/2002 (0,20);	0,00/ 0,40/ 0,60	
Pedidos – Indenização por dano emergente (0,10), lucro cessante (0,10), dano moral (0,10), dano estético (0,10) e pensão (0,10).	0,00/ 0,10/ 0,20/ 0,30/ 0,40/ 0,50	
Encerramento requerendo à citação/notificação (0,10) e indicando o valor da causa (0,10).	0,00/ 0,10/ 0,20	
Fechamento da peça: Data, Local, Advogado(a) e OAB nº... (0,10).	0,00/ 0,10	
NOTA		

1.3.2. Exame de Ordem – XIV – adaptado

Síntese da entrevista realizada com HEITOR SAMUEL SANTOS, brasileiro, solteiro, desempregado, filho de Isaura Santos, portador da identidade nº

559, CPF: 202, residente e domiciliado na Rua Sete de Setembro, casa 18 – Manaus – Amazonas – CEP: 999;

- trabalhou na Fábrica de Componentes Eletrônicos Nimbus S.A. situada na Rua Leonardo Malcher, 7.070 – Manaus – Amazonas – CEP: 210.
- a empresa possui 220 empregados;
- é portador de deficiência e soube que, após a sua dispensa, não houve contratação de um substituto em condição semelhante, de forma que a empresa deixou de ter em seu quadro de empregados o número mínimo de portadores de deficiência previsto em lei;
- seu e-mail pessoal era monitorado pela empresa porque, na admissão, estava ocorrendo um problema na plataforma institucional, daí por que a ex-empregadora acordou com os empregados que o conteúdo de trabalho seria enviado ao e-mail particular de cada um, desde que pudesse fazer o monitoramento; que, em razão disso, o empregador teve acesso a diversos escritos e fotos particulares do depoente, repassando a terceiros, inclusive, conteúdo íntimo que ele não desejava expor, gerando traumas psicológicos irreparáveis em razão dessa ofensa de natureza gravíssima;
- durante o contrato sofreu descontos a título de contribuição sindical, mesmo não tendo autorizado prévia e expressamente tal desconto;
- teve a CTPS assinada como assistente de estoque, mas, em parte do horário de trabalho, também realizava as tarefas de um analista de compras, pois seu chefe determinava que ele fizesse pesquisa de preços e comparasse a sua evolução ao longo do tempo, atividades estranhas ao seu mister de assistente de estoque;
- trabalhava de 2ª a 6ª feira, das 8h às 16h45, com intervalo de 45 minutos para refeição, e aos sábados das 8h às 12h, sem intervalo.

Você, contratado como advogado, deve apresentar a medida processual adequada à defesa dos interesses de Heitor, sem criar dados ou fatos não informados. (Valor: 5,00)

Nos casos em que a lei exigir liquidação de valores, não se faz necessária a apresentação pelo Examinando, admitindo-se que o escritório possui setor próprio ou contratado especificamente para tal fim. (Valor: 5,00)

EXAME DE ORDEM XIV – RESOLUÇÃO

AO DOUTO JUIZO DA ____ VARA DO TRABALHO DE MANAUS, AMAZONAS

HEITOR SAMUEL SANTOS, brasileiro, solteiro, desempregado, filho de Isaura Santos, portador da identidade nº 559, CPF: 202, CTPS ____, PIS ____, residente e domiciliado na Rua Sete de Setembro, casa 18 – Manaus – Amazonas – CEP: 999, vem, respeitosamente, perante Vossa Excelência, por intermédio de seu advogado adiante assinado **(procuração anexa)**, com escritório profissional no endereço completo, onde recebe intimações ou notificações, com fulcro no **art. 840, *caput* e § 1º, da CLT** e **art. 300 do CPC, PROPOR:**

RECLAMAÇÃO TRABALHISTA, com pedido de tutela antecipada, pelo rito ordinário

em face de FÁBRICA DE COMPONENTES ELETRÔNICOS NIMBUS S.A., pessoa jurídica de direito privado, inscrita no CNPJ sob o número..., situada na Rua Leonardo Malcher, 7.070 – Manaus – Amazonas – CEP: 210, pelas razões de fato e de direito a seguir expostas.

I – PRELIMINAR

1. Tramitação preferencial do feito

O reclamante é portador de deficiência física, razão pela qual, nos termos do art. 9º, VII, da Lei nº 13.146/2015, faz jus à tramitação preferencial do feito em todos os atos e diligências, sendo o que se requer.

II – MÉRITO

1. Reintegração

Muito embora a empresa tenha 220 empregados, após a sua dispensa, não houve contratação de um substituto em condição semelhante, de forma que a empresa deixou de ter em seu quadro de empregados o número mínimo de portadores de deficiência previsto em lei.

Nos termos do art. 93, § 1º, da Lei nº 8.213/91, com redação dada pela Lei nº 13.146/2015, quando a empresa tiver mais de 100 empregados, a dispensa imotivada em contrato por prazo indeterminado somente poderá ocorrer após a contratação de outro trabalhador com deficiência ou beneficiário reabilitado da Previdência Social.

Diante do exposto, requer a reintegração do empregado e o pagamento dos salários e demais vantagens devidas entre a data da dispensa e a reintegração do empregado.

2. Tutela antecipada

Conforme referido, o reclamante foi dispensado sem justa causa sem que outro trabalhador com deficiência ou beneficiário reabilitado da Previdência Social tenha sido do contratado para ocupar a sua vaga inobstante a empresa tivesse mais de 100 empregados.

Encontram-se presentes os requisitos autorizadores da concessão de tutela antecipada, previstos nos arts. 300 do CPC, que compreendem: a probabilidade do direito e o risco de dano. Verifique:

Evidencia-se a probabilidade do direito na medida em que o empregado não poderia ter sido dispensado sem que antes outro trabalhador com deficiência ou beneficiário reabilitado da Previdência Social tivesse sido contratado, nos termos do art. art. 93, § 1º, da Lei nº 8.213/91.

Já o risco de dano está presente, visto que o reclamante está desempregado, dependendo, portanto, do trabalho para sua subsistência.

Diante do exposto, requer a concessão da liminar para a imediata reintegração do reclamante ao trabalho.

3. Dano Extrapatrimonial – dano moral

O Reclamante tinha seu e-mail pessoal monitorado pela empresa porque, na admissão, estava ocorrendo um problema na plataforma institucional, daí por que a ex-empregadora acordou com os empregados que o conteúdo de trabalho seria enviado ao e-mail particular de cada um, desde que pudesse fazer o monitoramento. Em razão disso, o empregador teve acesso a diversos escritos e fotos particulares do reclamante, repassando a terceiros, inclusive, conteúdo íntimo que ele não desejava expor, gerando traumas psicológicos irreparáveis em razão dessa ofensa de natureza gravíssima.

Nos termos do art. 223-C da CLT, a intimidade é um direito da personalidade e sua violação deve ser reparada por dano extrapatrimonial por aquele que por ação ou omissão lhe der causa, consoante dispõem os arts. 223-B e 223-E da CLT.

À luz do art. 5º, X, da CF, são invioláveis a intimidade, a vida privada, a honra e a imagem das pessoas, sendo assegurado o direito à indenização por danos morais decorrente de sua violação.

Diante do exposto, requer a condenação da reclamada ao pagamento de indenização por danos morais, no importe de cinquenta vezes o último salário contratual do ofendido, considerando a natureza gravíssima da ofensa, à luz do art. 223-G, § 1º, IV, da CLT.

Ao arbitrar o valor, esse Douto Juízo deve considerar as circunstâncias previstas no art. 223-G da CLT, sobretudo, a natureza dos bens tutelados: a intimidade e a vida privada do trabalhador (art. 223-G, I, da CLT), a intensidade do sofrimento causado ao reclamante, bem como os traumas psicológicos irreparáveis (art. 233-G, II e III, da CLT), a extensão e a duração dos efeitos da ofensa, uma vez que o conteúdo já foi repassado a terceiros (art. 223-G, V, da CLT) e o dolo evidente na conduta do empregador (art. 223-G, VII, da CLT).

4. Devolução do desconto da contribuição sindical

Durante o contrato, o Reclamante sofreu descontos a título de contribuição sindical, mesmo não tendo autorizado prévia e expressamente tal desconto.

Nos termos dos arts. 578 e 579 da CLT, a contribuição sindical está condicionada à autorização prévia e expressa do empregado, a qual não houve no presente caso.

Diante do exposto, requer a condenação da reclamada ao pagamento dos valores descontados do reclamante a título de contribuição sindical no curso do contrato.

5. Acúmulo de função

O reclamante teve sua CTPS assinada como assistente de estoque, mas, em parte do horário de trabalho, também realizava as tarefas de um analista de compras, pois seu chefe determinava que ele fizesse pesquisa de preços e comparasse a sua evolução ao longo do tempo, atividades estranhas às funções de assistente de estoque.

Com base nos arts. 13 da Lei nº 6.615/78 e 8º da Lei nº 3.207/57, que se aplicam analogicamente ao caso em tela, é devido um acréscimo salarial em razão do acúmulo de função, posto que demandem maior grau de qualificação ou maior responsabilidade, compatíveis com função melhor remunerada.

Diante do exposto, requer um *plus* salarial, de R$..., pelo acúmulo de função em parte do horário de trabalho, bem como de seus reflexos em verbas contratuais e resilitórias.

Por fim, requer a retificação da CTPS para constar seu real salário, nos termos do art. 29, § 1º, da CLT

6. Intervalo intrajornada

O Reclamante trabalhava de segunda a sexta-feira, das 8h às 16h45, com intervalo de 45 minutos para refeição.

Nos termos do art. 71 da CLT, o empregado que trabalha mais de 6 horas faz jus a um intervalo de, no mínimo, 1 hora, o qual não foi observado.

Diante do exposto, requer a condenação da reclamada ao pagamento do período suprimido, ou seja, de 15 minutos, com acréscimo de 50%, conforme estabelece o art. 71, § 4º, da CLT.

7. Gratuidade da justiça

O reclamante encontra-se desempregado, de modo que, nos termos do art. 790, § 3º, da CLT, faz jus aos benefícios da gratuidade da justiça, previstos no art. 98, § 1º, do CPC.

8. Honorários advocatícios

Requer a condenação da reclamada ao pagamento de honorários advocatícios, no importe de 15%, sobre o valor que resultar da liquidação, nos termos do art. 791-A da CLT.

III – PEDIDOS

Diante do exposto, requer:

a) a reintegração do empregado;

b) a concessão da liminar determinando a imediata reintegração do reclamante.

c) a condenação da reclamada ao pagamento de indenização por danos morais, no importe de cinquenta vezes o último salário contratual do ofendido, considerando a natureza gravíssima da ofensa .... R$............ ;

d) a devolução dos valores descontados do reclamante a título de contribuição sindical no curso do contrato .... R$............ ;

e) a condenação da reclamada ao pagamento de um *plus* salarial, de R$...., pelo acúmulo de função em parte do horário de trabalho .... R$............ ;

f) condenação da reclamada ao pagamento do intervalo intrajornada do período suprimido, ou seja, de 15 minutos, com acréscimo de 50%, conforme estabelece o art. 71, § 4º, da CLT .... R$..........; e

g) a condenação da reclamada ao pagamento de honorários advocatícios, no importe de 15%, sobre o valor que resultar da liquidação, nos termos do art. 791-A da CLT .... R$............ .

IV – REQUERIMENTOS FINAIS

Diante do exposto, requer:

a) a concessão da liminar determinando a imediata reintegração do reclamante.

b) a notificação da Reclamada para oferecer resposta à reclamação trabalhista, sob pena de revelia e confissão quanto à matéria de fato;

c) a produção de todos os meios de prova em direito admitidos, em especial a prova documental, o depoimento pessoal e a oitiva de testemunhas; e

d) por fim, a procedência dos pedidos com a condenação da reclamada ao pagamento das verbas pleiteadas, acrescidas de juros e correção monetária.

Atribui-se à causa o valor de R$...., correspondente à somatória dos pedidos.

Nestes termos,

pede deferimento.

Local e data.

Advogado(a)
OAB nº

EXAME DE ORDEM XIV – ESPELHO DE CORREÇÃO – ADAPTADO

QUESITOS AVALIADOS	FAIXA DE VALORES	ATENDIMENTO AO QUESITO
Petição inicial, com endereçamento ao juízo de Manaus, AM.	0,00/ 0,10	
Identificação de autor (0,20) e ré (0,20).	0,00/ 0,20/ 0,40	
Reintegração, porque a dispensa do portador de deficiência não foi acompanhada da contratação de outro em condição semelhante (0,60). Indicação do art. 93, § 1º, da Lei nº 8.213/91 (0,20).	0,00/ 0,60/ 0,80	
Indenização por dano moral em virtude do monitoramento indevido do e-mail pessoal do trabalhador, ferindo a intimidade (0,60). Indicação do art. 5º, X, da CF/88 OU art. 223-G, § 1º, IV, da CLT (0,20)	0,00/ 0,60/ 0,80	
Devolução do desconto da contribuição sindical descontada sem prévia e expressa autorização do reclamante (0,60). Indicação dos arts. 578 e 579 da CLT (0,20).	0,00/ 0,30/ 0,50/ 0,60/ 0,80	
Plus salarial pelo acúmulo de função em parte do horário de trabalho (0,60). Indicação do art. 456, parágrafo único, da CLT; OU do art. 13 da Lei nº 6.615/78; OU do art. 8º da Lei nº 3.207/57 (0,20).	0,00/ 0,60/ 0,80	
15 minutos de hora extra, com adicional de 50%, pela pausa alimentar parcialmente concedida (0,60). Indicação do art. 71, § 4º, da CLT (0,20).	0,00/ 0,30/ 0,50/ 0,60/ 0,80	
Requerimento de citação/notificação do réu para contestação (0,10), procedência dos pedidos (0,20) e indicação de valor dado à causa (0,10).	0,00/ 0,10/ 0,20/ 0,30/ 0,40	
Fechamento da peça: Data, Local, Advogado(a) e OAB nº... (0,10).	0,00/ 0,10	
TOTAL		

1.3.3. Exame de Ordem – XX – adaptado

Suzana trabalhou na residência da família Moraes de 15.06.2015 a 15.09.2015, data na qual teve baixa em sua CTPS. A família do ex-empregador vive em Natal/RN.

Suzana foi contratada a título de experiência por 45 dias, findos os quais nada foi tratado e ela continuou trabalhando normalmente.

Suzana realizava todas as atividades do lar, iniciando o trabalho às 7h e saindo às 16h, de segunda a sexta-feira, com 30 minutos de intervalo.

Suzana tinha descontado do seu salário 10% referente ao vale-transporte, além de sua cota-parte do INSS e 25% do valor da alimentação consumida no emprego.

Suzana fazia a limpeza dos 3 banheiros existentes na residência, mas não recebia qualquer adicional.

Em determinada ocasião, Suzana viajou com a família por 4 dias úteis para Gramado/RS. Nessa ocasião, trabalhou como babá das 8h às 17h, desfrutando de uma hora de almoço.

Na data da dispensa, Suzana recebeu as seguintes verbas: férias proporcionais de 3/12 avos acrescidas de 1/3 e 13° salário proporcional de 3/12 avos.

Você foi procurado por Suzana para, na condição de advogado(a), redigir a peça prático-profissional pertinente em defesa dos interesses da trabalhadora, sem criar dados ou fatos não informados. (Valor: 5,00)

Nos casos em que a lei exigir liquidação de valores, não se faz necessária a apresentação pelo Examinando, admitindo-se que o escritório possui setor próprio ou contratado especificamente para tal fim. (Valor: 5,00)

Obs.: A peça deve abranger todos os fundamentos de Direito que possam ser utilizados para dar respaldo à pretensão. A simples menção ou transcrição do dispositivo legal não pontua.

EXAME DE ORDEM XX – RESOLUÇÃO

AO DOUTO JUÍZO DA ____ VARA DO TRABALHO DE NATAL, RN

SUZANA, qualificação e endereço completos, vem, respeitosamente, perante Vossa Excelência, por intermédio de seu advogado adiante assinado **(procuração anexa)**, com escritório profissional no endereço completo, onde recebe intimações ou notificações, com fulcro no **art. 840, *caput* e § 1°, da CLT, PROPOR:**

RECLAMAÇÃO TRABALHISTA, pelo rito ordinário

em face de NOME DA RECLAMADA, qualificação e endereço completos, pelas razões de fato e de direito a seguir expostas.

I – MÉRITO

1. Horas extras – excesso de jornada

A reclamante laborava das 7h às 16h, de segunda a sexta-feira, com 30 minutos de intervalo, ou seja, seu labor era de 8 horas e 30 minutos.

Com base nos arts. 7º, XIII, da CF e 2º da LC nº 150/2015, a duração normal do trabalho doméstico não excederá a 8 horas diárias e 44 semanais.

Diante do exposto, requer a condenação da reclamada ao pagamento de horas extras, assim consideradas as excedentes às 8 horas diárias, acrescidas no adicional de 50% (arts. 7º, XVI, da CF e 2º, § 1º, da LC nº 150/2015), bem como de seus reflexos em verbas contratuais e resilitórias.

2. Intervalo intrajornada

A reclamante realizava todas as atividades do lar, iniciando o trabalho às 7h e saindo às 16h, de segunda a sexta-feira, com 30 minutos de intervalo.

Nos termos do art. 13 da LC nº 150/2015, é obrigatória a concessão de intervalo para repouso ou alimentação pelo período de, no mínimo, 1 hora, admitindo-se, mediante prévio acordo escrito entre empregador e empregado, sua redução a 30 minutos. No caso em tela, não houve o referido acordo, razão pela qual é indevida a redução do intervalo para 30 minutos.

Diante do exposto, requer a condenação da reclamada ao pagamento do período suprimido, ou seja, 30 minutos, acrescido do adicional de 50%.

3. Devolução dos descontos – vale-transporte

Suzana tinha descontado do seu salário 10% referente ao vale-transporte.

Com fulcro no art. 19, parágrafo único, da LC nº 150/2015, aplica-se aos trabalhadores domésticos a Lei nº 7.418/85, a qual, em seu art. 4º, parágrafo único, determina que o empregador participará dos gastos de deslocamento do trabalhador com a ajuda de custo equivalente à parcela que exceder a 6% de seu salário básico. No mesmo sentido, encontra-se o art. 9º, I, do Decreto nº 95.247/87. Logo, o empregador poderia descontar do salário do empregado apenas o equivalente a 6%.

Diante do exposto, requer a condenação da reclamada a devolução dos valores correspondente a 4% do salário da reclamante durante todo o curso do contrato de trabalho.

4. Devolução dos descontos – alimentação

Suzana tinha descontado do seu salário 25% do valor da alimentação consumida no emprego.

Nos termos do art. 18 da LC nº 150/2015, é vedado ao empregador doméstico efetuar descontos no salário do empregado por fornecimento de alimentação.

Diante do exposto, requer a condenação da reclamada a devolução dos valores descontados do salário da reclamante a título de alimentação.

5. Adicional – viagem

Em determinada ocasião, Suzana viajou com a família por 4 dias úteis para Gramado/RS. Nesta ocasião, trabalhou como babá das 8h às 17h, desfrutando de uma hora de almoço.

Nos termos do art. 11, § 2º, da LC nº 150/2015, a remuneração-hora do serviço em viagem será, no mínimo, de 25% superior ao valor do salário-hora normal.

Diante do exposto, requer a condenação da reclamada ao pagamento de 25% por hora trabalhada na viagem.

6. Aviso-prévio e projeções – verbas rescisórias

Suzana foi contratada a título de experiência por 45 dias, findos os quais nada foi tratado e ela continuou trabalhando normalmente, de modo que o contrato de trabalho passou a ser por prazo indeterminado. Apesar disso, quando dispensada, a reclamante não recebeu o aviso-prévio e suas projeções nas férias e 13º salário.

Com base no art. 5º, § 2º, da LC nº 150/2015, o contrato de experiência que, havendo continuidade do serviço, não for prorrogado após o decurso de seu prazo previamente estabelecido, passará a vigorar como contrato de trabalho por prazo indeterminado.

Em decorrência disso, à luz do art. 23, § 1º, da LC nº 150/2015, é devido à reclamante o aviso-prévio de 30 dias e reflexos em férias acrescidas de 1/3, na razão de 1/12, e 13º salário, também de 1/12.

Diante do exposto, requer a condenação da reclamada ao pagamento de 15 dias de saldo de salário, 30 dias de aviso-prévio e 1/12 de férias, acrescidas de 1/3, e 1/12 de 13º salário.

Por fim, requer a retificação da CTPS, de modo a constar como data de saída o último dia do aviso-prévio, ainda que indenizado, nos termos da OJ 82 da SDI-1 do TST.

7. Honorários advocatícios

Requer a condenação do reclamado ao pagamento de honorários advocatícios, no importe de 15%, do valor que resultar da liquidação, à luz do art. 791-A da CLT.

II – PEDIDOS

Diante do exposto, requer:

a) a condenação da reclamada ao pagamento de horas extras, assim consideradas as excedentes à 8ª diária, acrescida do adicional de 50%, bem como de seus reflexos ....R$;

b) a condenação da reclamada ao pagamento de 30 minutos de horas extras diárias, em razão da redução do intervalo, acrescida do adicional de 50%,......... ....R$;

c) a condenação da reclamada à devolução dos valores correspondente a 4% do salário da reclamante a título de vale-transporte e dos descontos com alimentação ....R$;

d) a condenação da reclamada ao pagamento de 25% por hora trabalhada na viagem realizada com a família ....R$;

e) a condenação da reclamada ao pagamento de 15 dias de saldo de salário, 30 dias de aviso-prévio e 1/12 de férias e 1/12 de 13° salário ....R$; e

f) a condenação da reclamada ao pagamento de honorários advocatícios ....R$.

III – REQUERIMENTOS FINAIS

Diante do exposto, requer:

a) notificação da Reclamada para oferecer resposta à Reclamação trabalhista, sob pena de revelia e confissão quanto à matéria de fato;

b) a produção de todos os meios de prova em direito admitidos, em especial a prova documental, o depoimento pessoal e a oitiva de testemunhas; e

c) por fim, a procedência dos pedidos com a condenação da reclamada ao pagamento das verbas pleiteadas, acrescidas de juros e correção monetária.

Atribui-se à causa o valor de R$..., correspondente à somatória dos valores dos pedidos.

Nestes termos,

pede deferimento.

Local e data.

Advogado(a)

OAB nº

EXAME DE ORDEM XX – ESPELHO DE CORREÇÃO (REAPLICAÇÃO) –ADAPTADO

DIREITO DO TRABALHO – PEÇA		
QUESITO AVALIADO	**FAIXA DE VALORES**	**ATENDIMENTO AO QUESITO**
Petição Inicial dirigida ao Juiz do Trabalho de Natal/RN (0,20).	0,00/ 0,20	
Qualificação do autor (0,10) e do réu (0,10).	0,00/ 0,10/ 0,20	

DIREITO DO TRABALHO – PEÇA		
QUESITO AVALIADO	**FAIXA DE VALORES**	**ATENDIMENTO AO QUESITO**
Hora extra pela supressão do intervalo (30 minutos) (0,40). Citação do art. 13 da LC nº 150/2015 (0,20) **Obs.**: Haverá redutor de 0,30 caso seja requerida uma hora de intervalo ou reflexos.	0,00/ 0,40/ 0,60	
Pagamento de 25% por hora trabalhada em viagem (0,50). Citação do art. 11, § 2º, da LC nº 150/2015 (0,10).	0,00/ 0,50/ 0,60	
Devolução do desconto de alimentação ilegal (0,40). Citação do art. 18 da LC nº 150/2015 (0,10).	0,00/ 0,40/ 0,50	
Devolução do excesso do desconto do vale-transporte (0,40). Citação do parágrafo único do art. 4º da Lei nº 7.418/85 OU do Decreto nº 95.247/87, art. 9º, I (0,10).	0,00/ 0,40/ 0,50	
Reconhecimento de contrato por prazo indeterminado (0,50). Citação do art. 5º, § 2º, da LC nº 150/2015 (0,10).	0,00/ 0,50/ 0,60	
Anotação/Retificação de dispensa com projeção do aviso-prévio (0,20). Citação da OJ nº 82 do TST (0,10).	0,00 / 0,20 / 0,30	
Aviso-prévio (0,40). Citação do art. 23, § 1º, da LC nº 150/2015 OU CF/88, art. 7º, XXI OU CF/88, art. 7º, parágrafo único (0,20).	0,00/ 0,20/ 0,40/ 0,60	
Reflexo do aviso-prévio em férias acrescidas de 1/3 (0,20).	0,00/ 0,20	
Reflexo do aviso-prévio em 13º salário (0,20).	0,00/ 0,20	
Requerimento de procedência dos pedidos (0,20).	0,00/ 0,20	
Local, data, advogado e OAB nº (0,30).	0,00/ 0,30	
TOTAL		

1.3.4. Exame de Ordem – XXII – adaptado

Marina Ribeiro, brasileira, casada, desempregada, filha de Laura Santos, portadora da identidade nº 855, CPF: 909, residente e domiciliada na Rua Coronel Saturnino, casa 28 – São Paulo-SP – CEP: 4444, trabalhou para a sociedade empresária Malharia Fina Ltda., localizada na capital paulista, como auxiliar de produção, de 01/12/2017 a 30/06/2018, quando foi dispensada sem justa causa, recebendo as verbas da ruptura contratual.

Atualmente, Marina está desempregada, mas, na época em que atuava na Malharia Fina, ganhava 1 salário-mínimo mensal.

Marina é presidente do seu sindicato de classe (dirigente sindical), ao qual está filiada desde a admissão, tendo sido eleita e empossada no dia 20/04/2018 para um mandato de 2 anos, bem como cientificada a empregadora do fato por e-mail, exibido ao advogado.

Marina recebeu uniforme e EPI da empresa, jamais sofrendo descontos no seu salário em razão disso.

Recebia, também, R$ 500,00 de alimentação, em dinheiro, e trabalhava de segunda a sexta-feira, das 13h30 às 22h30, com intervalo de 1 hora, e, aos sábados, das 8h às 12h, sem intervalo.

Após o horário informado, de segunda a sexta-feira, gastava 20 minutos para trocar o uniforme, pois era obrigada a fazê-lo na empresa, por imposição de regulamento interno.

Marina recebeu a participação proporcional nos lucros proporcional dos anos de 2017 e 2018.

Marina tem três filhos saudáveis, com idades de 12, 10 e 8 anos, conforme certidões de nascimento que apresentou.

Ela, no ano de 2018, comprovadamente, doou sangue em duas ocasiões, faltou ao emprego e, em ambas, e foi descontada a título de falta.

Em 2018, ela foi descontada em três dias, quando se ausentou para viajar para o Nordeste e comparecer ao enterro de um primo, que falecera em acidente de trânsito.

Hugo, o superior imediato de Marina, era chefe do setor de produção. Duas vezes na semana, no mínimo, dizia que ela tinha um belo sorriso. Por educação, Marina agradecia o elogio.

Em 2018, em razão de doença, Hugo ficou afastado do serviço por 30 dias e ela o substituiu até o seu retorno.

Por ocasião do exame demissional, o setor médico da empresa informou que Marina estava apta para a dispensa.

Nos seus contracheques, em todos os meses desde a admissão, havia o lançamento de crédito de um salário-mínimo e de duas cotas de salário-família, além de descontos de INSS e do vale-transporte.

Marina ainda informou que tinha ajuizado uma ação anteriormente e que, como perdera a confiança no antigo advogado, não compareceu à audiência para a qual fora intimada. Essa ação havia sido distribuída à 250ª Vara do Trabalho de São Paulo e, em consulta pela Internet, foi verificado o seu arquivamento.

Com base nos dados apresentados, formule a peça (rito ordinário) de defesa dos interesses de Marina em juízo. (Valor: 5,00)

Nos casos em que a lei exigir liquidação de valores, não se faz necessária a apresentação pelo Examinando, admitindo-se que o escritório possui setor próprio ou contratado especificamente para tal fim. (Valor: 5,00)

Obs.: A peça deve abranger todos os fundamentos de Direito que possam ser utilizados para dar respaldo à pretensão. A simples menção ou transcrição do dispositivo legal não confere pontuação.

EXAME DE ORDEM XXII – RESOLUÇÃO

AO DOUTO JUÍZO DA 250ª VARA DO TRABALHO DE SÃO PAULO/SP

Distribuição por dependência à 250ª Vara do Trabalho – juízo prevento

Autos nº

MARINA RIBEIRO, brasileira, casada, desempregada, filha de Laura Santos, portadora da identidade nº 855, CPF: 909, residente e domiciliada na Rua Coronel Saturnino, casa 28 – São Paulo-SP – CEP: 4444, vem, respeitosamente, perante Vossa Excelência, por intermédio de seu advogado adiante assinado **(procuração anexa)**, com escritório profissional no endereço completo, onde recebe intimações ou notificações, com fulcro nos **arts. 840 e 659, X, da CLT** e **art. 300 do CPC, PROPOR:**

RECLAMAÇÃO TRABALHISTA, com pedido de tutela antecipada, pelo rito ordinário

em face de **MALHARIA FINA LTDA.**, qualificação e endereço completos, pelas razões de fato e de direito a seguir expostas.

I – MÉRITO

1. Reintegração

Marina é presidente do seu sindicato de classe (dirigente sindical), ao qual está filiada desde a admissão, tendo sido eleita e empossada no dia 20/04/2018 para um mandato de 2 anos, sendo dispensada sem justa causa em 30/06/2018, ou seja, no curso do mandato.

Nos termos do art. 8°, inciso VIII, da CF/88 e do art. 543, § 3°, da CLT, a empregada tem estabilidade provisória no emprego desde o registro da candidatura até 1 anos após término do mandato.

Diante do exposto, requer a nulidade da dispensa e a reintegração da empregada.

2. Tutela antecipada

Conforme referido, a reclamante foi dispensada sem justa causa no curso da estabilidade provisória no emprego, sendo, portanto, devida a sua reintegração.

Encontram-se presentes os requisitos autorizadores da concessão de tutela antecipada, previstos nos arts. 300 do CPC e 659, X, da CLT, que compreendem: a probabilidade do direito e o risco de dano. Verifique:

Evidencia-se a probabilidade do direito na medida em que a empregada foi dispensada no curso da estabilidade provisória no emprego por ser dirigente sindical, consoante proíbem os arts. 8º, VIII, da CF e 543, § 3º, da CLT.

Já o risco de dano está presente, visto que a reclamante está desempregada, dependendo, portanto, do trabalho para sua subsistência e, também, porque sem a sua imediata reintegração, uma vez que é presidente do sindicato, a defesa dos trabalhadores fica comprometida.

Diante do exposto, requer a concessão da liminar para a imediata reintegração da empregada ao trabalho.

3. Alimentação

A reclamante recebia R$ 500,00, em dinheiro, de alimentação do empregador.

Nos termos do art. 457, § 2º, da CLT, a alimentação paga em dinheiro, como no presente caso, caracteriza-se salário.

Diante do exposto, requer a integração do valor da alimentação ao salário da reclamante para gerar reflexos em verbas contratuais e resilitórias. Requer ainda a retificação da CTPS da empregada para constar o seu real salário, nos termos do art. 29, § 1º, da CLT.

4. Horas extras

A reclamante trabalhava de segunda a sexta-feira, das 13h30 às 22h30, com intervalo de 1 hora, e, aos sábados, das 8h às 12h, sem intervalo. Após o horário informado, de segunda a sexta-feira, gastava 20 minutos para trocar o uniforme, pois era obrigada a fazê-lo na empresa, por imposição de regulamento interno.

Nos termos do art. 4º, § 2º, VIII, da CLT, é considerado tempo à disposição do empregador o destinado à troca de roupa ou uniforme, quando há obrigatoriedade de realizar a troca na empresa.

Diante do exposto, requer a condenação da reclamada ao pagamento dos 20 minutos extras diários, acrescidos do adicional de 50% (arts. 7º, XVI, da CF e 59, § 1º, da CLT), bem como de seus reflexos em verbas contratuais e resilitórias.

5. Adicional noturno

A reclamante trabalhava de segunda a sexta-feira, das 13h30 às 22h30, e ficava mais 20 minutos à disposição do empregador.

Nos termos do art. 73, *caput* e § 2º, da CLT, as horas trabalhadas das 22h às 5h devem ser remuneradas com o acréscimo de 20%.

Diante do exposto, requer a condenação da reclamada ao pagamento do adicional noturno, no importe de 20% do valor da hora diurna, quanto às horas que a reclamante ficava à disposição do empregador após as 22h, bem como de seus reflexos em verbas contratuais e resilitórias.

6. Intervalo interjornadas

A reclamante terminava o labor na sexta-feira, às 22h30, permanecia à disposição do empregador por mais 20 minutos trocando o uniforme, e iniciava o trabalho aos sábados, às 8h, ou seja, entre uma jornada de trabalho e outra decorriam apenas nove horas e 10 minutos de intervalo.

Nos termos do art. 66 da CLT e da OJ 355 do TST, entre 2 jornadas de trabalho haverá um período mínimo de 11 horas consecutivas para descanso, sendo devidas as horas subtraídas do intervalo, acrescidas do adicional de 50%.

Diante do exposto, requer a condenação da reclamada ao pagamento das horas que faltaram para completar o intervalo mínimo interjornadas de 11 horas, acrescida do adicional de 50%.

7. Salário-família

A reclamante tem **três filhos** saudáveis, com idades de 12, 10 e 8 anos, conforme certidões de nascimento que apresentou; entretanto, recebia apenas duas cotas do salário-família.

Nos termos dos arts. 2º da Lei nº 4.266/63, 66 da Lei nº 8.213/91 e 83 do Decreto nº 3.048/99, o salário-família é devido ao trabalhador de baixa renda salarial por filho com idade de até 14 anos.

Diante do exposto, requer a condenação da reclamada ao pagamento de uma cota do salário-família.

8. Devolução do desconto – doação de sangue

No ano de 2018, a reclamante comprovadamente doou sangue em duas ocasiões, nas quais faltou ao emprego e, em ambas, foi descontada a título de falta.

Nos termos do art. 473, IV, da CLT, o empregado poderá deixar de comparecer ao serviço sem prejuízo do salário por um dia, em cada 12 meses de trabalho, em caso de doação voluntária de sangue devidamente comprovada.

Diante do exposto, requer a devolução de um dia de trabalho que foi descontado do salário da reclamante pelo motivo em questão.

9. Diferenças salariais

Hugo, o superior imediato de Marina, era chefe do setor de produção. Em 2018, em razão de doença, ele ficou afastado do serviço por 30 dias e a reclamante o substituiu até o seu retorno.

Nos termos da Súmula 159, I, do TST, enquanto perdurar a substituição que não tenha caráter meramente eventual, como no caso em tela, o empregado substituto fará jus ao salário contratual do substituído.

Diante do exposto, requer a condenação da reclamada ao pagamento das diferenças salariais, bem como de seus reflexos em verbas contratuais e resilitórias.

10. Justiça gratuita

A reclamante encontra-se desempregada, de modo que, nos termos do art. 790, § 3º, da CLT, faz jus aos benefícios da gratuidade da justiça, previstos no art. 98, § 1º, do CPC.

11. Honorários advocatícios

Requer a condenação do reclamado ao pagamento de honorários advocatícios, no importe de 15% do valor que resultar da liquidação, à luz do art. 791-A da CLT.

II – PEDIDOS

Diante do exposto, requer:

a) a nulidade da dispensa e a reintegração da empregada .... R$.....

b) a concessão da liminar para a imediata reintegração da empregada ao trabalho .... R$.....

c) a integração do valor da alimentação ao salário da reclamante para gerar reflexos em verbas contratuais e resilitórias .... R$.....

d) a condenação da reclamada no pagamento dos 20 minutos extras diários, acrescidos do adicional de 50% (arts. 7º, XVI, da CF e 59, § 1º, da CLT), bem como de seus reflexos em verbas contratuais e resilitórias .... R$.....

e) a condenação da reclamada ao pagamento do adicional noturno, no importe de 20% do valor da hora diurna, quanto às horas que a reclamante ficava à disposição do empregador após as 22h, bem como de seus reflexos em verbas contratuais e resilitórias .... R$.....

f) a condenação da reclamada ao pagamento das horas que faltaram para completar o intervalo mínimo interjornadas de 11 horas, acrescida do adicional de 50% .... R$.....

g) a condenação da reclamada ao pagamento de uma cota do salário-família R$..

h) requer a devolução de um dia de trabalho que foi descontado do salário da reclamante pelo motivo em questão .... R$.....

i) a condenação da reclamada ao pagamento das diferenças salariais, bem como de seus reflexos em verbas contratuais e resilitórias .... R$.....

j) os benefícios da gratuidade da justiça; e

k) honorários advocatícios, no importe de 15%, sobre o valor líquido da condenação .... R$.....

III – REQUERIMENTOS FINAIS

Diante do exposto, requer:

a) a **distribuição por dependência à 250ª Vara do Trabalho** de São Paulo, nos termos do art. 286, II, do CPC, em razão da prevenção daquele juízo, uma vez que reclamação idêntica foi extinta sem resolução do mérito nessa vara do trabalho, tendo a reclamante recolhido as custas, nos termos do art. 844, §§ 2º e 3º, da CLT.

b) **a concessão da liminar determinando a imediata reintegração da reclamada.**

c) **a notificação** da Reclamada para oferecer resposta à Reclamação trabalhista, sob pena de revelia e confissão quanto à matéria de fato;

d) **a produção** de todos os meios **de prova** em direito admitidos, em especial a prova documental, o depoimento pessoal e a oitiva de testemunhas;

e) por fim, **a procedência dos pedidos** com a **condenação** da reclamada ao pagamento das verbas pleiteadas, acrescidas de juros e correção monetária.

Atribui-se à causa o valor de R$..., correspondente à somatória dos pedidos.

Nestes termos,

pede deferimento.

Local e data.

Advogado(a)

OAB nº

EXAME DE ORDEM XXII – ESPELHO DE CORREÇÃO – ADAPTADO

DIREITO DO TRABALHO – PEÇA		
QUESITO AVALIADO	**FAIXA DE VALORES**	**ATENDIMENTO AO QUESITO**
1. Endereçamento Petição inicial com endereçamento ao juízo da 250ª Vara do Trabalho de São Paulo (0,10).	0,00/ 0,10	
2. Partes Nome e qualificação da reclamante (0,10) e do reclamado (0,10).	0,00/ 0,10/ 0,20	
3. Prevenção Distribuição por dependência OU prevenção à 250ª VT/SP (0,20). Indicação do art. 286, II, do CPC (0,10).	0,00/ 0,20/ 0,30	

DIREITO DO TRABALHO – PEÇA		
QUESITO AVALIADO	FAIXA DE VALORES	ATENDIMENTO AO QUESITO
4. Justiça gratuita Requerimento de assistência judiciária gratuita (0,20).	0,00/ 0,20	
5. Estabilidade Reintegração, porque a autora é dirigente sindical, tendo estabilidade no emprego OU sendo vedada sua dispensa (0,50). Indicação do art. 8º, VIII, da CF/88 OU do art. 543, § 3º, da CLT (0,10).	0,00/ 0,50/ 0,60	
6. Tutela de urgência Pedido de tutela de urgência ou medida liminar ou antecipação de tutela para imediato retorno (0,20). Indicação do art. 300 do CPC OU do art. 659, X, da CLT (0,10).	0,00/ 0,20/ 0,30	
7. Salário-utilidade Integração da alimentação ao salário (0,30). Indicação do art. 457, § 2º, da CLT (0,10).	0,00/ 0,30/ 0,40	
8. Hora extra É considerado tempo à disposição do empregador o destinado a troca de roupa ou uniforme, quando há obrigatoriedade de realizar a troca na empresa (0,30). Pedir 20 minutos diários com o adicional de 50% (0,10). Indicação do art. 4º, § 2º, VIII, da CLT (0,10).	0,00/ 0,30/ 0,40 / 0,50	
9. Intervalo entre jornadas Horas extras pela inobservância do intervalo mínimo entre a jornada de sexta-feira e sábado (0,10). Indicação do art. 66 da CLT OU da OJ 355 do TST (0,10).	0,00/ 0,10/ 0,20	
10. Adicional noturno Adicional noturno sobre a jornada realizada após as 22h (0,50). Indicação do art. 73 da CLT OU do art. 73, § 2º, da CLT (0,10).	0,00/ 0,50/ 0,60	
11. Salário-família (cota faltante) 1 (uma) cota de salário-família faltante (0,40). Indicação do art. 66 da Lei nº 8.213/91; OU do art. 83 do Decreto nº 3.048/99; OU do art. 7º, XII, da CF/88; OU do art. 2º da Lei nº 4.266/63; OU do art. 4º do Decreto nº 53.153/63 (0,10).	0,00/ 0,40/ 0,50	
12. Devolução desconto Devolução de 1 (um) dia de doação de sangue em que a falta é justificada (0,30). Indicação do art. 473, IV, da CLT (0,10).	0,00/ 0,30/ 0,40	

DIREITO DO TRABALHO – PEÇA		
QUESITO AVALIADO	**FAIXA DE VALORES**	**ATENDIMENTO AO QUESITO**
13. Substituição Diferença salarial em razão da substituição do chefe do setor (0,30). Indicação da Súmula 159, I, do TST (0,10).	0,00/ 0,30/ 0,40	
Procedência dos pedidos (0,20).	0,00/ 0,20	
Fechamento da peça: Data, Local, Advogado(a), OAB nº... (0,10).	0,00/ 0,10	
TOTAL		

1.3.5. Exame de Ordem – XXVII

Nelson Aviz procura você, como advogado(a), afirmando que foi empregado da sociedade empresária Alfa Ltda. na sede desta, localizada em Sete Lagoas/MG, de 17/12/2017 a 28/04/2018, tendo exercido, na prática, a função de técnico de informática.

Nelson informa que foi despedido por justa causa, apesar de não ter feito nada de errado, não recebendo qualquer indenização, mas apenas o saldo salarial do último mês; que a empresa não integrava, para fim algum, o salário-família que Nelson recebia; que trabalhava de segunda-feira a sábado, das 20h às 5h, com intervalo de 20 minutos para refeição; que o local de trabalho era de difícil acesso e não servido por transporte público regular, pelo que a empresa fornecia o transporte para ir ao trabalho e voltar dele, de forma que Nelson demorava uma hora no trajeto de ida e outra uma hora no de volta; que realizou exame médico na admissão; que Nelson tem uma irmã que trabalha na mesma sociedade empresária, exercendo a função de programadora de jogos digitais. O trabalhador exibe cópias dos contracheques, nos quais há, na parte de crédito, salário de R$ 1.200,00 e uma cota de salário-família; já na parte de descontos, há INSS, vale-transporte e FGTS. Nelson ainda exibiu sua CTPS, na qual consta admissão em 17/12/2017 e saída em 28/04/2018, na função de auxiliar de serviços gerais; na parte de anotações gerais, há anotação de que o empregado foi dispensado por justa causa em razão de conduta inadequada.

Em pesquisa pela Internet, você localiza a convenção coletiva da categoria de Nelson, com os pisos normativos para todas as funções desempenhadas na sociedade empresária Alfa, dentre elas os seguintes: auxiliar de serviços gerais: R$ 1.200,00; técnico em informática: R$ 1.800,00; programador: R$ 3.500,00; e engenheiro de computação: R$ 6.000,00.

Elabore a peça prático-profissional que melhor defenda os interesses de Nelson, sem usar dados ou informações que não estejam no enunciado. (Valor: 5,00)

Obs.: a peça deve abranger todos os fundamentos de Direito que possam ser utilizados para dar respaldo à pretensão. A simples menção ou transcrição do dispositivo legal não confere pontuação.

Nos casos em que a lei exigir liquidação de valores, não será necessário que o examinando a apresente, admitindo-se que o escritório possui setor próprio ou contratado especificamente para tal fim.

EXAME DE ORDEM XXVII – RESOLUÇÃO

AO DOUTO JUÍZO DA ____ VARA DO TRABALHO DE SETE LAGOAS, MINAS GERAIS

Autos no

NELSON AVIZ, qualificação e endereço completos, vem, respeitosamente, perante Vossa Excelência, por intermédio de seu advogado adiante assinado (procuração anexa), com escritório profissional no endereço completo, onde recebe intimações ou notificações, com fulcro no art. 840, *caput* e § 1°, da CLT, PROPOR:

RECLAMAÇÃO TRABALHISTA, pelo rito ordinário

em face da SOCIEDADE EMPRESÁRIA ALFA LTDA., qualificação e endereço completos, pelas razões de fato e de direito a seguir expostas.

I – MÉRITO

1 – Reversão da dispensa por justa causa em sem justa

O reclamante foi despedido por justa causa, apesar de não ter feito nada de errado, não recebendo qualquer indenização, mas apenas o saldo salarial do último mês.

Uma vez que não houve a prática de falta grave por parte do emprego, **é ilegal a sua dispensa por justa causa, razão pela qual requer a reversão da dispensa por justa causa em dispensa sem justa causa e, consequentemente, a condenação da reclamada ao pagamento das verbas resilitórias típicas, quais sejam: aviso-prévio de 30 dias, 13° salário proporcional do ano de 2017 (1/12), 13° salário proporcional do ano de 2018 (5/12), férias proporcionais, acrescidas de 1/3 (5/12) e multa de 40% do FGTS.**

2 – Horas extras

O reclamante trabalhava de segunda-feira a sábado, das 20h às 5h, com intervalo de 20 minutos para refeição.

Nos termos do art. 7º, XIII, da CF e art. 58 da CLT, a jornada máxima de trabalho é de 8 horas diárias e 44 horas semanais, a qual era ultrapassada. Ressalte-se que a jornada noturna é reduzida, à luz do art. 73, § 1º, da CLT, de modo que cada 52 minutos e 30 segundos de trabalho equivale à uma hora, assim, das 22h às 5h, considera-se um labor de 8 horas.

Diante do exposto, requer a condenação da reclamada ao pagamento das horas extras, assim consideradas as excedentes à 8ª diária e 44ª semanais, acrescidas do adicional de 50%, bem como reflexos nas verbas contratuais e resilitórias.

3 – Intervalo Intrajornada

Consoante referido, o reclamante laborava de segunda-feira a sábado, das 20h às 5h, com intervalo de 20 minutos para refeição.

Nos termos do art. 71, caput, da CLT, aqueles que laboram mais de 6 horas diárias fazem jus a um intervalo intrajornada de, no mínimo, 1 hora, o qual não era observado.

Diante do exposto, requer a condenação da reclamada ao pagamento do período suprimido, ou seja, de 40 minutos diários, acrescidos de 50%, à luz do art. 71, § 4º, da CLT.

4 – Adicional noturno

Frise-se, mais uma vez, que o reclamante laborava das 20h às 5h, de segunda a sábado.

Nos termos do art. 73, caput e § 2º, da CLT, as horas trabalhadas das 22h às 5h devem ser remuneradas com o acréscimo de 20%.

Diante do exposto, requer a condenação da reclamada ao pagamento do adicional noturno, no importe de 20% do valor da hora diurna, quanto às horas que o reclamante ficava à disposição do empregador após as 22h, bem como de seus reflexos em verbas contratuais e resilitórias.

5 – Diferenças salariais e retificação da CTPS

Embora na CTPS do reclamante conste que exercia a função de auxiliar de serviços gerais, ele sempre trabalhou como técnico de informática e recebeu R$ 1.200,00.

Nos termos da convenção coletiva da categoria de Nelson, o piso normativo para o empregado que exerce a função de técnico em informática é de R$ 1.800,00. À luz do art. 7º, XXVI, da CF, é direito dos trabalhadores o "reconhecimento das convenções e acordos coletivos de trabalho".

Diante do exposto, requer a condenação da reclamada ao pagamento das diferenças salariais e reflexos nas verbas contratuais e resilitórias, bem como a retificação da CTPS do reclamante para constar sua real função de técnico de informática, com base no art. 29 da CLT.

6 – Dano moral

O reclamado escreveu na parte de anotações gerais da CTPS do empregado que o mesmo foi dispensado por justa causa em razão de conduta inadequada.

É vedado ao empregador efetuar anotações desabonadoras à conduta do empregado em sua Carteira de Trabalho e Previdência Social, nos termos do art. 29, § 4º, da CLT. O ato ilícito da reclamada ensejou ofensa à esfera extrapatrimonial do trabalhador, razão pela qual é devida a reparação por danos morais, à luz dos arts. 223-B e 223-E.

Diante do exposto, requer a condenação da reclamada ao pagamento de indenização por danos morais.

7 – Devolução do FGTS

O empregador descontava do salário do empregado o valor do FGTS depositado.

Nos termos dos arts. 7º, III, da CF, 15 da Lei nº 8.036/90 e 27 do Decreto 99.684/90, é obrigação do empregador depositar 8% da remuneração paga ou devida no mês anterior ao trabalhador, sendo, portanto, indevido o desconto.

Diante do exposto, requer a condenação da reclamada à devolução dos descontos de FGTS realizados durante o contrato de trabalho.

8. Honorários advocatícios

Requer a condenação do reclamado ao pagamento de honorários advocatícios, no importe de 15%, do valor que resultar da liquidação, à luz do art. 791-A da CLT.

II – PEDIDOS

Diante do exposto, requer:

a) a reversão da dispensa por justa causa em dispensa sem justa causa e, consequentemente, a condenação da reclamada ao pagamento das verbas resilitórias típicas, quais sejam: aviso-prévio de 30 dias, 13º salário proporcional do ano de 2017 (1/12), 13º salário proporcional do ano de 2018 (5/12), férias proporcionais, acrescidas de 1/3 (5/12) e multa de 40% do FGTS ....R$

b) a condenação da reclamada ao pagamento das horas extras, assim consideradas as excedentes à 8ª diária e 44ª semanais, acrescidas do adicional de 50%, bem como reflexos nas verbas contratuais e resilitórias .. ..R$

c) a condenação da reclamada ao pagamento do período suprimido, ou seja, de 40 minutos diários, acrescidos de 50%, à luz do art. 71, § 4º, da CLT.......... ....R$

d) a condenação da reclamada ao pagamento do adicional noturno, no importe de 20% do valor da hora diurna, quanto às horas que o reclamante ficava à disposição do empregador após as 22h, bem como de seus reflexos em verbas contratuais e resilitórias .... R$

e) a condenação da reclamada ao pagamento das diferenças salariais e reflexos nas verbas contratuais e resilitórias, bem como a retificação da CTPS do reclamante para constar sua real função de técnico de informática, nos termos do art. 29 da CLT.

f) a condenação da reclamada ao pagamento de indenização por danos morais .... R$

g) a condenação da reclamada à devolução dos descontos de FGTS realizados durante o contrato de trabalho .... R$

h) a condenação da reclamada ao pagamento de honorários advocatícios .... R$

III – REQUERIMENTOS FINAIS

Diante do exposto, requer:

a) **a notificação da Reclamada para oferecer resposta à Reclamação trabalhista, sob pena de revelia e confissão quanto à matéria de fato;**

b) **a produção de todos os meios de prova em direito admitidos, em especial a prova documental, o depoimento pessoal e a oitiva de testemunhas; e**

c) **por fim, a procedência dos pedidos com a condenação da reclamada ao pagamento das verbas pleiteadas, acrescidas de juros e correção monetária.**

Atribui-se à causa o valor de R$ ..., correspondente à somatória dos valores dos pedidos.

Nestes termos,

pede deferimento.

Local e data.

Advogado(a)

OAB no

EXAME DE ORDEM XXVII – ESPELHO DE CORREÇÃO

DIREITO DO TRABALHO – PEÇA		
QUESITO AVALIADO	FAIXA DE VALORES	ATENDIMENTO AO QUESITO
1. Endereçamento Juízo do Trabalho de Sete Lagoas/MG (0,10)	0,00/ 0,10	

DIREITO DO TRABALHO – PEÇA		
QUESITO AVALIADO	**FAIXA DE VALORES**	**ATENDIMENTO AO QUESITO**
2. Partes Qualificação do autor (0,10) e do réu (0,10)	0,00/ 0,10/ 0,20	
3. JUSTA CAUSA Anulação da dispensa por justa causa porque o autor não praticou falta grave prevista em Lei (0,30). Indicação Art. 482, CLT (0,10) Ou O ônus de provar a falta grave (justa causa) é do empregador (0,30). Indicação art. 818, II, CLT OU 373, II, CPC (0,10)	0,00/0,30/0,40	
Ou Pelo princípio da continuidade da relação de emprego, o ônus da prova da justa causa é do empregador (0,30). Indicação Súmula, 212 TST (0,10)		
4. VERBAS RESILITÓRIAS Verbas resilitórias: aviso prévio (0,10), 13º salário proporcional (0,10), férias proporcionais 0,00/0,10/0,20/ + 1/3 (0,10), formulários para saque do FGTS (0,10), indenização de 40% sobre o FGTS (0,10)	0,00/ 0,10/0,20 /0,30/0,40/0,50 /0,60/0,70	
5. HORAS EXTRAS Horas extras com adicional de 50% pelo excesso de jornada (0,40). Indicação do Art. 7o, XIII, CRFB/88 OU Art. 58, CLT (0,10)	0,00/0,40/0,50	
6. INTERVALO INTRAJORNADA 40 minutos diários pelo intervalo desrespeitado, com adicional de 50% (0,40). Indicação Art. 71, § 4o, CLT (0,10)	0,00/0,40/0,50	
7. ADICIONAL NOTURNO Adicional noturno sobre a jornada cumprida a partir das 22.00 h (0,40). Indicação Art. 73, CLT (0,10)	0,00/0,40/0,50	
8. RETIFICAÇÃO DA CTPS Retificação da CTPS para constar a verdadeira função (0,20). Indicação Art. 29, CLT ou PN 105, TST (0,10)	0,00/0,20/0,30	
9. DIFERENÇA SALARIAL Pagamento da diferença salarial pelo piso da função exercida(0,20). Indicação da Convenção Coletiva (0,10)	0,00/0,20/0,30	

DIREITO DO TRABALHO – PEÇA		
QUESITO AVALIADO	**FAIXA DE VALORES**	**ATENDIMENTO AO QUESITO**
10. DANO MORAL Indenização por dano moral pela anotação de penalidade na CTPS do autor (0,40). Indicação Art. 29, § 4o, CLT OU Art. 223-C, CLT, OU Art. 8o Portaria 41 do Ministério do 0,00/0,40/0,50 Trabalho (0,10)	0,00/0,40/0,50	
11. DEVOLUÇÃO DO DESCONTO Devolução do desconto de FGTS, pois se trata de obrigação do empregador (0,30). Indicação Art. 15 da Lei no 8.036/90 OU Art. 7o, III, CRFB/88 OU art. 27 Decreto 99684/90	0,00/0,30/0,40	
12. HONORÁRIOS ADVOCATÍCIOS Requerimento de honorários advocatícios (0,30). Indicação Art. 791-A, CLT (0,10)	0,00/0,30/0,40	
13. PROCEDÊNCIA DOS PEDIDOS Requerimento de procedência dos pedidos (0,10)	0,00/0,10	
14. PROVAS Indicação das provas que pretende produzir (0,10)	0,00/ 0,10	
15. VALOR DA CAUSA Indicação do valor da causa OU dos valores de cada pedido (0,10)	0,00/0,10	
Fechamento da peça: Data, Local, Advogado(a), OAB nº... (0,10).	0,00/ 0,10	

CAPÍTULO 2

RESPOSTAS DO RECLAMADO

São respostas do réu: a contestação e as exceções de incompetência, de suspeição e de impedimento.

2.1. ESTRUTURA DA CONTESTAÇÃO

2.1.1. Endereçamento

O primeiro passo para elaborar uma contestação é o endereçamento.

A contestação deve ser dirigida para o juízo onde está tramitando a reclamação trabalhista, da seguinte maneira:

> AO DOUTO JUÍZO DA ____ VARA DO TRABALHO DE __.

2.1.2. Qualificação

O segundo passo é a qualificação das partes, a indicação do fundamento legal da peça processual (art. 847 da CLT) e da sua denominação. Acompanhe:

> **AO DOUTO JUÍZO DA ___ VARA DO TRABALHO DE ________.**
>
> Processo nº
>
> **NOME DO RECLAMADO**, qualificação e endereço completos, vem, respeitosamente, perante Vossa Excelência, por intermédio de seu advogado adiante assinado **(procuração anexa)**, com escritório profissional no endereço completo, onde recebe intimações e notificações, com fulcro no **art. 847 da CLT c/c 769 da CLT, OFERECER:**
>
> **CONTESTAÇÃO**
>
> À reclamação trabalhista que lhe move **NOME DO RECLAMANTE**, já qualificado nos autos em epígrafe, pelas razões de fato e de direito a seguir expostas.

2.1.3. Preliminares, prejudiciais, mérito e reconvenção

A seguir, confira e memorize a estrutura da contestação:

I – Preliminar de Mérito;

II – Prejudiciais;

III – Mérito;

IV – Reconvenção;

V – Requerimentos Finais.

É preciso analisar, no caso concreto, se há preliminares, prejudiciais e reconvenção. Os tópicos do mérito e dos requerimentos finais estarão presentes em todas as contestações

2.1.3.1. Preliminares

São hipóteses de **preliminares de contestação** todas as relacionadas no art. 337 do CPC.

Para identificá-las, sugiro que sejam observados os seguintes passos, que gosto de chamar de **procedimento de pensamento.**

1º passo – Ao fazer a primeira leitura, reserve todos os problemas relacionados com o processo, como o que lhe parece ser caso de incompetência, as hipóteses de falta de pedido, de ilegitimidade, etc.

2º passo – Verifique se eles se enquadram em alguma das hipóteses do art. 337 do CPC.

Em caso afirmativo, há uma preliminar a ser arguida. Neste momento, sugiro que seja elaborado o tópico da preliminar, relatado o fato e na sequência apontado o fundamento, que terá sido identificado quando confirmada a preliminar no 2º passo.

Restará apenas a elaboração do pedido.

3º passo – Como em regra as preliminares[1] conduzem à extinção do processo sem resolução do mérito, devemos buscar o fundamento para o pedido no art. 485 do CPC.

1 As preliminares de mérito classificam-se em dilatórias e peremptórias. Enquanto as dilatórias não visam à extinção do processo; as peremptórias possuem esse objetivo. As dilatórias são a maioria.

Tratam de exceções dilatórias a conexão e continência (art. 337, VIII, do CPC) e a incapacidade de parte ou irregularidade de representação (art. 337, IX, do CPC). O art. 337, VIII, do CPC refere-se apenas à conexão,

Seguem dois exemplos: inépcia da petição inicial e perempção.

a) Inépcia da petição inicial

Analisemos o caso em que o examinador relata que o reclamante postula indenização por dano moral sem indicar qualquer motivo, ou seja, sem causa de pedir.

O primeiro passo é perceber que há um problema relacionado com o processo.

O segundo, verificar se estamos diante de uma das hipóteses do art. 337 do CPC. O segredo é analisar todas as hipóteses na ordem dos incisos. Veja o art. 337 do CPC:

> **Art. 337 do CPC.** Incumbe ao réu, antes de discutir o mérito, alegar:
>
> I – inexistência ou nulidade da citação;
>
> II – incompetência absoluta e relativa;
>
> III – incorreção do valor da causa;
>
> IV – inépcia da petição inicial;
>
> V – perempção;
>
> VI – litispendência;
>
> VII – coisa julgada;
>
> VIII – conexão;
>
> IX – incapacidade da parte, defeito de representação ou falta de autorização;
>
> X – convenção de arbitragem;
>
> XI – ausência de legitimidade ou de interesse processual;
>
> XII – falta de caução ou de outra prestação que a lei exige como preliminar;
>
> XIII – indevida concessão do benefício de gratuidade de justiça.

É evidente que não se trata de inexistência ou nulidade de citação, nem de incompetência absoluta, ou de incorreção do valor da causa. Todavia, será que estaríamos diante da hipótese de inépcia da petição inicial? É preciso recorrer ao art. 330, § 1º, do CPC para confirmar:

> **Art. 330, § 1º, do CPC.** Considera-se INÉPTA a petição inicial quando:

---

entretanto, esta compreende também a continência. Reputam-se conexas duas ou mais ações, quando lhes for comum o objeto ou a causa de pedir (art. 55 do CPC). Dá-se a continência entre duas ou mais ações sempre que há identidade quanto às partes e à causa de pedir, mas o objeto de uma, por ser mais amplo, abrange o das outras (art. 56 do CPC). Nestes casos, demanda-se a reunião de ações propostas em separado, a fim de que sejam decididas simultaneamente.

> **I – lhe faltar pedido ou causa de pedir;**
>
> II – o pedido for indeterminado, ressalvadas as hipóteses legais em que se permite o pedido genérico;
>
> III – da narração dos fatos não decorrer logicamente a conclusão;
>
> IV – contiver pedidos incompatíveis entre si.

Perceba, no inciso I, do § 1º, do art. 330 do CPC, a hipótese de inépcia da petição inicial por falta de causa de pedir. Identificamos a preliminar. Já é possível abrir o tópico, relatar o fato e indicar o fundamento legal. Resta-nos identificar o fundamento do pedido.

Conforme dito, em regra, as preliminares levam à extinção do processo sem resolução do mérito, portanto, precisamos recorrer ao art. 485 do CPC. Vamos a ele:

> **Art. 485 do CPC.** O juiz não resolverá o mérito quando:
>
> **I – indeferir a petição inicial**;
>
> II – o processo ficar parado durante mais de 1 (um) ano por negligência das partes;
>
> III – por não promover os atos e as diligências que lhe incumbir, o autor abandonar a causa por mais de 30 (trinta) dias;
>
> IV – verificar a ausência de pressupostos de constituição e de desenvolvimento válido e regular do processo;
>
> V – reconhecer a existência de perempção, de litispendência ou de coisa julgada;
>
> VI – verificar ausência de legitimidade ou de interesse processual;
>
> VII – acolher a alegação de existência de convenção de arbitragem ou quando o juízo arbitral reconhecer sua competência;
>
> VIII – homologar a desistência da ação;
>
> IX – em caso de morte da parte, a ação for considerada intransmissível por disposição legal; e
>
> X – nos demais casos prescritos neste Código.
>
> § 1º Nas hipóteses descritas nos incisos II e III, a parte será intimada pessoalmente para suprir a falta no prazo de 5 (cinco) dias.
>
> § 2º No caso do § 1º, quanto ao inciso II, as partes pagarão proporcionalmente as custas, e, quanto ao inciso III, o autor será condenado ao pagamento das despesas e dos honorários de advogado.
>
> § 3º O juiz conhecerá de ofício da matéria constante dos incisos IV, V, VI e IX, em qualquer tempo e grau de jurisdição, enquanto não ocorrer o trânsito em julgado.

§ 4º Oferecida a contestação, o autor não poderá, sem o consentimento do réu, desistir da ação.

§ 5 A desistência da ação pode ser apresentada até a sentença.

§ 6º Oferecida a contestação, a extinção do processo por abandono da causa pelo autor depende de requerimento do réu.

§ 7º Interposta a apelação em qualquer dos casos de que tratam os incisos deste artigo, o juiz terá 5 (cinco) dias para retratar-se.

Aqui, mais uma vez, o segredo é **não "pular"** nenhum inciso, isto é, analisar todos eles na ordem.

O inciso I do art. 485 do CPC determina que é hipótese de extinção do processo sem resolução do mérito o indeferimento da petição inicial. Mas quais são as hipóteses de indeferimento? Elas estão descritas no art. 330, *caput*, do CPC. É necessário ir a ele:

Art. 330 do CPC. A petição inicial será indeferida quando:

I – for inepta;

II – a parte for manifestamente ilegítima;

III – o autor carecer de interesse processual;

IV – não atendidas as prescrições dos arts. 106 e 321.

Aí está, devemos pedir a extinção do processo sem resolução por indeferimento da petição inicial já que o nosso caso é de inépcia, ou seja, requer a extinção do processo sem resolução do mérito, com fundamento no art. 485, I, do CPC, por indeferimento da petição inicial uma vez que inepta.

Logo, devemos pedir a extinção do processo sem resolução do mérito por indeferimento da petição (art. 485, I, do CPC).

Veja o tópico completo:

I – PRELIMINAR

1. Inépcia da petição inicial

Na petição inicial da reclamação trabalhista consta o pedido de condenação do reclamando ao pagamento de indenização por danos morais, sem a indicação de qualquer causa de pedir. **(Fato)**

Segundo estabelece o **art. 330, § 1º,** do CPC, a petição inicial será inepta quando lhe faltar o pedido ou causa de pedir. Quanto ao pedido de indenização por danos morais, a petição inicial apresenta apenas o pedido, estando ausente a causa de pedir, sendo, portanto, inepta neste particular.

Esclarece-se que a inépcia da petição inicial é matéria que deve ser tratada em preliminar de contestação, nos termos do **art. 337, IV, do CPC. (Fundamento)** Diante do exposto, requer a extinção do processo sem resolução do mérito, nos termos arts. **485, I, e 330, § 1º, I, do CPC** (indeferimento da petição inicial), quanto ao pedido de indenização por danos morais. **(Pedido)**

b) Perempção

Analisaremos a hipótese em que o reclamante deu causa a dois arquivamentos seguidos do processo por não comparecer à audiência e trinta dias depois ajuizou uma terceira reclamação trabalhista igual.

O primeiro passo é perceber que há um problema relacionado com o processo.

O segundo, verificar se estamos diante de uma das hipóteses do art. 337 do CPC. O segredo é analisar todas as hipóteses na ordem dos incisos. Verifique o art. 337 do CPC:

> **Art. 337 do CPC.** Incumbe ao réu, antes de discutir o mérito, alegar:
>
> I – inexistência ou nulidade da citação;
>
> II – incompetência absoluta e relativa;
>
> III – incorreção do valor da causa;
>
> IV – inépcia da petição inicial;
>
> **V – perempção;**
>
> VI – litispendência;
>
> VII – coisa julgada;
>
> VIII – conexão;
>
> IX – incapacidade da parte, defeito de representação ou falta de autorização;
>
> X – convenção de arbitragem;
>
> XI – ausência de legitimidade ou de interesse processual;
>
> XII – falta de caução ou de outra prestação que a lei exige como preliminar;
>
> XIII – indevida concessão do benefício de gratuidade de justiça.

É evidente que não se trata de inexistência ou nulidade de citação, nem de incompetência absoluta, ou de incorreção do valor da causa. Contudo, será que estaríamos diante da hipótese de inépcia da petição inicial? É preciso recorrer ao art. 330, § 1º, do CPC para confirmar:

> **Art. 330, § 1º, do CPC.** Considera-se INÉPTA a petição inicial quando:

> I – lhe faltar pedido ou causa de pedir;
>
> II – o pedido for indeterminado, ressalvadas as hipóteses legais em que se permite o pedido genérico;
>
> III – da narração dos fatos não decorrer logicamente a conclusão;
>
> IV – contiver pedidos incompatíveis entre si.

Uma simples leitura do art. 330, § 1º, do CPC descarta a hipótese de inépcia da petição inicial.

O próximo inciso, o IV, versa sobre perempção. Quais são as hipóteses de perempção?

As hipóteses de perempção no Processo do Trabalho são diferentes das do Processo Civil e estão previstas nos arts. 731 e 732 da CLT. Comprove:

> **Art. 731 da CLT.** Aquele que, tendo apresentado ao distribuidor reclamação verbal, não se apresentar, no prazo estabelecido no parágrafo único do art. 786, à Junta ou Juízo para fazê-lo tomar por termo, incorrerá na pena de perda, pelo prazo de 6 (seis) meses, do direito de reclamar perante a Justiça do Trabalho.
>
> **Art. 732 da CLT.** Na mesma pena do artigo anterior incorrerá o reclamante que, por 2 (duas) vezes seguidas, der causa ao arquivamento de que trata o art. 844.

Ambas conduzem ao impedimento temporário de ajuizamento de reclamação trabalhista com a mesma causa de pedir e pedidos da(s) ajuizada(s) anteriormente, pelo prazo de 6 meses.

O nosso caso enquadra-se no art. 732 da CLT. A preliminar foi identificada.

Já é possível escrever o título, relatar o fato e apontar o fundamento da preliminar.

Resta o pedido.

Conforme dito, em regra, as preliminares levam à extinção do processo sem resolução do mérito, portanto, precisamos recorrer ao art. 485 do CPC. Vamos a ele:

> **Art. 485 do CPC.** O juiz não resolverá o mérito quando:
>
> I – indeferir a petição inicial;
>
> II – o processo ficar parado durante mais de 1 (um) ano por negligência das partes;
>
> III – por não promover os atos e as diligências que lhe incumbir, o autor abandonar a causa por mais de 30 (trinta) dias;

IV – verificar a ausência de pressupostos de constituição e de desenvolvimento válido e regular do processo;

V – reconhecer a existência de perempção, de litispendência ou de coisa julgada;

VI – verificar ausência de legitimidade ou de interesse processual;

VII – acolher a alegação de existência de convenção de arbitragem ou quando o juízo arbitral reconhecer sua competência;

VIII – homologar a desistência da ação;

IX – em caso de morte da parte, a ação for considerada intransmissível por disposição legal; e

X – nos demais casos prescritos neste Código.

§ 1º Nas hipóteses descritas nos incisos II e III, a parte será intimada pessoalmente para suprir a falta no prazo de 5 (cinco) dias.

§ 2º No caso do § 1º, quanto ao inciso II, as partes pagarão proporcionalmente as custas, e, quanto ao inciso III, o autor será condenado ao pagamento das despesas e dos honorários de advogado.

§ 3º O juiz conhecerá de ofício da matéria constante dos incisos IV, V, VI e IX, em qualquer tempo e grau de jurisdição, enquanto não ocorrer o trânsito em julgado.

§ 4º Oferecida a contestação, o autor não poderá, sem o consentimento do réu, desistir da ação.

§ 5º A desistência da ação pode ser apresentada até a sentença.

§ 6º Oferecida a contestação, a extinção do processo por abandono da causa pelo autor depende de requerimento do réu.

§ 7º Interposta a apelação em qualquer dos casos de que tratam os incisos deste artigo, o juiz terá 5 (cinco) dias para retratar-se.

Aqui, mais uma vez, o segredo é **não "pular"** nenhum inciso, ou seja, analisar todos eles na ordem.

O primeiro inciso do art. 485 do CPC dispõe que é hipótese de extinção do processo sem resolução do mérito o indeferimento da petição inicial. Mas quais são as hipóteses de indeferimento? Elas estão descritas no art. 330, *caput*, do CPC. É necessário ir a ele:

Art. 330 do CPC. A petição inicial será indeferida quando:

I – for inepta;

II – a parte for manifestamente ilegítima;

III – o autor carecer de interesse processual;

IV – não atendidas as prescrições dos arts. 106 e 321.

Uma simples leitura do ***caput***, do art. 330 do CPC descarta a hipótese de indeferimento da petição inicial.

Os incisos II e III não se aplicam ao Processo do Trabalho, logo passemos a análise do inciso IV, "ausência de pressupostos de constituição e de desenvolvimento válido e regular do processo".

É o momento de recordar os pressupostos de existência e de validade do processo:

Existência	Validade
• Petição Inicial; • Jurisdição; • Citação; • Capacidade de ser parte (pessoa ou ente despersonalizado).	• Apta; • Juiz imparcial e competente; • Válida; • Capacidade processual.

Por não se aplicar ao caso, descartamos também o inciso IV do art. 485 do CPC.

Passemos a análise do inciso V: "reconhecer a existência de perempção, de litispendência ou de coisa julgada".

Aí está a perempção, que é hipótese de extinção do processo sem resolução do mérito, nos termos do art. 485, V, do CPC.

Você poderia perguntar: por que não recorremos direto ao inciso V, em que está clara a hipótese de perempção? Por que analisar todos os incisos? Não seria perda de tempo? Se "pularmos" incisos, o método falhará e, em outros casos, não identificaremos a preliminar ou o fundamento para a extinção do processo.

Olhe o tópico completo:

I – PRELIMINAR

1. Perempção

O reclamante deu causa a dois arquivamentos seguidos do processo por não comparecer à audiência e trinta dias depois ajuizou uma terceira reclamação trabalhista igual. **(Fato)**

Consoante instituem os **arts.732 e 844 da CLT**, incorrerá na pena de perda do direito de ajuizar nova reclamação trabalhista pelo prazo de 6 (seis) meses aquele que, por duas vezes seguidas, der causa ao arquivamento da reclamação trabalhista por não comparecer à audiência, sendo, no Processo do Trabalho, esta uma das hipóteses de perempção.

Esclarece-se que a perempção é matéria que deve ser tratada em preliminar de contestação, com base no **art. 337, V, do CPC. (Fundamento)**

Diante disso, requer a extinção do processo sem resolução do mérito, à luz do **art. 485, V, do CPC.**

Sucessivamente, caso não seja acolhida a preliminar de mérito, requer a análise dos demais itens a seguir expostos. **(Pedido)**

c) Incompetência absoluta

Ressalte-se, por último, que a incompetência da Justiça do Trabalho também deve ser arguida em preliminar de contestação, nos moldes do art. 337, II, do CPC.

A competência da Justiça do Trabalho está definida no art. 114 da CF. A partir da análise desse artigo, a jurisprudência aponta as principais matérias que não são de competência da Justiça do Trabalho. Confira:

- as ações que sejam instauradas entre o poder público e seus servidores estatutários ou que possuam com ele regime jurídico administrativo (AC/ADI 3395-4);
- as ações penais (ADI 3.684). Saliente-se que os crimes contra a organização do trabalho são de competência da Justiça Federal (art.109, VI, da CF);
- as ações de execução de cobrança de honorários de profissionais liberais (Súmula 363 do STJ);
- a execução de contribuições sociais incidentes sobre os salários pagos durante o período contratual reconhecido (art. 876, parágrafo único, da CLT, Súmula Vinculante 53 do STF e Súmula 368, I, do TST).
- a anotação falsa na Carteira de Trabalho e Previdência Social, atentando contra interesse da Autarquia Previdenciária é crime nos termos do art. 49 do CLT e, quem o comete, estará incurso nas mesmas sanções do crime de falsificação de documento público, nos termos do § 4.º do art. 297 do Código Penal, sendo a competência da Justiça Federal para processar e julgar o delito, consoante o art. 109, IV, da CF.
- a anotação falsa feita para outros fins, que não atentar contra os interesses da Previdência, como, por exemplo, para comprovação de experiência profissional exigida para um emprego, também é crime, nos termos dos arts. 49 da CLT e 299 do Código Penal, porém de competência será da Justiça Estadual.

➢ acerca da complementação de aposentadoria:

O Plenário do STF decidiu em 20.02.2013, no julgamento do Recurso Extraordinário (RE) 586456, que cabe à Justiça Comum julgar processos decorrentes de contrato de previdência complementar privada. Como a matéria teve repercussão geral reconhecida, esse entendimento passou a valer para todos os processos semelhantes que tramitam nas diversas instâncias do Poder Judiciário, sobretudo na Justiça do Trabalho.

No mesmo julgamento, o STF decidiu também modular os efeitos da decisão e definiu que continuam na Justiça do Trabalho todos os processos que já tiveram sentença de mérito proferida até 20.02.2013. Os demais processos em tramitação que ainda não têm sentença, a partir desta data, deverão ser remetidos à Justiça Comum.

O STF entendeu que o art. 202, § 2.º, da CF determina que a previdência complementar não integra o contrato de trabalho, tanto que é possível a portabilidade do direito acumulado pelo participante para outro plano, consoante autoriza o art. 14, II, da LC 109/2001.

A competência da Justiça Comum para julgar processos decorrentes de contrato de previdência complementar privada abrange, naturalmente, a complementação de pensão requerida por viúva.

Entretanto, uma análise mais detalhada da referida decisão do STF permite a seguinte conclusão:

a) há dois tipos de planos de complementação de aposentadoria: um, instituído, regulamentado e pago pelo empregador e outro, por entidade privada de previdência complementar não vinculada ao empregador.

b) no caso de plano instituído, regulamentado e pago pelo empregador, a competência para dirimir as controvérsias será da Justiça do Trabalho, sendo a ação proposta em face do empregador. São exemplos: a Previ e a Petros;

c) no caso de plano de entidade privada de previdência complementar não vinculada ao empregador, duas ações são possíveis: a) contra o empregador, requerendo o pagamento de valores a título de complementação devidos por ele e não quitados, sendo a competência da Justiça do Trabalho; e b) contra a entidade de previdência complementar privada para discussão acerca dos benefícios a serem pagos aos empregados, inclusive no que diz respeito às regras aplicáveis a ele, sendo a competência da Justiça Comum. É bastante comum ação em face da entidade de previdência privada discutindo se são aplicáveis as regras do tempo da contratação ou as vigentes à época em que foram preenchidos todos os requisitos para o benefício.

2.1.3.2. Prejudiciais de mérito – Prescrição

A prescrição e a decadência[2] são matérias que devem ser arguidas sob o título de prejudiciais de mérito. Em uma reclamação trabalhista, como o prazo é prescricional, a prejudicial de mérito arguida na contestação é destinada ao apontamento da prescrição.

Podem ser arguidas as prescrições bienal, quinquenal e total.

O pedido será sempre de extinção do processo com resolução do mérito, de acordo com o art. 487, II, do CPC, quanto a todos os pedidos ou a apenas uma parte deles.

a) Prescrição bienal (arts. 7º, XXIX, da CF e 11 da CLT)

A prescrição bienal está prevista no art. 7º, XXIX, da CF, bem como no art. 11 da CLT. Em suma, esses dispositivos estabelecem que o empregado tem o prazo de 2 anos, contados a partir da extinção do contrato de trabalho (Súmula 308, I, do TST), para pleitear qualquer verba resultante dessa relação jurídica.

Atente-se para os dispositivos legais:

> **Art. 7º, XXIX, da CF.** São direitos dos trabalhadores urbanos e rurais, além de outros que visem à melhoria de sua condição social:
>
> (...) **XXIX** – ação, quanto a créditos resultantes das relações de trabalho, com prazo prescricional de cinco anos para os trabalhadores urbanos e rurais, até o limite de dois anos após a extinção do contrato de trabalho; (...)
>
> **Art. 11 da CLT.** A pretensão quanto a créditos resultantes das relações de trabalho prescreve em cinco anos para os trabalhadores urbanos e rurais, até o limite de dois anos após a extinção do contrato de trabalho.
>
> **Súmula 308 do TST.** I – Respeitado o biênio subsequente à cessação contratual, a prescrição da ação trabalhista concerne às pretensões imediatamente anteriores a cinco anos, contados da data do ajuizamento da reclamação e, não, às anteriores ao quinquênio da data da extinção do contrato. II – A nor-

2 Os Principais prazos decadenciais no Processo do Trabalho:

- Mandado de Segurança: o prazo decadencial de 120 (cento e vinte) dias, contados a partir da ciência do ato ilegal praticado pela autoridade pública coatora (art. 23 da Lei nº 12.016/2009).
- Ação Rescisória: prazo decadencial de 2 (dois) anos para o seu ajuizamento, contados do dia imediatamente subsequente ao trânsito em julgado da última decisão proferida na causa, seja de mérito ou não (art. 975 do CPC e Súmula 100, I, do TST).
- Inquérito para apuração de falta grave: prazo decadencial (Súmula 403 do STF) de 30 (trinta) dias para a sua propositura, quando o empregador optar pela suspensão do empregado estável, contados a partir da data de suspensão (art. 853 da CLT), salvo na circunstância prevista pela Súmula 62 do TST.

ma constitucional que ampliou o prazo de prescrição da ação trabalhista para 5 (cinco) anos é de aplicação imediata e não atinge pretensões já alcançadas pela prescrição bienal quando da promulgação da CF/1988.

Logo, todos os pedidos objeto de qualquer reclamação trabalhista proposta dois anos após a extinção do contrato de trabalho estão prescritos.

Verifique o exemplo:

I – PREJUDICIAL DE MÉRITO

1. Prescrição bienal

O reclamante postulou o pagamento das verbas trabalhistas oriundas do contrato de trabalho extinto no dia 02.09.2013 em reclamação ajuizada no dia 02.12.2015. **(Fato)**

De acordo com os arts. 7º, XXIX, da CF, 11 da CLT e a Súmula 308, I, do TST, opera-se a prescrição bienal, o ajuizamento de reclamação trabalhista, após o prazo de 2 anos, contados do término do contrato de trabalho. A ação *in casu* ultrapassou o limite legal, estando, portanto, prescrita. **(Fundamento)**

Diante do exposto, requer a extinção do processo com resolução do mérito, nos termos do art. 487, II, do CPC.

b) Prescrição quinquenal

O prazo de prescrição das verbas trabalhistas é de 5 anos (arts. 7º, XXIX, da CF e 11 da CLT), contados da data do ajuizamento da ação (Súmula 308, I, do TST).

Observe os dispositivos legais:

> **Art. 7º da CF.** São direitos dos trabalhadores urbanos e rurais, além de outros que visem à melhoria de sua condição social:
>
> **(...) XXIX** – ação, quanto a créditos resultantes das relações de trabalho, com prazo prescricional de cinco anos para os trabalhadores urbanos e rurais, até o limite de dois anos após a extinção do contrato de trabalho; (...)
>
> **Art. 11 da CLT.** A pretensão quanto a créditos resultantes das relações de trabalho prescreve em cinco anos para os trabalhadores urbanos e rurais, até o limite de dois anos após a extinção do contrato de trabalho.
>
> **Súmula 308 do TST.** I – Respeitado o biênio subsequente à cessação contratual, a prescrição da ação trabalhista concerne às pretensões imediatamente anteriores a cinco anos, contados da data do ajuizamento da reclamação e, não, às anteriores ao quinquênio da data da extinção do contrato. II – A nor-

ma constitucional que ampliou o prazo de prescrição da ação trabalhista para 5 (cinco) anos é de aplicação imediata e não atinge pretensões já alcançadas pela prescrição bienal quando da promulgação da CF/1988.

Olhe o exemplo:

I – PREJUDICIAL DE MÉRITO

1. Prescrição quinquenal

O reclamante ajuizou a reclamação trabalhista em 07.08.2009 postulando verbas que retroagem ao início do contrato de trabalho, em 07.08.2001. **(Fato)**

Conforme os arts. 7º, XXIX, da CF e 11 da CLT, as verbas trabalhistas prescrevem em 5 anos, contados da data do ajuizamento da ação, com base na Súmula 308, I, do TST. **(Fundamento)**

Diante do exposto, requer a extinção do processo **com resolução do mérito,** à luz do art. 487, II, do CPC, quanto às verbas postuladas anteriores aos últimos 5 anos, contados da data do ajuizamento da ação, isto é, anteriores a 07.08.2004.

Ressalte-se que a prescrição do FGTS também é de 5 anos (Súmula 362, I, do TST).

c) Prescrição total

Nos moldes do art. 11, § 2º, da CLT, tratando-se de pretensão que envolva pedido de prestações sucessivas decorrente de alteração ou descumprimento do pactuado, a prescrição é total, exceto quando o direito à parcela esteja também assegurado por preceito de lei.

Nesse sentido, atente-se para a Súmula 294 do TST:

> **Súmula 294 do TST.** PRESCRIÇÃO. ALTERAÇÃO CONTRATUAL. TRABALHADOR URBANO (mantida) – Res. 121/2003, ***DJ*** 19, 20 e 21.11.2003
>
> Tratando-se de ação que envolva pedido de prestações sucessivas decorrente de alteração do pactuado, a prescrição é total, exceto quando o direito à parcela esteja também assegurado por preceito de lei.

Assim, a prescrição será total para as prestações sucessivas concedidas pelo empregador por mera liberalidade (e não por determinação de lei), ou seja, porque optou por alterar o contrato de trabalho em benefício do empregado, como autoriza o art. 468 da CLT.

Ocorre que esses benefícios se incorporam ao contrato de trabalho do empregado de modo que sua supressão ou redução implicaria uma nova alteração contratual, porém dessa vez prejudicial, e assim ilícita.

Para essas parcelas, o prazo prescricional é o mesmo que se aplica às prestações previstas em lei, isto é, 5 anos. Todavia, estes contam-se da data da supressão ou da alteração.

Desse modo, para verificar se há prescrição total é necessário isolar a data da supressão ou da redução da prestação e contar 5 anos para frente. Caso a reclamação trabalhista tenha sido proposta após esse prazo, terá ocorrido a prescrição total da parcela, e em relação a ela deve ser postulada a extinção do processo com resolução do mérito, nos termos do art. 487, II, do CPC.

Veja o exemplo:

I – PREJUDICIAL DE MÉRITO

1. Prescrição total

O reclamante postulou, em reclamação trabalhista ajuizada em 2018, o valor correspondente às cestas básicas que eram fornecidas por mera liberalidade do empregador e foram unilateralmente suprimidas no ano de 2011. **(Fato)**

Uma vez que as cestas básicas se tratam de prestações sucessivas não previstas em lei, aplica-se em relação a elas a prescrição total, com base no art. 11, § 2º, da CLT e na Súmula 294 do TST.

Assim, as verbas trabalhistas referidas prescreveram em 5 anos (art. 7º, XXIX, da CF e 11 da CLT), contados da data de sua supressão. Note-se que a supressão ocorreu em 2011 e a reclamação trabalhista somente foi ajuizada em 2018, ou seja, depois do prazo prescricional de 5 anos. **(Fundamento)**

Diante do exposto, requer a extinção do processo com resolução do mérito, à luz do art. 487, II, do CPC, quanto às cestas básicas.

2.1.3.3. MÉRITO

Ultrapassadas as questões preliminares e prejudiciais, é o momento de elaborar o mérito da contestação.

No mérito, é necessário contestar todos os pedidos elaborados pelo autor.

Confira o exemplo:

I – MÉRITO

1. Adicional de transferência

O reclamante postulou o pagamento de adicional de transferência de 25%, muito embora sua transferência tenha sido definitiva. **(Fato)**

Não assiste razão ao reclamante, pois nos moldes do art. 469, § 3º, da CLT, o adicional é devido apenas quando a transferência é provisória. **(Fundamento)**

Diante do exposto, requer a improcedência do pedido do reclamante. **(Pedido)**

I – MÉRITO

1. Diárias de viagem

O reclamante postulou a integração dos valores recebidos a título de diárias de viagem e suas projeções legais, alegando que seu salário era de R$ 2.000,00 e recebia em média 3.000,00 de diárias mensalmente. **(Fatos)**

Não assiste razão ao reclamante, pois nos termos do art. 457, § 2º, da CLT, as diárias de viagem não integram o salário do trabalhador em nenhuma hipótese. **(Fundamento)**

Diante do exposto, requer a improcedência do pedido do reclamante. **(Pedido)**

2.1.3.4. Reconvenção

A reconvenção consiste na pretensão do réu contra o autor, proposta no mesmo feito em que está sendo demandado.

O reclamado deve propor a reconvenção na contestação.

A reconvenção está prevista no art. 343 do CPC, aplicada, subsidiariamente, ao Processo do Trabalho, por força do art. 769 da CLT.

> **Art. 343 do CPC.** Na contestação, é lícito ao réu propor reconvenção para manifestar pretensão própria, conexa com a ação principal ou com o fundamento da defesa.
>
> § 1º Proposta a reconvenção, o autor será intimado, na pessoa de seu advogado, para apresentar resposta no prazo de 15 (quinze) dias.
>
> § 2º A desistência da ação ou a ocorrência de causa extintiva que impeça o exame de seu mérito não obsta ao prosseguimento do processo quanto à reconvenção.
>
> § 3º A reconvenção pode ser proposta contra o autor e terceiro.
>
> § 4º A reconvenção pode ser proposta pelo réu em litisconsórcio com terceiro.

§ 5º Se o autor for substituto processual, o reconvinte deverá afirmar ser titular de direito em face do substituído, e a reconvenção deverá ser proposta em face do autor, também na qualidade de substituto processual.

§ 6º O réu pode propor reconvenção independentemente de oferecer contestação.

Nota-se que a lei impõe alguns requisitos para que seja admissível a reconvenção:

- que o juízo da causa principal seja competente para apreciar a demanda reconvencional;
- legitimidade ativa e passiva;
- conexão entre reconvenção e a ação principal ou com o fundamento da defesa (art. 343, *caput*, do CPC).

Dessa forma, a reconvenção deve ser proposta na contestação (art. 343, *caput*, do CPC), observada a seguinte estrutura:

1 – Requisitos da reconvenção: destacar o cabimento da reconvenção (legitimidade e conexão);

2 – Fato, fundamento e pedido;

3 – Valor do pedido.

Segue a estrutura de uma contestação com o pedido reconvencional:

AO DOUTO JUÍZO DA ___ VARA DO TRABALHO DE ________.

Processo nº

NOME DO RECLAMADO, qualificação e endereço completos, vem, respeitosamente, perante Vossa Excelência, por intermédio de seu advogado adiante assinado **(procuração anexa)**, com escritório profissional no endereço completo, onde recebe intimações e notificações, com fulcro nos **arts. 847 da CLT** e **343 do CPC c/c 769 da CLT, OFERECER:**

CONTESTAÇÃO, com pedido de reconvenção

à reclamação trabalhista que lhe move NOME DO RECLAMANTE, já qualificado nos autos em epígrafe, pelas razões de fato e de direito a seguir expostas.

I – PRELIMINAR DE MÉRITO

II – PREJUDICIAL DE MÉRITO

III – MÉRITO

IV – RECONVENÇÃO

IV.1. Requisitos da Reconvenção

Encontram-se presentes os requisitos da reconvenção previstos no art. 343 do CPC, que compreendem: a legitimidade ativa e passiva e a conexão. Observe-se:

A presente reconvenção versa sobre pretensão do reclamado em face do reclamante, verificando-se presente a legitimidade ativa e passiva, com base no art. 343 do CPC, segundo o qual "... é lícito ao réu propor reconvenção para manifestar pretensão própria..."

Por fim, também está presente a conexão, prevista no art. 343 do CPC, uma vez que o empregado foi dispensado por justa causa por ato de improbidade e o reclamado busca o ressarcimento dos valores desviados na empresa pelo empregado no curso da relação contratual.

Demonstrados os requisitos da reconvenção, passa-se à pretensão reconvencional.

IV.2 Pedido Reconvencional – Dano Material

No curso da relação contratual, o reclamante-reconvindo desviou da empresa (reclamada-reconvinte) para sua conta pessoal a importância de R$ 1.000.000,00.

Encontram-se presentes os requisitos da responsabilidade civil, previstos nos arts. 186 e 927 do CC, que compreendem: culpa, dano e nexo. Observe-se:

A culpa verifica-se pela prática do ato de improbidade realizado pelo empregado, o qual inclusive autoriza a sua dispensa por justa causa, à luz do art. 482, "a", da CLT.

O dano foi de R$ 1.000.000,00 em cheques de clientes pertencentes à empresa que, ao longo do curso do contrato de trabalho, foram depositados indevidamente na conta-corrente do reclamante-reconvindo.

O nexo também está presente na medida em que o dano decorreu do ato ilícito praticado pelo empregado.

Diante do exposto, requer a condenação do reclamante-reconvindo ao pagamento de indenização por danos materiais (dano emergente) no importe de R$ 1.000.000,00 e honorários advocatícios sucumbenciais de 15%, nos termos do art. 791-A, § 5º, da CLT.

Valor do pedido: R$ 1.000.000,00.

V – REQUERIMENTOS FINAIS

Diante do exposto, requer a produção de todos os meios de provas em direito admitidos, inclusive o depoimento pessoal do reclamante, sob a consequência de confissão.

Requer o acolhimento da preliminar para..., sucessivamente o acolhimento da prejudicial de mérito para... e, sucessivamente, no mérito, a improcedência dos pedidos formulados pelo autor, bem como sua condenação em custas processuais e honorários advocatícios sucumbenciais, nos moldes do art. 791-A da CLT.

Por fim, requer o deferimento da pretensão reconvencional, condenando o reclamante-reconvindo ao pagamento de indenização por danos materiais (dano emergente) no importe de R$ 1.000.000,00, acrescido de juros e correção monetária, bem como sua condenação ao pagamento de honorários advocatícios, no importe de 15%, nos moldes do art. 791-A, *caput*, e § 5°, da CLT.

Nestes termos,

pede deferimento.

Local e data.

Advogado(a)

OAB n°

2.1.4. Requerimentos finais

O tópico dos requerimentos finais é o último item da contestação. Nele, o reclamado deve requerer:

- a produção de todos os meios de prova em direito admitidos;
- o acolhimento das preliminares e das prejudiciais arguidas;
- que, no mérito, o pedido seja julgado improcedente, bem como a condenação do reclamado ao pagamento de custas processuais e honorários advocatícios, nos termos do art. 791-A da CLT; e
- se houver reconvenção, a procedência do pedido reconvencional acrescido de juros e correção monetária e a condenação do reclamante-reconvindo ao pagamento de custas e de honorários advocatícios, à luz do art. 791-A, *caput* e § 5°, da CLT.

Segue exemplo:

I – REQUERIMENTOS FINAIS

Diante do exposto, requer a produção de todos os meios de provas em direito admitidos, inclusive o depoimento pessoal do reclamante, sob a consequência de confissão.

Requer o acolhimento da preliminar de mérito para ..., o acolhimento da prejudicial de mérito para ... e, adiante, no mérito, a improcedência dos pedidos formulados pelo autor, condenando-o ao pagamento de custas processuais e honorários advocatícios, nos termos do art. 791 A, da CLT.

Por fim, requer a procedência do pedido reconvencional acrescido de juros e correção monetária e a condenação do reclamante-reconvindo ao pagamento de custas e de honorários advocatícios, no importe de 15%, nos moldes do art. 791-A, *caput*, e § 5º, da CLT.

2.1.5. *Finalização da peça*

Uma vez que a peça processual esteja concluída, basta finalizá-la da seguinte forma:

Nestes termos,

pede deferimento.

Local e data.

Advogado(a)

OAB nº

2.2. EXCEÇÃO DE INCOMPETÊNCIA

O reclamado deve arguir a incompetência territorial na exceção de incompetência.

O art. 651 da CLT regulamenta a competência territorial no Processo do Trabalho, estabelecendo, em seu *caput* e § 3º, que, em regra, a reclamação trabalhista deve ser ajuizada no local da prestação do serviço ou da contratação. Caso o ajuizamento se dê perante juízo diverso, este será territorialmente incompetente. Trata-se de uma incompetência relativa, logo, se não arguida no momento oportuno, o juízo onde está tramitando a reclamação torna-se competente.

Com base no art. 800 da CLT[3], a exceção de incompetência deve ser apresentada no prazo de 5 dias, contados do recebimento da notificação, antes da audiência.

Uma vez apresentada, suspende o processo, tendo o exceto o prazo de 5 dias para se manifestar (art. 800, §§ 1º e 2º, da CLT).

Decidida a exceção de incompetência territorial, o processo retomará seu curso, com a designação de audiência, a apresentação de defesa e a instrução processual perante o juízo competente (art. 800, § 4º, da CLT).

3 **Art. 11, IN 41/2018, TST.** A exceção de incompetência territorial, disciplinada no art. 800 da CLT , é imediatamente aplicável aos processos trabalhistas em curso, desde que o recebimento da notificação seja posterior a 11 de novembro de 2017 (Lei nº 13.467/2017).

2.2.1. Estrutura da exceção de incompetência

Segue o exercício de exceção de incompetência para estudo de sua estrutura.

Tonassiando foi contratado em Curitiba pela empresa Alfa Ltda. O contrato de trabalho celebrado entre as partes previa a cidade de Curitiba para prestação dos serviços. Tonassiando foi dispensado imotivadamente no dia 07.10.2009. Em janeiro de 2010, Tonassiando ingressou com uma reclamação trabalhista perante a 1ª Vara do Trabalho de Foz do Iguaçu postulando seus consectários legais, posto que lá passou a residir. Na qualidade de advogado(a) da empresa Alfa Ltda., sabendo que esta não possui filial, tampouco qualquer atividade comercial na cidade de Foz do Iguaçu, proponha a medida legal cabível.

AO DOUTO JUÍZO DA 1ª VARA DO TRABALHO DE FOZ DO IGUAÇU/PR

Excipiente: Empresa Alfa Ltda.

Exceto: Tonassiando

Processo nº

EMPRESA ALFA LTDA., qualificação e endereço completos, vem, respeitosamente, perante Vossa Excelência, por intermédio de seu advogado adiante assinado **(procuração anexa)**, com escritório profissional no endereço completo, onde recebe notificações e intimações, com fulcro no **art. 800 da CLT, OFERECER:**

EXCEÇÃO DE INCOMPETÊNCIA

na Reclamação Trabalhista que lhe move Tonassiando, já qualificado nos autos em epígrafe, pelas razões de fato e de direito a seguir expostas.

I – DOS FATOS

A Excipiente esclarece que o reclamante exceto foi contratado em Curitiba/PR. Tais serviços sempre foram prestados em Curitiba/PR, localidade acordada entre as partes desde o início do contrato de trabalho. No dia 07 de outubro de 2009, a Excipiente o dispensou imotivadamente.

II – MÉRITO

O art. 651 da CLT disciplina a competência relativa na Justiça do Trabalho, asseverando que a competência territorial é determinada pela localidade onde o empregado prestar serviços ao empregador, ainda que tenha sido contratado noutro local.

Ante o dispositivo, é evidente a incompetência territorial do Juízo para processar e julgar a Reclamação Trabalhista em questão, pois o reclamante exceto jamais laborou em Foz do Iguaçu. Ademais, é oportuno esclarecer que a excipiente não possui filial, tampouco desenvolveu qualquer atividade nesta cidade.

Diante da exposição supra, requer que os autos sejam remetidos para a Vara do Trabalho de Curitiba/PR, local da prestação dos serviços do reclamante exceto.

III – REQUERIMENTOS FINAIS

Diante do exposto, requer o excipiente que este Juízo receba a exceção, suspenda o feito e intime o exceto a se manifestar em 5 dias, nos termos do art. 800, §§ 1º e 2º, da CLT.

Requer a produção de todos os meios de prova em direito admitidos, em especial a prova testemunhal e documental.

Por fim, requer o reconhecimento da incompetência deste Juízo para julgar a demanda e a remessa dos autos ao juízo de Curitiba para que o processo retome seu curso com a designação de audiência, a apresentação de defesa e a instrução processual perante o juízo competente (art. 800, § 4º, da CLT).

Nestes termos,

pede deferimento.

Local e data.

Advogado(a)

OAB nº

2.3. EXCEÇÃO DE SUSPEIÇÃO E IMPEDIMENTO

A suspeição e o impedimento devem ser arguidos por exceção de suspeição e impedimento, consoante preceitua o art. 799 da CLT. Contudo, seu trâmite deve observar o disposto no art. 146 do CPC, uma vez que a CLT é omissa quanto à matéria.

As hipóteses de suspeição e impedimento estão previstas no art. 801 da CLT, que deve ser lido em conjunto com os arts. 144 e 145 do CPC. Perceba:

> **Art. 801 da CLT.** O juiz, presidente ou juiz classista, é obrigado a dar-se por suspeito, e pode ser recusada, por algum dos seguintes motivos, em relação à pessoa dos litigantes: a) inimizade pessoal; b) amizade íntima; c) parentesco por consanguinidade ou afinidade até o terceiro grau civil; d) interesse particular na causa.
>
> **Parágrafo único.** Se o recusante houver praticado algum ato pelo qual haja consentido na pessoa do juiz, não mais poderá alegar exceção de suspeição, salvo sobrevindo novo motivo. A suspeição não será também admitida, se do processo constar que o recusante deixou de alegá-la anteriormente, quando já

a conhecia, ou que, depois de conhecida, aceitou o juiz recusado ou, finalmente, se procurou de propósito o motivo de que ela se originou.

Art. 144 do CPC. Há impedimento do juiz, sendo-lhe vedado exercer suas funções no processo:

I – em que interveio como mandatário da parte, oficiou como perito, funcionou como membro do Ministério Público ou prestou depoimento como testemunha;

II – de que conheceu em outro grau de jurisdição, tendo proferido decisão;

III – quando nele estiver postulando, como defensor público, advogado ou membro do Ministério Público, seu cônjuge ou companheiro, ou qualquer parente, consanguíneo ou afim, em linha reta ou colateral, até o terceiro grau, inclusive;

IV – quando for parte no processo ele próprio, seu cônjuge ou companheiro, ou parente, consanguíneo ou afim, em linha reta ou colateral, até o terceiro grau, inclusive;

V – quando for sócio ou membro de direção ou de administração de pessoa jurídica parte no processo;

VI – quando for herdeiro presuntivo, donatário ou empregador de qualquer das partes;

VII – em que figure como parte instituição de ensino com a qual tenha relação de emprego ou decorrente de contrato de prestação de serviços;

VIII – em que figure como parte cliente do escritório de advocacia de seu cônjuge, companheiro ou parente, consanguíneo ou afim, em linha reta ou colateral, até o terceiro grau, inclusive, mesmo que patrocinado por advogado de outro escritório;

IX – quando promover ação contra a parte ou seu advogado.

§ 1º Na hipótese do inciso III, o impedimento só se verifica quando o defensor público, o advogado ou o membro do Ministério Público já integrava o processo antes do início da atividade judicante do juiz.

§ 2º É vedada a criação de fato superveniente a fim de caracterizar impedimento do juiz.

§ 3º O impedimento previsto no inciso III também se verifica no caso de mandato conferido a membro de escritório de advocacia que tenha em seus quadros advogado que individualmente ostente a condição nele prevista, mesmo que não intervenha diretamente no processo.

Art. 145 do CPC. Há suspeição do juiz:

I – amigo íntimo ou inimigo de qualquer das partes ou de seus advogados;

II – que receber presentes de pessoas que tiverem interesse na causa antes ou depois de iniciado o processo, que aconselhar alguma das partes acerca do objeto da causa ou que subministrar meios para atender às despesas do litígio;

III – quando qualquer das partes for sua credora ou devedora, de seu cônjuge ou companheiro ou de parentes destes, em linha reta até o terceiro grau, inclusive;

IV – interessado no julgamento do processo em favor de qualquer das partes.

§ 1º Poderá o juiz declarar-se suspeito por motivo de foro íntimo, sem necessidade de declarar suas razões.

§ 2º Será ilegítima a alegação de suspeição quando:

I – houver sido provocada por quem a alega;

II – a parte que a alega houver praticado ato que signifique manifesta aceitação do arguido.

À luz do art. 146, § 1º, do CPC, se reconhecer o impedimento ou a suspeição ao receber a petição, o juiz ordenará imediatamente a remessa dos autos a seu substituto legal, caso contrário, determinará a autuação em apartado da petição e, no prazo de 15 dias, apresentará suas razões, acompanhadas de documentos e de rol de testemunhas, se houver, ordenando a remessa do incidente ao TRT.

> **Art. 146 do CPC.** No prazo de 15 (quinze) dias, a contar do conhecimento do fato, a parte alegará o impedimento ou a suspeição, em petição específica dirigida ao juiz do processo, na qual indicará o fundamento da recusa, podendo instruí-la com documentos em que se fundar a alegação e com rol de testemunhas.
>
> § 1º Se reconhecer o impedimento ou a suspeição ao receber a petição, o juiz ordenará imediatamente a remessa dos autos a seu substituto legal, caso contrário, determinará a autuação em apartado da petição e, no prazo de 15 (quinze) dias, apresentará suas razões, acompanhadas de documentos e de rol de testemunhas, se houver, ordenando a remessa do incidente ao tribunal.
>
> § 2º Distribuído o incidente, o relator deverá declarar os seus efeitos, sendo que, se o incidente for recebido:
>
> I – sem efeito suspensivo, o processo voltará a correr;
>
> II – com efeito suspensivo, o processo permanecerá suspenso até o julgamento do incidente.

Mais de uma exceção pode ser arguida ao mesmo tempo, entretanto, deverão ser julgadas na seguinte ordem: exceção de impedimento, de suspeição e de incompetência.

2.3.1. Estrutura da exceção de suspeição

Segue o exercício de exceção de suspeição para estudo de sua estrutura.

Patrícia ajuizou reclamação trabalhista em face da empresa **Alfa Ltda.** pleiteando verbas rescisórias provenientes de um contrato de trabalho que perdurou durante quatro anos. A ação foi distribuída para a 1ª Vara do Trabalho de Curitiba, cujo juiz titular, Dr. Tonassiando Fulano, é amigo íntimo da reclamante, sendo o magistrado padrinho do filho da autora. Na qualidade de advogado(a) da empresa Alfa Ltda., elabore a medida legal cabível.

AO DOUTO JUÍZO DA 1ª VARA DO TRABALHO DE CURITIBA/PR

Processo nº

EMPRESA ALFA LTDA., qualificação e endereço completos, vem, respeitosamente, perante Vossa Excelência, por intermédio de seu advogado adiante assinado **(procuração anexa)**, com escritório profissional no endereço completo, onde recebe notificações e intimações, com fulcro nos **arts. 799 da CLT e 146 do CPC c/c o art. 769 do CLT, OFERECER:**

EXCEÇÃO DE SUSPEIÇÃO

na Reclamação Trabalhista que lhe move PATRÍCIA, já qualificada nos autos em epígrafe, pelas razões de fato e de direito a seguir expostas.

I – DOS FATOS

A autora ajuizou reclamação trabalhista em face da excipiente pleiteando verbas rescisórias provenientes de um contrato de trabalho que perdurou durante quatro anos. A ação foi distribuída para a 1ª Vara do Trabalho de Curitiba, cujo juiz titular, Dr. Tonassiando Fulano, é amigo íntimo da reclamante, sendo o magistrado padrinho do filho da autora.

II – MÉRITO

O art. 801, "b", da CLT afirma que o juiz é obrigado a dar-se por suspeito quando tiver amizade íntima com qualquer uma das partes. Nesse mesmo sentido, assevera o art. 145, I, do CPC, segundo o qual se reputa fundada a suspeição de parcialidade do juiz, quando for amigo íntimo de qualquer das partes.

Pelo exposto, não há que se negar a amizade íntima entre o magistrado e a autora, motivo pelo qual requer que este Juízo, de plano, se dê por suspeito para julgar a demanda.

III – REQUERIMENTOS FINAIS

Diante do exposto, requer o excipiente que este Juízo se dê por suspeito para julgar a demanda, remetendo os autos ao juiz substituto para que o mesmo processe e julgue o feito, ou, sucessivamente, caso não seja esse seu entendimento, que reúna suas razões, documentos em que se fundar a alegação e rol de testemunhas e encaminhe ao TRT, no prazo de 15 dias, nos moldes do art. 146 do CPC.

Protesta pela produção de todos os meios de prova em direito admitidos, em especial a prova testemunhal e documental.

Por fim, requer que seja julgada procedente a presente exceção de suspeição, instituindo-se a remessa dos autos a outro juiz.

Nestes termos,

pede deferimento.

Local e data.

Advogado(a)

OAB nº

2.3.2. Estrutura da exceção de impedimento

Segue o exercício de exceção de impedimento para estudo de sua estrutura.

Patrícia Maria ajuizou reclamação trabalhista em face da empresa **Beta Ltda.** com pedido de rescisão indireta, sob o argumento de que não recebia seu salário há 3 meses. A reclamação foi autuada e distribuída para a 3ª Vara do Trabalho de Curitiba, cujo juiz titular, Dr. Tonassiando Fulano, é marido da reclamante. Na qualidade de advogado(a) da empresa Beta Ltda., elabore a medida legal cabível.

AO DOUTO JUÍZO DA 3ª VARA DO TRABALHO DE CURITIBA/PR

Processo nº

EMPRESA BETA LTDA., qualificação e endereço completos, vem, respeitosamente, perante Vossa Excelência, por intermédio de seu advogado adiante assinado **(procuração anexa)**, com escritório profissional no endereço completo, onde recebe notificações/intimações com fulcro nos **arts. 799 da CLT e art. 146 do CPC c/c o art. 769 do CLT, OFERECER:**

EXCEÇÃO DE IMPEDIMENTO

na reclamação trabalhista que lhe move Patrícia Maria, já qualificada nos autos em epígrafe, pelas razões de fato e de direito a seguir expostas.

I – DOS FATOS

A autora ajuizou reclamação trabalhista em face da empresa Beta Ltda. com pedido de rescisão indireta, sob o argumento de que não percebia seu salário há 3 meses. A reclamação foi autuada e distribuída para a 3ª Vara do Trabalho de Curitiba/PR, cujo juiz titular, Dr. Tonassiando Fulano, é marido da reclamante.

II – MÉRITO

O art. 144, IV, do CPC assevera que é defeso ao juiz exercer suas funções no processo contencioso ou voluntário, quando for cônjuge de alguma das partes.

Pelo exposto, não há que se negar o impedimento do respeitável Juízo para processar e julgar a demanda, motivo pelo qual requer que este Juízo, de plano, dê-se por impedido para continuar no feito.

III – REQUERIMENTOS FINAIS

Diante do exposto, requer o excipiente que este Juízo se dê por suspeito para julgar a demanda, remetendo os autos ao juiz substituto para que o mesmo processe e julgue o feito, ou, sucessivamente, caso não seja esse seu entendimento, que reúna suas razões, documentos em que se fundar a alegação e rol de testemunhas e encaminhe ao TRT, no prazo de 15 dias, com base no art. 146 do CPC.

Protesta pela produção de todos os meios de prova em direito admitidos, em especial a prova testemunhal e documental.

Por fim, requer que seja julgada procedente a presente exceção de impedimento.

Nestes termos,

pede deferimento.

Local e data.

Advogado(a)

OAB nº

2.4. CONTESTAÇÃO NO EXAME DE ORDEM

2.4.1. Exame de Ordem II (2010.2) – adaptado

Kelly Amaral, assistida por advogado particular não vinculado ao seu sindicato de classe, ajuizou reclamação trabalhista, com pedido certo, determinado e com indicação do valor, pelo rito ordinário, em face do Banco Finanças S/A (*RT* nº 1234/2010), em 13.09.2010. A reclamante afirma que foi admitida em 04.08.2002 para exercer a função de gerente-geral da agência, e que prestava serviços diariamente de segunda a sexta, das 9h às 20h, com intervalo para repouso e alimentação de 30 minutos diários, apesar de não se submeter a controle de ponto. Seu contrato extinguiu-se em 15.07.2009, em razão de dispensa imotivada, quando recebia salário no valor de R$ 5.000,00, acrescido de 45% a título de gratificação de função.

Em janeiro de 2009, a reclamante foi nomeada para exercer o cargo de delegada sindical de representação obreira, no setor de cultura e desporto da entidade. Inobstante, tal estabilidade foi dispensada imotivadamente, por iniciativa de seu empregador. Inobstante não prestar atividades adstritas ao caixa bancário, por isonomia, requer o recebimento da parcela quebra de caixa, com a devida integração e reflexos legais.

Alegou, também, fazer jus à isonomia salarial com o sr. Osvaldo Maleta, readaptado funcionalmente por causa previdenciária, e, por tal, desde janeiro/2008 exerce a função de gerente-geral de agência, ou seja, com idêntica função ao da autora da demanda, na mesma localidade e para o mesmo empregador e cujo salário fixo superava R$ 8.000,00, acrescidos da devida gratificação funcional de 45%. Alega também a não fruição e recebimento das férias do período 2007/2008, inobstante admitir ter se retirado em licença remunerada por 32 dias durante aquele período aquisitivo.

Diante do exposto, **POSTULOU** a reintegração ao emprego em face da estabilidade acima perpetrada, ou indenização substitutiva, e a condenação do banco empregador ao pagamento de 2 horas extraordinárias diárias, com adicional de 50% e de 30 minutos extras, pela supressão do intervalo mínimo de uma hora. Postulou também o recebimento da parcela denominada quebra de caixa, bem como sua integração e reflexos nos termos da lei, diferenças salariais e reflexos em aviso-prévio, férias integrais e proporcionais, 13º salário integral e proporcional, FGTS + 40%, em face de pleito de equiparação e férias integrais 2007/2008, de forma simples e acrescidos de 1/3 pela não concessão a tempo e modo. Pleiteou, por fim, a condenação do reclamado ao pagamento de indenização por danos morais e de honorários advocatícios sucumbenciais no importe de 20%.

Considerando que os pedidos estavam liquidados e que a reclamação trabalhista foi ajuizada perante a 1ª Vara do Trabalho de Boa Esperança/MG, redija, na condição de advogado(a) contratado(a) pelo banco empregador, a peça processual adequada, a fim de atender aos interesses de seu cliente.

EXAME DE ORDEM II (2010.2) – RESOLUÇÃO

AO DOUTO JUÍZO DA 1ª VARA DO TRABALHO DE BOA ESPERANÇA/MG

Processo nº 1234/2010

O BANCO FINANÇAS, qualificação e endereço completos, vem, respeitosamente, perante Vossa Excelência, por intermédio de seu advogado adiante assinado **(procuração anexa)**, com escritório profissional no endereço completo, onde recebe intimações e notificações, com fulcro no **art. 847 da CLT, OFERECER:**

CONTESTAÇÃO

à reclamação trabalhista que lhe move KELLY AMARAL, já qualificada nos autos em epígrafe, pelas razões de fato e de direito a seguir expostas.

I – PRELIMINAR DE MÉRITO

1. Inépcia da petição inicial

A reclamante, na petição inicial, postula o pagamento de indenização por danos morais, sem, contudo, articular os fundamentos de fato e de direito que amparam sua pretensão.

Segundo estabelece o art. 330, § 1°, I, do CPC, a petição inicial é inepta, dentre outras hipóteses, quando lhe faltar pedido ou causa de pedir, sendo o que aconteceu com o pedido de indenização por danos morais, em que a reclamante não apresentou a causa de pedir quanto ao mesmo.

Esclarece-se que à luz do art. 337, IV, do CPC, a inépcia da inicial deve ser analisada em preliminar de contestação.

Diante do exposto, requer a extinção do processo sem resolução do mérito, nos moldes dos arts. 485, I, e 330, I, do CPC (indeferimento da petição inicial), em relação ao pedido de indenização por danos morais, por ser tratar de pedido inepto.

II – PREJUDICIAL DE MÉRITO

1. Prescrição Quinquenal

A reclamante postulou em sua reclamação trabalhista, ajuizada em 13.09.2010, parcelas que retroagem à data de sua admissão, que ocorreu em 04.08.2002.

Com base nos arts. 7°, XXIX, da CF e 11 da CLT, o direito de ação quanto a créditos resultantes das relações de trabalho prescreve em 5 anos, contados da data do ajuizamento da ação (Súmula 308, I, do TST).

Diante do exposto, requer a extinção do processo, com resolução do mérito, nos termos do art. 487, II, do CPC, quanto às parcelas postuladas anteriores aos últimos 5 anos, contados do ajuizamento da ação, ou seja, anteriores a 13.09.2005.

2. Reintegração

A reclamante postulou a reintegração ao emprego, ou a equivalente indenização substitutiva, tendo em vista a suposta estabilidade adquirida em janeiro de 2009 por ter sido nomeada para exercer o cargo de delegada sindical de representação obreira.

Não assiste razão à reclamante, pois, conforme estabelece a OJ 369 da SDI-I do TST, o delegado sindical não é beneficiário da estabilidade provisória prevista no art. 8°, VIII, da CF/88, a qual é dirigida, exclusivamente, àqueles que exerçam ou ocupem cargos de direção nos sindicatos, submetidos a processo eletivo.

Diante do exposto, requer a improcedência do pedido de reintegração, bem como de indenização substitutiva.

3. Horas extras e intervalo

A reclamante postulou a condenação do reclamado ao pagamento de 2 horas extraordinárias com adicional de 50% por laborar de segunda a sexta-feira, das 9h às 20h, bem como o pagamento de mais 30 minutos extras pela redução do intervalo intrajornada.

Não assiste razão à reclamante, pois, consoante dispõe a Súmula 287 do TST, para o gerente-geral de agência bancária presume-se o exercício de encargo de gestão, aplicando-se-lhe o art. 62, II, da CLT. Tal artigo estabelece que não são abrangidos pelo regime do capítulo da duração da jornada de trabalho os gerentes, assim considerados os exercentes de cargo de gestão, aos quais se equiparam, para efeito do disposto neste artigo, os diretores e chefes de departamento ou filial, que recebem gratificação de função superior a 40%. Assim sendo, a reclamante, por ser gerente-geral de agência e perceber gratificação de função de 45%, não se submete ao controle de jornada de trabalho, não fazendo jus às horas extras pleiteadas.

Diante do exposto, requer a improcedência do pedido de 2 horas extras diárias e do intervalo intrajornada.

4. Parcela quebra de caixa

A reclamante postulou o recebimento da parcela quebra de caixa, com a devida integração, e seus reflexos legais, alegando isonomia ao cargo de caixa bancário.

Não assiste razão à reclamante, pois tal parcela é devida somente ao caixa bancário, uma vez que suas atividades demandam uma maior responsabilidade ao lidar diretamente com dinheiro. Logo, é incabível a percepção da parcela quebra de caixa pela reclamante, que exerce função de gerente-geral de agência.

Diante do exposto, requer a improcedência do pedido de recebimento da parcela quebra de caixa, bem como seus reflexos.

5. Equiparação salarial

A reclamante postulou equiparação salarial ao sr. Osvaldo Maleta, readaptado funcionalmente por causa previdenciária.

Não assiste razão à reclamante, pois, de acordo com o determinado pelo art. 461, § 4º, da CLT, o trabalhador readaptado em nova função por motivo de deficiência física ou mental atestada pelo órgão competente da Previdência Social não servirá de paradigma para fins de equiparação salarial.

Diante do exposto, requer a improcedência do pedido de equiparação salarial, bem como seus reflexos.

6. Férias 2007/2008

A reclamante postulou o pagamento de férias integrais do período aquisitivo de 2007/2008 de forma simples e acrescidas de 1/3 pela não concessão a tempo e modo. Entretanto, afirmou ter se retirado em licença remunerada por 32 (trinta e dois) dias durante aquele período aquisitivo.

Não assiste razão à reclamante, pois, conforme institui o art. 133, II, da CLT, não terá direito a férias o empregado que no curso do período aquisitivo permanecer em gozo de licença, com percepção de salários, por mais de 30 (trinta) dias.

Diante do exposto, requer a improcedência do pedido de férias.

7. Honorários advocatícios

A reclamante postulou o pagamento de honorários advocatícios sucumbenciais no importe de 20%.

Não assiste razão à reclamante, pois, consoante prevê o art. 791-A da CLT, os honorários advocatícios sucumbenciais são devidos entre o mínimo de 5% e o máximo de 15% sobre o valor que resultar da liquidação da sentença, do proveito econômico obtido ou, não sendo possível mensurá-lo, sobre o valor atualizado da causa.

Diante do exposto, requer a improcedência do pedido de honorários no total de 20%.

III – REQUERIMENTOS FINAIS

Diante do exposto, requer a produção de todos os meios de prova em direito admitidos, em especial o depoimento pessoal do reclamante, sob a consequência de confissão.

Por fim, requer o acolhimento da preliminar de mérito para que seja extinto o processo sem resolução do mérito, nos moldes dos arts. 485, I, e 330, I, do CPC, em relação ao pedido de indenização por danos morais.

Requer, sucessivamente, o acolhimento da prejudicial de mérito para que seja determinada a extinção do processo com resolução do mérito, com base no art. 487, II, do CPC, quanto às parcelas anteriores aos últimos 5 anos, contados do ajuizamento da ação. E, por fim, gradativamente, ainda, no mérito, requer a improcedência de todos os pedidos da reclamante, condenando-a ao pagamento de custas processuais e honorários advocatícios, no importe de 15%, nos moldes do art. 791 A, da CLT.

Nestes termos,

pede deferimento.

Local e data.
Advogado(a)
OAB nº

EXAME DE ORDEM II (2010.2) – ESPELHO DE CORREÇÃO – ADAPTADO

QUESITOS AVALIADOS	FAIXA DE VALORES	ATENDIMENTO AO QUESITO
ENCAMINHAMENTO ADEQUADO – juízo do trabalho da 1ª Vara do Trabalho de Boa Esperança/MG.	0,00 a 0,25	
INDICAÇÃO DAS PARTES ENVOLVIDAS – Banco Finanças S/A e Kelly Amaral (contestação – art. 847 da CLT).	0,00 a 0,25	
PRELIMINAR – inépcia, danos morais e ausência de causa de pedir.	0,00 a 0,30	
INDICAÇÃO DAS NORMAS – arts. 485, I, e 330, I e § 1º, ambos do CPC.	0,00 a 0,20	
PREJUDICIAL – arguição da prescrição quinquenal.	0,00 a 0,30	
INDICAÇÃO DA NORMA – art. 7º, XXIX, da CF.	0,00 a 0,20	
HORAS EXTRAS, INTERVALOS – gerente-geral de agência sem controle de horário – não tem horas extras nem supressão de intervalo – improcedência.	0,00 a 0,30	
INDICAÇÃO DAS NORMAS – art. 62, II, da CLT e Súmula 287 do TST.	0,00 a 0,20	
ESTABILIDADE – reintegração ou indenização. Delegado sindical não tem estabilidade. Falta de representação eletiva. Improcedência.	0,00 a 0,80	
INDICAÇÃO DA NORMA – OJ 369 da SDI-1 do TST.	0,00 a 0,20	
QUEBRA DE CAIXA – pagamento e integração: atividade exercida não enseja percepção da parcela. Improcedência.	0,00/ 0,10/ 0,20/ 0,30/ 0,40/ 0,50	
EQUIPARAÇÃO SALARIAL – impossibilidade: paradigma em readaptação impede pleito equiparatório. Improcedência.	0,00 a 0,30	
INDICAÇÃO DA NORMA – art. 461, § 4º, da CLT.	0,00 a 0,20	

QUESITOS AVALIADOS	FAIXA DE VALORES	ATENDIMENTO AO QUESITO
FÉRIAS VENCIDAS E NÃO USUFRUÍDAS: licença remunerada superior a 30 dias dentro do período aquisitivo. Improcedência.	0,00 a 0,30	
INDICAÇÃO DA NORMA – art. 133, II, da CLT.	0,00 a 0,20	
HONORÁRIOS ADVOCATÍCIOS – são devidos entre o mínimo de 5% e o máximo de 15%.	0,00 a 0,15	
INDICAÇÃO DA NORMA – art. 791-A da CLT.	0,00 a 0,10	
EQUERIMENTOS – acolhimento da preliminar de inépcia (0,05) e prescrição quinquenal (0,05), e, no mérito, improcedência dos pedidos e pedido de honorários (0,10) e protesto pelos meios de prova admitidos em Direito (0,05).	0,00 a 0,25	
TOTAL		

2.4.2. Exame de Ordem IV – adaptado

Anderson Silva, assistido por advogado não vinculado ao seu sindicato de classe, ajuizou reclamação trabalhista, com pedido certo, determinado e com indicação do valor, pelo rito ordinário, em face da empresa Comércio Atacadista de Alimentos Ltda. (RT nº 0055.2010.5.01.0085), em 10.01.2011, afirmando que foi admitido em 03.03.2002, na função de divulgador de produtos, para exercício de trabalho externo, com registro na CTPS dessa condição, e salário mensal fixo de R$ 3.000,00 (três mil reais). Alegou que prestava serviços de segunda-feira a sábado, das 9h às 20h, com intervalo para alimentação de 01 (uma) hora diária, não sendo submetido a controle de jornada de trabalho, e que foi dispensado sem justa causa em 18.10.2010, na vigência da garantia provisória de emprego prevista no art. 55 da Lei nº 5.764/71, já que ocupava o cargo de diretor suplente de cooperativa criada pelos empregados da ré.

Afirmou que não lhe foi pago o 13º salário do ano de 2009 e que não gozou as férias referentes ao período aquisitivo 2007/2008, admitindo, porém, que se afastou, nesse mesmo período, por 07 (sete) meses, com percepção de auxílio-doença. Aduziu, ainda, que foi contratado pela ré, em razão da morte do sr. Wanderley Cardoso, para exercício de função idêntica, na mesma localidade, mas com salário inferior em R$ 1.000,00 (um mil reais) ao que era percebido pelo paradigma, em ofensa ao art. 461, *caput*, da CLT.

Por fim, ressaltou que o deslocamento de sua residência para o local de trabalho, e vice-versa, era realizado em transporte coletivo fretado pela ré, não tendo recebido vale-transporte durante todo o período do contrato de trabalho.

Diante do anteriormente exposto, POSTULOU: a) a sua reintegração no emprego, ou pagamento de indenização substitutiva, em face da estabilidade provisória prevista no art. 55 da Lei nº 5.674/71; b) o pagamento de 02 (duas) horas extraordinárias diárias, com adicional de 50% (cinquenta por cento), e seus reflexos no aviso-prévio, férias integrais e proporcionais, décimos terceiros salários integrais e proporcionais, FGTS e indenização compensatória de 40% (quarenta por cento); c) o pagamento em dobro das férias referentes ao período aquisitivo de 2007/2008, acrescidas do terço constitucional, nos moldes art. 137 da CLT; d) o pagamento das diferenças salariais decorrentes da equiparação salarial com o paradigma apontado e seus reflexos no aviso-prévio, férias integrais e proporcionais, décimos terceiros salários integrais e proporcionais, FGTS e indenização compensatória de 40% (quarenta por cento); e) o pagamento dos valores correspondentes aos vales-transportes não fornecidos durante todo o período contratual; e f) o pagamento do 13º salário do ano de 2008.

Considerando que os pedidos estavam liquidados e que a reclamação trabalhista foi distribuída à 85ª Vara do Trabalho do Rio de Janeiro/RJ, redija, na condição de advogado(a) contratado(a) pela empresa, a peça processual adequada, a fim de atender aos interesses de seu cliente. (Valor: 5,0)

EXAME DE ORDEM IV – RESOLUÇÃO

AO DOUTO JUÍZO DA 85ª VARA DO TRABALHO DO RIO DE JANEIRO/RJ

Processo nº 0055.2010.5.01.0.085

COMÉRCIO ATACADISTA DE ALIMENTOS LTDA., qualificação e endereço completos, vem, respeitosamente, perante Vossa Excelência, por intermédio de seu advogado adiante assinado **(procuração anexa)**, com escritório profissional no endereço completo, onde recebe intimações e notificações, com fulcro no **art. 847 da CLT, OFERECER:**

CONTESTAÇÃO

à reclamação trabalhista que lhe move **ANDERSON SILVA**, já qualificado nos autos em epígrafe, pelas razões de fato e de direito a seguir expostas.

I – PRELIMINAR DE MÉRITO

1. Inépcia da petição inicial – ausência de causa de pedir

O reclamante postula o pagamento do 13º salário de 2008, porém não apresenta causa de pedir, uma vez que alega que não recebeu apenas o 13º salário do ano de 2009.

De acordo com o disposto no art. 330, § 1º, I, do CPC, a petição inicial é inepta, dentre outras hipóteses, quando lhe faltar a causa de pedir. No presente caso, é inepta quanto ao pedido de pagamento do 13º salário de 2008, pois o autor não apontou causa de pedir, uma vez que afirmou apenas que não recebeu o 13º salário do ano de 2009, não se referindo ao 13º de 2008.

Esclarece-se que a inépcia da inicial deve ser analisada em preliminar de contestação, à luz do art. 337, IV, do CPC.

Diante do exposto, requer a extinção do processo sem resolução do mérito, nos termos dos arts. 485, I, e 330, I, do CPC (indeferimento da petição inicial), em relação ao pedido de pagamento do 13º salário de 2008.

II – PREJUDICIAL DE MÉRITO

1. Prescrição quinquenal

O reclamante postulou em sua reclamação trabalhista, ajuizada em 10.01.2011, parcelas que retroagem à data de sua admissão, que ocorreu em 03.03.2002.

Com base nos arts. 7º, XXIX, da CF e 11 da CLT, o direito de ação quanto a créditos resultantes das relações de trabalho prescreve em 5 anos, contados da data do ajuizamento da ação (Súmula 308, I, do TST).

Diante do exposto, requer a extinção do processo, com resolução do mérito, à luz do art. 487, II, do CPC, quanto às parcelas postuladas anteriores aos últimos 5 anos, contados do ajuizamento da ação, ou seja, anteriores a 10.01.2006.

III – MÉRITO

1. Reintegração

O reclamante postulou a reintegração ao emprego, ou a equivalente indenização substitutiva, tendo em vista a suposta estabilidade que possuía na ocasião da dispensa, por ter sido nomeado para exercer o cargo de diretor suplente de cooperativa criada pelos empregados da ré.

Não assiste razão ao reclamante, pois, consoante preceitua a OJ 253 da SDI-I do TST, o diretor suplente de cooperativa não é beneficiário da estabilidade provisória prevista no art. 55 da Lei nº 5.764/71, a qual é dirigida, exclusivamente, àqueles que exerçam ou ocupem cargos de direção das cooperativas, não se estendendo tal garantia aos suplentes. Assim, o reclamante não possui direito à estabilidade provisória, nem à sua indenização substitutiva, por exercer cargo de suplente de cooperativa criada pelos empregados.

Diante do exposto, requer a improcedência do pedido de reintegração, bem como de indenização substitutiva.

2. Horas extras

O reclamante postulou a condenação do reclamado ao pagamento de 2 horas extraordinárias diárias, acrescidas do adicional de 50% por laborar de segunda a sábado, das 9h às 20h, e seus reflexos.

Não assiste razão ao reclamante, pois, de acordo com o instituído pelo art. 62, I, da CLT, não faz jus à percepção de horas extraordinárias os empregados que exercem atividade externa incompatível com a fixação de horário de trabalho. Ressalte-se que tal condição estava anotada na CTPS do reclamante e ele mesmo afirma que não estava submetido a controle de jornada de trabalho.

Diante do exposto, requer a improcedência do pedido de 2 horas extras diárias, bem como seus reflexos postulados.

3. Férias em dobro

O reclamante postulou o pagamento em dobro das férias referentes ao período aquisitivo de 2007/2008, acrescidas de 1/3 pela não concessão a tempo e modo, nos moldes do art. 137 da CLT.

Não assiste razão ao reclamante, pois, conforme estabelece o art. 133, IV, da CLT, não terá direito a férias o empregado que, no curso do período aquisitivo, permanecer em gozo de licença, com percepção de prestações de acidente de trabalho ou auxílio-doença da Previdência Social, por mais de 6 meses. Assim, o reclamante não tem direito às férias pleiteadas, pois afirma ter recebido auxílio-doença por 07 meses durante o período aquisitivo.

Diante do exposto, requer a improcedência do pedido de férias.

4. Diferenças salariais

O reclamante postulou equiparação salarial, alegando que foi contratado em razão da morte do sr. Wanderley Cardoso, com salário inferior em R$ 1.000,00 (um mil reais) ao que era percebido pelo paradigma, para exercer função idêntica, e seus reflexos.

Não assiste razão ao reclamante, pois, consoante determinado pela Súmula 159, II, do TST, não são devidas diferenças salariais, pois o reclamante ocupou o cargo que se tornou anteriormente vago em definitivo com o falecimento do paradigma apontado. Dessa forma, o reclamante não faz jus à equiparação do sr. Wanderley Cardoso. A equiparação salarial somente é possível entre empregados contemporâneos no cargo ou função, nos termos do art. 461, § 5º, da CLT. Dessa forma, o reclamante não faz jus à equiparação salarial.

Diante do exposto, requer a improcedência do pedido de equiparação salarial, bem como seus reflexos.

5. Vale-transporte

O reclamante postulou o pagamento dos valores correspondentes aos vales-transportes não fornecidos durante todo o período contratual. Ressaltou, no entanto, que o deslocamento de sua residência para o local de trabalho e vice-

-versa era realizado em transporte coletivo fretado pela ré, não tendo recebido vale-transporte durante todo o período do contrato de trabalho.

Não assiste razão ao reclamante, tendo em vista que o vale-transporte é concedido para uso no deslocamento residência-trabalho e vice-versa, em transporte coletivo público (art. 1º da Lei nº 7.418/85), o que não ocorreu no caso em tela, considerando que o empregador fornecia transporte coletivo fretado por ele, estando, portanto, nos termos do art. 4º do Decreto nº 95.247/87, desonerado da obrigação de fornecer vale-transporte.

Diante do exposto, requer a improcedência do pedido de vale-transporte.

IV – REQUERIMENTOS FINAIS

Diante do exposto, requer a produção de todos os meios de prova em direito admitidos, em especial o depoimento pessoal do reclamante, sob a consequência de confissão.

Por fim, requer o acolhimento da preliminar de mérito para que seja estabelecida a extinção do processo sem resolução do mérito, nos moldes dos arts. 485, I, e 330, I, do CPC (indeferimento da petição inicial), em relação ao 13º salário do ano de 2008 por ausência de causa de pedir.

Posteriormente, o acolhimento da prejudicial de mérito para que seja declarada a extinção do processo com resolução do mérito, à luz do art. 487, II, do CPC, quanto às parcelas anteriores aos últimos 5 anos, contados do ajuizamento da ação.

E, sucessivamente, no mérito, requer a improcedência de todos os pedidos do reclamante, condenando-o ao pagamento de custas processuais e em honorários advocatícios, no importe de 15%, nos moldes do art. 791-A da CLT.

Nestes termos,

pede deferimento.

Local e data.

Advogado(a)

OAB nº

EXAME DE ORDEM IV – ESPELHO DE CORREÇÃO – ADAPTADO

QUESITOS AVALIADOS	FAIXA DE VALORES	ATENDIMENTO AO QUESITO
ESTRUTURA INICIAL – encaminhamento adequado (0,25) e correta identificação das partes e do processo (0,25).	0,00/ 0,25/ 0,50	
ARGUIÇÃO DE INÉPCIA – arguição de inépcia da petição inicial quanto ao pedido de 13º salário do ano de 2008 por ausência de causa de pedir. Indicação do art. 330, I, do CPC.	0,00/ 0,25	

QUESITOS AVALIADOS	FAIXA DE VALORES	ATENDIMENTO AO QUESITO
PRESCRIÇÃO QUINQUENAL – prescrição das parcelas anteriores a 10.01.2006 OU cinco anos anteriores ao ajuizamento da ação (0,25). Indicação do art. 7º, XXIX, da CF/88; OU do art. 11 da CLT (0,25).	0,00/ 0,25 /0,50	
ESTABILIDADE E REINTEGRAÇÃO – não abrangem os membros suplentes (0,50). Indicação da OJ 253 da SDI-1 do TST (0,25).	0,00/ 0,25 /0,50/ 0,75	
HORAS EXTRAS E REFLEXOS – atividade externa incompatível com controle (0,35). Indicação do art. 62, I, da CLT (0,35).	0,00/ 0,35/ 0,70	
FÉRIAS DO PERÍODO 2007/2008 – perda do direito em face do afastamento previdenciário (0,35). Indicação do art. 133, IV, da CLT (0,35).	0,00/ 0,35/ 0,70	
EQUIPARAÇÃO SALARIAL – ausência de contemporaneidade com o paradigma OU substituição de cargo vago (0,40). Indicação da Súmula 159, II, do TST (0,20).	0,00/ 0,20/ 0,40/ 0,60	
VALE-TRANSPORTE – exoneração da obrigação pela concessão de transporte (0,25). Indicação do art. 4º do Decreto nº 95.247/87 (0,25).	0,00/ 0,25/ 0,50	
REQUERIMENTOS – acolhimento da preliminar e da prescrição (0,25). Improcedência dos pedidos (0,15). Protesto pelos meios de prova (0,10).	0,00/ 0,10/ 0,15/ 0,25/ 0,35/ 0,40/ 0,50	
TOTAL		

2.4.3. Exame de Ordem V – adaptado

Joaquim Ferreira, assistido por advogado particular, ajuizou reclamação trabalhista, com pedidos certos, determinados e com indicação do valor, pelo rito ordinário, em face da empresa Parque dos Brinquedos Ltda. (RT nº 0001524-15.2011.5.04.0035), em 07.11.2011, alegando que foi admitido em 03.02.2007 para trabalhar na linha de produção de brinquedos na sede da empresa localizada no Município de Florianópolis/SC, com salário de R$ 2.000,00 (dois mil reais) mensais e horário de trabalho das 8h às 17h, de segunda-feira a sábado, com 1 (uma) hora de intervalo intrajornada.

Esclarece, contudo, que, logo após a sua admissão, foi transferido, de forma definitiva, para a filial da reclamada situada no Município de Porto Alegre/RS – e que jamais recebeu qualquer pagamento a título de adicional de transferência.

Afirma que o empregador fornecida o transporte em veículo próprio do empregado para o trabalho e retorno deste.

Salienta, ainda, que não gozou as férias relativas ao período aquisitivo 2007/2008, apesar de ter permanecido em licença remunerada por 33 (trinta e três) dias no curso desse mesmo período.

Afirma também que exercia função idêntica ao paradigma Marcos de Oliveira, prestando um trabalho de igual valor, com a mesma perfeição técnica e a mesma produção, não obstante o fato de a jornada de trabalho do modelo fosse bem inferior ao do autor.

Por fim, aduz que, à época de sua dispensa imotivada, era o Presidente da Comissão Interna de Prevenção de Acidentes – CIPA – instituída pela empresa, sendo beneficiário de garantia provisória de emprego. A extinção do contrato de trabalho ocorreu em 03.10.2009.

Diante do anteriormente exposto, **POSTULA:**

a) o pagamento do adicional de transferência e seus reflexos no aviso-prévio, nas férias, nos décimos terceiros salários, nos depósitos do FGTS e na indenização compensatória de 40% (quarenta por cento);

b) o pagamento das diferenças decorrentes da integração no salário dos valores correspondentes ao fornecimento de transporte e seus reflexos no aviso-prévio, nas férias, nos décimos terceiros salários, nos depósitos do FGTS e na indenização compensatória de 40% (quarenta por cento);

c) o pagamento, em dobro, das férias relativas ao período aquisitivo 2007/2008;

d) o pagamento das diferenças decorrentes da equiparação salarial com o paradigma apontado e seus reflexos no aviso-prévio, nas férias, nos décimos terceiros salários, nos depósitos do FGTS e na indenização compensatória de 40% (quarenta por cento); e

e) a reintegração ao emprego, em razão da garantia provisória de emprego conferida ao empregado membro da Comissão Interna de Prevenção de Acidente – CIPA –, ou o pagamento de indenização substitutiva.

Considerando que a reclamação trabalhista foi distribuída à 35ª Vara do Trabalho de Porto Alegre/RS, redija, na condição de advogado(a) contratado(a) pela reclamada, a peça processual adequada, a fim de atender aos interesses de seu cliente. (Valor: 5,0)

EXAME DE ORDEM V – RESOLUÇÃO

AO DOUTO JUÍZO DA 35ª VARA DO TRABALHO DE PORTO ALEGRE/RS

Processo nº 0001524-15.2011.5.04.0035

PARQUE DOS BRINQUEDOS LTDA., qualificação e endereço completos, vem, respeitosamente, perante Vossa Excelência, por intermédio de seu advogado adiante assinado **(procuração anexa)**, com escritório profissional no endereço completo, onde recebe intimações e notificações, com fulcro no **art. 847 da CLT, OFERECER:**

CONTESTAÇÃO

à Reclamação Trabalhista que lhe move **JOAQUIM FERREIRA**, já qualificado nos autos em epígrafe, pelas razões de fato e de direito a seguir expostas.

I – PRELIMINAR

1. Inépcia da petição inicial

Na petição inicial da reclamação trabalhista consta o pedido de equiparação salarial, sem a indicação de qualquer causa de pedir, na medida em que não aponta a diferença salarial postulada.

Segundo estabelece o art. 330, § 1º, I, do CPC, a petição inicial será inepta quando lhe faltar o pedido ou causa de pedir. Quanto ao pedido de equiparação salarial, a petição inicial apresenta apenas o pedido, estando ausente a causa de pedir por não apontar as diferenças salariais entre o salário do reclamante e do paradigma, sendo, portanto, inepta neste particular.

Esclarece-se que a inépcia da petição inicial é matéria que deve ser tratada em preliminar de contestação, nos termos do art. 337, IV, do CPC.

Diante do exposto, requer a extinção do processo sem resolução do mérito, à luz dos arts. 485, I, e 330, § 1º, I, do CPC (indeferimento da petição inicial), quanto ao pedido de equiparação salarial.

II – PREJUDICIAL DE MÉRITO

1. Prescrição bienal

O reclamante postulou o pagamento de verbas oriundas do contrato de trabalho extinto no dia 03.10.2009 em reclamação ajuizada no dia 07.11.2011.

Com base nos arts. 7º, XXIX, da CF e 11 da CLT e na Súmula 308, item I, opera-se a prescrição bienal, o ajuizamento de reclamação trabalhista, após o prazo de 2 anos, contados do término do contrato de trabalho. A ação *in casu* ultrapassou o limite legal, estando, portanto, prescrita.

Diante do exposto, requer a extinção do processo, com resolução do mérito, nos termos do art. 487, II, do CPC.

III – MÉRITO

1. Do adicional de transferência

O reclamante postulou o pagamento do adicional de transferência e seus reflexos, esclarecendo que, logo após a sua admissão, foi transferido, de forma definitiva, para a filial da reclamada situada no Município de Porto Alegre/RS, jamais recebendo qualquer pagamento a título de adicional de transferência.

Não assiste razão ao reclamante, pois à luz do art. 469, § 3º, da CLT, é devido adicional nunca inferior a 25% do salário do empregado em caso de transferência, enquanto durar a situação. De acordo com a OJ 113 da SDI-1 do TST, o caráter provisório da transferência é pressuposto legal apto a legitimar a percepção do adicional. O reclamante foi transferido de forma definitiva, não fazendo jus ao referido adicional.

Diante do exposto, requer a improcedência do pedido de pagamento do adicional de transferência e seus reflexos postulados.

2. Da integração salarial dos valores referentes ao transporte

O reclamante postulou o pagamento das diferenças decorrentes da integração dos valores correspondentes ao fornecimento de transporte e seus reflexos ao salário, alegando que o reclamado não a promoveu, para todos os efeitos legais.

Não assiste razão ao reclamante, pois fundamentado no art. 458, § 2º, III, da CLT, não será considerado como salário o transporte destinado ao deslocamento para o trabalho e retorno, em percurso servido ou não por transporte público.

Diante do exposto, requer a improcedência do pedido de integração salarial dos valores referentes ao transporte e seus reflexos postulados.

3. Das férias

O reclamante postulou o pagamento em dobro das férias relativas ao período aquisitivo 2007/2008, apesar de ter permanecido em licença remunerada por 33 dias no curso desse mesmo período.

Não assiste razão ao reclamante, pois, conforme dispõe o art. 133, II, da CLT, não terá direito a férias o empregado que, no curso do período aquisitivo, permanecer em gozo de licença com percepção de salários, por mais de 30 (trinta) dias.

Diante do exposto, requer a improcedência do pedido de férias.

4. Das diferenças salariais

O reclamante postulou o pagamento das diferenças decorrentes da equiparação salarial com o paradigma apontado e seus reflexos, afirmando que exercia função idêntica ao paradigma, prestando um trabalho de igual valor, com a mesma perfeição técnica e a mesma produção, não obstante o fato de a jornada de trabalho do modelo fosse bem inferior ao do autor.

Não assiste razão ao reclamante, pois, consoante institui o art. 461, *caput*, e § 1º, da CLT, para que se torne possível a equiparação salarial é necessário trabalho de igual valor, ou seja, feito com igual produtividade e com a mesma perfeição técnica. No presente caso, havia diferença de produtividade, uma vez que o paradigma, em jornada bem inferior, produzia o mesmo que o reclamante.

Diante do exposto, requer a improcedência do pedido de equiparação salarial, bem como seus reflexos.

5. Da reintegração

O reclamante postulou a reintegração ao emprego, ou a equivalente indenização substitutiva, tendo em vista a suposta estabilidade que possuía na ocasião da dispensa, por ter sido nomeado para exercer o cargo de Presidente da Comissão Interna de Prevenção de Acidente – CIPA.

Não assiste razão ao reclamante, pois, conforme estabelece o art. 10, II, "a", do ADCT, fica vedada a dispensa arbitrária ou sem justa causa do empregado eleito para cargo de direção de comissões internas de prevenção de acidentes. Nos termos do art. 164, §§ 1º e 5º, da CLT, o empregador anualmente designará o Presidente da CIPA, sendo assim, não se trata de empregado eleito, não fazendo jus à estabilidade conferida no artigo supracitado.

Diante do exposto, requer a improcedência do pedido de reintegração, bem como de indenização substitutiva.

IV – REQUERIMENTOS FINAIS

Diante do exposto, requer a produção de todos os meios de prova em direito admitidos, em especial o depoimento pessoal do reclamante, sob pena de confissão.

Requer o acolhimento da preliminar de mérito para que seja extinto o processo sem resolu-ção do mérito, nos moldes dos arts. 485, I, e 330, I, todos do CPC, em relação ao pedido de equiparação salarial.

Por fim, requer o acolhimento da prejudicial de mérito para que seja determinada a extinção do processo com resolução do mérito, nos moldes do art. 487, II, do CPC, e, posteriormente, ainda, no mérito, requer a improcedência de todos os pedidos do reclamante, condenando-o ao pagamento de custas processuais e honorários advocatícios, no importe de 15%, com base no art. 791-A da CLT.

Nestes termos,

pede deferimento.

Local e data.

Advogado(a)
OAB nº

EXAME DE ORDEM V – ESPELHO DE CORREÇÃO – ADAPTADO

QUESITOS AVALIADOS	FAIXA DE VALORES	ATENDIMENTO AO QUESITO
ESTRUTURA INICIAL – encaminhamento adequado (0,25) e correta identificação das partes e do processo (0,25). **Obs.**: Poderia o reclamante ter ajuizado a reclamação em Porto Alegre ou em Florianópolis (art. 651, § 3º, da CLT).	0,00/ 0,25/ 0,50	
PREJUDICIAL DE PRESCRIÇÃO – ajuizamento da ação após 2 anos de extinção do contrato (0,50). Indicação do art. 7º, XXIX, da CF/88; OU do art. 11 da CLT; OU da Súmula 308, I, do TST (0,50).	0,00/ 0,50/ 1,00	
ADICIONAL DE TRANSFERÊNCIA E REFLEXOS – adicional devido apenas na transferência provisória (0,30). Indicação do art. 469, § 3º, da CLT; OU da OJ 113 da SDI-1 do TST (0,20).	0,00/ 0,20/ 0,30/ 0,50	
INTEGRAÇÃO SALARIAL DOS VALORES REFERENTES AO TRANSPORTE E REFLEXOS – transporte para o trabalho e retorno não é salário (0,30). Indicação do art. 458, § 2º, III, da CLT (0,20).	0,00/ 0,20/ 0,30/ 0,50	
FÉRIAS EM DOBRO RELATIVAS AO PERÍODO 2007/2008 – perda do direito às férias em razão da licença remunerada superior a 30 dias no período aquisitivo (0,50). Indicação do art. 133, II, da CLT (0,50).	0,00/ 0,50/1,00	
EQUIPARAÇÃO SALARIAL E REFLEXOS – não configuração do trabalho de igual valor em razão da diferença de produtividade (0,30), com indicação do art. 461, *caput* e § 1º, da CLT (0,20).	0,00/ 0,30/ 0,50	
GARANTIA PROVISÓRIA DE EMPREGO – o Presidente da CIPA não é eleito, mas designado pelo empregador (0,20). Indicação do art. 10, II, "a", do ADCT (0,10) e do art. 164, § 1º, E/OU § 5º da CLT (0,30).	0,00/ 0,10/ 0,20/ 0,30/ 0,60	
REQUERIMENTOS – acolhimento da preliminar de inépcia (0,10). Acolhimento da prescrição bienal (0,10). Improcedência dos pedidos (0,10). Pedido de honorários (0,20),	0,00/ 0,10/ 0,20/ 0,30/0,40	
TOTAL		

2.4.4. Exame de Ordem VIII – adaptado

Refrigeração Nacional, empresa de pequeno porte, contrata os serviços de um advogado em virtude de uma reclamação trabalhista movida pelo ex-empregado Sérgio Feres, ajuizada em 12.04.2012, com pedidos certos, determinados e com indicação do valor, e que tramita perante a 90ª Vara do Trabalho de Campinas (Processo nº 1598-73.2012.5.15.0090), na qual o trabalhador alega e requer, em síntese:

- que apesar de haver trabalhado em turno ininterrupto de revezamento da admissão, em 30/06/2006, à dispensa, ocorrida em 15.05.2011, se ativava, na verdade, durante 8 horas em cada plantão, violando a norma constitucional de regência, fazendo assim jus a duas horas extras com adicional de 50% por dia de trabalho, o que requer. Reconhece existir norma coletiva que estendeu a jornada para 8 horas, mas advoga que ela padece de nulidade insanável, pois aniquila seu direito constitucional a uma jornada menor;
- no período aquisitivo 2008/2009 teve 18 faltas, sendo 12 delas justificadas. Pretendia transformar os 10 dias das férias em dinheiro, como entende ser seu direito, mas o empregador só permitiu a conversão de oito dias, o que se revela abusivo por ferir a norma cogente. Por conta disso, deseja o pagamento de dois dias não convertidos em pecúnia, com acréscimo de 1/3;
- nas mesmas férias citadas no tópico anterior, fruídas no mês de julho de 2010, tinha avisado ao empregador desde o mês de março de 2010 que gostaria de receber a 1ª parcela do 13° salário daquele ano juntamente com as férias, para poder custear uma viagem ao exterior, mas isso lhe foi negado. Entende que esse é um direito potestativo seu, que restou violado, pelo que persegue o pagamento dos juros e correção monetária da 1ª parcela do 13° salário no período compreendido entre julho de 2010 (quando gozou as férias) e 30.11.2010 (quando efetivamente recebeu a 1ª parcela da gratificação natalina);
- que no mês de novembro de 2007 afastou-se da empresa por 30 dias em razão de doença, oportunidade na qual recebeu benefício do INSS (auxílio-doença previdenciário, espécie B-31). Porém, nesse período, não recebeu tíquete-refeição nem vale-transporte, o que considera irregular. Perseguem, assim, ambos os títulos no lapso em questão;
- que a empresa sempre pagou os salários no dia 2 do mês seguinte ao vencido, mas a partir de abril de 2009, unilateralmente, passou a quitá-los no dia 5 do mês seguinte, em alteração reputada maléfica ao empregado. Requer, em virtude disso, a nulidade da novação objetiva e

o pagamento de juros e correção monetária entre os dias 2 e 5 de cada mês, no interregno de abril de 2009 em diante.

Considerando os pedidos estavam liquidados e que todos os fatos apontados pelo trabalhador são verdadeiros, apresente a peça pertinente à defesa dos interesses da empresa, sem criar dados ou fatos não informados.

EXAME DE ORDEM VIII – RESOLUÇÃO

AO DOUTO JUÍZO DA 90ª VARA DO TRABALHO DE CAMPINAS/SP

Processo nº 1598-73.2012.5.15.0090

REFRIGERAÇÃO NACIONAL, qualificação e endereço completos, vem, respeitosamente, perante Vossa Excelência, por intermédio de seu advogado adiante assinado **(procuração anexa)**, com escritório profissional no endereço completo, onde recebe intimações e notificações, com fulcro no **art. 847 da CLT, OFERECER:**

CONTESTAÇÃO

à reclamação trabalhista que lhe move **SÉRGIO FERES**, já qualificado nos autos em epígrafe, pelas razões de fato e de direito a seguir expostas.

I – PREJUDICIAL DE MÉRITO

1. Prescrição quinquenal

O reclamante ajuizou a presente reclamação trabalhista em 12.04.2012, postulando verbas que retroagem à data do início do contrato de trabalho, em 30.03.2006.

Segundo os arts. 7º, XXIX, da CF e 11 da CLT, as verbas trabalhistas prescrevem em 5 anos, contados, nos termos da Súmula 308, I, do TST, da data do ajuizamento da ação.

Diante o exposto, requer a extinção do processo com resolução de mérito, à luz do art. 487, II, do CPC, quanto às verbas postuladas anteriores aos últimos 5 anos, contados da data do ajuizamento da ação, ou seja, anteriores a 12.04.2007.

II – MÉRITO

1. Horas extras

O reclamante postula a condenação da reclamada ao pagamento de 2 horas extras diárias, acrescidas do adicional de 50%, sob o argumento de que, embora trabalhasse em turno ininterrupto de revezamento, sua jornada era de 8 horas diárias.

Não assiste razão à reclamante, pois havia norma coletiva que estendeu a jornada para 8 horas e, à luz do art. 7º, XIV, da CF e da Súmula 423 do TST, a norma coletiva pode elastecer a jornada para 8 horas diárias e 44 semanais, no caso de turno ininterrupto de revezamento. Ressalte-se que o art. 7º, XXVI, da CF assegura o reconhecimento de convenções e acordos coletivos.

Diante do exposto, requer a improcedência do pedido do reclamante.

2. Férias

O reclamante postula a condenação da reclamada ao pagamento de 2 dias não convertidos em pecúnia, com acréscimo de 1/3, uma vez que o empregador lhe permitiu converter em dinheiro apenas 8 dias.

Não assiste razão ao reclamante, pois no período aquisitivo 2008/2009 o reclamante teve 18 faltas, sendo apenas 12 delas justificadas. A quantidade de faltas injustificadas, 6, permite a fruição de 24 dias de férias, à luz do art. 130, II, da CLT. Conforme institui o art. 143 da CLT, o empregado tem o direito de converter apenas 1/3 em abono pecuniário.

Diante do exposto, requer a improcedência do pedido.

3. Juros e correção monetária – 13º salário

O reclamante postula a condenação da reclamada ao pagamento de juros e correção monetária da 1ª parcela do 13º salário no período compreendido entre julho de 2010 (quando gozou as férias) e 30.11.2010 (quando efetivamente recebeu a 1ª parcela da gratificação natalina), sob o argumento de que tinha avisado ao empregador desde o mês de março de 2010 que gostaria de receber a 1ª parcela do 13º salário daquele ano juntamente com as férias.

Nos moldes do art. 2º, § 2º, da Lei nº 4.749/65 e do art. 4º do Decreto nº 57.155/65, para que a 1ª parcela do 13º salário fosse recebida junto com as férias, o reclamante deveria tê-la requerido no mês de janeiro, todavia, o fez somente em março de 2010.

Diante do exposto, requer a improcedência do pedido.

4. Tíquete-alimentação e vale-transporte

O reclamante postula a condenação da reclamada ao pagamento de tíquete-refeição e vale-transporte, o qual foi suspenso pelo reclamado nos 30 dias que permaneceu afastado da empresa, recebendo do INSS auxílio-doença previdenciário, espécie B-31.

Não assiste razão ao reclamante, pois, nos termos dos arts. 476 da CLT e 63 da Lei nº 8.213/91, enquanto percebe auxílio-doença, o contrato de trabalho do empregado permanece suspenso, não fazendo jus aos benefícios que se relacionam com a prestação dos serviços, a exemplo do tíquete-refeição e vale-transporte.

Diante do exposto, requer a improcedência do pedido do reclamante.

5. Juros e correção monetária – alteração da data de pagamento

O reclamante alega que a empresa sempre pagou os salários no dia 2 do mês seguinte ao vencido, mas a partir de abril de 2009, unilateralmente, passou a quitá-los no dia 5 de cada mês, razão pela qual requer a declaração de nulidade da novação objetiva e o pagamento de juros e correção monetária entre os dias 2 e 5 de cada mês, no interregno de abril de 2009 em diante.

Não assiste razão ao reclamante, pois à luz da OJ 159 da SDI-1 do TST, a mudança da data de pagamento, dentro do limite de tolerância do art. 459, § 1º, da CLT, ou seja, até o 5º dia útil do mês subsequente ao da prestação dos serviços, não viola o art. 468 da CLT, tratando-se de uma alteração contratual lícita.

Diante do exposto, requer a improcedência dos pedidos.

III – REQUERIMENTOS FINAIS

Diante do exposto, requer a produção de todos os meios de provas em direito admitidos, inclusive o depoimento pessoal do reclamante, sob a consequência de confissão.

Por fim, requer o acolhimento da prescrição quinquenal para extinguir o processo com resolução de mérito, nos moldes do art. 487, II, do CPC, quanto às verbas postuladas anteriores aos últimos 5 anos, contados da data do ajuizamento da ação, ou seja, anteriores a 12.04.2007 e, sucessivamente, no mérito, a improcedência dos pedidos formulados pelo autor, condenando-o ao pagamento de custas processuais e honorários advocatícios, no importe de 15%, com base no art. 791-A da CLT.

Nestes termos,

pede deferimento.

Local e data.

Advogado(a)

OAB nº

EXAME DE ORDEM VIII – ESPELHO DE CORREÇÃO

QUESITOS AVALIADOS	FAIXA DE VALORES	ATENDIMENTO AO QUESITO
Formato de contestação, com endereçamento ao juiz de Campinas, número do processo e qualificação das partes (0,40).	0,00/ 0,40	
Arguição de prescrição parcial dos direitos anteriores a 5 anos do ajuizamento da ação; OU prescrição quinquenal, tendo como marco 12.04.2007 (0,30). Indicação da CF/88, art. 7º, XXIX; OU da CLT, art. 11; OU da Súmula 308, I, do TST (0,30).	0,00/ 0,30 / 0,60	

QUESITOS AVALIADOS	FAIXA DE VALORES	ATENDIMENTO AO QUESITO
A norma coletiva pode validamente dispor sobre a extensão do horário no caso de turno ininterrupto de revezamento (0,30). Indicação da CF/88, art. 7º, XIV OU XXVI; OU da Súmula 423 do TST; OU da OJ 275 da SDI-1 do TST (0,30).	0,00/ 0,30/ 0,60	
A quantidade de faltas injustificadas (6) permite a fruição de 24 dias de férias. Logo, apenas 8 dias poderiam ser convertidos em pecúnia (0,30). Indicação dos arts. 130, II, OU 143 da CLT (0,30).	0,00/ 0,30/ 0,60	
A 1ª parcela do 13º salário, para ser recebida junto com as férias, deveria ser requerida no mês de janeiro, o que não foi observado pelo reclamante (0,30). Indicação do art. 2º, § 2º, da Lei nº 4.749/65 OU do art. 4º do Decreto nº 57.155/65 (0,50).	0,00/ 0,30/ 0,80	
Estando o contrato suspenso pelo afastamento por período superior a 15 dias, o empregado não faz jus aos benefícios que se relacionam com a prestação dos serviços, a exemplo do tíquete-refeição e vale-transporte (0,30). Indicação do art. 476 da CLT; OU dos arts. 59, 60 ou 63 da Lei nº 8.213/91; OU do art. 80 do Decreto nº 3.048/99; OU da Súmula 440 do TST em sentido contrário (0,50).	0,00/ 0,30/ 0,80	
A mudança da data de pagamento, dentro do limite de tolerância legal, é alteração possível, não sendo considerada ilegal; OU trata-se de novação objetiva lícita (0,30). Indicação da OJ 159 da SDI-1 do TST; OU do art. 459, § 1°, da CLT (0,50).	0,00/ 0,30/ 0,80	
Encerramento requerendo o acolhimento de prescrição parcial (0,20) e, no mérito, a improcedência dos pedidos (0,20).	0,00/ 0,20/ 0,40	
TOTAL		

2.4.5. Exame de Ordem XI – adaptado

Contratado pela empresa Clínica das Amendoeiras, em razão de uma reclamação trabalhista proposta em 12.12.2012 pela empregada Jussara Péclis (Processo nº 1146-63.2012.5.18.0002, 2ª Vara do Trabalho de Goiânia), com pedidos certos, determinados e com indicação do valor, o advogado analisa a petição inicial, que contém os seguintes dados e pedidos: que a empregada foi admitida em 18.11.2000 e dispensada sem justa causa em 15.07.2011 mediante aviso-prévio trabalhado; que havia uma norma interna garantindo ao empregado com mais de 10 anos de serviço o direito a receber um relógio folheado a ouro do empregador, o que não foi observado; que a ex-empregada cumpria jornada de 2ª a 6ª feira, das 15h às 19h, sem intervalo; que recebia participação nos lucros (PL) uma vez a cada semestre, mas ela não era integrada para fim algum; e que o empregador reembolsava em média R$ 500,00 por mês relativos ao pagamento com mensalidades da faculdade da empregada.

A autora POSTULA: a condenação em obrigação de fazer materializada na entrega de um relógio folheado a ouro; hora extra pela ausência de pausa alimentar; integração da PL nas verbas salariais, FGTS e aquelas devidas pela ruptura, com o pagamento das diferenças correlatas; e a integração de R$ 500,00 por mês relativos às mensalidades da faculdade pagas pelo empregador, para fins de gerar reflexos nas verbas contratuais e resilitórias.

A empresa entrega ao advogado cópia dos regulamentos internos vigentes ao longo do tempo, em que existia previsão de concessão do relógio folheado a ouro, mas em fevereiro de 2000, foi substituído por um novo regulamento, que previu a entrega de uma foto do empregado com sua equipe.

Analisando cuidadosamente a narrativa feita pela empresa e a documentação por ela fornecida, considerando que os pedidos estavam liquidados apresente a peça pertinente à defesa, em juízo, dos interesses dela, sem criar dados ou fatos não informados. (Valor: 5,0)

EXAME DE ORDEM XI – RESOLUÇÃO

AO DOUTO JUÍZO DA 2ª VARA DO TRABALHO DE GOIÂNIA/GO

Processo nº 1146-63.2012.5.18.0002

CLÍNICA DAS AMENDOEIRAS, qualificação e endereço completos, vem, respeitosamente, perante Vossa Excelência, por intermédio de seu advogado adiante assinado **(procuração anexa)**, com escritório profissional no endereço completo, onde recebe intimações e notificações, com fulcro no **art. 847 da CLT, OFERECER:**

CONTESTAÇÃO

à reclamação trabalhista que lhe move JUSSARA PÉCLIS, já qualificada nos autos em epígrafe, pelas razões de fato e de direito a seguir expostas.

I – PREJUDICIAL DE MÉRITO

1. Prescrição parcial (quinquenal)

A reclamante postulou em sua reclamação trabalhista, ajuizada em 12.12.2012, parcelas que retroagem à data de sua admissão, que ocorreu em 18.11.2000.

Nos termos dos arts. 7º, XXIX, da CF e 11 da CLT, o direito de ação quanto a créditos resultantes das relações de trabalho prescreve em 5 anos, contados da data do ajuizamento da ação (Súmula 308, I, do TST).

Diante do exposto, requer a extinção do processo com resolução do mérito, à luz do art. 487, II, do CPC, quanto às parcelas postuladas anteriores aos últimos 5 anos, contados do ajuizamento da ação, ou seja, anteriores a 12.12.2007.

II – MÉRITO

1. Entrega do relógio

A reclamante postulou a condenação da reclamada em obrigação de fazer materializada na entrega de um relógio folheado a ouro, sob o argumento de que havia uma norma interna garantindo ao empregado com mais de 10 anos de serviço o direito a receber um relógio folheado a ouro do empregador, o que não foi observado.

Não assiste razão à reclamante, pois, os regulamentos internos vigentes ao longo do tempo (anexos), em que existia a previsão de concessão do relógio folheado a ouro, foram substituídos, em fevereiro de 2000, por um novo regulamento, que previu a entrega de uma foto do empregado com sua equipe, e a reclamante foi contratada apenas após a alteração, em 18.11.2000. Com base na Súmula 51, I, do TST, as cláusulas regulamentares, que revoguem ou alterem vantagens deferidas anteriormente, atingirão os trabalhadores admitidos após a revogação ou alteração do regulamento.

Diante do exposto, requer a improcedência do pedido de entrega de relógio folheado a ouro à reclamante.

2. Intervalo intrajornada

A reclamante postulou a condenação da reclamada ao pagamento de hora extra pela ausência de pausa alimentar, uma vez que laborava de 2ª a 6ª feira, das 15h às 19h, sem intervalo.

Não assiste razão à reclamante, pois, conforme dispõe o art. 71, § 1º, da CLT, não faz jus ao intervalo intrajornada o empregado cuja jornada de trabalho é de até 4 horas diárias, como é o caso da reclamante.

Diante do exposto, requer a improcedência do pedido de hora extra.

3. Participação nos lucros e resultados

A reclamante postulou a integração da participação nos lucros e resultados nas verbas salariais, FGTS e aquelas devidas pela ruptura, com o pagamento das diferenças correlatas.

Não assiste razão à reclamante, pois nos termos dos arts. 7º, XI, da CF e 3º da Lei nº 10.101/2000, a participação nos lucros não substitui ou complementa a remuneração devida a qualquer empregado, nem constitui base de incidência de qualquer encargo trabalhista, não se lhe aplicando o princípio da habitualidade.

Diante do exposto, requer a improcedência do pedido de integração da PLR nas verbas salariais, bem como seus reflexos postulados.

4. Mensalidades

A reclamante postula a integração de R$ 500,00 por mês ao seu salário, correspondentes à mensalidade de sua faculdade paga pela empregadora, para fins de gerar reflexos nas verbas contratuais e resilitórias.

Não assiste razão à reclamante, pois à luz do art. 458, § 2º, II, da CLT, os valores relativos às mensalidades de faculdade não integram o salário do empregado para qualquer efeito.

Diante do exposto, requer a improcedência do pedido da reclamante.

III – REQUERIMENTOS FINAIS

Diante do exposto, requer a produção de todos os meios de prova em direito admitidos, em especial o depoimento pessoal da reclamante, sob a consequência de confissão.

Por fim, requer o acolhimento da prejudicial de mérito para que seja determinada a extinção do processo com resolução do mérito, nos moldes do art. 487, II, do CPC, quanto às parcelas anteriores aos últimos 5 anos, contados do ajuizamento da ação, e, sucessivamente, no mérito, requer a improcedência de todos os pedidos da reclamante, condenando-a ao pagamento de custas processuais e honorários advocatícios, no importe de 15%, nos termos do art. 791-A da CLT.

Nestes termos,

pede deferimento.

Local e data.

Advogado(a)

OAB nº

EXAME DE ORDEM XI – ESPELHO DE CORREÇÃO

QUESITO AVALIADO	FAIXA DE VALORES	ATENDIMENTO AO QUESITO
Formato de contestação, com endereçamento ao juiz de Goiânia, número do processo e qualificação das partes (0,40).	0,00/ 0,20/ 0,40	

QUESITO AVALIADO	FAIXA DE VALORES	ATENDIMENTO AO QUESITO
Prescrição parcial dos direitos anteriores a 5 anos do ajuizamento da ação; OU prescrição quinquenal, tendo como marco 12.12.2007 (0,50). Indicação da CF/88, do art. 7º, XXIX; OU da CLT, art. 11; OU da Súmula 308, I, do TST (0,20)	0,00/ 0,50/ 0,70	
REEMBOLSO DE MENSALIDADES – o valor relativo a mensalidade de faculdade não integra o salário do empregado para qualquer efeito (0,70). Indicação do art. 458, § 5º, da CLT (0,40).	0,00/ 0,40/ 0,70/1,10	
ENTREGA DO RELÓGIO – indevida, porque a alteração da norma interna ocorreu antes da admissão da trabalhadora (0,60). Indicação da Súmula 51, I, do TST (0,50).	0,00/ 0,50/ 0,60/1,10	
INTERVALO INTRAJORNADA – indevido, porque a carga horária cumprida (4h diárias) não gera direito a qualquer intervalo (0,50). Indicação da CLT, art. 71, § 1º (0,20).	0,00/ 0,50/ 0,70	
PARTICIPAÇÃO NOS LUCROS – a PL não tem natureza salarial; OU a PL não reflete em qualquer outro direito (0,50). Indicação do art. 3º da Lei nº 10.101/2000; OU da CF/88, art. 7º, XI (0,20).	0,00/ 0,50/ 0,70	
Encerramento requerendo o acolhimento de prescrição parcial (0,20) e, no mérito, a improcedência dos pedidos (0,10).	0,00/ 0,10/ 0,20 / 0,30	
TOTAL		

2.4.6. Exame de Ordem XVII – adaptado

Você foi procurado pelo Banco Dinheiro Bom S/A, em razão de ação trabalhista no XX, distribuída para a 99º VT de Belém/PA, com pedidos certos, determinados e líquidos, ajuizada pela ex-funcionária Paula, que foi gerente-geral de agência de pequeno porte por 4 anos, período total em que trabalhou para o banco. Sua agência atendia apenas a clientes pessoa física. Paula era responsável por controlar o desempenho profissional e a jornada de trabalho dos funcionários da agência, além do desempenho comercial desta.

Na ação, Paula aduziu que ganhava R$ 8.000,00 mensais, além da gratificação de função no percentual de 50% a mais que o cargo efetivo. Porém, seu salário era menor que o de João Petrônio, que percebia R$ 10.000,00, sendo gerente de agência de grande porte atendendo contas de pessoas físicas e jurídicas. Requer as diferenças salariais e reflexos. Paula afirma que trabalhava das 8h às 20h, de segunda a sexta-feira, com intervalo de 20 minutos.

Requer horas extras e reflexos. Paula foi transferida de São Paulo para Belém, após um ano de serviço, tendo lá fixado residência com sua família. Por isso, ela requer o pagamento de adicional de transferência. Paula requer a devolução dos descontos relativos ao plano de saúde, que assinou no ato da admissão, tendo indicado dependentes. Requer, ainda, multa prevista no art. 477 da CLT, pois foi notificada da dispensa em 02.03.2018, uma segunda-feira, e a empresa só pagou as verbas rescisórias em 12.03.2018, um dia após o prazo, segundo sua alegação.

Redija a peça prático-profissional pertinente ao caso. (Valor: 5,00)

EXAME DE ORDEM XVII – RESOLUÇÃO

AO DOUTO JUÍZO DA 99ª VARA DO TRABALHO DE BELÉM/PA

Processo nº XX

BANCO BOM DINHEIRO S/A, qualificação e endereço completos, vem, respeitosamente, perante Vossa Excelência, por intermédio de seu advogado adiante assinado (procuração anexa), com escritório profissional no endereço completo, onde recebe intimações e notificações, com fulcro no art. 847 da CLT, **OFERECER:**

CONTESTAÇÃO

à reclamação trabalhista que lhe move PAULA, já qualificada nos autos em epígrafe, pelas razões de fato e de direito a seguir expostas.

I – MÉRITO

1. Equiparação salarial

A reclamante postulou as diferenças salariais decorrentes da equiparação salarial com João Petrônio. Relata que exercia a função de gerente-geral de agência de pequeno porte, atendia apenas a clientes pessoa física e ganhava R$ 8.000,00 mensais, além da gratificação de função no percentual de 50% a mais que o cargo efetivo. Já João ganhava R$ 10.000,00 mensais, além da gratificação de função no percentual de 50% a mais que o cargo efetivo.

Não assiste razão à reclamante, pois nos termos do art. 461, *caput* e § 1°, da CLT, a equiparação salarial é possível apenas quando reclamante e paradigma exercessem a mesma função, sendo o trabalho de igual valor, ou seja, com a mesma produtividade e perfeição técnica. Porém, havia diferença de função, na medida em que a reclamante era gerente de agência pessoa física e o paradigma, de pessoa física e jurídica. E, também, diferença de produtividade, uma vez que a reclamante gerenciava agência de pequeno porte e o paradigma, de grande porte.

Diante do exposto, requer a improcedência do pedido de diferenças salariais.

2. Horas extras

A reclamante postula a condenação da reclamada ao pagamento de horas extras e reflexos, alegando que trabalhava das 8h às 20h, de segunda a sexta-feira, com intervalo de 20 minutos.

Não assiste razão a reclamante, pois, à luz da Súmula 287 do TST, ao gerente-geral de agência bancária presume-se o exercício de encargo de gestão, aplicando-se-lhe o art. 62, II, da CLT. Segundo este artigo, não faz jus às horas extras os gerentes, assim considerados os exercentes de cargos de gestão, que recebem salário superior em 40% o salário dos empregados que exercem cargo efetivo.

Diante do exposto, requer a improcedência do pedido de horas extras, bem como seus reflexos postulados.

3. Adicional de transferência

A reclamante postula a condenação da reclamada ao pagamento de adicional de transferência, uma vez que foi transferida de São Paulo para Belém, após um ano de serviço, tendo lá fixado residência com sua família.

Não assiste razão à reclamante, pois esta foi definitiva e, com base no art. 469, § 3°, da CLT e na OJ 113 da SDI-1 do TST, apenas a transferência provisória enseja o pagamento do referido adicional.

Diante do exposto, requer a improcedência do pedido de condenação da reclamada ao pagamento do adicional postulado.

4. Devolução dos descontos

A reclamante requer a condenação da reclamada à devolução dos descontos relativos ao plano de saúde, que assinou no ato da admissão, tendo indicado dependentes.

Não assiste razão à reclamante, pois nos termos da Súmula 342 do TST, os descontos salariais efetuados pelo empregador, com autorização prévia e por escrito do empregado, para ser integrado em planos de saúde, não afrontam o disposto no art. 462 da CLT, salvo se ficar demonstrada a existência de coação ou de outro defeito que vicie o ato jurídico, o qual não ocorreu no presente caso, tendo em vista que a própria reclamante indicou beneficiários. Ressalte-se que, segundo a OJ 160 da SDI-1 do TST, é inválida a presunção de vício de consentimento resultante do fato de ter o empregado anuído expressamente com descontos salariais na oportunidade da admissão. É de se exigir demonstração concreta do vício de vontade e, esta, frise-se, não se verifica no presente caso.

Diante do exposto, requer a improcedência do pedido de devolução dos descontos relativos ao plano de saúde.

5. Multa do art. 477 da CLT

A reclamante requer, ainda, a multa prevista no art. 477, § 8°, da CLT, pois foi notificada da dispensa em 02.03.2018, uma segunda-feira, e a empresa só pagou as verbas rescisórias em 12.03.2018.

Não assiste razão a reclamante, pois, à luz do art. 477, § 6°, da CLT, o pagamento dos valores constantes do instrumento de rescisão ou recibo de quitação deverão ser efetuados até dez dias contados a partir do término do contrato.

Percebe-se, portanto, que não houve atraso no pagamento das verbas rescisórias.

Diante do exposto, requer a improcedência do pedido de multa do art. 477, § 8°, da CLT.

II – REQUERIMENTOS FINAIS

Diante do exposto, requer a produção de todos os meios de prova em direito admitidos, em especial o depoimento pessoal do reclamante, sob a consequência de confissão e a improcedência de todos os pedidos da reclamante, **condenando-a ao pagamento de custas processuais** e honorários advocatícios, no importe de 15%, nos termos do art. 791-A da CLT.

Nestes termos,

pede deferimento.

Local e data.

Advogado(a)

OAB n°

EXAME DE ORDEM XVII – ESPELHO DE CORREÇÃO

QUESITO AVALIADO	FAIXA DE VALORES	ATENDIMENTO AO QUESITO
Contestação endereçada a 99ª VT/Belém/PA (0,10); Indicação do número do processo (0,10). Indicação do autor (0,10); Indicação ou qualificação do reclamado (0,10); Indicação do art. 847 da CLT (0,10).	0,00/ 0,10/ 0,20/ 0,30/ 0,40/ 0,50	
Hora extra indevida, porque a autora ocupava cargo de confiança (0,50), recebia gratificação de função superior a 40% (0,20). Indicação do art. 62, II, ou parágrafo único, da CLT; OU da Súmula 287 do TST (0,10).	0,00/ 0,20/ 0,30/ 0,50/0,60/ 0,70/ 0,80	

QUESITO AVALIADO	FAIXA DE VALORES	ATENDIMENTO AO QUESITO
Equiparação salarial indevida, porque a produtividade do modelo era superior OU Equiparação salarial indevida, porque as funções eram diferentes (0,70). Indicação do art. 461, § 1º, da CLT (0,10);	0,00/ 0,70/ 0,80	
Adicional de transferência indevido, porque a transferência foi definitiva (0,70). Indicação do art. 469, § 3º, da CLT; OU da OJ 113 do TST (0,10).	0,00/ 0,70/ 0,80	
Devolução de desconto indevida, porque autorizada por escrito OU porque não houve vício de consentimento (0,70). Indicação da OJ 160 da SDI-1 do TST; OU da Súmula 342 do TST; OU do art. 462 da CLT (0,10).	0,00/ 0,70/ 0,80	
Multa do art. 477 da CLT indevida, porque o pagamento ocorreu no prazo legal (10 dias) (0,70). Indicação do art. 477, § 6º, da CLT (0,10).	0,00/ 0,70/ 0,80	
Encerramento com indicação da improcedência dos pedidos (0,40).	0,00/ 0,40	
Fechamento da peça: Data, Local, Advogado(a), OAB nº... (0,10).	0,00/ 0,10	
TOTAL		

2.4.7. Exame de Ordem XVIII

Nos autos da Reclamação Trabalhista nº 1.234, movida por Gilson Reis em face da sociedade empresária Transporte Rápido Ltda., com pedidos certos, determinados e líquidos, em trâmite perante a 15ª Vara do Trabalho do Recife/PE, a dinâmica dos fatos e os pedidos foram articulados da seguinte maneira: O trabalhador foi admitido em 13.05.2009, recebeu aviso-prévio em 09.11.2014, para ser trabalhado, e ajuizou a demanda em 20.04.2015.

Exercia a função de auxiliar de serviços gerais. Requereu sua reintegração porque, em 20.11.2014, apresentou candidatura ao cargo de dirigente sindical da sua categoria, informando o fato ao empregador por e-mail, o que lhe garante o emprego na forma do art. 543, § 3º, da CLT, não respeitada pelo ex-empregador.

Trabalhava de segunda a sexta-feira, das 5h às 15h, com intervalo de duas horas para refeição, jamais recebendo horas extras nem adicional noturno, o que postula na demanda.

O intervalo interjornada não era observado, daí por que deseja que isso seja remunerado como hora extra.

Contratado como advogado(a), considerando que os pedidos estavam liquidados, você deve apresentar a medida processual adequada à defesa dos interesses da sociedade empresária Transporte Rápido Ltda., sem criar dados ou fatos não informados. (Valor: 5,00)

RESOLUÇÃO

AO DOUTO JUÍZO DA 15ª VARA DO TRABALHO DE RECIFE/PE

Processo nº 1.234

TRANSPORTE RÁPIDO LTDA., qualificação e endereço completos, vem, respeitosamente, perante Vossa Excelência, por intermédio de seu advogado adiante assinado **(procuração anexa)**, com escritório profissional no endereço completo, onde recebe intimações e notificações, com fulcro no **art. 847 da CLT, OFERECER:**

CONTESTAÇÃO

à reclamação trabalhista que lhe move GILSON REIS, já qualificado nos autos em epígrafe, pelas razões de fato e de direito a seguir expostas.

I – PREJUDICIAL DE MÉRITO

1. Prescrição quinquenal

Em reclamação trabalhista ajuizada em 20.04.2015, o reclamante postulou parcelas que retroagem à data de sua admissão, que ocorreu em 13.05.2009.

Nos termos dos arts. 7º, XXIX, da CF e 11 da CLT, o direito de ação quanto a créditos resultantes das relações de trabalho prescreve em 5 anos, contados da data do ajuizamento da ação (Súmula 308, I, do TST).

Diante do exposto, requer a extinção do processo com resolução do mérito, à luz do art. 487, II, do CPC, quanto às parcelas postuladas anteriores aos últimos 5 anos, contados do ajuizamento da ação, ou seja, anteriores a 20.04.2010.

II – MÉRITO

1. Reintegração

O reclamante postulou a reintegração ao emprego porque, em 20.11.2014, apresentou candidatura ao cargo de dirigente sindical da sua categoria, informando o fato ao empregador por e-mail.

Não assiste razão ao reclamante, pois ele recebeu o aviso-prévio em 09.11.2014, de modo que o registro de sua candidatura ocorreu no curso do aviso e, nos termos da Súmula 369, V, do TST, "o registro da candidatura do empregado a cargo de dirigente sindical durante o período de aviso-prévio, ainda que indenizado, não lhe assegura a estabilidade, visto que é inaplicável a regra do § 3° do art. 543 da Consolidação das Leis do Trabalho".

Diante do exposto, requer a improcedência do pedido de reintegração.

2. Horas extras

O reclamante postulou a condenação do reclamado ao pagamento de horas extraordinárias, sob o argumento de que trabalhava de segunda a sexta-feira, das 5h às 15h, com intervalo de 2 horas para refeição, jamais recebendo horas extras.

Não assiste razão ao reclamante, pois laborava 8 horas diárias, usufruindo de intervalo intrajornada de 2 horas, não excedendo, portanto, o limite constitucional de 8 horas de labor diários e de 44 horas semanais, previsto nos arts. 7°, XIII, da CF e 58 da CLT.

Diante do exposto, requer a improcedência do pedido de horas extras.

3. Adicional noturno

O reclamante postulou a condenação do reclamado ao pagamento de adicional noturno, muito embora tenha reconhecido que laborava de segunda a sexta-feira, das 5h às 15h.

Não assiste razão ao reclamante, pois este não trabalhava no período noturno. Com base no art. 73, § 2°, da CLT, considera-se noturno o trabalho executado entre 22h de um dia e 5h do dia seguinte.

Diante do exposto, requer a improcedência do pedido de adicional noturno.

4. Intervalo interjornada

O reclamante postulou a condenação do reclamado ao pagamento do intervalo interjornada.

Não assiste razão ao reclamante, pois, nos termos do art. 66 da CLT, entre duas jornadas de trabalho deve ser concedido um período mínimo de 11 horas consecutivas para descanso, o qual era observado no caso em tela. O reclamante laborava de segunda a sexta-feira, das 5h às 15h, ou seja, entre uma jornada e outra de trabalho decorriam 14 horas.

Diante do exposto, requer a improcedência do pedido de intervalo interjornada.

III – REQUERIMENTOS FINAIS

Diante do exposto, requer a produção de todos os meios de prova em direito admitidos, em especial o depoimento pessoal do reclamante, sob a consequência de confissão.

Por fim, requer o acolhimento da prejudicial de mérito para que seja determinada a extinção do processo, com resolução do mérito, à luz do art. 487, II, do CPC, quanto às parcelas anteriores aos últimos 5 anos, contados do ajuizamento da ação, e, sucessivamente, no mérito, requer a improcedência de todos os pedidos do reclamante, condenando-o ao pagamento de custas processuais e honorários advocatícios, no importe de 15%, nos termos do art. 791-A da CLT.

Nestes termos,

pede deferimento.

Local e data.

Advogado(a)

OAB nº

EXAME DE ORDEM – XVIII – ESPELHO DE CORREÇÃO

QUESITO AVALIADO	FAIXA DE VALORES	ATENDIMENTO AO QUESITO
Contestação dirigida ao juízo da 15ª Vara do Trabalho de Recife (0,10).	0,00/ 0,10	
Qualificação das partes: identificação do autor (0,10) e do réu (0,10).	0,00/ 0,10/ 0,20	
Indicação do art. 847 da CLT (0,10).	0,00/ 0,10	
Prescrição das pretensões anteriores a 20.04.2010 OU prescrição das pretensões anteriores a 5 anos do ajuizamento da ação (0,70). Indicação do art. 7º, XXIX, da CF/88; OU do art. 11 da CLT; OU da Súmula 308, I, do TST (0,10).	0,00/ 0,70/ 0,80	
Indevida a reintegração, porque a candidatura ocorreu no decorrer do aviso-prévio (0,80). Indicação da Súmula 369, V, do TST (0,10).	0,00/ 0,80/ 0,90	
A jornada não excede o módulo constitucional, sendo indevidas as horas extras (0,70). Indicação do art. 7º, XIII, da CF/88; OU do art. 58 da CLT (0,10).	0,00/ 0,70/ 0,80	
Indevido adicional noturno por não haver trabalho entre 22h e 5h (0,70). Indicação do art. 73, § 2º, da CLT (0,10).	0,00/ 0,70/ 0,80	

QUESITO AVALIADO	FAIXA DE VALORES	ATENDIMENTO AO QUESITO
O intervalo interjornada é de 11 horas, e, na hipótese, era respeitado, porque havia um interregno de 14 horas entre as jornadas (0,70). Indicação do art. 66 da CLT (0,10).	0,00/ 0,70/ 0,80	
Requerimento do acolhimento da prejudicial de mérito (0,10), improcedência dos pedidos (0,10) e indicação das provas a serem produzidas (0,10).	0,00/ 0,01/ 0,20/ 0,30	
Fechamento da peça: Data, Local, Advogado(a), OAB nº... (0,20).	0,00/ 0,20	
TOTAL		

2.4.8. Exame de Ordem XXIII – adaptado

Em 30 de abril de 2017, Hamilton ajuizou reclamação trabalhista em face da sociedade empresária Loteria Alfa Ltda., com pedidos certos, determinados e líquidos, distribuída para a 50ª Vara de João Pessoa/PB, sob o nº 1234. Hamilton afirma que trabalhou na empresa de 13 de janeiro de 2010 a 25 de março de 2017, quando foi dispensado sem justa causa.

Afirma, ainda, que trabalhava de 2ª a 6ª feira, das 7h às 14h, com intervalo de uma hora para refeição.

Ele relata que sempre foi cumpridor de suas tarefas e prestativo para com os prepostos da empresa, e que, duas semanas após receber o aviso-prévio, decidiu inscrever-se numa chapa como candidato a presidente do sindicato dos empregados em lotéricas, para lutar por melhorias para a sua categoria.

Hamilton afirma que, além de processar os jogos feitos pelos clientes, também realizava atividade bancária referente a saques de até R$ 100,00 e o pagamento de contas de serviços públicos (água, luz, gás e telefone), bem como de boletos bancários de até R$ 200,00.

Ele confirma que, dentre os clientes do empregador, estava uma companhia de energia elétrica da cidade, daí por que, uma vez por semana, tinha que ir até essa empresa para pegar, de uma só vez, as apostas de todos os seus empregados, o que fidelizava esses clientes; contudo, nesse dia, ele permanecia em área de risco (subestação de energia) por 10 minutos.

Hamilton relata que, durante o período em que trabalhou na Loteria Alfa, faltou algumas vezes ao serviço e que teve essas faltas descontadas.

Diz, ainda, que substituiu o gerente da loteria, quando este se afastou por auxílio-doença, pelo período de três meses, mas que não teve qualquer alteração de salário.

Ele afirma que existe o benefício de tíquete-alimentação, previsto em acordo coletivo assinado pela sociedade empresária Beta Ltda., mas que jamais recebeu esse benefício durante todo o contrato.

O empregado em questão informa que adquiriu empréstimo bancário, consignado em folha de pagamento, e que por três meses, quando houve sensível diminuição do movimento em razão da crise econômica, realizou serviço do seu próprio domicílio (*home office*), conferindo as planilhas de jogos, mas que não recebeu vale-transporte;

Ainda informa que não trabalhava nos feriados e que recebia vale-cultura do empregador no valor de R$ 30,00 mensais.

Na reclamação trabalhista, Hamilton requer adicional de periculosidade, vantagens previstas na norma coletiva dos bancários, reintegração ao emprego, horas extras, horas de sobreaviso, tíquete previsto na norma coletiva, vale-transporte pelo período em que trabalhou em *home office* e integração do vale-cultura ao seu salário.

Foram juntados os contracheques, cópia da CTPS, comprovante de residência, acordo coletivo assinado pela sociedade empresária Loteria Beta Ltda. e norma coletiva dos bancários de 2010 a 2017.

Contratado(a) pela sociedade empresária Loteria Alfa Ltda., considerando que os pedidos estavam liquidados, você deve apresentar a peça judicial adequada aos interesses da ré. (Valor: 5,00)

EXAME DE ORDEM – XXIII – RESOLUÇÃO

AO DOUTO JUÍZO DA 50ª VARA DO TRABALHO DE PESSOA, PARAÍBA

Processo nº 1.234

LOTERIA ALFA LTDA., qualificação e endereço completos, vem, respeitosamente, perante Vossa Excelência, por intermédio de seu advogado adiante assinado **(procuração anexa)**, com escritório profissional no endereço completo, onde recebe intimações e notificações, com fulcro no **art. 847 da CLT, OFERECER:**

CONTESTAÇÃO

à reclamação trabalhista que lhe move HAMILTON, já qualificado nos autos em epígrafe, pelas razões de fato e de direito a seguir expostas.

I – PRELIMINAR

1. Inépcia da petição inicial

Na petição inicial da reclamação trabalhista consta o pedido de condenação do reclamando ao pagamento de sobreaviso, sem a indicação de qualquer causa de pedir.

Segundo estabelece o art. 330, § 1º, I, do CPC, a petição inicial será inepta quando lhe faltar o pedido ou causa de pedir. Quanto ao pedido de sobreaviso, a petição inicial apresenta apenas o pedido, estando ausente a causa de pedir, sendo, portanto, inepta neste particular.

Esclarece-se que a inépcia da petição inicial é matéria que deve ser tratada em preliminar de contestação, nos termos do art. 337, IV, do CPC.

Diante do exposto, requer a extinção do processo sem resolução do mérito, à luz dos arts. 485, I, e 330, I, do CPC (indeferimento da petição inicial), e, sucessivamente, com base no art. 485, IV, do CPC (ausência de pressupostos de constituição e de desenvolvimento válido e regular do processo), quanto ao pedido de sobreaviso.

II – PREJUDICIAL DE MÉRITO

1. Prescrição quinquenal

Em reclamação trabalhista ajuizada em 30.04.2017, o reclamante postulou parcelas que retroagem à data de sua admissão, que ocorreu em 13.01.2010.

Nos termos dos arts. 7º, XXIX, da CF e 11 da CLT, o direito de ação quanto a créditos resultantes das relações de trabalho prescreve em 5 anos, contados da data do ajuizamento da ação (Súmula 308, I, do TST).

Diante do exposto, requer a extinção do processo com resolução do mérito, à luz do art. 487, II, do CPC, quanto às parcelas postuladas anteriores aos últimos 5 anos, contados do ajuizamento da ação, ou seja, anteriores a 30.04.2012.

III – MÉRITO

1. Adicional de periculosidade

O reclamante postulou o adicional de periculosidade, sob o argumento de que, dentre os clientes do empregador, havia uma companhia de energia elétrica da cidade, daí por que, uma vez por semana, tinha que ir até essa empresa para pegar, de uma só vez, as apostas de todos os seus empregados, permanecendo em área de risco (subestação de energia) por 10 minutos.

Não assiste razão ao reclamante, pois à luz da Súmula 364, I, do TST, o adicional postulado é indevido, mesmo quando o contato se dá de forma habitual, porém, por tempo extremamente reduzido.

Diante do exposto, requer a improcedência do pedido do reclamante.

2. Normas coletivas dos bancários

O reclamante postulou vantagens previstas na norma coletiva dos bancários.

Não assiste razão ao reclamante, pois o mesmo não é bancário, uma vez que o seu empregador não explora atividade bancária, mas sim de loteria, razão pela qual não faz jus aos benefícios desta categoria diferenciada, com base no art. 511, § 3º, da CLT.

Diante do exposto, requer a improcedência do pedido do reclamante.

3. Reintegração

O reclamante postulou a sua reintegração no emprego, pois duas semanas após receber o aviso-prévio, inscreveu-se numa chapa como candidato a presidente do sindicato dos empregados em lotéricas e mesmo assim foi dispensado.

Não assiste razão ao reclamante, pois nos termos da Súmula 369, V, do TST, "o registro da candidatura do empregado a cargo de dirigente sindical durante o período de aviso-prévio, ainda que indenizado, não lhe assegura a estabilidade, visto que é inaplicável a regra do § 3º do art. 543 da Consolidação das Leis do Trabalho".

Diante do exposto, requer a improcedência do pedido do reclamante.

4. Horas extras

O reclamante postulou horas extras, muito embora trabalhasse de segunda-feira a sexta-feira, das 7h às 14h, com intervalo de uma hora para refeição.

Não assiste razão ao reclamante, pois laborava apenas 6 horas diárias e 30 horas semanais, não ultrapassando o limite constitucional de 8 horas diárias e 44 semanais, previsto no art. 7º, XIII, da CF e, também, no art. 58 da CLT.

Diante do exposto, requer a improcedência do pedido do reclamante.

5. Tíquete-alimentação

O reclamante postula tíquete-alimentação, sustentando que o benefício está previsto em acordo coletivo assinado pela sociedade empresária Beta Ltda.

Não assiste razão ao reclamante, porque o acordo coletivo que prevê o benefício não foi assinado pelo empregador (Loteria Alfa Ltda.), mas sim pela empresa Beta Ltda., razão pela qual o empregador não estava obrigado a respeitá-lo, à luz do art. 611, § 1º, da CLT.

Diante do exposto, requer a improcedência do pedido do reclamante.

6. Vale-transporte

O reclamante postula o vale-transporte pelo período em que trabalhou em *home office*.

Não assiste razão ao reclamante, pois com base no art. 1º da Lei nº 7.418/85 e do art. 2º do Decreto nº 95.247/87, o vale transporte é devido apenas ao empregado que tem gasto com transporte público, o que não ocorreu durante o período em que o reclamante trabalhou em *home office*.

Diante do exposto, requer a improcedência do pedido.

7. Vale-cultura

O reclamante postulou a integração do vale-cultura ao seu salário.

Não assiste razão ao reclamante, pois nos termos do art. 458, § 2º, VIII, da CLT, a integração do vale-cultura é indevida por expressa disposição legal.

Diante do exposto, requer a improcedência do pedido.

III – REQUERIMENTOS FINAIS

Diante do exposto, requer a produção de todos os meios de prova em direito admitidos, em especial o depoimento pessoal do reclamante, sob a consequência de confissão.

Requer o acolhimento da preliminar de mérito para que seja extinto o processo sem resolução do mérito, nos moldes dos arts. 485, I, e 330, I, do CPC, em relação ao pedido de sobreaviso.

Por fim, requer o acolhimento da prejudicial de mérito para que seja determinada a extinção do processo, com resolução do mérito, à luz do art. 487, II, do CPC, quanto às parcelas anteriores aos últimos 5 anos contados do ajuizamento da ação, e, sucessivamente, no mérito, requer a improcedência de todos os pedidos do reclamante, condenando-o ao pagamento de custas processuais e honorários advocatícios, no importe de 15%, nos termos do art. 791 A da CLT.

Nestes termos,

pede deferimento.

Local e data.

Advogado(a)
OAB nº

EXAME DE ORDEM XXIII – ESPELHO DE CORREÇÃO

QUESITO AVALIADO	FAIXA DE VALORES	ATENDIMENTO AO QUESITO
Contestação dirigida ao juízo da 50ª Vara do Trabalho de João Pessoa/PB (0,10).	0,00/ 0,10	
Qualificação das partes: identificação do autor (0,10) e do réu (0,10).	0,00/ 0,10/ 0,20	
Indicação do art. 847 da CLT (0,10).	0,00/ 0,10	

QUESITO AVALIADO	FAIXA DE VALORES	ATENDIMENTO AO QUESITO
Inépcia do pedido de horas de sobreaviso, porque não há causa de pedir (0,40). Indicação do art. 330, I; OU do § 1º, I, do CPC; OU do art. 485, I, do CPC (0,10).	0,00/ 0,40/ 0,50	
Prescrição das pretensões anteriores a 30.04.2012; OU prescrição das pretensões anteriores a 5 anos do ajuizamento da ação (0,40). Indicação do art. 7º, XXIX, da CF/88; OU do art. 11 da CLT; OU da Súmula 308, I, do TST (0,10).	0,00/ 0,40/ 0,50	
Periculosidade indevida, porque a exposição a risco ocorre em tempo extremamente reduzido (0,40). Indicação da Súmula 364, I, do TST (0,10).	0,00/ 0,40/ 0,50	
Autor não é bancário, porque o seu empregador não explora atividade bancária, daí não fazer jus aos benefícios dessa categoria (0,40). Indicação do art. 511 da CLT (0,10).	0,00/ 0,40/ 0,50	
Indevida a reintegração, porque a candidatura ocorreu no decorrer do aviso-prévio (0,40). Indicação da Súmula 369, V, do TST (0,10).	0,00/ 0,40/ 0,50	
Indevidas as horas extras, porque a jornada não excede o módulo constitucional (0,30). Indicação do art. 7º, XIII, da CF/88; OU do art. 58 da CLT (0,10).	0,00/ 0,30/ 0,40	
Tíquete indevido, porque o acordo coletivo não foi assinado pelo empregador (0,30). Indicação do art. 611, § 1º, da CLT (0,10).	0,00 /0,30 /0,40	
Vale-transporte indevido, porque no trabalho em domicílio o empregado não tem gasto com transporte público (0,30). Indicação do art. 1º da Lei nº 7.418/85; OU do art. 2º do Decreto nº 95.247/87 (0,10).	0,00/ 0,30/ 0,40	
Integração do vale-cultura indevida, por disposição legal expressa (0,30). Indicação do art. 458, § 2º, VIII, da CLT; (0,10).	0,00/ 0,30/ 0,40	
Renovação da preliminar de inépcia (0,10) e da prejudicial de prescrição parcial (0,10).	0,00/ 0,10/ 0,20	
Requerimento de improcedência dos pedidos (0,10) e indicação das provas a serem produzidas (0,10).	0,00/ 0,10/ 0,20	
Fechamento da peça: Data, Local, Advogado(a), OAB nº... (0,10).	0,00 /0,10	
TOTAL		

2.4.9. Exame de Ordem XXV

Você foi contratado(a) pela Floricultura Flores Belas Ltda., que recebeu citação de uma reclamação trabalhista com pedido certo, determinado e com indicação do valor, movida em 27/02/2018 pela ex-empregada Estela, que tramita perante o juízo da 50a Vara do Trabalho de João Pessoa/PB e recebeu o número 98.765.

Estela foi floricultora na empresa em questão de 25/10/2012 a 29/12/2017 e ganhava mensalmente o valor correspondente a dois salários mínimos.

Na demanda, requereu os seguintes itens:

- a aplicação da penalidade criminal cominada no art. 49 da CLT contra os sócios da ré, uma vez que eles haviam cometido a infração prevista na referido diploma legal;
- o pagamento de adicional de penosidade, na razão de 30% sobre o salário-base, porque, no exercício da sua atividade, era constantemente furada pelos espinhos das flores que manipulava;
- o pagamento de horas extras com adição de 50%, explicando que cumpria a extensa jornada de segunda a sexta- feira, das 10h às 20h, com intervalo de duas horas para refeição, e aos sábados, das 16h às 20h, sem intervalo;
- o pagamento da multa do Art. 477, § 8°, da CLT, porque o valor das verbas resilitórias somente foi creditado na sua conta 20 dias após a comunicação do aviso prévio, concedido na forma indenizada, extrapolando o prazo legal.

Afirmou, ainda, que foi obrigada a aderir ao desconto para o plano de saúde, tendo assinado na admissão, contra a sua vontade, um documento autorizando a subtração mensal.

A sociedade empresária informou que, assim que foi cientificada do aviso prévio, Estela teve uma reação violenta, gritando e dizendo-se injustiçada com a atitude do empregador. A situação chegou a tal ponto que a segurança terceirizada precisou ser chamada para conter a trabalhadora e acompanhá-la até a porta de saída. Contudo, quando deixava o portão principal, Estela começou a correr, pegou uma pedra do chão e a arremessou violentamente contra o prédio da empresa, vindo a quebrar uma das vidraças. A empresa informa que gastou R$ 300,00 na recolocação do vidro atingido, conforme nota fiscal que exibiu, além de apresentar a guia da RAIS comprovando possuir 7 empregados, os contracheques da autora e o documento assinado pela empregada autorizando o desconto de plano de saúde.

Diante dessa narrativa, apresente a peça pertinente na melhor defesa dos interesses da reclamada. (Valor: 5,00)

EXAME DE ORDEM – XXV – RESOLUÇÃO

AO DOUTO JUÍZO DA 50ª VARA DO TRABALHO DE JOÃO PESSOA/PARAÍBA

Processo nº 98.765.

FLORICULTURA FLORES BELAS LTDA., qualificação e endereço completos, vem, respeitosamente, perante Vossa Excelência, por intermédio de seu advogado adiante assinado **(procuração anexa)**, com escritório profissional no endereço completo, onde recebe intimações e notificações, com fulcro nos **arts. 847 da CLT e 343 do CPC c/c art. 769 da CLT, OFERECER:**

CONTESTAÇÃO com pedido de reconvenção

à reclamação trabalhista que lhe move ESTELA, já qualificada nos autos em epígrafe, pelas razões de fato e de direito a seguir expostas.

I – PRELIMINAR

1. Incompetência da Justiça do Trabalho

A reclamante postula a aplicação da penalidade criminal cominada no art. 49 da CLT contra os sócios da ré, uma vez que eles haviam cometido a infração prevista no referido diploma legal.

Não se inserem na competência da Justiça do Trabalho as ações penais.

Esclarece-se que a incompetência da Justiça do Trabalho é matéria que deve ser tratada em preliminar de contestação, nos termos do art. 337, II, do CPC.

Diante do exposto, requer a extinção do processo sem resolução do mérito, com base no art. 485, IV, do CPC (ausência de pressupostos de constituição e de desenvolvimento válido e regular do processo), quanto ao pedido de condenação criminal dos sócios da reclamada.

2. Inépcia da petição inicial

A reclamante afirma que foi obrigada a aderir ao desconto para o plano de saúde, tendo assinado na admissão, contra a sua vontade, um documento autorizando a subtração mensal, contudo não formula qualquer pedido.

Segundo estabelece o art. 330, § 1º, I, do CPC, a petição inicial é inepta, dentre outras hipóteses, quando lhe faltar pedido, sendo o que aconteceu com os descontos salariais para ser integrado em plano de saúde, que a reclamante sustenta que eram indevidos, porém não apresentou qualquer pedido.

Esclarece-se que, à luz do art. 337, IV, do CPC, a inépcia da inicial deve ser analisada em preliminar de contestação.

Diante do exposto, requer a extinção do processo sem resolução do mérito, nos moldes dos arts. 485, I, e 330, I, do CPC (indeferimento da petição inicial), em relação ao pedido de descontos salariais relativos ao plano de saúde.

II – PREJUDICIAL DE MÉRITO

1. Prescrição quinquenal

Em reclamação trabalhista ajuizada em 27/02/2018, a reclamante postulou parcelas que retroagem à data de sua admissão, que ocorreu em 25/10/2012.

Com fundamento nos arts. 7º, XXIX, da CF e 11 da CLT, o direito de ação quanto a créditos resultantes das relações de trabalho prescreve em 5 anos, contados da data do ajuizamento da ação (Súmula 308, I, do TST).

Diante do exposto, requer a extinção do processo com resolução do mérito, nos termos do art. 487, II, do CPC, quanto às parcelas postuladas anteriores aos últimos 5 anos, contados do ajuizamento da ação, ou seja, anteriores a 27/02/2013.

III – MÉRITO

1. Adicional de penosidade

A reclamante postulou o pagamento de adicional de penosidade, na razão de 30% sobre o salário-base, porque, no exercício da sua atividade, era constantemente furada pelos espinhos das flores que manipulava.

Não assiste razão à reclamante, pois o art. 7º, XXIII, da CF determina que o adicional por atividade penosa é devido na forma da lei e este não foi regulamentado.

Diante do exposto, requer a improcedência do pedido da reclamante.

2. Horas extras

A reclamante postulou o pagamento de horas extras com adicional de 50%, explicando que cumpria a extensa jornada de segunda a sexta-feira, das 10h às 20h, com intervalo de duas horas para refeição, e aos sábados, das 16h às 20h, sem intervalo.

Não assiste razão à reclamante, pois esta laborava 8 horas diárias, de segunda a sexta-feira, e 4 horas aos sábados, logo o limite constitucional, de 8 horas diárias e 44 horas semanais, não foi ultrapassado, à luz dos arts. 7º, XIII, da CF e 58 da CLT.

Diante do exposto, requer a improcedência do pedido da reclamante.

3. Multa do art. 477, § 8º, da CLT

A reclamante postulou o pagamento da multa do art. 477, § 8º, da CLT, porque o valor das verbas resilitórias somente foi creditado na sua conta 20 dias após a comunicação do aviso-prévio, concedido na forma indenizada, extrapolando o prazo legal.

Não assiste razão à reclamante, pois com fundamento no art. 477, § 6º, da CLT, o prazo para pagamento das verbas rescisórias é de até 10 dias, contados da data do término do contrato de trabalho, o que ocorre após o aviso-prévio.

A comunicação da dispensa ocorreu em 29/12/2017, sendo o aviso-prévio indenizado. Por sua vez, o aviso-prévio era de 45 dias, visto que a reclamante laborou 5 anos completos para a reclamada. Portanto, o término do contrato ocorreu somente em 12/02/2017. Apenas a partir desta data é que se conta o prazo de 10 dias para o pagamento das verbas rescisórias.

O pagamento ocorreu muito antes, 20 dias após a comunicação do aviso.

Diante do exposto, requer a improcedência do pedido da reclamante.

4. Devolução dos descontos

A reclamante afirma que foi obrigada a aderir ao desconto para o plano de saúde, tendo assinado na admissão, contra a sua vontade, um documento autorizando a subtração mensal.

Não assiste razão à reclamante, pois ela autorizou expressamente o desconto para ser integrado em plano de saúde, conforme anexo.

Nos moldes da Súmula 342 do TST, é lícito o desconto salarial efetuado pelo empregador, com a autorização prévia e por escrito do empregado, para ser integrado em planos de saúde.

Estabelece a OJ 160 da SDI-1 do TST que é inválida a presunção de vício de consentimento resultante do fato de ter o empregado anuído expressamente com descontos salariais na oportunidade da admissão. É de se exigir demonstração concreta do vício de vontade.

Dessa forma e, com fulcro no art. 818, I, da CLT, cabe à reclamante comprovar o vício de consentimento arguido por ser fato constitutivo de seu direito.

Diante do exposto, requer a improcedência do pedido da reclamante.

IV – RECONVENÇÃO

IV.1. Requisitos da Reconvenção

Encontram-se presentes os requisitos da reconvenção previstos no art. 343 do CPC, que compreendem a legitimidade ativa e passiva e a conexão. Observe-se:

A reconvenção versa sobre a pretensão da reclamada em face da reclamante, verificando-se presente a legitimidade ativa e passiva, com base no art. 343 do CPC, segundo o qual "... é lícito ao réu propor reconvenção para manifestar pretensão própria..."

Por fim, também está presente a conexão, prevista no art. 343 do CPC, uma vez que a empregada causou prejuízos financeiros à empresa por não concordar com sua dispensa.

Demonstrados os requisitos da reconvenção, passa-se à pretensão reconvencional.

IV.2. Pedido Reconvencional – Dano Material

Assim que foi cientificada do aviso prévio, a reclamante teve uma reação violenta, gritando e dizendo-se injustiçada com a atitude do empregador. A situação chegou a tal ponto que a segurança terceirizada precisou ser chamada para conter a trabalhadora e acompanhá-la até a porta de saída. Contudo, quando deixava o portão principal, Estela começou a correr, pegou uma pedra do chão e a arremessou violentamente contra o prédio da empresa, vindo a quebrar uma das vidraças. A empresa gastou R$ 300,00 na recolocação do vidro atingido, conforme nota fiscal apresentada. ....

Encontram-se presentes os requisitos da responsabilidade civil, previstos nos arts.186 e 927 do CC, que compreendem: culpa, dano e nexo. Observe-se:

A culpa verifica-se pela prática do ato ilícito de quebrar vidraças da empresa dolosamente.

O dano foi de R$ 300,00 para recolocação das vidraças.

O nexo também está presente na medida em que o dano decorreu do ato ilícito praticado pela empregada.

Diante do exposto, requer a condenação da reclamante-reconvinda ao pagamento de indenização por danos materiais (dano emergente), no importe de R$ 300,00, e honorários advocatícios sucumbenciais de 15%, nos termos do art. 791-A, § 5º, da CLT.

Valor do pedido: R$ 300,00

Diante do exposto, requer a improcedência do pedido da reclamante.

III – REQUERIMENTOS FINAIS

Diante do exposto, requer a produção de todos os meios de provas em direito admitidos, inclusive o depoimento pessoal da reclamante, sob a consequência de confissão.

Requer o acolhimento da preliminar de mérito para reconhecer a incompetência da Justiça do Trabalho para julgar crimes e para declarar extinto o processo sem resolução de mérito quanto aos descontos para ser integrado em plano de saúde, o acolhimento da prejudicial de mérito e, adiante, no mérito, a improcedência dos pedidos formulados pela autora, condenando-a ao pagamento de custas processuais e honorários advocatícios, à luz do art. 791-A, da CLT.

Por fim, requer a procedência do pedido reconvencional acrescido de juros e correção monetária e a condenação da reclamante-reconvinda ao pagamento de custas e de honorários advocatícios, nos moldes do art. 791-A, *caput*, e § 5º, da CLT.

Nestes termos,

pede deferimento.

Local e data.

Advogado

OAB nº

2.4.10. Exame de Ordem XXVIII

A sociedade empresária Tecelagem Fio de Ouro S.A. procura você, como advogado(a), afirmando que Joana da Silva, que foi empregada da Tecelagem de 10/05/2008 a 29/09/2018, ajuizou reclamação trabalhista em face da sociedade empresária, em 15/10/2018, com pedido certo, determinado e com indicação de seu valor. O processo tramita na 80ª Vara do Trabalho de Cuiabá, sob o número 1000/2018.

Joana requereu da ex-empregadora o pagamento de indenização por dano moral, alegando ser vítima de doença profissional, já que o mobiliário da empresa, segundo diz, não respeitava as normas de ergonomia.

Disse, ainda, que a empresa fornecia plano odontológico gratuitamente, requerendo, então, a sua integração, para todos os fins, como salário utilidade.

Afirma que, nos últimos dois anos, a sociedade empresária fornecia, a todos os empregados, uma cesta básica mensal, suprimida a partir de 1º de agosto de 2018, violando direito adquirido, pelo que requer o seu pagamento nos meses de agosto e setembro de 2018.

Relata que, no ano de 2018, permanecia, duas vezes na semana, por mais uma hora na sede da sociedade empresária para participar de um culto ecumênico, caracterizando tempo à disposição do empregador, que deve ser remunerado como hora extra, o que requereu.

Joana afirma que foi coagida moralmente a pedir demissão, pois, se não o fizesse, a sociedade empresária alegaria dispensa por justa causa, apesar de ela nada ter feito de errado. Assim, requer a anulação do pedido de demissão e o pagamento dos direitos como sendo uma dispensa sem justa causa.

Ela reclama que foi contratada como cozinheira, mas que era obrigada, desde o início do contrato, após preparar os alimentos, a colocá-los em uma bandeja e levar a refeição para os 5 empregados do setor. Esse procedimento caracterizaria acúmulo funcional com a atividade de garçom, pelo que ela requer o pagamento de um plus salarial de 30% sobre o valor do seu salário.

Por fim, formulou um pedido de adicional de periculosidade, mas não o fundamentou na causa de pedir.

Joana juntou, com a petição inicial, os laudos de ressonância magnética da coluna vertebral, com o diagnóstico de doença degenerativa, e a cópia do cartão do plano odontológico, que lhe foi entregue pela empresa na admissão.

Juntou, ainda, a cópia da convenção coletiva, que vigorou de julho de 2016 a julho de 2018, na qual consta a obrigação de os empregadores fornecerem uma cesta básica aos seus colaboradores a cada mês, e, como não foi entabulada nova convenção desde então, advoga que a anterior prorrogou-se automaticamente. Por fim, juntou a circular da empresa que informava a todos os empregados que eles poderiam participar de um culto na empresa, que ocorreria todos os dias ao fim do expediente.

A ex-empregadora entregou a você o pedido de demissão escrito de próprio punho pela autora e o documento com a quitação dos direitos da ruptura considerando um pedido de demissão.

Diante da situação, elabore a peça processual adequada à defesa dos interesses de seu cliente. (Valor: 5,00)

Nos casos em que a lei exigir liquidação de valores, não será necessário que o examinando a apresente, admitindo-se que o escritório possui setor próprio ou contratado especificamente para tal fim.

EXAME DE ORDEM – XXVIII – RESOLUÇÃO

AO DOUTO JUÍZO DA 80ª VARA DO TRABALHO

Processo nº 1000/2018.

TECELAGEM FIO DE OURO S.A. qualificação e endereço completos, vem, respeitosamente, perante Vossa Excelência, por intermédio de seu advogado adiante assinado (procuração anexa), com escritório profissional no endereço completo, onde recebe intimações e notificações, com fulcro nos art. 847 da CLT, **OFERECER:**

CONTESTAÇÃO

à reclamação trabalhista que lhe move JOANA DA SILVA, já qualificada nos autos em epígrafe, pelas razões de fato e de direito a seguir expostas.

I – PRELIMINAR

1. Inépcia da petição inicial

A reclamante postulou o adicional de periculosidade, mas não o fundamentou na causa de pedir.

Segundo estabelece o art. 330, § 1°, I, do CPC, a petição inicial é inepta, dentre outras hipóteses, quando lhe faltar a causa de pedir, sendo o que ocorreu com o pedido de adicional de periculosidade.

Esclarece-se que, à luz do art. 337, IV, do CPC, a inépcia da inicial deve ser analisada em preliminar de contestação.

Diante do exposto, requer a extinção do processo sem resolução do mérito, nos moldes dos arts. 485, I, e 330, I, do CPC (indeferimento da petição inicial), em relação ao pedido de adicional de periculosidade.

II – PREJUDICIAL DE MÉRITO

1. Prescrição quinquenal

Em reclamação trabalhista ajuizada em 15/10/2018, a reclamante postulou parcelas que retroagem à data de sua admissão, que ocorreu em 10/05/2008.

Com fundamento nos arts. 7°, XXIX, da CF e 11 da CLT, o direito de ação quanto a créditos resultantes das relações de trabalho prescreve em 5 anos, contados da data do ajuizamento da ação (Súmula 308, I, do TST).

Diante do exposto, requer a extinção do processo com resolução do mérito, nos termos do art. 487, II, do CPC, quanto às parcelas postuladas anteriores aos últimos 5 anos, contados do ajuizamento da ação, ou seja, anteriores a 15/10/2013.

III – MÉRITO

1.Dano moral

A reclamante postulou o pagamento de indenização por dano moral, alegando ser vítima de doença profissional, já que o mobiliário da empresa, segundo diz, não respeitava as normas de ergonomia.

Não assiste razão à reclamante, pois, ela possue uma doença degenetativa, conforme laudos de ressonância magnética da coluna vertebral, juntado por ela mesma. Nos termos do art. 20, § 1°, a, da Lei 8.213/91, doença degenerativa não é considerada doença profissional nem doença do trabalho.

Diante do exposto, requer a improcedência do pedido da reclamante.

2.Integração do Plano Odontológico

A reclamante postulou sua integração do valor do plano odontológico pago pela empresa, para todos os fins, como salário utilidade.

Não assiste razão à reclamante, pois nos termos do art. 458, § 2°, IV e § 5°, da CLT, o plano odontológico não caracteriza salário utilidade por expressa vedação legal, razão pela qual não pode ser integrado ao salário da reclamante.

Diante do exposto, requer a improcedência do pedido da reclamante.

3. Cestas Básicas

A reclamante postulou a condenação da reclamada no pagamento de cestas básicas relativas aos meses de agosto e setembro de 2018, uma vez que foram suprimidas a partir de 1º de agosto de 2018.

Não assiste razão à reclamante, pois as cestas básicas estavam asseguradas por convenção coletiva, que vigorou de julho de 2016 a julho de 2018, não tendo sido entabulada nova convenção desde então. Como, nos termos do art. 614, § 3º, da CLT, não vigora em nosso ordenamento jurídico a ultratividade, as cestas básicas não são devidas após o fim da vigência da norma coletiva, portanto, nos meses de agosto e setembro, como postulado pela reclamante.

Diante do exposto, requer a improcedência do pedido da reclamante.

4. Horas extras

A reclamante requer a condenação da reclamada ao pagamento de horas extras, uma vez que, no ano de 2018, permanecia, duas vezes na semana, por mais uma hora na sede da sociedade empresária para participar de um culto ecumênico.

Não assiste razão à reclamante, pois nos termos do art. 4º, § 2º, inciso I, da CLT, a participação voluntária do empregado em práticas religiosas dentro da empresa não caracteriza tempo à disposição do empregador, por explícita vedação legal.

Diante do exposto, requer a improcedência do pedido da reclamante.

5. Anulação do pedido de demissão

A reclamante postula a anulação do pedido de demissão e o pagamento dos direitos como sendo uma dispensa sem justa causa, sob o argumento de que foi coagida moralmente a pedir demissão.

Não assiste razão à reclamante, pois não houve coação, sendo o pedido de demissão formulado voluntariamente pela reclamante. Cumpre ressaltar que o ônus de provar o alegado vício de consentimento pertence à autora, na forma do art. 818, inciso I, da CLT e do art. 373, inciso I, do CPC.

Diante do exposto, requer a improcedência do pedido.

6. Acúmulo de função

A reclamante postula o pagamento de um plus salarial de 30% sobre o valor do seu salário por acúmulo de função, pois alega que foi contratada como cozinheira, mas que era obrigada, desde o início do contrato, após preparar os alimentos, a colocá-los em uma bandeja e levar a refeição para os 5 empregados do setor.

Não assiste razão à reclamante, pois nos termos do art. 456, parágrafo único, da CLT, pode ser exigida da empregada qualquer atividades compatíveis com a sua condição pessoal e profissional, como era o caso, logo não há acúmulo de função.

Diante do exposto, requer a improcedência do pedido.

III – REQUERIMENTOS FINAIS

Diante do exposto, requer a produção de todos os meios de provas em direito admitidos, inclusive o depoimento pessoal da reclamante, sob a consequência de confissão.

Requer o acolhimento da preliminar de mérito para extinguir o processo sem resolução do mérito em relação ao pedido de adicional de periculosidade, o acolhimento da prejudicial de mérito e, adiante, no mérito, a improcedência dos pedidos formulados pela autora, condenando-a ao pagamento de custas processuais e honorários advocatícios, à luz do art. 791-A, da CLT.

Nestes termos,

pede deferimento.

Local e data.

Advogado

OAB nº

2.4.4. Exame de Ordem VIII – adaptado

Refrigeração Nacional, empresa de pequeno porte, contrata os serviços de um advogado, para o estudo de uma reclamação trabalhista movida pelo ex-empregado Sergio Feres, ajuizada em 12.04.2012, com pedidos certos, determinados e com indicação do valor, [illegible] do Trabalho de Campinas (processo [illegible]), na qual o trabalhador alega o seguinte, em síntese: [illegible]

que, apesar de haver trabalhado [illegible] da admissão, em 30.06.2000, à dispensa [illegible]

[illegible]

recebeu tíquete-refeição nem vale-transporte, o que considera irregular. Persegue, assim, ambos os títulos no lapso em questão;

[illegible]

CAPÍTULO 3

AÇÃO DE CONSIGNAÇÃO EM PAGAMENTO E INQUÉRITO JUDICIAL PARA APURAÇÃO DE FALTA

3.1. AÇÃO DE CONSIGNAÇÃO EM PAGAMENTO

3.1.1. Hipóteses de cabimento

A ação de consignação em pagamento é proposta pelo devedor que objetiva o depósito da coisa ou da quantia devida em juízo com o propósito de ver extinta a obrigação.

As hipóteses mais comuns no âmbito trabalhista são:

a) a recusa por parte do empregado em receber as verbas rescisórias;

b) a recusa por parte do empregado em receber outras verbas trabalhistas, como, por exemplo, as comissões que o empregador entende que lhe são devidas;

c) a situação de morte do empregado, em que o empregador tem dúvida sobre quem tem o direito de receber as verbas;

d) a recusa por parte do empregador em receber as ferramentas de trabalho que ficaram com o empregado após o fim do contrato, o que pode ocorrer inclusive porque a empresa está desativada.

A competência para propositura da ação de consignação em pagamento é fixada à luz do art. 651 da CLT, ou seja, o juízo competente para o processamento e julgamento da ação é o do local da prestação dos serviços.

Deve figurar no polo passivo o **credor ou potenciais credores. Nos moldes do art. 75, VII, do CPC, o espólio é representando pelo inventariante.**

> **Art. 75 do CPC.** Serão representados em juízo, ativa e passivamente:
>
> (...)
>
> **VII – o espólio, pelo inventariante;**
>
> (...)

O autor, na **petição inicial**, deve formular os seguintes pedidos:

a) deferimento do depósito da quantia ou coisa devida, no prazo de 5 dias (art. 542, I, do CPC);

b) citação do réu para comparecer em audiência e levantar o depósito com efeito de quitação ou oferecer resposta (art. 542, II, do CPC);

c) declaração de extinção da obrigação; e

d) condenação do réu nas custas e honorários advocatícios.

Atente-se para o teor do art. 542 do CPC:

> **Art. 542 do CPC.** Na petição inicial, o autor requererá:
>
> I – o depósito da quantia ou da coisa devida, a ser efetivado no prazo de 5 (cinco) dias contados do deferimento, ressalvada a hipótese do art. 539, § 3º;
>
> II – a citação do réu para levantar o depósito ou oferecer contestação.
>
> Parágrafo único. Não realizado o depósito no prazo do inciso I, o processo será extinto sem resolução do mérito.

A ação de consignação em pagamento tem rito próprio, razão pela qual não observa os procedimentos sumário, sumaríssimo e ordinário.

O valor da causa será aquele a ser consignado.

Deferido o depósito, o consignatário será notificado para levantar o valor ou oferecer defesa em audiência.

Caso concorde com o valor e/ou coisa depositados, este será liberado a seu favor, sendo considerada extinta a obrigação do consignante.

Na **contestação**, o réu poderá alegar que: a) não houve recusa ou mora em receber a quantia ou coisa devida; b) foi justa a recusa; c) o depósito não se efetuou no prazo ou no lugar do pagamento; e d) o depósito não é integral, caso em que deverá apontar o montante que entende devido (art. 544 do CPC), podendo o autor complementá-lo em 10 dias (art. 545, *caput*, do CPC).

A ação de consignação em pagamento tem **caráter dúplice** (art. 545, § 1º, do CPC), assim, se o réu alegar que o depósito foi realizado a menor, poderá levantar a quantia depositada, liberando parcialmente o autor, **prosseguindo o processo quanto à parte controvertida.** Isso significa que, na hipótese de valor controverso, o autor da ação de consignação poderá ser condenado a pagar as diferenças independentemente de nova ação.

Caso o réu não conteste a ação, será declarado revel, e o juiz declarará extinta a obrigação e o condenará ao pagamento de custas e honorários advocatícios (art. 546 do CPC).

Art. 546 do CPC. Julgado procedente o pedido, o juiz declarará extinta a obrigação e condenará o réu ao pagamento de custas e honorários advocatícios. Parágrafo único. Proceder-se-á do mesmo modo se o credor receber e der quitação.

3.1.2. Estrutura da ação de consignação em pagamento

AO DOUTO JUÍZO DA _____ VARA DO TRABALHO DE _____.

NOME DO CONSIGNANTE, qualificação e endereço completos, vem, respeitosamente, perante Vossa Excelência, por intermédio de seu advogado adiante assinado **(procuração anexa)**, com escritório profissional no endereço completo, onde recebe intimações e notificações, com fulcro nos **arts. 539 a 549 do CPC, PROPOR:**

AÇÃO DE CONSIGNAÇÃO EM PAGAMENTO

em face de **NOME DO CONSIGNATÁRIO**, qualificação e endereço completos, pelas razões de fato e de direito a seguir expostas.

I – FATOS

O consignante deverá narrar os fatos, relatando, por exemplo:

a) a recusa por parte do empregado em receber as verbas rescisórias;

b) a recusa por parte do empregado em receber outras verbas trabalhistas, como, por exemplo, comissões que o empregador entende que lhe são devidas;

c) a situação de morte do empregado, em que o empregador tem dúvida sobre quem tem o direito de receber as verbas;

d) a recusa por parte do empregador em receber as ferramentas de trabalho.

II – MÉRITO

O consignante deverá afirmar qual a **obrigação** cujo valor pretende depositar com efeito de quitação e **especificar**, de forma líquida e certa, cada parcela consignada.

Deve esclarecer a que corresponde o valor total e indicar os valores de cada uma das parcelas.

III – REQUERIMENTOS FINAIS

Diante do exposto, requer:

a) o deferimento do depósito da quantia de R$ _____ no prazo de 5 dias (art. 542, I, do CPC) e, se for o caso, a entrega da coisa devida;

b) a notificação do consignatário para levantar o depósito com efeito de quitação ou oferecer resposta em audiência, sob pena de revelia e declaração da extinção da obrigação (art. 542, II, do CPC);

c) a produção de todos os meios de provas em direito admitidos, em especial a prova documental;

d) por fim, caso o valor não seja levantado em audiência, a procedência do pedido com a declaração de extinção da obrigação e condenação do Consignatário em custas e honorários advocatícios no importante de 15%, nos termos do art. 791-A da CLT.

Atribui-se à causa o valor de R$ _______.

Nestes termos,

pede deferimento.

Local e data.

Advogado

OAB nº

3.1.3. Exercício de ação de consignação em pagamento

3.1.3.1. Primeiro exercício de ação de consignação em pagamento

Tonassiando das Luzes foi admitido em 02.03.2014 pela empresa Emiko Metalúrgica Ltda., situada em Recife/PE, para exercer a função de ferramenteiro, percebendo o salário mensal no valor de R$ 3.000,00. A jornada de trabalho contratada foi de 08 (oito) horas diárias, de segunda a sexta-feira, e de 04 (quatro) horas no sábado. Durante o contrato de trabalho, devidamente registrado em sua CTPS, recebeu regularmente seu salário, houve o correto recolhimento de seu FGTS e de suas contribuições previdenciárias e recebeu o 13º salário dos anos de 2014 e de 2015.

No dia 19.08.2016, Tonassiando sofreu um "ataque do coração" na sede da empresa, durante seu horário de trabalho, vindo a falecer em razão do ocorrido, lá mesmo. Todos da empresa tinham conhecimento da doença de Tonassiando e ficaram bastante chateados com o fato.

Diante do falecimento de Tonassiando, a empresa Emiko Metalúrgica Ltda. entrou em contato com seu escritório no mesmo dia, solicitando seus serviços advocatícios, informando que gostaria de efetuar o regular pagamento dos direitos do empregado, embora não saiba qual o procedimento deve ser adotado. A empresa lhe forneceu procuração e informou, ainda, que o empregado em questão nunca gozou de férias na empresa, bem como que o mesmo era casado com Patrícia das Luzes (inventariante) e não tinha filhos, estando seus pais já falecidos.

Assim, elabore a peça processual cabível ao caso concreto, que você, como advogado(a) da reclamada, proporia em juízo. Discrimine todas as parcelas, justificando as mesmas, bem como o motivo da elaboração e protocolo da peça em questão, com seus fundamentos jurídicos.

RESOLUÇÃO

AO DOUTO JUÍZO DA ____ VARA DO TRABALHO DE RECIFE/PE.

EMIKO METALÚRGICA LTDA., qualificação e endereço completos, vem, respeitosamente, perante Vossa Excelência, por intermédio de seu advogado adiante assinado (procuração anexa), com escritório profissional no endereço completo, onde recebe intimações e notifi-cações, com fulcro nos **arts. 539 a 549 do CPC, PROPOR:**

AÇÃO DE CONSIGNAÇÃO EM PAGAMENTO

em face do ESPÓLIO DE TONASSIANDO DAS LUZES, representado pela inventariante PA-TRÍCIA DAS LUZES, qualificação e endereço completos, pelas razões de fato e de direito a seguir expostas.

I – DOS FATOS

Tonassiando das Luzes foi admitido pela consignante em 02.03.2014, sendo encerrado seu contrato em 19.08.2016 em razão do seu falecimento. Tonassiando enfartou na sede da em-presa, durante seu horário de trabalho, vindo a falecer em razão do ocorrido, lá mesmo. Com a extinção do contrato, cabe à reclamada efetuar o pagamento das verbas rescisórias, entretanto, tem dúvida sobre quem deverá recebê-las.

II – MÉRITO

A extinção do vínculo de emprego por morte do empregado provoca, necessariamente, o fim do contrato de trabalho em virtude da pessoalidade que lhe é inerente. Considerando que o último salário do empregado era de R$ 3.000,00, é devido pela consignante verbas rescisórias, no importe de R$ 17.9a000,00, as quais correspondem:

Saldo de salário (19 dias) .... R$ 1.900,00

13º salário proporcional – 2016 (8/12) .... R$ 2.000,00

Férias em dobro – 2014/2015 + 1/3 .... R$ 8.000,00

Férias vencidas + 1/3 (2015/2016) .... R$ 4.000,00

Férias proporcionais (6/12) + 1/3 .... R$ 2.000,00

Total devido .... R$ 17.900,00

Com o intuito de extinguir a obrigação e evitar a incidência da multa prevista no art. 477, § 8º, da CLT por atraso no pagamento das verbas rescisórias, propõe-se a presente ação.

III – REQUERIMENTOS FINAIS

Diante do exposto, requer:

a) o deferimento do depósito da quantia de R$ 17.900,00, no prazo de 5 dias (art. 542, I, do CPC);

b) a notificação da consignatária para comparecer e levantar o depósito com efeito de quitação ou oferecer resposta em audiência, sob pena de revelia e declaração da extinção da obrigação (art. 542, II, do CPC);

c) a produção de todos os meios de provas em direito admitidos, em especial a prova documental; e

d) por fim, caso o valor não seja levantado em audiência, a procedência do pedido com a declaração de extinção da obrigação e condenação do reclamado de custas e honorários advocatícios no importante de 15%, nos termos do art. 791-A da CLT.

Atribui-se à causa o valor de R$ 17.900,00.

Nestes termos,

pede deferimento.

Local e data.

Advogado

OAB no

3.1.4. Ação de consignação em pagamento no Exame de Ordem

3.1.4.1. Exame de Ordem X

Zenga Modas Ltda., CNPJ: 1.1.0001/00, com sede na Rua Lopes Quintas, 10, Maceió/AL, encontra-se na seguinte situação: Joana Firmino, brasileira, casada, costureira, residente na Rua Lopes Andrade, 20, Maceió/AL, CEP: 10.0001-00, foi contratada por Zenga Modas Ltda., em 12.09.2008, para exercer a função de costureira, na unidade de Maceió/AL, sendo dispensada sem justa causa em 11.10.2012, mediante aviso-prévio indenizado. Naquele dia, Joana entregou a CTPS à empresa para efetuar as atualizações de férias, e tal documento ainda se encontra custodiado no setor de recursos humanos.

Joana foi cientificada de que no dia 15.10.2012, às 10h, deveria comparecer na empresa para receber suas verbas rescisórias. Contudo, na data e hora designadas, a empregada não compareceu.

Procurado por Zenga Modas Ltda. em 17.10.2012, apresente a medida judicial adequada à defesa dos interesses empresariais, sem criar dados ou fatos não informados, ciente de que a empregada fruiu férias dos períodos 2008/2009 e 2009/2010 e de que, no armário dela, foi encontrado um telefone celular de sua propriedade, que se encontra guardado no almoxarifado da empresa.

É desnecessária a indicação de valores.

RESOLUÇÃO

AO DOUTO JUÍZO DA ____ VARA DO TRABALHO DE MACEIÓ/AL.

ZENGA MODAS LTDA., pessoa jurídica de direito privado, inscrita no CNPJ sob o nº 1.1.0001/00, com sede na Rua Lopes Quintas, 10, Maceió/AL, vem, respeitosamente, perante Vossa Excelência, por intermédio de seu advogado adiante assinado **(procuração anexa)**, com escritório profissional no endereço completo, onde recebe intimações e notificações, com fulcro nos **arts. 539 a 549 do CPC, PROPOR:**

AÇÃO DE CONSIGNAÇÃO EM PAGAMENTO

em face de Joana Firmino, brasileira, casada, costureira, residente na Rua Lopes Andrade, 20, Maceió/AL, CEP: 10.0001-00, pelas razões de fato e de direito a seguir expostas.

I – FATOS

A consignatária foi contratada por Zenga Modas Ltda., em 12.09.2008, para exercer a função de costureira, na unidade de Maceió/AL, sendo dispensada sem justa causa em 11.10.2012, mediante aviso-prévio indenizado. Em seu armário foi encontrado um telefone celular de sua propriedade. Joana foi cientificada de que no dia 15.10.2012, às 10h, deveria comparecer na empresa para receber suas verbas rescisórias. Contudo, na data e hora designadas, a empregada não compareceu.

A empresa tem o intuito de pagar as verbas devidas à consignatária, razão pela qual propôs a presente medida processual.

II – MÉRITO

Em razão da extinção do contrato de trabalho sem justa causa são devido à consignatária as seguintes verbas, no importe de R$ ____, as quais a consignante pretende depositar com o objetivo de que seja declarada extinta a obrigação:

a) Saldo de salário (11 dias) .... R$............

b) Aviso-prévio (42 dias).. R$............

c) 13º salário proporcional (11/12)...................................... R$............

d) Férias em dobro – 2010/2011 + 1/3 .... R$............

e) Férias + 1/3 (2011/2012) .... R$............

f) Férias proporcionais (2/12) + 1/3..................................... R$............

g) Multa de 40% do FGTS.. R$............

Total devido ....R$.............

Requer, ainda, a devolução do aparelho celular e a entrega da CTPS, nos moldes do art. 542, I, do CPC.

Postula a consignante o depósito das verbas, do celular e da CTPS, visando à extinção da obrigação.

Ressalte-se que por não haver atraso no pagamento das verbas rescisórias é indevida a multa prevista no art. 477, § 8º, da CLT.

III – REQUERIMENTOS FINAIS

Diante do exposto, requer:

a) o deferimento do depósito dos valores referidos do aparelho celular e da CTPS no prazo de 5 dias (art. 542, I, do CPC);

b) a notificação do consignatário para levantar os valores, o aparelho celular e a CTPS depositados com efeito de quitação ou oferecer resposta em audiência, sob pena de revelia e declaração da extinção da obrigação (art. 542, II, do CPC);

c) a produção de todos os meios de provas em direito admitidos, em especial a prova documental;

d) a procedência do pedido com a declaração de extinção da obrigação e condenação do Consignatário ao pagamento de custas e honorários advocatícios no importe 15%, com base no art. 791-A da CLT.

Atribui-se à causa o valor de R$

Nestes termos,

pede deferimento.

Local e data.

Advogado

OAB nº

ESPELHO DE CORREÇÃO

QUESITOS AVALIADOS	FAIXA DE VALORES	ATENDIMENTO AO QUESITO
Formato de petição inicial (consignatória), baseada nos arts. 539 a 549 do CPC, com endereçamento ao juízo do trabalho de Maceió e qualificação das partes – consignante e consignatária (0,60). **Obs.:** O desrespeito a algum dos elementos estruturais acarretará perda de 0,20 pontos.	0,00/ 0,40/ 0,60	
Aviso-prévio (0,20) proporcional ao tempo de serviço de 42 dias (0,20).	0,00/ 0,20/ 0,40	

QUESITOS AVALIADOS	FAIXA DE VALORES	ATENDIMENTO AO QUESITO
Saldo salarial (0,20) de 11 dias do mês de outubro de 2012 (0,20).	0,00/ 0,20/ 0,40	
13º salário proporcional (0,20) de 11/12 avos (0,20).	0,00/ 0,20/ 0,40	
Férias em dobro 2010/2011 (0,20) acrescidas de 1/3 (0,20).	0,00/0,20/0,40	
Férias simples 2011/2012 (0,20) acrescidas de 1/3 (0,20).	0,00/ 0,20/ 0,40	
Férias proporcionais + 1/3 (0,20) de 2/12 avos (0,20).	0,00/ 0,20/ 0,40	
Devolução da CTPS (0,75).	0,00/ 0,75	
Devolução do aparelho celular (0,75).	0,00/ 0,75	
Encerramento requerendo a citação (0,10), depósito dos valores e coisas devidos (0,10), quitação das obrigações OU procedência dos pedidos (0,20) e indicação de valor da causa (0,10).	0,00/ 0,10/ 0,20/ 0,30/ 0,40/ 0,50	
TOTAL		

3.2. INQUÉRITO JUDICIAL PARA APURAÇÃO DE FALTA GRAVE

3.2.1. Hipóteses de cabimento

O inquérito judicial é uma ação cujo objetivo é rescindir um contrato de trabalho por justa causa do empregado.

É cabível se presentes três requisitos cumulativos:

a) empregado com garantia provisória no emprego;

b) prática de falta grave; e

c) a lei exigir o inquérito para dispensa por justa causa desse empregado.

Somente é exigível o inquérito para dispensa dos seguintes empregados:

- **dirigente sindical** (Súmulas 197 do STF e 379 do TST);
- **empregados membros do Conselho Nacional da Previdência Social** (art. 3º, § 7º, da Lei nº 8.213/91);
- **empregados eleitos diretores de sociedade cooperativa** (art. 55 da Lei nº 5.764/71); e
- **estável decenal.**

O empregador tem a faculdade de suspender o empregado estável que cometer falta grave (art. 494 da CLT), devendo, nesse caso, ajuizar o inquérito no prazo decadencial de 30 dias (art. 853 da CLT).

A petição inicial deverá ser escrita (art. 853 da CLT) e o número máximo de testemunhas é de 6 para cada parte (art. 821 da CLT).

Julgado procedente o inquérito, o contrato é extinto por justa causa do empregado, a contar da data de suspensão do contrato de trabalho.

Todavia, se julgado improcedente, o empregador (autor do inquérito) ficará obrigado a reintegrar o empregado no serviço e a pagar-lhe os salários e demais verbas a que teria direito no período da suspensão, pois o inquérito se trata de uma ação de caráter dúplice, à luz do art. 495 da CLT.

3.2.2. Estrutura do inquérito judicial para apuração de falta grave

AO DOUTO JUÍZO DA _____ VARA DO TRABALHO DE _____.

NOME DO EMPREGADOR, qualificação e endereço completos, vem, respeitosamente, perante Vossa Excelência, por intermédio de seu advogado adiante assinado **(procuração anexa)**, com escritório profissional no endereço completo, onde recebe intimações e notificações, com fulcro nos **arts. 494 e 853, ambos da CLT, PROPOR:**

INQUÉRITO JUDICIAL PARA APURAÇÃO DE FALTA GRAVE

em face de NOME DO EMPREGADO, qualificação e endereço completos, pelas razões de fato e de direito a seguir expostas.

I – FATOS

Relatar o caso.

II – REQUISITOS ESPECÍFICOS

Esclarece-se que este inquérito foi proposto observando os seguintes requisitos:

1. Do prazo

O inquérito foi proposto dentro do prazo decadencial de 30 dias, contados da suspensão do empregado estável (art. 853 da CLT).

2. Do cabimento do inquérito

Apontar os dispositivos legais ou jurisprudenciais (súmulas e OJs) que indicam que o empregado estável somente pode ser dispensado por justa causa mediante inquérito judicial para apuração de falta grave.

III – MÉRITO

O Examinando deve:

a) mencionar a estabilidade e a falta grave;

b) indicar o artigo em que a falta está capitulada como grave;

c) pedir a declaração de extinção do contrato por justa causa do empregado, com data retroativa à suspensão contratual.

IV – REQUERIMENTOS FINAIS

Diante o exposto, requer:

a) a **notificação** do requerido para que ofereça resposta em audiência a ser designada por este juízo;

b) a **produção de todos os meios de prova** em direito admitidos, em especial, a prova documental e testemunhal;

c) por fim, o **julgamento procedente** dos pedidos e, consequentemente, que seja o contrato de trabalho rescindido por justa causa do requerido, retroativamente à data de sua suspensão e condenando o empregado ao pagamento de custas e honorários advocatícios, no importe de 15%, com base no art. 791-A da CLT.

Dá-se à causa o valor de R$ _____.

Nestes termos,

pede deferimento.

Local e data

Advogado

OAB nº

3.2.3. Exercício de inquérito judicial para apuração de falta grave

3.2.3.1. Primeiro exercício

Tonassiando Agostinho é empregado da empresa Pastelaria Beiçola Ltda. desde 01.02.2015, exercendo, no Município de Pindamonhangaba/SP, a função de administrador. Em 21.05.2017 foi eleito dirigente sindical. Ocorre que em 21.04.2018 descobriu-se que o empregado havia depositado cheque de pagamento feito por cliente à empresa em sua conta bancária. A revelação do ocorrido deu-se porque um cliente havia emitido um cheque sem fundos em favor da empresa e ligou propondo ir à mesma levar o dinheiro e resgatar o cheque. O contato foi feito com Lineu, supervisor de Tonassiando, que não conseguiu localizar o depósito. Por conta disso, requereu ao cliente que solicitasse ao seu banco uma microfilmagem do cheque, foi quando, para sua surpresa, descobriu que havia sido depositado na conta do administrador. No mesmo dia, Lineu suspendeu Tonassiando e registrou a ocorrência na delegacia de polícia, com a instauração de inquérito policial.

Em 25.04.2018, a Pastelaria Beiçola Ltda. pretende dispensar o empregado. Para tanto, elabore a medida judicial cabível.

RESOLUÇÃO

AO DOUTO JUÍZO DA _____ VARA DO TRABALHO DE PINDAMONHANGABA/SP.

PASTELARIA BEIÇOLA LTDA., qualificação e endereço completos, vem, respeitosamente, perante Vossa Excelência, por intermédio de seu advogado adiante assinado **(procuração anexa)**, com escritório profissional no endereço completo, onde recebe intimações e notificações, com fulcro nos **arts. 494 e 853 da CLT, PROPOR:**

INQUÉRITO JUDICIAL PARA APURAÇÃO DE FALTA GRAVE

em face de **TONASSIANDO AGOSTINHO**, qualificação e endereço completos, pelas razões de fato e de direito a seguir expostas.

I – DOS FATOS

Tonassiando Agostinho é empregado da Pastelaria Beiçola Ltda. desde 01.02.2015, exercendo, no Município de Pindamonhangaba/SP, a função de administrador. Em 21.05.2017 foi eleito dirigente sindical. Ocorre que em 21.04.2018 descobriu-se que o empregado havia depositado cheque de pagamento feito por cliente à empresa em sua conta bancária. A revelação do ocorrido deu-se porque um cliente havia emitido um cheque sem fundos em favor da empresa e ligou propondo ir à mesma levar o dinheiro e resgatar o cheque. O contato foi feito com Lineu, supervisor de Tonassiando, que não conseguiu localizar o depósito. Por conta disso, requereu ao cliente que solicitasse ao seu banco uma microfilmagem do cheque, foi quando, para sua surpresa, descobriu que havia sido depositado na conta do administrador. No mesmo dia, Lineu suspendeu Tonassiando e registrou a ocorrência na delegacia de polícia, com a instauração de inquérito policial. A presente medida visa à extinção do contrato por justa causa do empregado.

II – REQUISITOS ESPECÍFICOS

1. Do prazo

Esclarece-se que o inquérito está sendo proposto dentro do prazo decadencial de 30 dias, contados da suspensão do empregado estável (arts. 494 e 853 da CLT), a qual ocorreu em 21.04.2018.

2. Do cabimento do inquérito

Nos moldes das Súmulas 197 do STF e 379 do TST, o dirigente sindical somente pode ser dispensado por justa causa mediante inquérito judicial para apuração de falta grave, sendo esta, portanto, a medida cabível com este propósito.

II – MÉRITO

O empregado é dirigente sindical e, por isso, possui estabilidade provisória no emprego desde o registro da candidatura e, se eleito, até um ano após o término do mandato, nos termos dos arts. 8º, VIII, da CF e 543, § 3º, da CLT.

Evidencia-se que o reclamado praticou ato de improbidade ao depositar o cheque emitido pelo cliente em favor da empresa em sua conta bancária. Tal conduta caracteriza falta grave, à luz do art. 482, "a", da CLT, justificando a suspensão do dirigente-empregado (art. 494 da CLT) e a extinção de seu contrato de trabalho por justa causa.

Diante do exposto, requer o reconhecimento da prática de falta grave pelo empregado e a extinção do contrato de trabalho por justa causa do requerido com data retroativa à suspensão.

III – REQUERIMENTOS FINAIS

Isto posto, requer:

a) a **notificação** do requerido para que ofereça resposta em audiência a ser designada por este juízo;

b) a **produção de todos os meios de prova** em direito admitidos, em especial, a prova documental e testemunhal; e

c) por fim, o **julgamento procedente do pedido** e, consequentemente, que seja o contrato de trabalho rescindido por justa causa do requerido retroativamente à data de sua suspensão e a condenação do empregado ao pagamento de custas e honorários advocatícios, no importe de 15%, nos moldes do art. 791-A da CLT.

Dá-se à causa o valor de R$ ....

Nestes termos,

pede deferimento.

Local e data.

Advogado

OAB nº

[illegible] pode ser dispensado por [illegible] mediante inquérito judicial para apuração de falta grave, sendo este, portanto, [illegible].

II – MÉRITO

O requerido é dirigente sindical, por isso, possui estabilidade provisória no emprego desde o registro da candidatura e, se eleito, até um ano após o término do mandato, nos termos dos arts. 8º, VIII, da CF e 543, § 3º, da CLT.

Sucede-se que o [illegible] falta grave, à luz do art. 482, [illegible] da CLT, justificando [illegible] (art. 494 da CLT) e [illegible] de trabalho por justa causa.

Diante do exposto, [illegible] contrato de trabalho por justa causa [illegible].

III – REQUERIMENTOS FINAIS

Isto posto, requer:

a) a notificação do requerido para que [illegible];

b) a produção de todos os meios de prova em direito admitidos, em especial, a prova documental e testemunhal;

c) [illegible] do contrato de trabalho [illegible] honorários advocatícios, no importe de [illegible], nos moldes do art. 791-A da CLT.

Dá-se à causa o valor de R$ [illegible].

Nestes termos,

pede deferimento.

Advogado [illegible]

OAB [illegible]

CAPÍTULO 4

RECURSO ORDINÁRIO

4.1. HIPÓTESES DE CABIMENTO

São duas as **hipóteses de cabimento** do recurso ordinário e encontram-se previstas no art. 895 da CLT, em seus incisos I e II. Veja:

> **Art. 895 da CLT.** Cabe recurso ordinário para a instância superior:
>
> I – das decisões definitivas ou terminativas das Varas e Juízos, no prazo de 8 (oito) dias;
>
> II – das decisões definitivas ou terminativas dos Tribunais Regionais, em processos de sua competência originária, no prazo de 8 (oito) dias, quer nos dissídios individuais, quer nos dissídios coletivos.

A primeira hipótese de recurso ordinário é em face da sentença, seja ela definitiva ou terminativa do feito, isto é, que tenha julgado o mérito ou extinto o processo sem resolução do mérito.

Já a segunda hipótese de recurso ordinário é contra as decisões definitivas ou terminativas dos Tribunais Regionais do Trabalho em ações de sua competência originária, ou seja, que a lei determina que devem ser ajuizadas no TRT, em que, portanto, o TRT funcionará como a primeira instância.

Podemos citar como exemplos a ação rescisória e o mandado de segurança. Explico:

a) Ação rescisória

Caso a decisão a ser desconstituída trata-se de uma sentença proferida pelo juiz do trabalho, a ação rescisória deverá ser dirigida ao Tribunal Regional do Trabalho. No entanto, se a decisão a ser rescindida for proferida pelo TRT, a competência será do próprio Tribunal de onde se originou o acórdão. Por fim, se o acórdão a ser desconstituído foi proferido pelo TST, a competência para processar e julgar a ação rescisória é do próprio Tribunal Superior do Trabalho.

Das decisões dos TRTs em ação rescisória cabe recurso ordinário para o TST.

Nesse sentido, acompanhe a Súmula 158 do TST:

> **Súmula 158 do TST.** Da decisão do Tribunal Regional do Trabalho, em ação rescisória, cabível é o recurso ordinário para o Tribunal Superior do Trabalho, em face da organização judiciária trabalhista.

b) Mandado de segurança

A depender de quem seja a autoridade coatora, a lei estabelece o juízo competente para processar e julgar o mandado de segurança, conforme exposto no quadro a seguir:

COMPETÊNCIA – MANDADO DE SEGURANÇA	
Autoridade coatora	**Juízo competente**
Auditor fiscal do trabalho; Superintendente regional do trabalho; Oficial de cartório (quando recusar-se a registrar a entidade sindical); Membro do Ministério Público do Trabalho (inquéritos civis).	JUIZ
JUIZ	TRT
TRT	TRT
TST	TST

Em face das decisões dos TRTs em mandados de segurança cabe recurso ordinário para o TST.

Nesse sentido, atente-se para a Súmula 201 do TST:

> **Súmula 201 do TST.** Da decisão do Tribunal Regional do Trabalho em mandado de segurança cabe recurso ordinário, no prazo de 8 (oito) dias, para o Tribunal Superior do Trabalho, correspondendo igual dilação para o recorrido e interessados apresentarem razões de contrariedade.

4.2. ESTRUTURA DO RECURSO ORDINÁRIO

O recurso ordinário é composto por duas folhas: pela folha de rosto, dirigida ao juízo que proferiu a decisão, e pela folha de razões, endereçada ao tribunal competente para julgar o recurso.

A seguir, analisaremos a estrutura do recurso ordinário em face da sentença, por ser a mais comum. O desenvolvimento do recurso ordinário interposto contra decisão do TRT em ação de sua competência originária obedece ao mesmo raciocínio.

4.2.1. Folha de rosto

A folha de rosto é dirigida ao juízo *a quo*, isto é, aquele que proferiu a decisão.

Este juízo verifica se estão presentes os pressupostos de admissibilidade, os intrínsecos e os extrínsecos (legitimidade, capacidade, interesse processual, tempestividade, depósito, custas e regularidade de representação, entre outros).

Preenchidos os pressupostos, o juízo *a quo* **recebe** o recurso, abre vista à outra parte para apresentar as **contrarrazões no prazo de 8 (oito) dias, segundo institui o art. 900 da CLT**, e, em seguida, remete os autos para o Tribunal *ad quem*, que analisará o mérito e julgará o recurso.

Logo, nessa folha: a) destacaremos a presença dos pressupostos de admissibilidade intrínsecos e extrínsecos, detalhando o depósito recursal e as custas processuais, se for o caso; b) pediremos a intimação do recorrido para apresentar contrarrazões; e c) por fim, postilaremos a remessa dos autos ao juízo *ad quem*.

Verifique o exemplo:

AO DOUTO JUÍZO DA ____ VARA DO TRABALHO DE ____.

NOME DO RECORRENTE, já qualificado nos autos em epígrafe, em que contende com **NOME DO RECORRIDO**, também qualificado, vem, respeitosamente, perante Vossa Excelência, por intermédio de seu advogado adiante assinado, com fulcro no **art. 895, I, da CLT, INTERPOR:**

RECURSO ORDINÁRIO

para o Egrégio Tribunal Regional do Trabalho da ____ Região.

Encontram-se presentes todos os pressupostos de admissibilidade do recurso, dentre os quais destacam-se:

a) o depósito recursal: recolhido, no valor de R$ ____, conforme guia anexa;

b) as custas processuais: recolhidas no valor de R$ ____, correspondentes a 2% do valor da condenação, consoante guia anexa.

Diante do exposto, requer o **recebimento** do presente recurso, a **intimação** da outra parte para apresentar contrarrazões ao recurso ordinário no prazo de 8 dias, conforme estabelece o art. 900 da CLT, e a posterior remessa ao Egrégio Tribunal Regional do Trabalho da ____ Região.

Nestes termos,

pede deferimento.

Local e data.

Advogado

OAB nº

A FGV exige do candidato que destaque em seu recurso ordinário o preparo, o depósito e as custas, por isso, na sequência, analisaremos o tema.

a) Depósito recursal

O depósito recursal tem natureza de garantia do juízo, logo é realizado apenas pelo reclamado, empregador ou tomador dos serviços. O reclamante jamais fará depósito recursal.

O depósito é exigido para interposição dos seguintes recursos: recurso ordinário, recurso de revista, embargos ao TST, recurso extraordinário, recurso ordinário em ação rescisória e também para o agravo de instrumento.

Com exceção do agravo de instrumento, o depósito deve ser realizado no valor da condenação ainda não depositado até o limite do teto estabelecido pelo TST.

O Tribunal Superior do Trabalho atualiza os valores do teto no dia 1º de agosto de todos os anos.

A partir de 1º de agosto de 2018, o teto para o recurso ordinário será de R$ 9.513,16 e para o recurso de revista, embargos ao TST, recurso extraordinário e recurso ordinário em ação rescisória é o dobro, isto é, R$ 19.026,32.

Para o agravo de instrumento, o limite máximo do depósito é diferente dos recursos acima referidos. O reclamado deverá depositar o valor da condenação ainda não depositado até o limite de 50% do valor do depósito do recurso que se quer destrancar (art. 899, § 7º, da CLT).

Não há condenação em pecúnia, assim como também não há depósito recursal (Súmula 161 do TST).

O depósito será **reduzido pela metade** para as entidades sem fins lucrativos, empregadores domésticos, microempreendedores individuais, microempresas e empresas de pequeno porte (art. 899, § 9º, da CLT)[1].

1 **Art. 20, IN 41/2018, TST.** As disposições contidas nos §§ 4º, 9º, 10 e 11 do art. 899 da CLT, com a redação dada pela Lei nº 13.467/2017, serão observadas para os recursos interpostos contra as decisões proferidas

Por sua vez, nos termos do art. 899, § 10°, da CLT são **isentos** de depósito recursal os beneficiários da justiça gratuita, as entidades filantrópicas e as empresas em recuperação judicial. Além desses, também são isentos: a massa falida (Súmula 86 do TST) e a Fazenda Pública (União, Estados, Distrito Federal, Municípios e respectivas autarquias e fundações públicas – art. 1°, IV, do DL n° 779/69).

As empresas públicas e as sociedades de economia mista não têm a mesma isenção da Fazenda Pública (Súmula 170 do TST).

Retratando as hipóteses analisadas, observe a tabela adiante:

Parte Recorrente	Condenação em pecúnia	Depósito	Fundamento
Reclamante	–	Não	Em razão da natureza do depósito de garantia do juízo.
Reclamado	Não	Não	Súmula 161 do TST
Entidades sem fins lucrativos, empregadores domésticos, microempreendedores individuais, microempresas e empresas de pequeno porte	Sim	Reduzido a metade	Art. 899, § 9º, da CLT
Beneficiários da justiça gratuita, as entidades filantrópicas e as empresas em recuperação judicial	Sim	Isentos	Art. 899, § 10, da CLT
Reclamado: massa falida	Sim	Não	Súmula 86 do TST
Fazenda	Sim	Não	Art. 1°, IV, do DL n° 779/69
Empresas públicas e sociedades de economia mista	Sim	Sim	Súmula 170 do TST

O depósito deve ser feito em conta vinculada ao juízo (art. 899, § 4°, da CLT).

Em se tratando de depósito recursal, poderá ser substituído por fiança bancária ou seguro garantia judicial (art. 899, § 11, da CLT).

O depósito poderá ser realizado e comprovado no prazo do recurso, ou seja, em 8 dias, mesmo que este tenha sido interposto antes, no terceiro dia do prazo, por exemplo, nos seguintes casos: recurso ordinário, recurso de revista, embargos ao TST e recurso ordinário em ação rescisória (Súmula 245 do TST).

a partir de 11 de novembro de 2017.

Para o agravo de instrumento é diferente, o depósito deve ser feito no ato da interposição do recurso (art. 899, § 7º, da CLT).

Em caso de recolhimento insuficiente do depósito recursal, somente haverá deserção do recurso se, concedido o prazo de 5 dias previsto no § 2º do art. 1.007 do CPC de 2015, o recorrente não complementar e comprovar o valor devido (OJ 140, SDI-1, do TST).

b) Custas

As custas processuais serão pagas pela parte vencida na fase de conhecimento.

Quando o reclamante não "ganhar nada" – como, por exemplo, no caso de a sentença for de total improcedência ou o processo foi extinto se resolução do mérito – será vencido e terá que recolher custas.

Por seu turno, se o reclamado "perder qualquer pedido", será o vencido e terá que recolher as custas.

O vencido recolhe quanto de custas? Recolhe 2% sobre o valor da condenação ou do acordo e, se não houver, 2% sobre o valor da causa, observado o mínimo de R$ 10,64 e o máximo de 4 vezes o limite máximo dos benefícios do Regime Geral de Previdência Social (art. 789 da CLT[2]).

Quando as custas serão recolhidas? Se a parte vencida recorrer, deverá recolher as custas no prazo do recurso. Caso não recorra, as custas serão recolhidas ao final (art. 789, § 1º, da CLT).

Confira os exemplos a seguir:

Exemplo 1: Sentença de total improcedência – recurso ordinário do reclamante

As custas serão **recolhidas** no **valor de R$ _____**, correspondente a **2% (dois por cento)** do valor da causa, conforme guia anexa.

Exemplo 2: Sentença de parcial procedência – recurso ordinário interposto pelo reclamado, empregador

> As custas serão recolhidas no **valor** de R$ _____, correspondente a **2% (dois por cento)** do valor da condenação, consoante guia anexa.

São isentos de custas, com base no art. 790-A da CLT, os beneficiários da justiça gratuita, o Ministério Público do Trabalho, a União, os Estados, o Distrito Federal, os Municípios e suas respectivas autarquias e fundações

2 **Art. 4º, IN 41/2018, TST.** O art. 789, *caput*, da CLT, quanto ao limite máximo de custas, aplica-se nas decisões que fixem custas, proferidas a partir da entrada em vigor da Lei nº 13.467/2017.

públicas, que não explorem atividade econômica. Por sua vez, segundo a Súmula 86 do TST, a massa falida também é isenta do recolhimento de custas.

Assim como ocorre com o depósito recursal, na hipótese de recolhimento insuficiente das custas processuais, somente haverá deserção do recurso se, concedido o prazo de 5 dias previsto no § 2º do art. 1.007 do CPC de 2015, o recorrente não complementar e comprovar o valor devido (OJ 140 da SDI-1 do TST).

4.2.2. FOLHA DE RAZÕES DO RECURSO ORDINÁRIO

A folha de razões, por seu turno, é o recurso propriamente dito e observa a seguinte estrutura de tópicos:

I) Preliminares de Mérito;

II) Prejudiciais de Mérito;

III) Mérito;

IV) Requerimentos Finais.

Segue o exemplo:

AO EGRÉGIO TRIBUNAL REGIONAL DO TRABALHO DA ____ REGIÃO.

RAZÕES DO RECURSO ORDINÁRIO

I – PRELIMINAR DE MÉRITO

II – PREJUDICIAL DE MÉRITO

III – MÉRITO

O juiz julgou procedente (ou improcedente) o pedido ____. **(Fatos)**

A sentença não merece ser mantida, pois ____. **(Fundamentos)**

Diante do exposto, requer a reforma da sentença para ____. **(Pedido)**

IV – REQUERIMENTOS FINAIS

Diante do exposto, requer o conhecimento do presente recurso, bem como o acolhimento da preliminar de mérito para... sucessivamente, o acolhimento da prejudicial de mérito para... e, sucessivamente, ainda, no mérito, o seu provimento, para fins de reforma da sentença para....

Nestes termos,

pede deferimento,

Local e data.

Advogado
OAB nº

Segue a análise individualizada de cada um dos itens da folha de razões: endereçamento, preliminares, prejudiciais, mérito e requerimentos finais.

a) Endereçamento

A folha de razões do recurso ordinário deve ser endereçada ao TRT, na circunstância do art. 895, I, da CLT (decisão proferida por um juiz do trabalho – sentença) ou para o TST, na hipótese do art. 895, II, da CLT (decisão proferida pelo TRT em ações de sua competência originária), à luz dos exemplos a seguir.

Exemplo 1: Artigo 895, I, da CLT:

EGRÉGIO TRIBUNAL REGIONAL DO TRABALHO DA ____ REGIÃO.

RAZÕES DO RECURSO ORDINÁRIO

A respeitável sentença não merece ser mantida, razão pela qual requer a sua reforma.

Exemplo 2: Artigo 895, II, da CLT:

COLENDO TRIBUNAL SUPERIOR DO TRABALHO

RAZÕES DO RECURSO ORDINÁRIO

O respeitável acórdão não merece ser mantido, razão pela qual requer a sua reforma.

b) Preliminares de mérito

O recurso ordinário pode ser manejado tanto para a correção do *erro in judicando* quanto do *error in procedendo*; logo, sua finalidade pode ser a de reformar a decisão recorrida corrigindo as injustiças ou reexaminando as provas, ou a de anular a sentença, respectivamente.

SENTENÇA				
	→	*Error in procedendo*	→	Preliminar de mérito
	→	*Error in judicando*	→	Mérito do RO

As preliminares de mérito do recurso ordinário estão relacionadas com as nulidades processuais, em outras palavras, com os vícios do processo, que ensejam a nulidade da decisão proferida (*error in procedendo*). Portanto, as alegações do recorrente em preliminar de mérito versam sobre matéria processual. Nesse momento, não se discute o mérito.

No tópico da preliminar de mérito requer-se:

- a nulidade da sentença; e
- o retorno dos autos ao juízo *a quo* ou o julgamento do processo no estado em que se encontra (art. 1.013, § 3º, do CPC).

Os exemplos mais comuns no exame de ordem são:

- nulidade de citação; e
- cerceamento de defesa (exemplos: Súmula 357 do TST e ausência de prova pericial quando há pedido de adicional de periculosidade ou insalubridade).

Exemplo:

I – PRELIMINAR

1. Cerceamento de defesa

O juiz indeferiu oitiva das duas testemunhas do reclamante por estarem litigando contra o reclamado, sob protestos daquele. **(Fatos)**

De acordo com a Súmula 357 do TST, não torna suspeita a testemunha o simples fato de estar litigando ou de ter litigado contra o mesmo empregador. Tal indeferimento da prova implica o cerceamento de defesa e, portanto, a violação ao art. 5°, LV, da CF. **(Fundamento)**

Diante do exposto, requer a nulidade da sentença e o retorno dos autos para o juízo *a quo*, a fim de que seja reaberta a instrução processual e ouvida a testemunha.

Para a FGV, as preliminares de contestação devem ser arguidas também em preliminar de recurso ordinário, conforme se observa no Exame de Ordem XXVI.

c) Prejudiciais de mérito

As prejudiciais de mérito englobam os assuntos relacionados à prescrição e à decadência, matéria que, se acolhida, obsta a análise do direito material, pois enseja a extinção do processo com resolução do mérito.

Tanto o reclamado quanto o reclamante poderão tratar da prescrição na prejudicial de mérito. Certamente, o reclamante não arguirá pela primeira vez a prescrição em sede de recurso ordinário, mas poderá postular a reforma da sentença que acolher mal a prescrição. Como exemplo, podemos citar a sentença em que o juiz acolhe a prescrição bienal, extinguindo o processo com resolução do mérito. Em prejudicial de mérito, no recurso ordinário, o reclamante poderá arguir que não decorreu mais de 2 anos entre a extinção do contrato de trabalho e o ajuizamento da ação, com o objetivo de afastar o acolhimento da prescrição e a consequente extinção do processo.

Por outro lado, da sentença que não acolhe a prescrição bienal, poderá ser interposto recurso ordinário pelo reclamado, requerendo o seu acolhimento.

O reclamado poderá, ainda, arguir a prescrição pela primeira vez em sede de RO, conforme autoriza a Súmula 153 do TST, que dispõe:

> **Súmula 153 do TST.** Não se conhece de prescrição não arguida na instância ordinária.

Na Justiça do Trabalho, a instância ordinária compreende o Juízo de 1º grau, bem como os Tribunais Regionais do Trabalho.

Em síntese:

PRESCRIÇÃO SE O JUIZ	**Tratou da prescrição na sentença**	**Poderão arguir a prescrição:** o reclamante e o reclamado, se o juiz julgou mal.
		Pedido: reforma da sentença.
	Não tratou da prescrição	**Poderá arguir a prescrição:** o reclamado, se identificar a prescrição bienal ou quinquenal apenas nessa fase do processo. **PEDIR:** extinção do processo com resolução do mérito (art. 487, II, do CPC).

Seguem exemplos:

Exemplo 1: RO interposto pelo reclamante em face de sentença que acolheu a prescrição bienal.

II – PREJUDICIAL DE MÉRITO

1. Prescrição bienal

O juiz acolheu a prescrição bienal muito embora a reclamatória trabalhista tenha sido ajuizada antes de decorridos anos do término do contrato de trabalho. **(Fatos)**

A sentença não merece ser mantida, pois segundo os arts. 7º, XXIX, da CF e 11 da CLT e a Súmula 308, I, do TST, a ação, quanto a créditos resultantes das relações de trabalho, prescreve 2 anos após a extinção do contrato de trabalho. Ocorre que é de apenas 1 ano o lapso temporal entre a extinção do contrato de trabalho e a propositura da reclamatória trabalhista. **(Fundamento)**

Diante do exposto, requer a **reforma da sentença, a fim de que seja afastada a prescrição bienal.** Sucessivamente, requer também a análise do mérito. **(Pedido)**

Exemplo 2: RO interposto pelo reclamado arguindo, pela primeira vez, a prescrição bienal.

O juízo *a quo* condenou o reclamado ao pagamento das verbas rescisórias oriundas do contrato de trabalho extinto no dia 10 de fevereiro de 2007, inobstante o ajuizamento da ação tenha ocorrido apenas em maio de 2011. **(Fatos)**

Consoante os arts. 7°, XXIX, da CF e 11 da CLT e a Súmula 308, I, do TST, opera-se a prescrição bienal quando o ajuizamento da reclamação trabalhista ocorrer após o prazo de 2 anos contados do término do contrato de trabalho. A ação *in casu* já ultrapassou o limite legal, tendo em vista que a reclamação foi proposta em abril de 2011.

Ademais, cumpre ressaltar que a Súmula 153 do TST admite o conhecimento da prejudicial ora arguida, por se tratar de instância ordinária. (Fundamento)

Diante do exposto, requer a extinção do processo, com resolução do mérito, nos moldes do art. 487, II, do CPC e, sucessivamente, caso não seja acolhida a prejudicial de mérito, a análise dos demais itens a seguir expostos. **(Pedido)**

d) Mérito

As alegações do recurso ordinário devem atacar a sentença, tendo em vista que o recurso é interposto em face dessa decisão e visa à sua reforma. Portanto, o mérito do RO deve demonstrar os fatos e fundamentos que dão ensejo à reforma da decisão recorrida.

É aconselhável que cada argumento seja desenvolvido em um tópico específico, cujo título evidencie a matéria alegada, pois isso garantirá clareza e objetividade à prova prático-profissional. Na finalização de cada tópico do mérito, deve-se requerer a reforma da sentença.

Exemplo: recurso ordinário do reclamante.

I – MÉRITO

1. Horas extras

O juízo *a quo* julgou improcedente o pedido de condenação do reclamado ao pagamento de horas extras, bem como os seus reflexos. **(Fatos)**

A sentença não merece ser mantida, pois restou comprovada a jornada extraordinária, por meio da confissão do preposto do recorrido, o qual afirmou que a jornada de trabalho do recorrente somava 50 horas semanais. **(Fundamento)**

Diante do exposto, requer a reforma da sentença para julgar procedente o pedido de pagamento das horas extraordinárias **(Pedido)**

e) Requerimentos finais

Nos requerimentos finais do recurso ordinário deve-se postular:

- **conhecimento do recurso**;
- **acolhimento das preliminares para** (se houver);
- sucessivamente, o **acolhimento das prejudiciais para** ____ (se houver); e
- sucessivamente, no mérito, **provimento** do recurso para fins de **reforma** da sentença para ____.

Segue exemplo:

Diante do exposto, requer o **conhecimento** do recurso, bem como o **acolhimento** da preliminar de mérito para ____, **sucessivamente**, o acolhimento da prejudicial de mérito para ____. Sucessivamente, **no mérito, requer o seu provimento**, para fins de **reforma da sentença para** ____.

Nestes termos,

pede deferimento.

Local e data.

Advogado

OAB nº

4.3. EXERCÍCIOS DE RECURSO ORDINÁRIO

4.3.1. Primeiro exercício

Em face da sentença abaixo, você, na qualidade de advogado do reclamante, deverá interpor o recurso cabível para a instância superior, informando-a acerca de preparo porventura efetuado.

___ VARA DO TRABALHO DE NOVA IGUAÇÚ, RIO DE JANEIRO

Processo nº xxx – procedimento sumaríssimo

AUTOR: TONASSIANDO JAIME

RÉ: CAYMAN LTDA.

Aos... dias do mês de....... de....., às 10 horas, na sala de audiências desta Vara do Trabalho, o Meritíssimo Juiz proferiu, observadas as formalidades legais, a seguinte

SENTENÇA

Dispensado o relatório, a teor do disposto no art. 852-I, *in fine*, da CLT.

FUNDAMENTAÇÃO

DAS FÉRIAS – Restou comprovado que no último período aquisitivo completo do contrato de trabalho, o recorrente teve 5 faltas injustificadas, razão pela qual o empregador lhe concedeu apenas 25 dias de férias, sendo indevidos os 5 dias de férias postulados. Improcede.

DA PRONTIDÃO – Tendo em vista que restou comprovado que o empregado trabalhou 10 horas em regime de prontidão no último mês trabalhado, defiro o pagamento de 1/3 dessas horas. Defiro parcialmente.

DA INSALUBRIDADE – Este pedido fracassa porque a perícia realizada comprovou que o agente agressor detectado na perícia era diverso do apontado na petição inicial. Não procede.

ANOTAÇÃO DE DISPENSA NA CTPS – O acionante deseja a retificação de sua CTPS no tocante à data da dispensa, para incluir o período do aviso-prévio. O pedido está fadado ao insucesso, porquanto no caso em exame o aviso-prévio foi indenizado, isto é, não houve prestação de serviço no seu lapso. Logo, tal período não pode ser considerado na anotação da carteira profissional. Não procede.

JUROS E CORREÇÃO MONETÁRIA – Na petição inicial, o autor não requereu ambos os títulos, pelo que não deverão ser adicionados aos cálculos de liquidação, já que a inicial fixa os contornos da lide e da eventual condenação.

Diante do exposto, julgo procedentes em parte os pedidos, na forma da fundamentação, que integra este decisum. Custas de R$ 100,00 sobre R$ 5.000,00 pela ré. Intimem-se.

RESOLUÇÃO

AO DOUTO JUÍZO DA VARA DO TRABALHO DE NOVA IGUAÇU, RIO DE JANEIRO

Processo nº XXX

TONASSIANDO JAIME, já qualificado nos autos em epígrafe, em que contende com **CAYMAN LTDA.**, também qualificada, vem, respeitosamente, perante Vossa Excelência, por intermédio de seu advogado adiante assinado, com fulcro no **art. 895, I, da CLT, INTERPOR:**

RECURSO ORDINÁRIO

para o Egrégio Tribunal Regional do Trabalho da 1ª Região.

Encontram-se presentes todos os pressupostos de admissibilidade do recurso.

Diante do exposto, requer o recebimento do presente recurso, a intimação da outra parte para apresentar contrarrazões ao recurso ordinário, no prazo de 8 dias, conforme dispõe o art. 900 da CLT, e a posterior remessa ao Egrégio Tribunal do Trabalho da 1ª Região.

Nestes termos,

pede deferimento.

Local e data.

Advogado

OAB nº

EGRÉGIO TRIBUNAL REGIONAL DO TRABALHO DA 1ª REGIÃO

RAZÕES DO RECURSO ORDINÁRIO

I – MÉRITO

1. Férias

O juízo *a quo* julgou improcedente o pedido do recorrente dos 5 dias faltantes de férias, sob o argumento de que restou comprovado que, no último período aquisitivo completo do contrato de trabalho, ele teve 5 faltas injustificadas.

A sentença não merece ser mantida, pois, nos termos do art. 130, I, da CLT, o empregado terá direito a 30 dias corridos de férias, quando não houver faltado ao serviço mais de 5 vezes durante o período aquisitivo.

Diante do exposto, requer a reforma da sentença para julgar procedente o pedido do recorrente.

2. Prontidão

O juízo *a quo* deferiu o pagamento de 1/3 das horas laboradas em regime de prontidão.

A sentença não merece ser mantida, pois, nos termos do art. 244, § 3º, da CLT, as horas de prontidão são contadas à razão de 2/3 do salário-hora normal.

Diante do exposto, requer a reforma da sentença para que seja julgado procedente o pedido do recorrente.

3. Adicional de insalubridade

O juízo *a quo* julgou improcedente o pedido do autor de condenação da reclamada ao pagamento do adicional de insalubridade por agente agressor diverso do apontado na petição inicial.

A sentença não merece ser mantida, pois, à luz da Súmula 293 do TST, o juiz não está vinculado ao agente indicado pelo reclamante, podendo deferir o adicional de insalubridade por agente insalubre diverso da inicial.

Diante do exposto, requer a reforma da sentença para julgar procedente o pedido de adicional de insalubridade.

4. CTPS – Anotação da data de saída

O juízo *a quo* julgou improcedente o pedido do recorrente de retificação de sua CTPS no tocante à data da dispensa para incluir o aviso-prévio indenizado, por entender que não houve prestação dos serviços no seu lapso.

A sentença não merece ser mantida, pois, nos termos do art. 487, § 1º, da CLT, o aviso-prévio integra o tempo de serviço do empregado. Em razão disso, entende o TST, segundo OJ 82 da SDI-1, que a data de saída a ser anotada na CTPS do empregado deve ser a do último dia do aviso-prévio, seja indenizado ou não.

Diante do exposto, requer a reforma da sentença para que seja determinada a retificação da CTPS, de modo que conste como data de saída a do último dia do aviso-prévio indenizado.

5. Juros e correção monetária

O juízo *a quo* indeferiu juros e correção monetária ao recorrente em razão da ausência de pedido nesse sentido.

A sentença não merece ser mantida, uma vez que estes são pedidos implícitos, com fulcro no art. 322, § 1º, do CPC e da Súmula 211 do TST, de modo que se incluem na liquidação, ainda que omisso o pedido inicial ou a condenação.

Diante do exposto, requer a reforma da sentença para inclusão dos juros e correção monetária na condenação.

III – REQUERIMENTOS FINAIS

Diante do exposto, requer o conhecimento do presente recurso e, no mérito, o seu provimento para fins de reforma da sentença para julgar procedentes as postulações do recorrente.

Nestes termos,

pede deferimento.

Local e data.

Advogado

OAB nº

ESPELHO DE CORREÇÃO

QUESITOS AVALIADOS	FAIXA DE VALORES	ATENDIMENTO AO QUESITO
ESTRUTURA DA PEÇA – Indicação de encaminhamento do recurso com 2 peças: uma dirigida ao juízo que proferiu a decisão (0,30) e outra ao TRT (0,30).	0,00/ 0,30/ 0,60	
FÉRIAS – Pedido de reforma da sentença para deferir os 5 dias faltantes de férias, acrescidos de 1/3, postulados, sob o argumento de que o empregado terá direito a 30 dias corridos de férias, quando não houver faltado ao serviço mais de 5 vezes durante o período aquisitivo (0,60). Indicação do art. 130, I, da CLT (0,40).	0,00/ 0,40/ 0,60/ 1,00	
PRONTIDÃO – Pedido de reforma da sentença quanto ao pedido de prontidão, pois as horas de prontidão são contadas à razão de 2/3 do salário-hora normal (0,40). Indicação do art. 244, § 3º, da CLT. (0,40)	0,00/ 0,40/ 0,80	
INSALUBRIDADE – Pedir de reforma da sentença sustentando que o juiz não está vinculado ao agente agressor indicado pela parte (0,40). Indicação da Súmula 293 do TST (0,40).	0,00/ 0,40/ 0,80	
ANOTAÇÃO DE DISPENSA NA CTPS – O lapso do aviso-prévio é computado, mesmo sendo indenizado para fins de baixa na CTPS (0,60). Indicação do art. 487, § 1º, da CLT OU da OJ 82 do TST (0,20).	0,00/ 0,20/ 0,60/ 0,80	

QUESITOS AVALIADOS	FAIXA DE VALORES	ATENDIMENTO AO QUESITO
JUROS E CORREÇÃO MONETÁRIA – São pedidos implícitos, que independem de requerimento da parte (0,40). Indicação da Súmula 211 do TST OU do art. 322, § 1º, do CPC (0,40).	0,00/ 0,40/ 0,80	
REQUERIMENTOS FINAIS – Conhecimento e provimento do recurso para reforma da sentença com a procedência das postulações (0,20).	0,00/ 0,20	
TOTAL		

4.3.2. Segundo exercício

Você foi contratado(a) como advogado(a) pela sociedade empresária Sandália Feliz Ltda., que lhe exibe cópia de sentença, publicada no dia anterior, prolatada pelo juízo da 50ª Vara do Trabalho de Recife/PE, em reclamação trabalhista movida por Tonassiando Garrido.

Na decisão, o juiz reconheceu que, após o pagamento das verbas resilitórias, houve acordo e outro pagamento de R$ 2.000,00 perante uma **Comissão de Conciliação Prévia (CCP)** criada na empresa, sem ressalva, mas rejeitou a preliminar suscitada pela ré, compreendendo que a realização do acordo na CCP geraria como efeito único a dedução do valor pago ao trabalhador.

O juiz deferiu indenização por **dano estético,** porque o trabalhador caiu de uma alta escada existente no estoque e, com o violento impacto sofrido na queda, teve a perda funcional de um dos rins, consoante Comunicação de Acidente do Trabalho (CAT) emitida.

O juiz deferiu a **reintegração** do empregado por ser membro do Conselho Fiscal do Sindicato e ter sido dispensado durante o período estabilitário, uma vez que este possui a mesma garantia de emprego dos dirigentes sindicais.

O juiz deferiu o pedido de **adicional de periculosidade**, visto que restou comprovado pela prova pericial que o reclamante tinha contato eventual com inflamáveis.

Foi deferido o pagamento de duas cotas do **salário-família** para os filhos capazes do recorrido, muito embora na data de admissão do obreiro, contassem com 15 e 17 anos, respectivamente.

Diante do exposto, elabore a medida judicial adequada para a defesa dos interesses da sociedade empresária. As custas foram fixadas em R$ 200,00 sobre o valor arbitrado à condenação de R$ 10.000,00.

RESOLUÇÃO

AO DOUTO JUÍZO DA 50ª VARA DO TRABALHO DE RECIFE/PE.

Processo n°

SANDÁLIA FELIZ LTDA., já qualificada nos autos em epígrafe, em que contende com Tonassiando Garrido, também qualificado, vem, respeitosamente, perante Vossa Excelência, por intermédio de seu advogado adiante assinado, com fulcro no **art. 895, I, da CLT, INTERPOR:**

RECURSO ORDINÁRIO

para o Egrégio Tribunal Regional do Trabalho da 6ª Região.

Encontram-se presentes todos os pressupostos de admissibilidade do recurso, dentre os quais se destacam:

a) o depósito recursal: recolhido no valor de R$ 9.513,16, de acordo com guia anexa; e

b) as custas: no valor de R$ 200,00, correspondentes a 2% sobre o valor da condenação, conforme guia anexa.

Diante do exposto, requer o recebimento do presente recurso, a intimação da outra parte para apresentar contrarrazões ao recurso ordinário, no prazo de 8 dias, segundo estabelece o art. 900 da CLT, e a posterior remessa ao Egrégio Tribunal do Trabalho da 6ª Região.

Nestes termos,

pede deferimento.

Local e data.

Advogado

OAB n°

EGRÉGIO TRIBUNAL REGIONAL DO TRABALHO DA 6a REGIÃO

RAZÕES DO RECURSO ORDINÁRIO

I – PRELIMINAR

1. Comissão de Conciliação Prévia – quitação geral

O juízo *a quo* reconheceu que, após o pagamento das verbas resilitórias, houve acordo e outro pagamento de R$ 2.000,00 perante uma Comissão de Conciliação Prévia (CCP) criada na empresa, sem ressalva, mas rejeitou a preliminar suscitada pela ré, compreendendo que a realização do acordo na CCP geraria como efeito único a dedução do valor pago ao trabalhador.

A sentença não merece ser mantida, pois, à luz do art. 625-E, parágrafo único, da CLT, o termo de conciliação é título executivo extrajudicial e terá eficácia liberatória geral, exceto quanto às parcelas expressamente ressalvadas e, no caso em tela, como já referido, não houve qualquer ressalva.

Diante do exposto, requer a reforma da sentença para que a presente reclamação trabalhista seja extinta sem resolução do mérito.

II – MÉRITO

1. Dano estético

O juízo *a quo* deferiu indenização por dano estético, porque o trabalhador caiu de uma alta escada existente no estoque e, com o violento impacto sofrido na queda, teve a perda funcional de um dos rins, consoante Comunicação de Acidente do Trabalho (CAT) emitida.

A sentença não merece ser mantida, pois, para que houvesse o dever de indenizar era imprescindível a caracterização do dano estético, e a perda funcional de um órgão não gera alteração na harmonia física ou na aparência do indivíduo. O dano estético caracteriza-se pela deformidade física, atingindo o lado psicológico do indivíduo diminuído na integridade corporal e estética de sua imagem externa. Nota-se, portanto, que não houve dano estético no presente caso, e sem o dano não há qualquer dever de reparação por parte do recorrente.

Diante do exposto, requer a reforma da sentença para julgar improcedente o pedido.

2. Reintegração

O juízo *a quo* deferiu a **reintegração** do empregado por ser membro do Conselho Fiscal do Sindicato e ter sido dispensado durante o período estabilitário, sob o argumento de que possui a mesma garantia de emprego dos dirigentes sindicais.

A sentença não merece ser mantida, pois, nos moldes da OJ 365 da SDI-1 do TST, o membro de conselho fiscal de sindicato não tem direito à estabilidade do dirigente sindical, prevista nos arts. 543, § 3º, da CLT e 8º, VIII, da CF/88, porquanto não representa ou atua na defesa de direitos da categoria respectiva, tendo sua competência limitada à fiscalização da gestão financeira do sindicato (art. 522, § 2º, da CLT).

Diante do exposto, requer a reforma da sentença para julgar improcedente o pedido.

3. Adicional de periculosidade

O juízo *a quo* deferiu o pedido de **adicional de periculosidade**, uma vez que restou comprovado que o reclamante tinha contato eventual com inflamáveis.

A sentença não merece ser mantida, pois, com fulcro na Súmula 364, I, do TST, o adicional de periculosidade é indevido quando o contato dá-se de forma eventual.

Diante do exposto, requer a reforma da sentença para julgar improcedente o pedido.

4. Salário-família

O juízo *a quo* julgou procedente o pedido de pagamento de duas cotas do **salário-família** para os filhos capazes do recorrido, muito embora, na data de admissão do obreiro, contassem com 15 e 17 anos, respectivamente.

A sentença não merece ser mantida, pois, nos termos dos arts. 2º da Lei nº 4.266/63, 66 da Lei nº 8.213/91 e 83 do Decreto nº 3.048/99, a idade máxima dos filhos capazes, para fins de recebimento desse benefício previdenciário, é de 14 anos.

Diante do exposto, requer a improcedência do pedido.

III – REQUERIMENTOS FINAIS

Diante do exposto, requer o conhecimento do presente recurso, o acolhimento da preliminar e o seu provimento para fins de reforma da sentença para julgar improcedentes as postulações do recorrido.

Nestes termos,

pede deferimento.

Local e data.

Advogado

OAB nº

ESPELHO DE CORREÇÃO

QUESITOS AVALIADOS	FAIXA DE VALORES	ATENDIMENTO AO QUESITO
Direcionamento do recurso ao juiz de 1º grau (0,10).	0,00/ 0,10	
Destinação das razões recursais ao TRT (0,10).	0,00/ 0,10	
Interposição de recurso ordinário e indicação das partes (0,10), com base no art. 895, inciso I, da CLT (0,10).	0,00/ 0,10/ 0,20	
Indicação do recolhimento de custas e depósito recursal (0,10).	0,00/ 0,10	
QUITAÇÃO (EFICÁCIA LIBERATÓRIA GERAL) – Renovar: sustentando que ela é geral, pois não houve ressalva (0,70). Indicação do art. 625-E, parágrafo único, da CLT (0,10).	0,00/ 0,70/ 0,80	

QUESITOS AVALIADOS	FAIXA DE VALORES	ATENDIMENTO AO QUESITO
REINTEGRAÇÃO – O membro de conselho fiscal de sindicato não tem direito à estabilidade do dirigente sindical (0,40). Indicação da OJ 365 da SDI-1 do TST (0,40).	0,00/ 0,40/ 0,80	
ADICIONAL DE PERICULOSIDADE – O adicional de periculosidade é indevido quando o contato dá-se de forma eventual (0,40). Indicação da Súmula 364, I, do TST (0,40).	0,00/ 0,40/ 0,80	
DANO ESTÉTICO – Perda funcional de um órgão não gera alteração na harmonia física ou na aparência (0,80).	0,00/ 0,80	
SALÁRIO-FAMÍLIA – A idade máxima dos filhos capazes, para fins de recebimento desse benefício previdenciário, é de 14 anos (0,40). Indicação do art. 2º da Lei nº 4.266/63 OU do art. 66 da Lei nº 8.213/91 OU do art. 83 do Decreto nº 3.048/99 (0,40).	0,00/ 0,40/ 0,80	
REQUERIMENTOS FINAIS – Conhecimento/admissão (0,20) e provimento do recurso (0,20).	0,00/ 0,20/ 0,40	
FECHAMENTO DA PEÇA – Data, Local, Advogado, OAB nº... (0,10).	0,00/ 0,10	
TOTAL		

4.4. RECURSOS ORDINÁRIOS NO EXAME DE ORDEM

4.4.1. Exame de Ordem VII – adaptado

83ª VARA DO TRABALHO DE TRIBOBÓ DO OESTE

Processo no 1200-34-2011-5-07-0083

Aos ________dias do mês de ____ do ano de ___, às ____h, na sala de audiências dessa Vara do Trabalho, na presença do MM. Juiz Fulano de Tal, foi proferida a seguinte

SENTENÇA

Jurandir Macedo, qualificação, ajuizou ação trabalhista em face de Aérea Auxílio Aeroportuário Ltda. e de Aeroportos Públicos Brasileiros, **empresa pública**, em 30.05.2011, aduzindo que era a terceira ação em face das rés, pois não compareceu à primeira audiência das ações anteriormente ajuizadas, tendo tido notícia da sentença de extinção do feito sem resolução do mérito da primeira ação em 10.01.2009 e da segunda, em 05.06.2009. Afirma que a ação anterior é idêntica à presente.

Relata que foi contratado pela primeira ré para trabalhar como auxiliar de carga e descarga de aviões.

Afirma que carregava as malas para os aviões enquanto esses eram abastecidos, mas não recebia **adicional de periculosidade.**

Aduz que adquiriu hérnia de disco na lombar por conta do peso carregado, pelo que requer indenização por **danos morais.**

Era descontado do **vale-alimentação**, mas não recebia o benefício, pretendendo a devolução do valor.

Conta que foi dispensado por **justa causa**, tipificada em desídia, após faltar 14 dias seguidos sem justificativa, além de outros dias alternados, que lhe foram descontados. Requer seja elidida a justa causa, com pagamento de aviso-prévio, férias vencidas e proporcionais + 1/3, FGTS + 40%.

Requer as **multas dos arts. 467 e 477, § 8º, da CLT.**

Ao longo de todo o seu contrato, diz que sempre desempenhou sua atividade no aeroporto internacional de Tribobó do Oeste, de administração da segunda ré, pelo que pede a **condenação subsidiária da segunda ré.** Dá à causa o valor de R$....

Na audiência, a primeira ré apresentou defesa aduzindo a **prescrição bienal**; que o autor foi **desidioso**, de acordo com as faltas apontadas, juntando documentação comprobatória das ausências não justificadas e diversas advertências e suspensões pelo comportamento reiterado de faltas injustificadas.

Afirmou que o autor não ficava em **área de risco** no abastecimento do avião.

Argumentou que **não há relação entre o trabalho do autor e sua doença.**

Apresentou norma coletiva, autorizando a **substituição de vale-alimentação** por pagamento em dinheiro, com desconto em folha proporcional, conforme os recibos juntados, comprovando os pagamentos dos valores.

Afirmou que não devia as **multas dos arts. 467 e 477 da CLT,** por não haver verba a pagar. Juntou TRCT do autor, cujo **valor foi negativo** em razão das faltas descontadas.

Pugnou pela improcedência dos pedidos.

A segunda ré defendeu-se, aduzindo ser parte ilegítima para figurar na lide, pois escolheu a primeira ré por processo licitatório, com observância da lei, comprovando documentalmente a fiscalização efetiva do contrato com a primeira ré e a relação desta com os seus funcionários que lhe prestavam serviços. Salientou a prescrição bienal e refutou os pedidos do autor, negando os mesmos.

O autor teve vista das defesas e dos documentos, não impugnando os mesmos.

Indagadas as partes, as mesmas declararam que **não tinham mais provas** a produzir e se reportavam aos elementos dos autos, permanecendo inconciliáveis.

É o Relatório.

Decide-se:

Não há **prescrição bienal**, pois o curso desta foi interrompido, contando-se o prazo de prescrição a partir do arquivamento da segunda reclamação, ou seja, a partir de 05.06.2009.

Procede o pedido de **conversão da dispensa por justa causa** em dispensa imotivada. A justa causa é o maior dos castigos ao empregado. Logo, tendo havido desconto dos dias de falta, não há desídia, porque haveria dupla punição. Logo, procedem os pedidos de aviso-prévio, férias vencidas e proporcionais + 1/3, FGTS + 40%, além das incidências das multas dos **arts. 467 e 477 da CLT** pelo não pagamento das verbas.

Procede o pedido de indenização por **danos morais**, que fixo em R$ 5.000,00, pois é claro que se o autor carregava malas, sua hérnia de disco decorre da função.

IMPROCEDE a devolução de descontos do **vale-alimentação**, pois a ré provou a concessão do vale por substituição em dinheiro e autorizado em norma coletiva.

Procede **o adicional de periculosidade** por analogia à Súmula 39 do TST.

A segunda ré foi tomadora dos serviços, portanto, é parte legítima. Procede a condenação da segunda ré, pois havendo terceirização, esta responde **subsidiariamente**.

Improcedentes os demais pedidos.

Custas de R$ 600,00 pelas rés sobre o valor da condenação estimado em R$ 30.000,00. Recolhimentos previdenciários e fiscais, segundo a lei, assim como juros e correção monetária.

Partes cientes.

Fulano de Tal

Juiz do Trabalho

Apresente a peça respectiva para defesa dos interesses da segunda ré. (valor: 5,00)

RESOLUÇÃO

AO DOUTO JUÍZO DA 83ª VARA DO TRABALHO DE TRIBOBÓ DO OESTE

Processo nº 1200-34-2011-5-07-0083

AEROPORTOS PÚBLICOS BRASILEIROS, já qualificados nos autos em epígrafe, em que contende com **JURANDIR MACEDO,** também qualificado, vêm, respeitosamente, perante Vossa Excelência, por intermédio de seu advogado adiante assinado, nos termos do **art. 895, I, da CLT, INTERPOR:**

RECURSO ORDINÁRIO

para o Egrégio Tribunal Regional do Trabalho da... Região.

Encontram-se presentes todos os pressupostos de admissibilidade do recurso, dentre os quais se destacam:

a) o depósito recursal: no valor de R$ 9.513,16, consoante guia anexa; e

b) as custas: no valor de R$ 600,00, correspondentes a 2% sobre o valor da condenação, de acordo com guia anexa.

Diante do exposto, requer o recebimento do presente recurso, a intimação da outra parte para apresentar contrarrazões ao recurso ordinário, no prazo de 8 dias, conforme estabelece o art. 900 da CLT, e a posterior remessa ao Egrégio Tribunal do Trabalho da... Região.

Nestes termos,

pede deferimento.

Local e data.

Advogado

OAB n°

EGRÉGIO TRIBUNAL REGIONAL DO TRABALHO DA... REGIÃO.

RAZÕES DO RECURSO ORDINÁRIO

I – PRELIMINAR DE MÉRITO

1. Cerceamento de defesa

O reclamante postulou adicional de periculosidade, sob o argumento de que carregava malas para o avião enquanto o mesmo era abastecido. O juiz sem a produção da prova pericial deferiu o pedido do autor.

Nos moldes do art. 195, § 2°, da CLT, quando há pedido de adicional de periculosidade é obrigatória a produção da prova pericial. O indeferimento da referida prova implica o cerceamento do direito de defesa do reclamado e, portanto, a violação ao art. 5°, LV, da CF/88.

Diante do exposto, requer a nulidade da sentença e o retorno dos autos para o juízo *a quo*, a fim de reabrir a instrução processual e produzir a prova pericial.

Sucessivamente, caso não seja acolhida a Preliminar, requer a análise dos demais itens a seguir expostos.

II – PREJUDICIAL DE MÉRITO

1. Prescrição bienal

O juízo *a quo* não acolheu a prescrição bienal, muito embora o próprio reclamante tenha aduzido que era a terceira ação em face das rés, pois não compareceu à primeira audiência das ações anteriormente ajuizadas, tendo tido notícia da sentença de extinção do feito sem resolução do mérito da primeira ação, em 10.01.2009, e da segunda ação em 05.06.2009. Afirmou que a ação anterior era idêntica à presente, proposta em 30.05.2011. O juiz sustentou que o prazo prescricional teria sido interrompido.

A sentença não merece ser mantida, pois, com fulcro no art. 202 do CC, o ajuizamento da ação interrompe a prescrição apenas uma vez, de modo que o prazo de 2 anos volta a contar da data em que a parte ficou inerte, isto é, com o arquivamento da primeira ação, o qual ocorreu em 10.01.2009. Desta forma, o reclamante tinha até 10.01.2011 para o ajuizamento da presente reclamação e esta ocorreu apenas em 30.05.2011, operando-se, portanto, a prescrição bienal.

Diante do exposto, requer a reforma da sentença para que seja acolhida a prescrição bienal com a extinção do processo com resolução do mérito, nos termos do art. 487, II, do CPC.

III – MÉRITO

1. Adicional de periculosidade

O juiz julgou procedente o pedido do reclamante de condenação das reclamadas ao pagamento de adicional de periculosidade, sustentando a aplicação analógica da Súmula 39 do TST.

A sentença não merece ser mantida, pois a Súmula 39 do TST trata de empregados que operam bombas de gasolina, e o reclamante exercia a função de auxiliar de carga e descarga de aviões, sendo descabida a analogia com atividade diversa para deferimento da verba.

Diante do exposto, requer a reforma da sentença para que seja incluído na condenação o adicional de periculosidade deferido.

2. Indenização por danos morais

O juiz julgou procedente o pedido de indenização por danos morais, defendendo ser claro que se o autor carregava malas, sua hérnia de disco decorre da função que exercia na empresa.

A sentença não merece ser mantida, pois não restou comprovada a doença do autor e, tão pouco, o nexo causal entre esta e as atividades laborais do mesmo.

Ressalte-se que, com base no art. 818, I, da CLT, o ônus da prova do fato constitutivo do direito é do autor e, neste caso, a doença do trabalho consistia em tal fato e não restou comprovado.

Ressalte-se que foi encerrada a instrução sem que o reclamante tenha requerido a produção da prova pericial.

Diante do exposto, requer a reforma da sentença para julgar improcedente o pedido do autor.

3. Reversão da dispensa por justa causa em dispensa sem justa causa e verbas rescisórias

O juízo *a quo* julgou procedente o pedido de conversão da dispensa por justa causa em dispensa imotivada, sob o argumento de que tendo havido desconto dos dias de falta, não há que se falar em dispensa por justa causa por desídia, sob pena de caracterizar dupla punição.

A sentença não merece ser mantida, pois, os descontos dos dias faltosos não caracterizam dupla punição. Além disso, o autor recebeu diversas punições anteriores, segundo os fatos e documentos acostados aos autos, mas não alterou seu comportamento, não restando caracterizado, portanto, o *bis in idem*.

Diante do exposto, requer a reforma da sentença para que seja determinada a improcedência do pedido de reversão da dispensa por justa causa em sem justa causa e condenação das reclamadas ao pagamento das verbas rescisórias.

4. Multas dos arts. 467 e 477 da CLT

O juiz julgou procedente o pedido de condenação da reclamada ao pagamento das multas dos arts. 467 e 477 da CLT pelo não pagamento das verbas rescisórias.

A sentença não merece ser mantida, pois, restou comprovadas nos autos, pela documentação juntada pela primeira reclamada, as diversas ausências não justificadas do reclamante e, em razão disso, os descontos das faltas, resultando o TRCT negativo. Não sendo devidas verbas rescisórias ao autor, não há que se falar em multas pelo não pagamento das mesmas.

Diante do exposto, requer a reforma da sentença para julgar improcedentes as multas postuladas.

5. Responsabilidade subsidiária da 2ª reclamada

O juiz não acolheu a ilegitimidade da segunda reclamada e julgou procedente o pedido de condenação subsidiária da segunda reclamada, em razão da existência da terceirização.

A sentença não merece ser mantida, pois, termos do art. 71, § 1º, da Lei nº 8.666/93 e da Súmula 331, V, do TST, os entes da administração pública direta e indireta, como é o caso da recorrente empresa pública, respondem de forma subsidiária apenas se evidenciada a sua conduta culposa, especialmente na fiscalização do cumprimento das obrigações contratuais e legais da prestadora de serviços, e restou comprovado nos autos que a primeira ré foi contratada por processo licitatório. Também, pela documentação juntada pela segunda reclamada à sua defesa, ficou demonstrada a existência de fiscalização efetiva do contrato com a primeira ré e da relação desta com os seus funcionários que lhe prestavam serviços.

Diante do exposto, requer a reforma da sentença para que seja afastada a responsabilidade subsidiária da segunda reclamada.

IV – REQUERIMENTOS FINAIS

Diante do exposto, requer o conhecimento do presente recurso, o acolhimento da preliminar de mérito para que seja declarada a nulidade da sentença e o retorno dos autos ao juízo de primeiro grau. Sucessivamente, o acolhimento das prejudiciais de mérito para que seja acolhida a prescrição arguida e, no mérito, o provimento do recurso para fins de reforma da sentença para julgar improcedentes as postulações do reclamante.

Nestes termos,

pede deferimento.

Local e data.

Advogado

OAB nº

ESPELHO DE CORREÇÃO

QUESITOS AVALIADOS	FAIXA DE VALORES	ATENDIMENTO AO QUESITO
ESTRUTURA DA PEÇA – Indicação de encaminhamento do recurso com 2 peças: uma dirigida ao juízo que proferiu a decisão (0,30) e outra ao TRT (0,30).	0,00/ 0,30/ 0,60	
PRESCRIÇÃO BIENAL – Arguição de que o ajuizamento da ação interrompe a prescrição apenas uma vez, de modo que o prazo de 2 anos volta a contar da data em que a parte ficou inerte, ou seja, com o arquivamento da primeira ação (0,60). Indicação do art. 202 do CC (0,40).	0,00 / 0,40 / 0,60 / 1,00	
RESPONSABILIDADE SUBSIDIÁRIA – Inaceitável a responsabilidade subsidiária porque houve fiscalização do contrato (0,40); Indicação da Súmula 331, V, do TST OU da Lei nº 8.666/93, art. 71, § 1º (0,40).	0,00/ 0,40/ 0,80	

QUESITOS AVALIADOS	FAIXA DE VALORES	ATENDIMENTO AO QUESITO
JUSTA CAUSA – O autor recebeu diversas punições anteriores, consoante os fatos e documentos inimpugnados, mas não alterou seu comportamento OU a justa causa deve ser mantida porque o desconto pelas faltas não é considerado punição (não há *bis in idem*) e o empregado manteve o comportamento reprovável (0,80).	0,00/ 0,40/ 0,80	
PERICULOSIDADE – Imprescindível a realização de perícia (0,40); com citação do art. 195, § 2º, da CLT (0,40) OU descabida a analogia com atividade diversa para deferimento da verba (0,80).	0,00/ 0,40/ 0,80	
MULTAS – Indevidas porque o TRCT resultou negativo. Sendo indevidas as verbas, são indevidas também as multas dos arts. 467 e 477 da CLT (0,80).	0,00 / 0,40 / 0,80	
REQUERIMENTOS FINAIS – Conhecimento e provimento do recurso para reforma da sentença com a procedência das postulações (0,20).	0,00/ 0,20	
TOTAL		

4.4.2. Exame de Ordem IX – adaptado

O pedido formulado numa reclamação trabalhista foi julgado procedente em parte. O juiz condenou a autora a 6 meses de detenção por crime contra a organização do trabalho, pois comprovadamente ela estava recebendo seguro-desemprego nos dois primeiros meses do contrato de trabalho e por isso pediu para a empresa não assinar a sua CTPS nesse período; o magistrado reconheceu que a autora excedia a jornada em 3 horas diárias, mas limitou o pagamento da sobrejornada a duas horas por dia com adicional de 50%, em razão do art. 59 da CLT; reconheceu que a acionante trabalhou 10 horas em regime de prontidão no último mês trabalhado e deferiu o pagamento de 1/3 dessas horas; deferiu o requerimento da empresa e, com sustentáculo no art. 940 do CC/2002, determinou a devolução em dobro do 13º salário do penúltimo ano de trabalho, porque a autora o postulou integralmente, sem qualquer ressalva, quando a 1ª parcela já havia sido quitada pela empresa; o juiz deferiu o adicional de transferência de 15% pelo período em que a empregada laborou na filial da empresa no Rio de Janeiro; o juiz indeferiu o pedido de adicional noturno quanto às horas extras realizadas após as 5h, embora a reclamante tivesse jornada exclusivamente noturna, sob o argumento de que não incide adicional noturno a partir das 5h.

As custas foram arbitradas em R$ 300,00 sobre o valor arbitrado à condenação de R$ 15.000,00.

Autora: Verônica Silva; Ré: Indústria Metalúrgica Ribeiro S.A., Processo nº xxx, em trâmite na 100ª VT/MG.

Analisando a narrativa e considerando que a trabalhadora não se conformou com a sentença, apresente a peça pertinente à reversão da decisão, no que couber, sem criar dados ou fatos não informados.

RESOLUÇÃO

AO DOUTO JUÍZO DA 100a VARA DO TRABALHO DE ________/MG

Processo nº XXX

VERÔNICA SILVA, já qualificada nos autos em epígrafe, em que contende com Indústria **METALÚRGICA RIBEIRO S.A.**, também qualificada, vem, respeitosamente, perante Vossa Excelência, por intermédio de seu advogado adiante assinado, com fulcro no **art. 895, I, da CLT, INTERPOR:**

RECURSO ORDINÁRIO

para o Egrégio Tribunal Regional do Trabalho da 3ª Região.

Encontram-se presentes todos os pressupostos de admissibilidade do recurso.

Diante do exposto, requer o recebimento do presente recurso, a intimação da outra parte para apresentar contrarrazões ao recurso ordinário, no prazo de 8 dias, conforme estabelece o art. 900 da CLT, e a posterior remessa ao Egrégio Tribunal do Trabalho da 3ª Região.

Nestes termos,

pede deferimento.

local e data.

Advogado

OAB n°

EGRÉGIO TRIBUNAL REGIONAL DO TRABALHO DA 3a REGIÃO

RAZÕES DO RECURSO ORDINÁRIO

I – PRELIMINAR

1. Incompetência absoluta

O juízo *a quo* condenou a autora a 6 meses de detenção por crime contra a organização do trabalho.

A sentença não merece ser mantida, pois, a Justiça do Trabalho é incompetente para processar e julgar crimes. Ademais, a competência para julgar crimes contra a organização do trabalho é da Justiça Comum Federal, nos moldes do art. 109, VI, da CF. A apreciação de prática criminosa pelo juiz do trabalho implica violação ao devido processo legal e, assim, ao art. 5º, LIV, da CF.

Diante do exposto, requer a reforma da sentença para afastar a condenação da parte autora.

II – MÉRITO

1. Horas extras

O juízo *a quo* reconheceu que a autora excedia a jornada em 3 horas diárias, mas limitou o pagamento da sobrejornada a duas horas por dia com adicional de 50%, em razão do art. 59 da CLT.

A sentença não merece ser mantida, pois, com fulcro na Súmula 376, I, do TST, a limitação legal da jornada suplementar a duas horas diárias, prevista no art. 59 da CLT, não exime o empregador de pagar todas as horas trabalhadas em regime de sobrejornada, em observância ao princípio da primazia da realidade, sob pena de enriquecimento ilícito do empregador.

Diante do exposto, requer a reforma da sentença para condenar a reclamada ao pagamento de 3 horas extras diárias, acrescidas de 50%.

2. Prontidão

O juízo *a quo* reconheceu que a acionante trabalhou 10 horas em regime de prontidão no último mês trabalhado e deferiu o pagamento de 1/3 dessas horas.

A sentença não merece ser mantida, pois, nos termos do art. 244, § 3º, da CLT, as horas de prontidão devem ser pagas na razão de 2/3 da hora normal.

Diante do exposto, requer a reforma da sentença para condenar a reclamada ao pagamento 2/3 da hora normal pelas horas de prontidão.

3. Devolução do 13º salário

O juízo *a quo*, com sustentáculo no art. 940 do CC/2002, determinou a devolução em dobro do 13º salário do penúltimo ano de trabalho, porque a autora o postulou integralmente, sem qualquer ressalva, quando a 1ª parcela já havia sido quitada pela empresa.

A sentença não merece ser mantida, pois, nos termos do art. 8º, § 1º, da CLT, o direito comum será fonte subsidiária do direito do trabalho, porém naquilo em que não for incompatível com os princípios fundamentais deste; e o art. 940 do CC/2002 é incompatível com o princípio da proteção inerente ao direito do trabalho.

Diante do exposto, requer a reforma da sentença para que seja afastada a determinação de devolução em dobro do 13º salário.

4. Adicional de transferência

O juízo *a quo* deferiu o pedido de adicional de transferência de 15% pelo período em que a empregada laborou na filial da empresa no Rio de Janeiro.

A sentença não merece ser mantida, pois, nos termos do art. 469, § 3º, da CLT, o adicional de transferência é de 25% enquanto durar esta situação.

Diante do exposto, requer a reforma da sentença para julgar integralmente procedente o pedido da reclamante.

5. Adicional noturno

O juízo *a quo* julgou improcedente o pedido de adicional noturno quanto às horas extras realizadas após as 5h, embora a reclamante tivesse jornada exclusivamente noturna, sob o argumento de que não incide adicional noturno a partir das 5h.

A sentença não merece ser mantida, pois, nos termos do art. 73, § 5º, da CLT e da Súmula 60, II, do TST, cumprida integralmente a jornada no período noturno e prorrogada esta, devido é também o adicional quanto às horas prorrogadas.

Diante do exposto, requer a reforma da sentença para julgar procedente o pedido da reclamante.

III – REQUERIMENTOS FINAIS

Diante do exposto, requer o conhecimento do presente recurso, o acolhimento da incompetência da Justiça do Trabalho para julgar crime e, no mérito, o provimento do recurso para fins de reforma da sentença para julgar procedentes as postulações da reclamante.

Nestes termos,

pede deferimento.

Local e data.

Advogado

OAB nº

ESPELHO DE CORREÇÃO

QUESITOS AVALIADOS	FAIXA DE VALORES	NOTA
ESTRUTURA DA PEÇA – Indicação do recurso ordinário da autora, nos moldes do art. 895, I, da CLT (0,20); – Direcionamento do recurso ao juiz de 1º grau e destinação das razões recursais ao TRT (0,20).	0,00/ 0,20/ 0,40	
INCOMPETÊNCIA ABSOLUTA – A Justiça do Trabalho não tem competência criminal; OU houve afronta ao princípio do devido processo legal, pois o magistrado não poderia apreciar eventual prática de conduta criminosa; OU a competência é da Justiça Federal Comum (0,50). Indicação do art. 5º, LIV, da CF OU do art. 109, VI, da CF/88, OU da ADI nº 3684-0 (0,10).	0,00/ 0,50/ 0,60	
HORA EXTRAS – Não devem ficar limitadas às duas horas, sob pena de enriquecimento ilícito do empregador; OU deve ser observado o princípio da primazia da realidade; OU todas as horas extras prestadas devem ser pagas (0,25). Indicação da Súmula 376, I, do TST (0,25).	0,00/ 0,25/ 0,50	
HORAS DE PRONTIDÃO – Devem ser pagas na razão de 2/3 da hora normal (0,25). Indicação do art. 244, § 3º, da CLT (0,25).	0,00/ 0,25/ 0,50	
ART. 940 DO CC/2002 – Inaplicável ao Processo do Trabalho em razão de incompatibilidade com o princípio da proteção; OU viola princípios trabalhistas (0,25). Indicação do art. 8º, § 1º, da CLT (0,25).	0,00/ 0,25/ 0,50	
ADICIONAL DE TRANSFERÊNCIA – O adicional de transferência é de 25% enquanto durar esta situação (0,25). Indicação do art. 469, § 3º, da CLT (0,25).	0,00/ 0,25/ 0,50	
ADICIONAL NOTURNO – Cumprida integralmente a jornada no período noturno e prorrogada esta, devido é também o adicional quanto às horas prorrogadas (0,50). Indicação do art. 73, § 5º, da CLT e da Súmula 60, II, do TST (0,25).	0,00/ 0,25/ 0,50	
REQUERIMENTOS FINAIS – Conhecimento e provimento do recurso para reforma da sentença com a procedência das postulações (0,25).	0,00/ 0,25	
TOTAL		

4.4.3. Exame de Ordem XV – adaptado

Tramita perante a 89ª Vara do Trabalho de Curitiba a RT nº XXX, ajuizada por Sérgio Camargo de Oliveira, assistido por advogado particular, contra o supermercado Onofre Ltda. Nela foi proferida sentença que, em síntese, assim julgou os pedidos formulados a seguir.

Foi deferido o pagamento de duas cotas mensais de salário-família para os filhos capazes do reclamante, que na admissão do obreiro, contavam com 15 e 17 anos, respectivamente. Enfatizou o magistrado que não foi solicitada a documentação pertinente quando do ingresso de demandante, gerando prejuízo financeiro para o trabalhador.

Foi concedida indenização por dano moral pela humilhação sofrida pelo reclamante na saída. É que, por determinação do empregador, ele foi comunicado de sua dispensa por intermédio de um colega de trabalho que exercia a mesma função, que o chamou em particular em uma sala, para lhe dar a fatídica notícia. Encampou o magistrado o entendimento do reclamante, no sentido de que somente um superior hierárquico pode informar acerca da ruptura contratual e que a forma eleita pela ré seria indigna e vexatória.

Uma vez que o autor foi contratado em substituição ao sr. Paulo, foi deferida a diferença salarial, porque o antecessor auferia salário 20% superior ao do reclamante, o que, de acordo com a decisão, violaria os princípios constitucionais da isonomia e da dignidade da pessoa humana.

Foi deferida a reintegração ao emprego, porque na dispensa o autor não foi submetido a exame demissional, consoante previsto no art. 168, II, da CLT, gerando então, na ótica do reclamante e do magistrado, garantia de emprego. Contudo, a tutela antecipada foi indeferida, pois foi constatado por perícia judicial que o autor encontrava-se em perfeito estado de saúde.

A sentença foi proferida de forma líquida, com valor de R$ 60.000,00 e custas de R$ 1.200,00.

Considerando que todos os fatos apontados são verdadeiros, e não cabendo Embargos de Declaração, visto que a decisão foi clara em todos os aspectos, apresente a peça pertinente aos interesses da empresa, sem criar dados ou fatos não informados (Valor: 5,00).

RESOLUÇÃO

AO DOUTO JUÍZO DA 89ª VARA DO TRABALHO DE CURITIBA, PARANÁ.

Processo n° xxx

SUPERMERCADO ONOFRE LTDA., já qualificado nos autos em epígrafe, em que contende com Sérgio Camargo de Oliveira, também qualificado, vem, respeitosamente, perante Vossa Excelência, por intermédio de seu advogado adiante assinado, com fulcro no **art. 895, I, da CLT, INTERPOR:**

RECURSO ORDINÁRIO

para o Egrégio Tribunal Regional do Trabalho da 9ª Região.

Encontram-se presentes todos os pressupostos de admissibilidade do recurso, dentre os quais se destacam:

a) o depósito recursal: recolhido no valor de R$ 9.513,16, segundo guia anexa; e

b) as custas processuais: no valor de R$ 1.200,00,de acordo com guia anexa.

Diante do exposto, requer o recebimento do presente recurso, a intimação da outra parte para apresentar contrarrazões ao recurso ordinário, no prazo de 8 dias, conforme estabelece o art. 900 da CLT, e a posterior remessa ao Egrégio Tribunal do Trabalho da 9ª Região.

Nestes termos,

pede deferimento.

Local e data.

Advogado

OAB n°

EGRÉGIO TRIBUNAL REGIONAL DO TRABALHO DA 9ª REGIÃO

RAZÕES DO RECURSO ORDINÁRIO

I – MÉRITO

1. Salário-família

O juízo *a quo* deferiu o pagamento de duas cotas do salário-família para os filhos capazes do recorrido, muito embora na data de admissão do obreiro, contassem com 15 e 17 anos, respectivamente.

A sentença não merece ser mantida, pois, nos termos dos arts. 2º da Lei nº 4.266/63, 66 da Lei nº 8.213/91 e 83 do Decreto nº 3.048/99, a idade máxima dos filhos capazes, para fins de recebimento desse benefício previdenciário, é de 14 anos.

Diante do exposto, requer a reforma da sentença para excluir da condenação o salário-família.

2. Dano moral

O juízo *a quo* condenou o recorrente ao pagamento de indenização por dano moral por entender que o recorrido sofreu humilhação na saída, uma vez que sua dispensa foi comunicada por intermédio de colega de trabalho que exercia a mesma função, que o chamou em particular numa sala para dar-lhe a fatídica notícia.

A sentença não merece ser mantida, pois não há ofensa à esfera moral do reclamante, nos termos dos arts. 223-B, 223-C e 223-D, da CLT e do art. 5º, X, da CF, uma vez que não existe lei que obrigue a informação da ruptura por um superior e o comunicado da dispensa deu-se em local reservado. Não há, portanto, ato ilícito ou dano no presente caso.

Diante do exposto, requer a reforma da sentença para afastar da condenação a indenização deferida.

3. Equiparação salarial

O juízo *a quo* deferiu diferenças salariais ao recorrido, uma vez que este foi contratado em substituição ao sr. Paulo, que auferia salário 20% superior ao seu.

A sentença não merece ser mantida, pois, nos termos da Súmula 159, II, do TST, quando vago o cargo em definitivo, o empregado que passa a ocupá-lo não tem direito a salário igual ao do antecessor. Ressalte-se que o sr. Paulo foi dispensado e o recorrido contratado justamente para substituí-lo.

Diante do exposto, requer a reforma da sentença para excluir da condenação as diferenças salariais deferidas.

4. Reintegração

O juízo *a quo* deferiu a reintegração do recorrido ao emprego, porque na dispensa o autor não foi submetido ao exame demissional. O juiz julgou procedente o pedido mesmo tendo indeferido a tutela antecipada, pois foi constatada pela perícia judicial que o autor se encontrava em perfeito estado de saúde.

A sentença não merece ser mantida, pois a ausência de exame demissional não é causa de garantia no emprego ou estabilidade, especialmente porque o laudo comprovou que o empregado estava apto, de modo que não há base legal para a reintegração deferida. Trata-se apenas de irregularidade administrativa que não pode ter o condão de gerar a reintegração.

Diante do exposto, requer a reforma da sentença para afastar a reintegração deferida.

II – REQUERIMENTOS FINAIS

Diante do exposto, requer o conhecimento do presente recurso, o acolhimento da prejudicial de mérito para reforma da sentença para acolher a prescrição quinquenal quanto às comissões e, no mérito, o seu provimento para fins de reforma da sentença para julgar improcedentes as postulações do recorrido.

Nestes termos,

pede deferimento.

Local e data.

Advogado

OAB nº

ESPELHO DE CORREÇÃO

QUESITOS AVALIADOS	FAIXA DE VALORES	ATENDIMENTO AO QUESITO
Elaboração de um recurso ordinário interposto pela empresa (0,10), citando o art. 895, I, da CLT com direcionamento do recurso ao juiz de 1º grau (0,10).	0,00/ 0,10/ 0,20	
Afirmação do recolhimento de custas (0,10) e depósito recursal (0,10), além das razões recursais ao TRT (0,20).	0,00/ 0,10/ 0,20/ 0,30/ 0,40	
O salário-família só é devido para menores até 14 anos, o que não era o caso. (0,75). Indicação do art. 66 da Lei nº 8.213/91, OU do art. 83 do Decreto nº 3.048/99, OU do art. 2º da Lei 4.266/63 (0,60).	0,00/ 0,75/ 1,35	
Não há dano moral na forma da dispensa, inexistindo norma que obrigue que seja feita por superior OU as condições da dispensa não ofenderam o direito da personalidade do trabalhador (0,60). Indicação do art. 5º, ou X, da CF/88; OU do art. 223-B da CLT; OU do art. 223-E; OU do art. 223-C (0,10).	0,00/ 0,60/ 0,70	
A diferença salarial é indevida, porque se tratava de cargo vago, não obrigando ao mesmo pagamento OU não houve simultaneidade na prestação do serviço (0,65). Indicação da Súmula 159, II, do TST (0,10).	0,00/ 0,65/ 0,75	
A ausência de exame demissional é irregularidade administrativa, não ensejando garantia no emprego, OU a falta de exame demissional não é fundamento legal garantidor da estabilidade, OU há prova pericial nos autos confirmando a boa condição física do autor (1,10).	0,00/ 1,10	
ENCERRAMENTO 1. Requerimento do conhecimento/admissão do recurso (0,20);	0,00/ 0,20	
2. Provimento do recurso OU reforma da decisão (0,20).	0,00/ 0,20	
FECHAMENTO DA PEÇA – Data, Local, Advogado (a), OAB nº... (0,10).	0,00/ 0,10	
TOTAL		

4.4.4. Exame de Ordem XVI – adaptado

A sociedade empresária Pedreira TNT Ltda. foi condenada em 1º grau na reclamação trabalhista movida pelo ex-empregado Gilson Cardoso de Lima (Processo nº XXX), oriundo da 80ª Vara do Trabalho de Florianópolis.

Na sentença, depois de reconhecido que o reclamante trabalhou na pedreira por 6 meses, o juiz deferiu adicional de periculosidade na razão de 50% sobre o salário básico, pois a perícia realizada nos autos detectou a existência de risco à vida (contato permanente com explosivos); determinou o depósito do FGTS no período de 2 meses em que o empregado esteve afastado por auxílio-doença previdenciário (código B-31); deferiu a multa do art. 477, § 8º, da CLT, porque o pagamento das verbas devidas pela extinção do contrato foi feito na sede da empresa, não tendo sido homologado no sindicato de classe; deferiu dano moral, determinando que juros e correção monetária fossem computados desde a data do ajuizamento da ação; e deferiu, nos moldes do art. 1.216 do Código Civil, indenização pelos frutos de má-fé percebidos pela sociedade empresária, porque ela permaneceu com dinheiro que pertencia ao trabalhador.

Diante do exposto, elabore a medida judicial adequada para a defesa dos interesses da sociedade empresária. As custas foram fixadas em R$ 200,00 sobre o valor arbitrado à condenação de R$ 10.000,00. (Valor: 5,00)

Responda justificadamente, empregando os argumentos jurídicos apropriados e a fundamentação legal pertinente ao caso.

RESOLUÇÃO

AO DOUTO JUÍZO DA 80ª VARA DO TRABALHO DE FLORIANÓPOLIS, SANTA CATARINA.

Processo nº XXX

PEDREIRA TNT LTDA., já qualificada nos autos em epígrafe, em que contende com Gilson Cardoso de Lima, também qualificado, vem, respeitosamente, perante Vossa Excelência, por intermédio de seu advogado adiante assinado, com fulcro no **art. 895, I, da CLT, INTERPOR:**

RECURSO ORDINÁRIO

para o Egrégio Tribunal Regional do Trabalho da 12ª Região.

Encontram-se presentes todos os pressupostos de admissibilidade do recurso, dentre os quais se destacam:

a) o depósito recursal: no valor de R$ 9.513,16, consoante guia anexa; e

b) as custas processuais: no valor de R$ 200,00, correspondentes a 2% sobre o valor da condenação, conforme guia anexa.

Diante do exposto, requer o recebimento do presente recurso, a intimação da outra parte para apresentar contrarrazões ao recurso ordinário, no prazo de 8 dias, conforme estabelece o art. 900 da CLT, e a posterior remessa ao Egrégio Tribunal do Trabalho da 12ª Região.

Nestes termos,

pede deferimento.

Local e data.

Advogado

OAB n°

EGRÉGIO TRIBUNAL REGIONAL DO TRABALHO DA 12a REGIÃO

RAZÕES DO RECURSO ORDINÁRIO

I – MÉRITO

1. Adicional de periculosidade

O juízo *a quo* deferiu o pedido de condenação da reclamada ao pagamento de adicional de periculosidade, no importe de 50% sobre o salário básico, em razão do trabalho na pedreira.

A sentença não merece ser mantida, pois, nos termos do art. 193, § 1°, da CLT e da Súmula 191, I, do TST, o adicional de periculosidade é de 30% sobre o salário básico do empregado.

Diante do exposto, requer a reforma da sentença para reduzir o adicional de periculosidade para 30%.

2. Depósitos do FGTS

O juízo ***a quo*** determinou à recorrente o depósito do FGTS no período de 2 meses em que o empregado esteve afastado por auxílio-doença previdenciário (código B-31).

A sentença não merece ser mantida, pois o recorrido ficou afastado por auxílio-doença comum e, este, com base nos arts. 15, § 5°, da Lei nº 8.036/90 e 28, III, do Decreto nº 99.684/90, não gera obrigação para o empregador de depositar o FGTS, como ocorre com o auxílio-doença acidentário.

Diante do exposto, requer a reforma da sentença para julgar improcedente o pedido do recorrido.

3. Multa do art. 477 da CLT

O juízo *a quo* deferiu a multa do art. 477, § 8º, da CLT, porque o pagamento das verbas devidas pela extinção do contrato foi feito na sede da empresa, não tendo sido homologado no sindicato de classe.

A sentença não merece ser mantida, pois, nos termos do art. 477 da CLT, não determina a homologação da rescisão pelo sindicato.

Diante do exposto, requer a reforma da sentença para julgar improcedente o pedido do recorrido.

4. Correção monetária

O juízo *a quo* determinou que a correção monetária quanto ao pedido de indenização por danos morais seja computado a partir do ajuizamento da ação.

A sentença não merece ser mantida, pois, à luz da Súmula 439 do TST, a correção monetária quanto a esse pedido deve ser calculada a partir da condenação, e não do ajuizamento da ação.

Diante do exposto, requer a reforma da sentença para que a correção monetária quanto ao pedido de indenização por danos morais seja deferida a partir da data da condenação.

5. Indenização por frutos de má-fé

O juízo *a quo* deferiu, nos moldes do art. 1.216 do CC, indenização pelos frutos de má-fé percebidos pela sociedade empresária, porque ela permaneceu com dinheiro que pertencia ao trabalhador.

A sentença não merece ser mantida, pois, à luz da Súmula 445 do TST, o art. 1.216 do CC, por se tratar de regra afeta a direitos reais, mostra-se incompatível com o Direito do Trabalho, não sendo devida no caso de inadimplemento de verbas trabalhistas.

Diante do exposto, requer a reforma da sentença para julgar improcedente o pedido em questão.

II – REQUERIMENTOS FINAIS

Diante do exposto, requer o conhecimento do presente recurso e, no mérito, o provimento do recurso para fins de reforma da sentença para julgar improcedentes as postulações do reclamante.

Nestes termos,

pede deferimento.

Local e data.

Advogado

OAB nº

ESPELHO DE CORREÇÃO

QUESITOS AVALIADOS	FAIXA DE VALORES	ATENDIMENTO AO QUESITO
ESTRUTURA – Indicação do recurso ordinário da empresa (0,10), nos termos do art. 895, I, da CLT (0,10). – Direcionamento do recurso ao Juiz de 1º grau (0,10) e destinação das razões recursais ao TRT (0,10). – Indicação do recolhimento de custas e depósito recursal (0,10).	0,00/ 0,10/ 0,20/ 0,30/ 0,40/ 0,50	
DO ADICIONAL – A periculosidade deve ser paga na razão de 30% – e não 50% (0,70). Indicação do art. 193, § 1º, da CLT (0,10).	0,00 / 0,70 / 0,80	
DO FGTS – O auxílio-doença comum não gera obrigação para o empregador de depositar o FGTS (0,70). Indicação do art. 15, § 5º, da Lei nº 8.036/90, OU do art. 28, III, do Decreto nº 99.684/90 (0,10).	0,00/ 0,70/ 0,80	
MULTA DO ART. 477 – Indevida, pois o art. 477 da CLT não obriga a homologação da rescisão pelo sindicato (0,80).	0,00/ 0,80	
DANO MORAL – A correção monetária deverá ser computada a partir da condenação, e não do ajuizamento da ação (0,70). Indicação das Súmulas 439, do TST OU 362 do STJ (0,10).	0,00/ 0,70/ 0,80	
FRUTOS DE MÁ-FÉ – O art. 1.216 do CC é inaplicável/ incompatível com o Direito do Trabalho (0,70). Indicação da Súmula 445 do TST OU do art. 8º, parágrafo único, da CLT (0,10).	0,00/ 0,70/ 0,80	
REQUERIMENTOS FINAIS – Conhecimento/admissão (0,20) e provimento do recurso (0,20).	0,00/ 0,20/ 0,40	
FECHAMENTO DA PEÇA – Data, Local, Advogado(a), OAB nº... (0,10).	0,00/ 0,10	
TOTAL		

4.4.5. Exame de Ordem XXVI

A sociedade empresária Ômega procura você, exibindo sentença prolatada em reclamação trabalhista movida por Fabiano que tramita perante a 100ª Vara do Trabalho de Maceió/AL.

Nela, o magistrado, em síntese, rejeitou preliminar suscitada pela empresa e determinou o recolhimento do INSS relativo ao período trabalhado mês a mês, para fins de aposentadoria, já que restou comprovado que a empresa descontava a cota previdenciária, mas não a repassava ao INSS; rejeitou preliminar suscitada e desconsiderou que a empresa havia feito um acordo em outro processo movido pelo mesmo empregado, homologado em juízo, no qual pagou o prêmio de assiduidade, condenando-a novamente ao pagamento dessa parcela; rejeitou preliminar suscitada pela empresa e desconsiderou que em relação às diárias postuladas, o autor tinha, comprovadamente, outra ação em curso com o mesmo tema, que se encontrava em grau de recurso; extinguiu o feito sem resolução do mérito em relação a um pedido de devolução de desconto, porque não havia causa de pedir; não acolheu a prescrição parcial porque ela foi suscitada pelo advogado em razões finais, afirmando o magistrado que deveria sê-lo apenas na contestação, tendo ocorrido preclusão; deferiu a reintegração do ex-empregado, Fabiano, porque ele foi eleito presidente da Associação de Leitura dos empregados da empresa, entidade criada pelos próprios empregados, sendo que a dispensa ocorreu em dezembro de 2017, no decorrer do mandato do reclamante; indeferiu o pedido de vale-transporte, porque o reclamante se deslocava para o trabalho e dele retornava a pé; deferiu indenização por dano moral, porque, pelo confessado atraso no pagamento dos salários dos últimos 3 meses do contrato de trabalho, o empregado teve seu nome inscrito em cadastro restritivo de crédito, conforme certidão do Serasa juntada pelo reclamante demonstrando a inserção do nome do empregado no rol de maus pagadores em novembro de 2015; deferiu a entrega de uma carta de referência para facilitar o autor na obtenção de nova colocação, caso, no futuro, ele viesse a querer se empregar em outro lugar; indeferiu a integração da alimentação concedida ao empregado, porque a empresa aderira ao Programa de Alimentação do Trabalhador durante todo o contrato de trabalho; deferiu o pagamento da participação nos lucros prevista na convenção coletiva da categoria, nos anos de 2012 e 2013, pois confessadamente não havia sido paga; indeferiu o pedido de anuênio, porque não havia previsão legal nem no instrumento da categoria do autor; deferiu o pagamento da diferença de férias, porque o empregado não fruiu 30 dias úteis no ano de 2016, como garante a Lei.

A sociedade empresária apresenta a ficha de registro de empregados do reclamante, na qual se verifica que ele havia trabalhado de 08/07/2007 a 20/10/2017, sendo que, nos anos de 2012 a 2014, permaneceu afastado em benefício previdenciário de auxílio-doença comum (código B-31); a ficha financeira mostra que o empregado ganhava 2 salários mínimos mensais e exercia a função de auxiliar de manutenção de equipamentos, fazendo eventuais viagens para verificação de equipamentos em filiais da empresa.

Diante disso, como advogado(a) da ré, redija a peça prático-profissional pertinente ao caso para a defesa dos interesses do seu cliente em juízo, ciente de que a ação foi ajuizada em 30/10/2017 e que, na sentença, não havia vício ou falha estrutural que comprometesse sua integridade. (Valor: 5,00)

RESOLUÇÃO

AO DOUTO JUÍZO DA 100ª VARA DO TRABALHO DE MACEIÓ, ALAGOAS

Processo no XXX

ÔMEGA, já qualificada nos autos em epígrafe, em que contende com FABIANO, também qualificado, vem, respeitosamente, perante Vossa Excelência, por intermédio de seu advogado adiante assinado, com fulcro no **art. 895, I, da CLT, INTERPOR:**

RECURSO ORDINÁRIO

para o Egrégio Tribunal Regional do Trabalho da 19ª Região.

Encontram-se presentes todos os pressupostos de admissibilidade do recurso, dentre os quais se destacam:

a) o depósito recursal: recolhido no valor de R$ ..., de acordo com guia anexa; e

b) as custas: no valor de R$ ..., correspondentes a 2% sobre o valor da condenação, conforme guia anexa.

Diante do exposto, requer o recebimento do presente recurso, a intimação da outra parte para apresentar contrarrazões ao recurso ordinário, no prazo de 8 dias, conforme dispõe o art. 900 da CLT, e a posterior remessa ao Egrégio Tribunal do Trabalho da 1ª Região.

Nestes termos,

pede deferimento.

Local e data.

Advogado

OAB no

EGRÉGIO TRIBUNAL REGIONAL DO TRABALHO DA 19ª REGIÃO

RAZÕES DO RECURSO ORDINÁRIO

I – PRELIMINARES

1. Incompetência

O juízo a quo rejeitou a preliminar suscitada pela empresa na contestação e determinou o recolhimento do INSS relativo ao período trabalhado mês a mês, para fins de aposentadoria, já que restou comprovado que a empresa descontava a cota previdenciária, mas não a repassava ao INSS.

A sentença não merece ser mantida, pois, nos termos do art. 876, parágrafo único, da CLT, Súmula Vinculante 53 do STF e Súmula 368, I, do TST, a competência da Justiça do Trabalho para a execução das contribuições sociais, previstas no art. 114, VIII, da CF, limita-se às sentenças condenatórias em pecúnia e às sentenças homologatórias de acordo, sendo incompetente para a execução das contribuições incidentes sobre os salários pagos durante o período contratual, como no caso em questão.

Diante do exposto requer a reforma da sentença para acolher a preliminar de incompetência da Justiça do Trabalho para análise do pedido em análise.

2. Coisa Julgada

O juízo a quo rejeitou a preliminar de contestação suscitada pela reclamada e desconsiderou que a empresa havia feito um acordo em outro processo movido pelo mesmo empregado, homologado em juízo, no qual pagou o prêmio de assiduidade, condenando-a novamente ao pagamento dessa parcela.

A sentença não merece ser mantida, pois, à luz da Súmula 100, V, do TST, a sentença homologatória de acordo transita em julgado na data de sua homologação.

Ao deferir o prêmio de assiduidade, que havia sido objeto do acordo, violou-se a coisa julgada, na medida em que se repete o pedido que já foi julgado por decisão transitada em julgado, como determinam os arts. 337, §§ 1º e 4º, e 502 do CPC e a OJ 132, SDI-2, do TST.

Diante do exposto, requer a reforma da sentença para acolher a preliminar de contestação e extinguir o processo sem resolução do mérito, nos termos do art. 485, V, do CPC, quanto ao pedido de prêmio assiduidade.

3. Litispendência

O juízo a quo rejeitou a preliminar de contestação suscitada pela empresa e desconsiderou que, em relação às diárias postuladas, o autor tinha, comprovadamente, outra ação em curso com o mesmo tema, que se encontrava em grau de recurso.

A sentença não merece ser mantida, pois, nos termos do art. 337, §§ 1º e 3º, do CPC, há litispendência quando se repete pedido que está em curso, como é o caso das diárias postuladas.

Diante do exposto, requer a reforma da sentença para determinar o acolhimento da preliminar e extinguir o processo sem resolução do mérito, à luz do art. 485, V, do CPC, quanto ao pedido de diárias de viagem.

II – PREJUDICIAL DE MÉRITO

1. Prescrição Parcial

O juízo a quo não acolheu a prescrição parcial, porque ela foi suscitada pelo advogado em razões finais, entendendo que deveria sê-lo apenas na contestação, tendo ocorrido preclusão.

A sentença não merece ser mantida, pois, nos termos da Súmula 153 do TST, a prescrição pode ser arguida em instância ordinária, ou seja, enquanto estiver tramitando nas varas do trabalho e nos TRTs.

Diante do exposto, requer a reforma da sentença para acolher a prescrição parcial e extinguir o processo com resolução do mérito, à luz do art. 487, II, do CPC, quanto às verbas postuladas anteriores aos últimos cinco anos contados da data do ajuizamento da ação.

III – MÉRITO

1. Reintegração

O juízo a quo deferiu a reintegração do recorrido, porque ele foi eleito presidente da Associação de Leitura dos empregados da empresa, entidade criada pelos próprios empregados, sendo que a dispensa ocorreu em dezembro de 2017, no decorrer do mandato do reclamante.

A sentença não merece ser mantida, pois o reclamante não é detentor de garantia provisória de emprego por falta de previsão legal. Ressalte-se que ele era presidente de uma associação e não de sindical, razão pela qual não faz jus à estabilidade provisória do dirigente sindical, prevista nos arts. 8º, VIII, da CF e 543, § 3º, da CLT.

Diante do exposto, requer a reforma da sentença para indeferir o pedido de reintegração do recorrido.

2. Dano moral

O juízo a quo deferiu o pedido de indenização por dano moral, porque, pelo confessado atraso no pagamento dos salários dos últimos 3 meses do contrato de trabalho, o empregado teve seu nome inscrito em cadastro restritivo de crédito, conforme certidão do Serasa juntada pelo reclamante demonstrando a inserção do nome do empregado no rol de maus pagadores em novembro de 2015.

A sentença não merece ser mantida, pois o atraso ocorreu nos últimos 3 meses do contrato, portanto nos meses de agosto, setembro e outubro de 2017, uma vez que ele trabalhou até 20/10/2017. Já a inclusão do nome do reclamante em cadastro restritivo de crédito ocorreu em 2015, ou seja, foi muito anterior aos atrasos. Dessa forma não estão presentes os requisitos autorizadores da responsabilidade civil previstos nos arts. 186 e 927 do CC (arts. 223-A e seguintes da CLT, após a reforma trabalhista), uma vez que está ausente o nexo causal, pois a conduta do empregador não deu causa à negativação do nome do reclamante.

Diante do exposto, requer a reforma da sentença para julgar improcedente o pedido de indenização por danos morais.

3. Carta de referência

O juízo a quo deferiu a entrega de uma carta de referência para facilitar o autor na obtenção de nova colocação, caso, no futuro, ele viesse a querer se empregar em outro lugar.

A sentença não merece ser mantida, pois não se trata de uma obrigação do empregador imposta por lei. Logo, exigir do empregador conduta diversa viola o art. 5º, II, da CF, que determina que "ninguém será obrigado a fazer ou deixar de fazer alguma coisa senão em virtude de lei".

Diante do exposto, requer a reforma da sentença para julgar improcedente o pedido do reclamante de entrega da carta de referência.

4. Participação nos lucros e resultados

O juízo a quo deferiu o pagamento da participação nos lucros prevista na convenção coletiva da categoria, nos anos de 2012 e 2013, pois confessadamente não havia sido paga.

A sentença não merece ser mantida, pois, nos anos de 2012 a 2014, o reclamante permaneceu afastado recebendo benefício previdenciário, o auxílio-doença comum (código B-31), logo, seu contrato de trabalho estava suspenso, nos termos do art. 476 da CLT, não concorrendo para os resultados positivos da empresa, como exige a Súmula 451 do TST.

Diante do exposto, requer a reforma da sentença para julgar improcedente o pedido em questão.

5. Férias

O juízo a quo deferiu o pagamento da diferença de férias, porque o empregado não fruiu 30 dias úteis no ano de 2016, como garante a Lei.

A sentença não merece ser mantida, pois as férias não são contadas em dias úteis, mas corridos, conforme o art. 130, I, da CLT.

Diante do exposto, requer a reforma da sentença para julgar improcedente o pedido do reclamante.

IV – REQUERIMENTOS FINAIS

Diante do exposto, requer o conhecimento do presente recurso, o acolhimento das preliminares e, no mérito, o seu provimento para fins de reforma da sentença para julgar procedentes as postulações do recorrente.

Nestes termos,

pede deferimento.

Local e data.

Advogado

OAB no

ESPELHO DE CORREÇÃO

QUESITOS AVALIADOS	FAIXA DE VALORES	ATENDIMENTO AO QUESITO
ESTRUTURA DA PEÇA – Petição de interposição de recurso ordinário ao juízo da 100ª Vara do Trabalho de Maceió/AL (0,10) e razões recursais ao TRT (0,10). Indicação do art. 895, I, da CLT (0,10).	0,00/ 0,10/ 0,20/ 0,30	
PARTES – Indicação da recorrente – a empresa (0,10) e do recorrido – o empregado (0,10).	0,00/ 0,10/ 0,20	
PREPARO – Indicação do recolhimento das custas e depósito recursal (0,10).	0,00/ 0,10	
PRELIMINARES – Incompetência absoluta em relação ao recolhimento do INSS, porque naquele aspecto a sentença não tem cunho condenatório (0,30). Indicação da Súmula Vinculante 53 do STF, OU Súmula 368, I, do TST, OU do art. 876, parágrafo único, da CLT, OU art. 114, VIII, da CF/88 (0,10).	0,00/ 0,30/ 0,40	
Coisa julgada, porque o prêmio de assiduidade foi objeto de acordo homologado em outro processo (0,30). Indicação do art. 831, parágrafo único, da CLT, OU do art. 337, VII, do CPC, OU do art. 485, V, do CPC, OU da Súmula 100, V, do TST, OU da OJ 132 da SBDI II do TST (0,10).	0,00/ 0,30/ 0,40	
Litispendência quanto às diárias, porque o pedido está sendo apreciado pelo Judiciário em outro processo (0,30). Indicação do art. 337, VI, do CPC OU do art. 485, V, do CPC (0,10).	0,00/ 0,30/ 0,40	
PRESCRIÇÃO – Pode ser alegada com sucesso em razões finais (0,30). Indicação da Súmula 153 do TST OU do art. 193 do CC (0,10).	0,00/ 0,30/ 0,40	
REINTEGRAÇÃO – Indevida, porque o autor não era dirigente de sindicato, mas de associação (0,40). Indicação do art. 543, § 3º, da CLT OU do art. 8º, VIII, da CF/88 (0,10).	0,00/ 0,40/ 0,50	
DANO MORAL – A inserção do nome no cadastro é muito anterior ao atraso salarial, não havendo nexo causal (0,40). Indicação do art. 186, OU do art. 927 do CC, OU dos arts. 223-A e seguintes da CLT (0,10).	0,00/ 0,30/ 0,40	

QUESITOS AVALIADOS	FAIXA DE VALORES	ATENDIMENTO AO QUESITO
CARTA DE REFERÊNCIA – Indevida a entrega, porque não está prevista em Lei (0,40). Indicação do art. 5º, II, da CF/88 (0,10).	0,00/ 0,40/ 0,50	
PL – Indevida, porque seu contrato estava suspenso no período de referência em razão de doença OU Indevida, porque ele não colaborou para a lucratividade por estar afastado (0,40). Indicação do art. 476 CLT OU da Súmula 451 do TST (0,10).	0,00/ 0,40/ 0,50	
FÉRIAS – As férias não consideram dias úteis, mas corridos (0,30). Indicação do art. 130, I, da CLT (0,10).	0,00/ 0,30/ 0,40	
REQUERIMENTOS FINAIS – Requerimento de admissibilidade/conhecimento do recurso (0,10).	0,00/ 0,10	
REQUERIMENTOS FINAIS – Requerimento de acolhimento das preliminares (0,10) e provimento/reforma da decisão (0,10).	0,00 /0,10/ 0,20	
FECHAMENTO DA PEÇA – Data, Local, Advogado(a), OAB nº ... (0,10).	0,00/ 0,10	
TOTAL		

CAPÍTULO 5

RECURSO DE REVISTA

5.1. NATUREZA DOS RECURSOS

Os recursos classificam-se em recurso de natureza ordinária ou extraordinária. Veja tabela a seguir:

Recursos de natureza ordinária	Recursos de natureza extraordinária
Recurso ordinário e agravo de petição.	Recurso de revista, embargos ao TST e recurso extraordinário.
Objetivo: revisão da decisão.	**Objetivo:** uniformização da jurisprudência, garantia da ordem legal e constitucional.
Matérias: fatos, provas e questões de direito.	**Matérias:** só matérias de direito (Súmulas 126 do TST e 279 do STF).

5.2. HIPÓTESES DE CABIMENTO

Cabe recurso de revista em **duas** hipóteses:

1) de decisão do TRT em recurso ordinário; e

2) de decisão do TRT em agravo de petição.

Não é cabível recurso de revista em face de decisão do TRT em agravo de instrumento (Súmula 218 do TST).

O recurso de revista somente será cabível quando presentes os seguintes requisitos:

a) a questão for exclusivamente de direito;

b) se o recorrente estiver diante de uma das hipóteses específicas de cabimento de recurso de revista;

c) se a matéria estiver prequestionada; e

d) se houver transcendência.

5.3. HIPÓTESES ESPECÍFICAS DE CABIMENTO DO RECURSO DE REVISTA

As hipóteses específicas de cabimento do recurso de revista variam de acordo com o procedimento.

No **procedimento sumaríssimo**, o recurso de revista é oportuno quando o acórdão do TRT contrariar a Constituição Federal, súmula do TST, ou súmula vinculante do STF (art. 896, § 9º, da CLT). Não é hipótese de cabimento de recurso de revista neste procedimento a contrariedade à orientação jurisprudencial (Súmula 442 do TST).

Recurso de revista na **execução** é cabível apenas quando houver ofensa literal e direta à Constituição da República (art. 896, § 2°, da CLT e Súmula 266 do TST). Entretanto, nas execuções fiscais e nas controvérsias da fase de execução que envolvam a Certidão Negativa de Débitos Trabalhistas (CNDT) cabe recurso de revista por violação à lei federal, divergência jurisprudencial e ofensa à Constituição Federal (art. 896, § 10, da CLT).

No **procedimento ordinário**, à luz do art. 896, "a" e "c", da CLT, o recurso de revista é cabível nos seguintes casos:

a) quando, na interpretação de lei federal, a decisão recorrida contrariar outro TRT (Pleno ou Turma);

b) quando o acórdão recorrido divergir, na interpretação de lei federal, de decisão da Seção de Dissídios Individuais I ou II do TST.

c) contrariedade à súmula do TST;

d) contrariedade à orientação jurisprudencial do TST (OJ 219 da SDI-1 do TST);

e) contrariedade à súmula vinculante do STF;

f) violação literal e direta à Constituição Federal; e violação literal à lei federal.

No **procedimento ordinário** cabe, ainda, recurso de revista por **divergência jurisprudencial** na hipótese do **art. 896, "b", da CLT**, ou seja, quando o acórdão recorrido der ao mesmo dispositivo de lei estadual, convenção coletiva de trabalho, acordo coletivo, sentença normativa ou regulamento empresarial de observância obrigatória em área territorial que exceda a jurisdição do Tribunal Regional prolator da decisão recorrida, interpretação divergente, na forma da alínea "a" do art. 896 da CLT.

Dessa forma, caberá recurso de revista em face de decisão do TRT que der a uma lei estadual, acordo coletivo de trabalho, convenção coletiva de trabalho, sentença normativa ou a regulamento de empresa, de aplicação na área de jurisdição de mais de um TRT, interpretação diversa da que lhe houver dado outro TRT, ou a SDI (isto é, que contrariar acórdão da SDI ou OJ da SDI), ou que contrariar súmula vinculante ou súmula do TST.

Cumpre destacar, quanto à divergência na interpretação de lei estadual, que somente poderá ocorrer no estado de São Paulo, único no qual existem dois TRTs (TRT da 2ª e da 15ª Região), já que eles podem interpretar a mesma lei de forma diferente.

Como exemplo, podemos mencionar um caso hipotético em que o TRT da 9ª região, ao julgar o recurso ordinário, interprete cláusula de acordo coletivo de trabalho de aplicação na área de jurisdição de mais de um TRT (TRT da 9ª e da 12ª região, por exemplo) de forma diversa da adotada pelo TRT da 12ª região. De igual modo, o regulamento de uma empresa de âmbito nacional pode ser interpretado de forma diversa por mais de um TRT.

É importante frisar que o recurso de revista somente será cabível nesses casos quando a norma inobservada (lei estadual, acordo coletivo de trabalho, convenção coletiva de trabalho ou regulamento de empresa) aplicar-se à área de jurisdição de mais de um TRT.

Para que o recurso de revista seja conhecido deve observar as seguintes exigências do art. 896, § 1º-A, da CLT:

I – indicar o trecho da decisão recorrida que consubstancia o **prequestionamento da controvérsia** objeto do recurso de revista;

II – indicar, de forma explícita e fundamentada, **contrariedade a dispositivo de lei, súmula ou orientação jurisprudencial** do TST que conflite com a decisão regional;

III – expor as **razões do pedido de reforma**, impugnando todos os fundamentos jurídicos da decisão recorrida, inclusive mediante **demonstração analítica de cada dispositivo de lei, da Constituição Federal, de súmula ou orientação jurisprudencial cuja contrariedade aponte.**;

IV – transcrever na peça recursal, **no caso de suscitar preliminar de nulidade de julgado por negativa de prestação jurisdicional**, o trecho dos embargos declaratórios em que foi pedido o pronunciamento do tribunal sobre questão veiculada no recurso ordinário e o trecho da decisão regional que rejeitou os embargos quanto ao pedido, para cotejo e verificação, de plano, da ocorrência da omissão.

A divergência apta a ensejar o recurso de revista **deve ser atual**, não se considerando como tal a ultrapassada por súmula do TST ou do STF, ou superada por iterativa e notória jurisprudência do TST (art. 896, § 7º, da CLT).

Quando o recurso fundar-se em **dissenso de julgados**, incumbe ao recorrente o ônus de produzir **prova da divergência jurisprudencial**, mediante certidão, cópia ou citação do repositório de jurisprudência, oficial (TRT ou TST) ou credenciado (no site do TST há a relação de repositórios credenciados, com indicação da respectiva fonte, mencionando, em qualquer caso, as circunstâncias que identifiquem ou assemelhem os casos confrontados – art. 896, § 8º, da CLT).

5.4. PREQUESTIONAMENTO

O prequestionamento é pressuposto do recurso de revista, assim como dos demais recursos de natureza extraordinária. A matéria estará prequestionada quando houver sido tratada no acórdão impugnado (Súmula 297, I, do TST), ou seja, o TST só conhecerá o recurso se houver manifestação explícita do TRT no acórdão sobre a discussão abordada no recurso de revista, inclusive quanto à matéria de ordem pública.

Contanto que o TRT não se pronuncie quanto à matéria impugnada, deverão ser opostos embargos de declaração com o objetivo de que se manifeste a respeito de tal matéria, sob pena de preclusão (Súmula 297, II, do TST).

Entretanto, apesar de opostos embargos de declaração, se o Tribunal não se manifestar em relação à matéria impugnada, será considerada prequestionada (Súmula 297, III, do TST).

5.5. TRANSCENDÊNCIA

O art. 896-A da CLT impõe como pressuposto de admissibilidade do recurso de revista a transcendência, regulamentando a matéria.

O Tribunal Superior do Trabalho, no recurso de revista, examinará previamente se a causa oferece transcendência com relação aos reflexos gerais de natureza econômica, política, social ou jurídica.

São indicadores de transcendência, entre outros (art. 896-A, § 1º, da CLT):

a) econômica, o elevado valor da causa;

b) política, o desrespeito da instância recorrida à jurisprudência sumulada do Tribunal Superior do Trabalho ou do Supremo Tribunal Federal;

c) social, a postulação, por reclamante-recorrente, de direito social constitucionalmente assegurado;

d) jurídica, a existência de questão nova em torno da interpretação da legislação trabalhista.

O juízo de admissibilidade do recurso de revista exercido pela Presidência dos Tribunais Regionais do Trabalho limita-se à análise dos pressupostos intrínsecos e extrínsecos do apelo, não abrangendo o critério da transcendência das questões nele veiculadas (art. 896-A, § 6º, da CLT). Apenas o relator poderá realizar tal análise.

Em face da decisão monocrática do relator, que denegar seguimento ao recurso de revista por não demonstrar transcendência, cabe agravo para o colegiado (art. 896-A, § 2º, da CLT).

Interposto o agravo, o recorrente poderá realizar sustentação oral sobre a questão da transcendência, durante cinco minutos em sessão (art. 896-A, § 3º, da CLT).

Mantido o voto do relator quanto à não transcendência do recurso, será lavrado acórdão com fundamentação sucinta, que constituirá decisão irrecorrível no âmbito do tribunal (art. 896-A, § 4º, da CLT).

5.6. RECURSOS REPETITIVOS

Os arts. 896-B e 896-C da CLT versam sobre o recurso de revista de causas repetitivas.

Quando houver **multiplicidade de recursos de revista** fundados em **idêntica questão de direito**, a questão poderá ser afetada à Seção Especializada em Dissídios Individuais ou ao Tribunal Pleno (art. 896-C da CLT).

Todos os recursos que estiverem nos TRTs e no TST sobre o mesmo tema ficarão sobrestados aguardando a decisão dos processos selecionados.

Faz-se um amplo julgamento, promovendo o debate acerca da matéria discutida.

O relator poderá solicitar aos Tribunais Regionais do Trabalho informações a respeito da controvérsia, a serem prestadas no prazo de 15 dias. Poderá admitir manifestação de *amicus curiae,* isto é, de pessoa, órgão ou entidade com interesse na controvérsia. E, por último, o Ministério Público do Trabalho também se manifestará.

Uma vez julgado o(s) recurso(s) paradigma(s) – ou *leading case* –, todos os demais que estavam sobrestados e serão ajuizados no futuro deverão ser julgados no mesmo sentido, salvo se a matéria fática for distinta ou questão jurídica não examinada exigirem solução jurídica diversa.

5.7. ESTRUTURA DO RECURSO DE REVISTA

O recurso de revista é composto por duas folhas: pela folha de rosto, dirigida ao Presidente do Tribunal Regional do Trabalho, e pela folha de razões, endereçada ao Tribunal Superior do Trabalho.

A seguir analisaremos a estrutura do recurso de revista.

5.7.1. Folha de rosto

O recurso de revista é composto pelas folhas de rosto e de razões. A primeira é endereçada **ao Presidente do Tribunal recorrido**, que poderá receber ou denegar o recurso, fundamentando sua decisão em ambos os casos (art. 896, § 1º, da CLT). A segunda é dirigida ao Colendo Tribunal Superior do Trabalho.

O Presidente do TRT analisará a presença dos pressupostos de admissibilidade do recurso de revista (legitimidade, capacidade, interesse, recorribilidade, cabimento, tempestividade, depósito recursal, custas processuais, regularidade de representação e prequestionamento etc.).

O Presidente pode delegar o exame dos pressupostos do recurso de revista para o Vice-presidente, de acordo com a previsão do Regimento Interno.

Segue o modelo:

EXCELENTÍSSIMO SENHOR DOUTOR DESEMBARGADOR PRESIDENTE DO EGRÉGIO TRIBUNAL REGIONAL DO TRABALHO DA ___ REGIÃO

Processo nº

NOME DO RECORRENTE, já qualificado nos autos em epígrafe, em que contende com **NOME DO RECORRIDO**, também qualificado, vem, respeitosamente, perante Vossa Excelência, por intermédio de seu advogado abaixo assinado, com fulcro no art. **896, "___" da CLT, INTERPOR:**

RECURSO DE REVISTA

para o Colendo Tribunal Superior do Trabalho.

Encontram-se presentes todos os pressupostos de admissibilidade deste recurso, dentre os quais se destacam:

a) **o depósito recursal:** recolhido no valor de R$..., conforme guia anexa;

b) **as custas processuais**: já foram recolhidas na interposição do recurso ordinário. Frisa-se que não houve acréscimo no valor das custas e, portanto, não há valor algum a ser recolhido;

c) **o prequestionamento**: a matéria objeto deste recurso está prequestionada, visto que foi tratada no acórdão impugnado, à luz da Súmula 297 do Colendo TST;

d) **a transcendência:** a causa oferece transcendência com relação aos reflexos gerais de natureza econômica, política, social ou jurídica, nos moldes do art. 896-A da CLT.

Diante do exposto, requer o **recebimento** do presente recurso, a **intimação da outra parte para apresentar as contrarrazões ao recurso de revista, no prazo de 8 dias**, conforme estabelece o **art. 900 da CLT, e** a posterior **remessa ao Colendo Tribunal Superior do Trabalho.**

Nestes termos,

pede deferimento.

Local e data.

Advogado

OAB n°

5.7.2. Folha de razões do recurso de revista

A folha de razões, por sua vez, é o recurso propriamente dito e observa a seguinte estrutura de tópicos:

I) Preliminares de Mérito;

II) Prejudiciais de Mérito;

III) Mérito;

IV) Requerimentos Finais.

Segue o exemplo:

COLENDO TRIBUNAL SUPERIOR DO TRABALHO

RAZÕES DO RECURSO DE REVISTA

I – PRELIMINARES DE MÉRITO

II – PREJUDICIAIS DE MÉRITO

III – MÉRITO

§ 1° O Egrégio Tribunal Regional do Trabalho julgou....Segue o trecho da decisão referida que demonstra o prequestionamento da matéria: "...".

§ 2° Tal decisão caracteriza (...). Observe:

Se contrariar a CF: "Tal decisão caracteriza violação literal e direta à Constituição".

Se contrariar lei federal: "Tal decisão caracteriza violação literal à lei federal".

Se contrariar outro TRT, acórdão da SDI, súmula vinculante, súmula do TST ou OJ: "Tal decisão caracteriza divergência jurisprudencial".

§ 3° O (dispositivo legal) estabelece o seguinte: (transcrever o dispositivo).

§ 4° Apesar de (dispositivo legal), dispor que (...), o juízo *a quo* posicionou-se de forma contrária, estabelecendo que (...).

§ 5° Criar frase para defender o melhor posicionamento...

§ 6° Diante do exposto, requer a reforma da decisão a fim de (...).

IV – REQUERIMENTOS FINAIS

Diante do exposto, requer o conhecimento do presente recurso, o acolhimento das preliminares para ___, sucessivamente, o acolhimento das prejudiciais de mérito para ___ e, sucessivamente, no mérito, o provimento do recurso para fins de reforma do acórdão para ___.

Nestes termos,

pede deferimento.

Local e data.

Advogado

OAB n°

5.8. EXERCÍCIO DE RECURSO DE REVISTA

5.8.1. Primeiro exercício

Tonassiando Camargo, brasileiro, propôs reclamação trabalhista, pelo rito sumaríssimo, em face de sua ex-empregadora Indústria Petroquímica Transforma Ouro e Glamour Ltda.

O reclamante apresentou pedidos líquidos, postulando equiparação salarial com Patrícia Hebe, a qual laborava na mesma função, mas recebia R$ 500,00 a mais do que ele; adicional de periculosidade, face ao labor realizado em contato com inflamáveis, calculado sobre o salário mensalmente recebido; e correção monetária a partir do mês da prestação dos serviços.

A reclamada sustentou que o labor não era perigoso, que as diferenças salariais não eram devidas porque a paradigma tinha maior produtividade que o reclamante e que a correção monetária deve incidir apenas a partir do mês subsequente ao da prestação dos serviços.

O laudo foi juntado aos autos pelo perito nomeado pelo juízo, que concluiu pela existência de periculosidade.

Foi proferida **sentença** deferindo o pagamento das diferenças salariais perseguidas em razão da equiparação salarial, por entender pela ausência de prova do fato impeditivo alegado pela reclamada; o adicional de periculosidade, em razão da conclusão do laudo pericial, calculado sobre o conjunto de parcelas de natureza salarial do reclamante; e a correção monetária a partir do mês da prestação dos serviços, sob o argumento de que a concessão ao empregador de prazo para pagamento dos salários até o 5º dia útil do mês subsequente ao da prestação dos serviços é benefício que deve ser interpretado restritivamente, não abrangendo a correção monetária.

O juízo ainda arbitrou como valor da condenação a quantia de R$ 19.513,16, e como custas processuais o importe de 2% sobre o valor da condenação.

Contra a decisão proferida pelo juízo de primeiro grau, a reclamada, tempestivamente, interpôs recurso ordinário, impugnando integralmente a condenação imposta na sentença, repetindo os argumentos apresentados na defesa e destacando os casos de violação ao texto de lei e à jurisprudência sumulada. Para tanto, a reclamada realizou o depósito recursal no importe de R$ 9.513,16 e recolheu as custas processuais.

O Tribunal Regional do Trabalho entendeu por conhecer do apelo patronal e negar-lhe provimento ao recurso ordinário.

Na qualidade de advogado, considerando que a decisão foi publicada ontem, formule a peça processual cabível em favor da reclamada.

EXCELENTÍSSIMO SENHOR DOUTOR DESEMBARGADOR PRESIDENTE DO EGRÉGIO TRIBUNAL REGIONAL DO TRABALHO DA ___ REGIÃO

Processo nº

INDÚSTRIA PETROQUÍMICA OURO E GLAMOUR LTDA., já qualificada nos autos em epígrafe, em que contende com **TONASSIANDO CAMARGO**, também qualificado, vem, respeitosamente, perante Vossa Excelência, por intermédio de seu advogado abaixo assinado, com fulcro no art. 896, § 9º, da CLT, **INTERPOR:**

RECURSO DE REVISTA

para o Colendo Tribunal Superior do Trabalho.

Encontram-se presentes todos os pressupostos de admissibilidade deste recurso, dentre os quais se destacam:

a) **o depósito recursal**: recolhido no valor de R$ 10.000,00, conforme guia anexa;

b) **as custas processuais**: recolhidas quando da interposição do recurso ordinário. Frisa-se que não houve acréscimo no valor das custas e, portanto, não há valor algum a ser recolhido;

c) **o prequestionamento**: a matéria objeto do recurso está prequestionada, uma vez que foi tratada no acórdão impugnado, nos termos da Súmula 297 do Colendo TST;

d) **a transcendência**: a causa oferece transcendência com relação aos reflexos gerais de natureza política, visto que a decisão recorrida foi proferida com desrespeito à Súmula do TST, nos moldes do art. 896-A, § 1º, II, da CLT.

Diante do exposto, requer o recebimento do presente recurso, a intimação da outra parte para apresentar as contrarrazões ao recurso de revista no prazo de 8 dias, conforme determina o art. 900 da CLT, e a posterior remessa ao Colendo Tribunal Superior do Trabalho.

Nestes termos,

pede deferimento.

Local e data.

Advogado

OAB nº

AO COLENDO TRIBUNAL SUPERIOR DO TRABALHO

RAZÕES DO RECURSO DE REVISTA

I – MÉRITO

Adicional de periculosidade

O Egrégio TRT manteve a sentença que fixou como base de cálculo do adicional de periculosidade o conjunto de parcelas de natureza salarial do reclamante. Observa-se pelo trecho a seguir do acórdão recorrido que a matéria está prequestionada: "...".

Tal decisão caracteriza divergência jurisprudencial. Observe-se:

A Súmula 191, I, do TST institui o seguinte:

> **"Súmula 191, I, do TST.**
>
> **I – O adicional de periculosidade incide apenas sobre o salário básico e não sobre este acrescido de outros adicionais. (...)"**

Apesar de a Súmula 191 do TST estabelecer que a base de cálculo do adicional de periculosidade é o salário básico do empregado, o juízo "a quo" posicionou-se de forma contrária, fixando como base de cálculo o conjunto de parcelas de natureza salarial.

Não se pode admitir decisão regional contrária ao entendimento consolidado do Colendo TST.

Diante do exposto, requer a reforma do acórdão para que seja estabelecida como base de cálculo do adicional de periculosidade o salário-base do reclamante.

CORREÇÃO MONETÁRIA

O Egrégio TRT manteve a sentença que condenou o reclamado ao pagamento da correção monetária a partir do mês da prestação dos serviços, sob o argumento de que a concessão ao empregador de prazo para pagamento dos salários até o 5º dia útil do mês subsequente ao da prestação dos serviços é benefício que deve ser interpretado restritivamente, não abrangendo a correção monetária. Observa-se pelo trecho a seguir do acórdão recorrido que a matéria está prequestionada: "...".

Tal decisão caracteriza divergência jurisprudencial. Observe-se:

A Súmula 381 do TST determina o seguinte:

> "**Súmula 381 do TST.**
>
> O pagamento dos salários até o 5º dia útil do mês subsequente ao vencido não está sujeito à correção monetária. Se essa data-limite for ultrapassada, incidirá o índice da correção monetária do mês subsequente ao da prestação dos serviços, a partir do dia 1º."

Apesar de a Súmula 381 do TST instituir que a correção monetária deve incidir a partir do mês subsequente ao da prestação dos serviços, o juízo "a quo" posicionou-se de forma contrária, condenando o reclamado a pagar a correção monetária a partir do mês da prestação dos serviços.

Não se pode admitir decisão regional contrária ao entendimento consolidado do Colendo TST.

Diante do exposto, requer a reforma do acórdão para que a correção monetária seja fixada a partir do mês subsequente ao da prestação dos serviços.

II – REQUERIMENTOS FINAIS

Diante do exposto, requer o conhecimento do presente recurso e, no mérito, o provimento do recurso para fins de reforma do acórdão nos itens supramencionados.

Nestes termos,

pede deferimento.

Local e data.

Advogado

OAB nº

ESPELHO DE CORREÇÃO

QUESITOS AVALIADOS	FAIXA DE VALORES	ATENDIMENTO AO QUESITO
ESTRUTURA – Indicação do recurso de revista da empresa (0,25), nos termos do art. 896, § 9º, da CLT (0,25). – Direcionamento do recurso ao Desembargador Presidente Do Egrégio Tribunal Regional Do Trabalho (0,25) e destinação das razões recursais ao TST (0,25).	0,00/ 0,25/ 0,50/ 0,75/1,0	
Indicação do recolhimento de custas e depósito recursal (0,25), demonstração de que a matéria se encontra prequestionada (0,25) e demonstração da transcendência (0,30).	0,00 / 0,25 / 0,50/0,80	
ADICIONAL DE PERICULOSIDADE O salário-base do empregado deve ser adotado como base de cálculo do adicional de periculosidade (0,50). Indicação da Súmula 191, I, do TST (0,80).	0,00/ 0,50/ 0,80 1,30	
CORREÇÃO MONETÁRIA – A correção monetária deve incidir a partir do mês subsequente ao da prestação dos serviços (0,50). Indicação da Súmula 381 do TST (0,80).	0,00/ 0,50/ 0,80 1,30	
REQUERIMENTOS FINAIS – Conhecimento do presente recurso (0,20) e provimento do recurso para fins de reforma do acórdão (0,20).	0,00/ 0,20/ 0,40	
FECHAMENTO DA PEÇA – Data, Local, Advogado, OAB nº... (0,20).	0,00/ 0,20	
TOTAL		

CAPÍTULO 6
EMBARGOS AO TST

6.1. HIPÓTESES DE CABIMENTO

Os embargos ao TST dividem-se, segundo a classificação doutrinária, em: divergentes e infringentes.

6.2. HIPÓTESES DE CABIMENTO DOS EMBARGOS DIVERGENTES

Só há **uma** hipótese em que cabem embargos divergentes: as decisões de Turmas do TST.

Tem cabimento para reexame pela SDI da decisão de Turma do TST proferida, por exemplo, em recurso de revista, quando se tratar de questão exclusivamente de direito (Súmula 126 do TST) e se estiver diante de uma das duas hipóteses específicas de cabimento deste recurso, quais sejam: a) quando a decisão da Turma do TST contrariar acórdão de outra Turma do TST; ou b) contrariar acórdão da SDI; ou c) súmula do TST; ou d) orientação jurisprudencial do TST; ou e) súmula vinculante do STF.

Veja o disposto no art. 894, II, da CLT:

> **Art. 894 da CLT.** No Tribunal Superior do Trabalho cabem embargos, no prazo de 8 (oito) dias:
>
> (...)
>
> II – das decisões das Turmas que divergirem entre si ou das decisões proferidas pela Seção de Dissídios Individuais, ou contrárias à súmula ou orientação jurisprudencial do Tribunal Superior do Trabalho ou súmula vinculante do Supremo Tribunal Federal.

A **divergência apta a ensejar os embargos** deve ser atual, não se considerando tal a ultrapassada por súmula do TST ou do STF, ou superada por iterativa e notória jurisprudência do TST (art. 894, § 2º, da CLT).

O Ministro Relator denegará seguimento aos embargos:

I – se a decisão recorrida estiver em consonância com súmula da jurisprudência do TST ou do STF, ou com iterativa, notória e atual jurisprudência do TST, cumprindo-lhe indicá-la;

II – nas hipóteses de intempestividade, deserção, irregularidade de representação ou de ausência de qualquer outro pressuposto extrínseco de admissibilidade.

Da decisão denegatória dos embargos caberá agravo, no prazo de 8 (oito) dias.

6.3. HIPÓTESES DE CABIMENTO DOS EMBARGOS INFRINGENTES

Os embargos ao TST são cabíveis de decisões NÃO UNÂNIMES que conciliarem, julgarem ou homologarem conciliação, bem como as que reverem ou estenderem decisões em dissídios coletivos de sua competência originária (que excedam a competência territorial dos TRTs). Tais hipóteses estão previstas no art. 894, I, "a", da CLT.

> **Art. 894 da CLT.** No Tribunal Superior do Trabalho cabem embargos, no prazo de 8 dias:
>
> I – de decisão não unânime de julgamento que:
>
> a) conciliar, julgar ou homologar conciliação em dissídios coletivos que excedam a competência territorial dos Tribunais Regionais do Trabalho e estender ou rever as sentenças normativas do Tribunal Superior do Trabalho, nos casos previstos em lei; e
>
> b) (vetado).

6.4. ESTRUTURA DE EMBARGOS AO TST

6.4.1. Folha de rosto

Segue o modelo de folha de rosto de embargos ao TST por divergência:

> **À ___ TURMA DO COLENDO TRIBUNAL SUPERIOR DO TRABALHO.**
>
> Processo n°
>
> **NOME DO EMBARGANTE,** já qualificado nos autos em epígrafe, em que contende com **NOME DO EMBARGADO**, também qualificado, vem, respeitosamente, perante Vossa Excelência, por intermédio de seu advogado abaixo assinado, com fulcro no **art. 894, II, da CLT, INTERPOR:**

EMBARGOS AO TST

para a **Colenda Seção de Dissídios Individuais** do TST.

Encontram-se presentes todos os pressupostos de admissibilidade do recurso, dentre os quais se destacam:

a) o **depósito recursal:** efetuado no valor de ___, conforme guia anexa;

b) as **custas processuais:** recolhidas quando da interposição do recurso ordinário, no valor de R$ ___. Frisa-se que não houve acréscimo no valor das custas e, portanto, não há valor algum a ser recolhido;

c) o **prequestionamento:** a matéria objeto do presente recurso foi tratada no acórdão recorrido, estando, portanto, devidamente prequestionada, nos termos da Súmula 297 do TST.

Diante do exposto, requer o recebimento do presente recurso, bem como a intimação da outra parte para apresentar contrarrazões aos embargos, no prazo de 8 dias, consoante estabelece o art. 900 da CLT, e a posterior remessa à Colenda Seção de Dissídios Individuais do TST.

Nestes termos,

pede deferimento.

Local e data.

Advogado

OAB n°

6.4.2. Folha de razões

Segue o modelo:

À COLENDA SEÇÃO DE DISSÍDIOS INDIVIDUAIS DO TRIBUNAL SUPERIOR DO TRABALHO.

RAZÕES DOS EMBARGOS AO TST POR DIVERGÊNCIA

I – PRELIMINARES DE MÉRITO

II – PREJUDICIAIS DE MÉRITO

III – MÉRITO

§ 1° A Colenda Turma do TST julgou... Observa-se pelo trecho a seguir do acórdão recorrido que a matéria está prequestionada: "...".

§ 2° Tal decisão caracteriza **divergência jurisprudencial**. Observe:

§ 3° (transcrever os julgados).

§ 4° Apesar de os acórdãos paradigmas estabelecerem que (...), o acórdão posicionou-se de forma contrária, estabelecendo que (...).

§ 5° Defender o melhor posicionamento...

§ 6° Diante do exposto, requer a reforma da decisão a fim de (...).

IV – REQUERIMENTOS FINAIS

Diante do exposto, requer o conhecimento do presente recurso, o acolhimento das preliminares de mérito para ___, sucessivamente, o acolhimento das prejudiciais de mérito para ___ e, sucessivamente, no mérito, o provimento do recurso para fins de reforma do acórdão para ___.

Nestes termos,

pede deferimento.

Local e data.

Advogado

OAB n°

6.5. EXERCÍCIO DE EMBARGOS AO TST

6.5.1. Primeiro exercício de embargos ao TST

A 4ª Turma do Colendo TST, ao julgar o recurso de revista, manteve o acórdão regional, julgando improcedente o pedido de FGTS sobre o aviso-prévio indenizado e o pedido de reintegração do empregado por ser membro suplente representante dos empregados na CIPA. O acórdão foi proferido na reclamação trabalhista n° xxx movida por Luis Alejandro Velasco em face de Gabriel Garcia Marquez Ltda. Na condição de advogado do reclamante, apresente a medida processual cabível.

RESOLUÇÃO

À 4ª TURMA DO COLENDO TRIBUNAL SUPERIOR DO TRABALHO

Processo n°

LUIS ALEJANDRO VELASCO, já qualificado nos autos em epígrafe, em que contende com **GABRIEL GARCIA MARQUEZ LTDA.,** também qualificado, vem, respeitosamente, perante Vossa Excelência, por intermédio de seu advogado abaixo assinado, com fulcro no **art. 894, II, da CLT**, **INTERPOR:**

EMBARGOS AO TST

para a Colenda Seção de Dissídios Individuais do TST.

Encontram-se presentes todos os pressupostos de admissibilidade deste recurso, dentre os quais se destaca:

a) o prequestionamento: a matéria objeto do presente recurso foi tratada no acórdão recorrido, estando, portanto, devidamente prequestionada, à luz da Súmula 297 do TST.

Diante do exposto, requer o recebimento do presente recurso, bem como a intimação da outra parte para apresentar as contrarrazões aos embargos, no prazo de 8 dias, conforme determina o art. 900 da CLT, e a posterior remessa à Colenda Seção de Dissídios Individuais do TST.

Nestes termos,

pede deferimento.

Local e data.

Advogado

OAB n°

À COLENDA SEÇÃO DE DISSÍDIOS INDIVIDUAIS DO TRIBUNAL SUPERIOR DO TRABALHO

RAZÕES DOS EMBARGOS AO TST POR DIVERGÊNCIA

I – MÉRITO

1. FGTS sobre o aviso-prévio indenizado

O **respeitável acórdão recorrido**, proferido pela 4ª Turma do Colendo TST, julgou improcedente o pedido de FGTS sobre o aviso-prévio indenizado.

Tal decisão caracteriza divergência jurisprudencial, uma vez que contraria a Súmula 305 do TST.

A Súmula 305 do TST institui o seguinte: "O pagamento relativo ao período de aviso-prévio, trabalhado ou não, está sujeito à contribuição para o FGTS".

Apesar de a Súmula 305 do TST estabelecer que o FGTS incide sobre o aviso-prévio indenizado, **a 4ª Turma do TST posicionou-se de forma contrária,** decidindo que o FGTS não incide sobre o aviso prévio indenizado.

Refuta-se a fundamentação apresentada pela 4ª Turma do Colendo TST no acórdão recorrido por ser contrária ao entendimento sumulado deste Tribunal.

Diante do exposto, requer a **reforma do julgado recorrido** para julgar procedente o pedido de FGTS sobre o aviso-prévio indenizado.

2. Reintegração

O **respeitável acórdão recorrido**, proferido pela 4ª Turma do Colendo TST, julgou improcedente o pedido de reintegração do empregado por ser membro suplente representante dos empregados na CIPA.

Tal decisão caracteriza divergência jurisprudencial, uma vez que contraria a Súmula 339, I, do TST.

A Súmula 339, I, do TST determina o seguinte: "O suplente da CIPA goza da garantia de emprego prevista no art. 10, II, *a*, do ADCT, a partir da promulgação da Constituição Federal de 1988".

Apesar de a Súmula 339, I, do TST instituir que o suplente da CIPA goza da garantia de emprego prevista no art. 10, II, "a", do ADCT, **a 4ª Turma do TST posicionou-se de forma contrária**, decidindo que o recorrente não tem direito à reintegração por ser suplente.

Refuta-se a fundamentação apresentada pela 4ª Turma do Colendo TST no acórdão recorrido por ser contrária ao entendimento sumulado deste Tribunal.

Diante exposto, requer a **reforma do julgado recorrido** para julgar procedente o pedido de reintegração.

II – REQUERIMENTOS FINAIS

Diante do exposto, requer o conhecimento do presente recurso e, no mérito, o provimento para fins de reforma do acórdão para julgar procedentes as postulações do recorrente.

Nestes termos,

pede deferimento.

Local e data.

Advogado

OAB nº

ESPELHO DE CORREÇÃO

QUESITOS AVALIADOS	FAIXA DE VALORES	ATENDIMENTO AO QUESITO
ESTRUTURA DA PEÇA – Endereçamento à Turma do TST na folha de rosto e à Seção de Dissídios Individuais do TST na folha de razões (0,50); Qualificação das partes (0,50); Indicação da espécie do recurso (0,25).	0,00/ 0,25/ 0,50/ 1,25	

QUESITOS AVALIADOS	FAIXA DE VALORES	ATENDIMENTO AO QUESITO
FGTS SOBRE O AVISO-PRÉVIO – O pagamento relativo ao período de aviso-prévio, trabalhado ou não, está sujeito à contribuição para o FGTS (1,00); Indicação da Súmula 305 do TST (0,25).	0,00/ 0,25/ 1,00/ 1,25	
REINTEGRAÇÃO – O suplente da CIPA goza da garantia de emprego prevista no art. 10, II, "a", do ADCT (1,00); Indicação da Súmula 339, I, do TST (0,25).	0,00/ 0,25/ 1,00/ 1,25	
REQUERIMENTOS FINAIS – Conhecimento e provimento do recurso para reformada sentença com a procedência das postulações (1,25).	0,00/ 1,25	
TOTAL		

CAPÍTULO 7

AGRAVO DE INSTRUMENTO E AGRAVO INTERNO

7.1. AGRAVO DE INSTRUMENTO

7.1.1. Hipóteses de cabimento

O agravo de instrumento está previsto no art. 897, "b", da CLT, e, no Processo de Trabalho, tem a finalidade específica de "destrancar recurso, ou seja, é cabível em face da decisão do juízo *a quo* que nega seguimento a recurso por ausência de pressupostos de admissibilidade".

Veja o art. 897, "b", da CLT:

> **Art. 897 da CLT**. Cabe agravo, no prazo de 8 (oito) dias:
> (...)
> b) de instrumento, dos despachos que denegarem a interposição de recursos.

O agravo de instrumento poderá ser interposto em face das "decisões que denegarem seguimento a":

- recurso ordinário;
- recurso de revista;
- recurso extraordinário;
- adesivo; e
- agravo de petição.

Não é cabível agravo de instrumento das decisões que denegarem seguimento ao recurso de embargos ao TST, pois, nesse caso, o recurso adequado é o agravo regimental.

7.1.2. Processamento do agravo de instrumento

O agravo de instrumento será dirigido ao juízo prolator da decisão que denegou seguimento ao recurso, no prazo de 8 dias, o qual poderá reconsiderar a sua decisão, reconhecendo a presença do pressuposto de admissibilidade que havia afirmado que estava ausente.

Caso não ocorra a reconsideração, o agravado será intimado para apresentar a contraminuta ao agravo de instrumento, bem como as contrarrazões ao recurso principal, no prazo de 8 dias (art. 897, § 6º, da CLT).

O agravo será julgado pelo Tribunal que seria competente para conhecer o recurso cuja interposição foi denegada (art. 897, § 4º, da CLT).

7.1.3. Estrutura do agravo de instrumento

7.1.3.1. Folha de rosto do agravo de instrumento

A folha de rosto do agravo de instrumento é dirigida ao juízo que negou seguimento ao recurso principal.

Com o intuito de manter o padrão dos recursos anteriores, apontaremos os pressupostos de admissibilidade na folha de rosto.

AO DOUTO JUÍZO DA ____ VARA DO TRABALHO DE ________.

Processo nº

NOME DO AGRAVANTE, já qualificado nos autos em epígrafe, em que contende com **NOME DO AGRAVADO**, também qualificado, vem, respeitosamente, perante Vossa Excelência, por intermédio de seu advogado adiante assinado, com fulcro no **art. 897, alínea "b", da CLT, INTERPOR:**

AGRAVO DE INSTRUMENTO

para o Egrégio Tribunal Regional do Trabalho da ___ Região.

Encontram-se presentes todos os pressupostos de admissibilidade do recurso, dentre os quais se destacam:

a) **o depósito recursal:** realizado no valor de R$ ___, conforme guia anexa;

b) **a formação do agravo de instrumento:** esclarece-se que este agravo é instruído com cópia integral dos autos, incluindo as obrigatórias exigidas no art. 897, § 5º, I, da CLT.

Nos moldes do art. 830 da CLT, o patrono do agravante declara a autenticidade dos documentos oferecidos em cópia para formação do presente agravo, sob sua responsabilidade pessoal.

Obs.: No caso de processo eletrônico ou quando o recurso trancado for para o TST não haverá formação de autos de agravo de instrumento. Nos termos da Resolução 1.418 do TST, o agravo de instrumento interposto contra despacho que denegar seguimento a recurso para o TST será processado nos mesmos autos do recurso denegado.

Diante do exposto, requer o recebimento do presente recurso, **bem como a retratação deste douto juízo. Caso não seja este o entendimento**, requer a intimação da outra parte para apresentar a **contraminuta ao agravo de instrumento e contrarrazões ao recurso ordinário**, no prazo de 8 dias, conforme estabelece o art. **897, § 6º, da CLT**, e a posterior remessa ao Egrégio Tribunal Regional do Trabalho.

Nestes termos,

pede deferimento.

Local e data

Advogado

OAB nº

Passemos a análise mais detalhada do depósito recursal e da formação do agravo de instrumento.

7.1.3.1.1 Depósito recursal

À luz do art. 899, § 7º, da CLT, para interposição do agravo de petição o reclamado deverá realizar o depósito recursal, no valor da condenação ainda não depositado até o limite de 50% do valor do depósito do recurso que pretende destrancar.

Quando o agravo de instrumento tem a finalidade de destrancar recurso de revista que se insurge contra decisão que contraria a jurisprudência uniforme do TST, consubstanciada nas suas súmulas ou em orientação jurisprudencial, não haverá obrigatoriedade de se efetuar o depósito recursal (art. 899, § 8º, da CLT).

Não havendo condenação em pecúnia, também não haverá depósito recursal (Súmula 160 do TST).

O depósito será **reduzido à metade** para as entidades sem fins lucrativos, empregadores domésticos, microempreendedores individuais, microempresas e empresas de pequeno porte (art. 899, § 9º, da CLT).

Por sua vez, nos termos do art. 899, § 10, da CLT, são **isentos** de depósito recursal os beneficiários da justiça gratuita, as entidades filantrópicas e as empresas em recuperação judicial. Além desses também são isentos: a massa falida (Súmula 86 do TST) e a Fazenda Pública (União, Estados, Distrito Federal, Municípios e respectivas autarquias e fundações públicas – art. 1°, IV, do DL nº 779/69).

As empresas públicas e as sociedades de economia mista não têm a mesma isenção da Fazenda Pública (Súmula 170 do TST).

Para retratar as hipóteses analisadas, observe a tabela a seguir:

Parte Recorrente	Condenação em pecúnia	Depósito	Fundamento
Reclamante	–	Não	Em razão da natureza do depósito de garantia do juízo
Reclamado	Não	Não	Súmula 161 do TST
Entidades sem fins lucrativos, empregadores domésticos, microempreendedores individuais, microempresas e empresas de pequeno porte	Sim	Reduzido à metade	Art. 899, § 9º, da CLT
Beneficiários da justiça gratuita, as entidades filantrópicas e as empresas em recuperação judicial	Sim	Isentos	Art. 899, § 10, da CLT
Reclamado: massa falida	Sim	Não	Súmula 86 do TST
Fazenda	Sim	Não	Art. 1°, IV, do DL n° 779/69
Empresas públicas e sociedades de economia mista	Sim	Sim	Súmula 170 do TST

O depósito deve ser feito em conta vinculada ao juízo (art. 899, § 4°, da CLT).

O depósito recursal poderá ser substituído por fiança bancária ou seguro garantia judicial (art. 899, § 11, da CLT).

No caso do agravo de instrumento, o depósito deve ser feito no ato da interposição do recurso (art. 899, § 7°, da CLT).

Em caso de recolhimento insuficiente do depósito recursal, somente haverá deserção do recurso se, concedido o prazo de 5 dias previsto no § 2° do art. 1.007 do CPC de 2015, o recorrente não complementar e comprovar o valor devido (OJ 140, SDI-1, do TST).

7.1.3.1.2 Depósito recursal

O art. 897, § 5°, da CLT institui quais são os documentos obrigatórios que formarão o instrumento do agravo, cujo objetivo é possibilitar o imediato julgamento do recurso principal, se for provido o agravo.

São peças obrigatórias:

- cópias da decisão agravada;
- certidão da respectiva intimação;
- procurações outorgadas aos advogados do agravante e do agravado;
- petição inicial;
- contestação;
- decisão originária;
- comprovantes de depósito recursal e custas do recurso que se pretende destrancar; e
- comprovante do recolhimento das custas e do depósito recursal a que se refere o § 7° do art. 899 da CLT.

São peças facultativas as que o agravante reputar úteis ao deslinde da matéria de mérito controvertida.

A partir da implantação do PJe-JT fica dispensada a formação de autos suplementares (art. 26 da Res. 185/2017 do CSJT).

Uma vez que não há mais processos físicos no âmbito do TST e os processos são digitalizados no TRT para posterior remessa ao TST, o agravo de instrumento interposto de despacho que negar seguimento a recurso para o TST deve ser processado nos autos do recurso denegado (art. 1º da Res. Administrativa 1.418/2010 do TST).

7.1.3.2. Folha de razões

A folha de razões, por sua vez, é o recurso propriamente, no qual sustentaremos a presença do pressuposto de admissibilidade do recurso que segundo o juízo "a quo" está ausente, pedindo, ao final, o provimento do agravo com o processamento do recurso trancado.

Segue o exemplo:

EGRÉGIO TRIBUNAL REGIONAL DO TRABALHO DA _____ REGIÃO

MINUTA DE AGRAVO DE INSTRUMENTO

I – DA TEMPESTIVIDADE

O juízo *a quo* não recebeu o recurso, sustentando que....

A decisão não merece ser mantida, pois....

Requer o provimento do agravo de instrumento, a fim de que seja dado seguimento ao recurso ordinário.

II – REQUERIMENTOS FINAIS

Ante o exposto, requer o **conhecimento do presente agravo**, bem como o seu **provimento**, determinando o **recebimento e o processamento do Recurso Ordinário.**

Nestes termos,

pede deferimento.

Local e data.

Advogado

OAB nº

7.1.4. Exercício de agravo de instrumento

7.1.4.1. Primeiro exercício de agravo de instrumento

Por entender cabível e necessário, tendo em vista o teor da sentença condenatória de primeiro grau (valor provisoriamente arbitrado à condenação 18.000,00), a empresa apresentou Embargos de Declaração. O Juízo, ao decidir sobre os embargos, julgou a medida protelatória, rejeitou ditos embargos e impôs ao embargante a multa de 2% (dois por cento) sobre o valor da causa. A reclamada interpôs recurso ordinário. O juízo "a quo" não recebeu o recurso, considerando-o intempestivo, sob o fundamento de que os embargos declaratórios que o Juízo entenda protelatórios não têm o condão de interromper o prazo para a interposição de qualquer recurso e, ademais, entendeu deserto o mesmo recurso por falta de depósito do valor da mencionada multa. Na condição de advogado da empresa, elabore a medida cabível, apresentando os fundamentos que busquem a reversão do despacho que indeferiu o processamento do Recurso Ordinário.

RESOLUÇÃO

AO DOUTO JUÍZO DA _____ VARA DO TRABALHO DE _____

Processo nº

EMPRESA, já qualificada nos autos em epígrafe, em que contende com o **AGRAVADO**, também qualificado, vem, respeitosamente, perante Vossa Excelência, por intermédio de seu advogado adiante assinado, com base no **art. 897, "b", da CLT, INTERPOR:**

AGRAVO DE INSTRUMENTO

para o Egrégio Tribunal Regional do Trabalho da ___ Região.

Encontram-se presentes todos os pressupostos de admissibilidade de recurso, dentre os quais se destacam:

O depósito recursal, recolhido no valor de R$ 4.594,50, correspondente a 50% do valor do depósito do recurso que se pretende destrancar, no ato da interposição do recurso, segundo guia anexa.

O agravo de instrumento é instruído com as cópias de todas as peças da presente reclamação trabalhista, incluindo as obrigatórias exigidas no art. 897, § 5°, I, do CPC.

À luz do art. 830 da CLT, o patrono do agravante declara a autenticidade dos documentos oferecidos em cópia para formação do presente agravo, sob pena de sua responsabilidade pessoal.

Diante do exposto, requer o recebimento do presente recurso, a intimação da outra parte para apresentar a contraminuta ao agravo de instrumento e as contrarrazões ao recurso ordinário, no prazo de 8 dias, conforme estabelece o art. 897, § 6°, da CLT, e a posterior remessa ao Egrégio Tribunal Regional do Trabalho.

Nestes termos,

pede deferimento.

Local e data.

Advogado

OAB n°

EGRÉGIO TRIBUNAL REGIONAL DO TRABALHO DA ____ REGIÃO

MINUTA DE AGRAVO DE INSTRUMENTO

I – DA TEMPESTIVIDADE DO RECURSO PRINCIPAL

O juízo *a quo* denegou seguimento ao recurso ordinário interposto pelo ora agravante, alegando a intempestividade do mesmo, sob o fundamento de que os embargos de declaração julgados protelatórios não têm o condão de interromper o prazo para a interposição de qualquer recurso.

A decisão não merece ser mantida, pois consoante preceitua o art. 1.026 do CPC, os embargos de declaração interrompem o prazo para outros recursos em favor de qualquer das partes.

Estabelece o art. 897-A, § 3°, da CLT que os embargos não interrompem o prazo para interposição de outros recursos apenas em 3 hipóteses: intempestividade, irregularidade de representação e falta de assinatura.

Logo, independente de o juízo entender que os embargos são protelatórios, eles têm o condão de interromper o prazo para interposição de outros recursos.

Dessa maneira, o prazo para a interposição do recurso ordinário começou a fluir a partir da decisão proferida de embargos de declaração, sendo, portanto, tempestivo.

Diante do cumprimento de todos os pressupostos de admissibilidade do recurso ordinário, inclusive em relação à tempestividade, requer o provimento do agravo de instrumento.

II – DA MULTA

O juízo *a quo* denegou seguimento ao recurso ordinário interposto pelo ora agravante, por entendê-lo deserto por falta de depósito do valor da multa de 2% sobre o valor da causa, aplicada na decisão proferida nos embargos de declaração.

A decisão não merece ser mantida, pois segundo determina o art. 1.026, § 3°, do CPC, somente na reiteração de embargos protelatórios o depósito é condição para a interposição de qualquer outro recurso.

Diante do exposto, tendo em vista que o recurso ordinário não é deserto, requer o provimento do agravo de instrumento.

III – REQUERIMENTOS FINAIS

Ante o exposto, requer o conhecimento do presente agravo, bem como o seu provimento, estabelecendo o recebimento e o processamento do recurso ordinário.

Nestes termos,

pede deferimento.

Local e data.

Advogado

OAB n°

ESPELHO DE CORREÇÃO

	QUESITOS AVALIADOS	FAIXA DE VALORES	ATENDIMENTO AO QUESITO
1. Endereçamento	Folha de rosto à Vara do Trabalho e folha de razões ao Egrégio Tribunal regional do Trabalho (0,20); Qualificação das partes (0,10); Indicação da espécie de ação – agravo de instrumento com fulcro no art. 897, "b", da CLT (0,20).	0,00/ 0,20/ 0,30/ /0,40/ 0,50	
2. Da tempestividade do recurso principal	O prazo para a interposição do recurso ordinário começou a fluir a partir da decisão proferida em face dos embargos de declaração, sendo, portanto, tempestivo (1,00); Fundamento: art. 1.026 do CPC (1,00).	0,00/ 1,00/ 2,00	
3. Da multa	Somente na reiteração de embargos protelatórios o depósito é condição para a interposição de qualquer outro recurso (1,00); Fundamento: art. 1.026, § 3º, do CPC (1,00).	0,00/ 1,00/ 2,00	
4. Requerimentos Finais	Requerer o reconhecimento do presente agravo (0,30); Requer o provimento do agravo para fins de recebimento e o processamento do recurso ordinário (0,20).	0,00/ 0,20/ 0,30/ 0,50	
Total			

7.2. AGRAVO INTERNO

7.2.1. Previsão legal

O agravo regimental é cabível em face da decisão monocrática do relator, visando à sua revisão pelo órgão colegiado.

O agravo regimental está previsto nos arts. 1.021 do CPC, 894, § 4º, da CLT, 896, § 12, da CLT e 855-A, § 1º, III, da CLT.

No Processo do Trabalho, o prazo do agravo interno é de 8 dias.

O agravo será dirigido ao relator, que intimará o agravado para manifestar-se sobre o recurso no prazo de 8 dias, ao final do qual, não havendo retratação, o relator levá-lo-á a julgamento pelo órgão colegiado, com inclusão em pauta (art. 1.021, § 2º, do CPC).

Quando o agravo interno for declarado manifestamente inadmissível ou improcedente em votação unânime, o órgão colegiado, em decisão fundamentada, condenará o agravante a pagar ao agravado multa fixada entre um e cinco por cento do valor atualizado da causa (art. 1.021, § 4º, do CPC).

A interposição de qualquer outro recurso está condicionada ao depósito prévio do valor da multa referida, à exceção da Fazenda Pública e do beneficiário de gratuidade da justiça, que farão o pagamento ao final (art. 1.021, § 5º, do CPC).

7.2.2. Estrutura do agravo interno

7.2.2.1. Folha de rosto

A folha de rosto será dirigida ao relator que proferiu a decisão agravada.

AO EXCELENTÍSSSIMO SENHOR DOUTOR **DESEMBARGADOR RELATOR ___ QUE COMPÕE A ___ TURMA DO EGRÉGIO TRIBUNAL REGIONAL DO TRABALHO DA ___ REGIÃO**

Processo nº

NOME DO AGRAVANTE, já qualificado nos autos em epígrafe, em que contende com **NOME DO AGRAVADO**, também qualificado, vem, respeitosamente, perante Vossa Excelência, por intermédio de seu advogado adiante assinado, com base nos **arts. 1.021 do CPC e 769 da CLT, INTERPOR:**

AGRAVO INTERNO

para o Egrégio Tribunal Regional do Trabalho da ___ Região.

Encontram-se presentes todos os pressupostos de admissibilidade do recurso.

Diante do exposto, requer o recebimento do presente recurso, **bem como a retratação deste douto juízo. Caso não seja este o entendimento**, requer a intimação da outra parte para apresentar a **contraminuta ao agravo interno**, no prazo de 8 dias, conforme institui o art. 1.021, § 2º, **do CPC**, e a posterior remessa ao Egrégio Tribunal Regional do Trabalho.

Nestes termos,

pede deferimento.

Local e data

Advogado

OAB nº

7.2.3. Folha de razões do agravo interno

A folha de razões, por sua vez, é o recurso propriamente, no qual impugnaremos a decisão monocrática proferida pelo relator, requerendo a revisão do mérito.

Segue o exemplo:

EGRÉGIO TRIBUNAL REGIONAL DO TRABALHO DA ____ REGIÃO

MINUTA DE AGRAVO INTERNO

I – Deserção

O relator denegou seguimento ao recurso ordinário do reclamante por ausência de depósito recursal. Interpostos embargos de declaração, a decisão foi mantida.

A decisão monocrática não merece ser mantida, pois o depósito recursal tem natureza de garantia do juízo, logo não é realizado pelo reclamante.

Diante do cumprimento, requer a revisão da decisão do relator para afastar a deserção reconhecida.

II – Requerimentos finais

Ante o exposto, requer o conhecimento do presente agravo, bem como o seu provimento para afastar a deserção reconhecida pelo relator.

Nestes termos,

pede deferimento.

Local e data.

Advogado

OAB n°

CAPÍTULO 8
EMBARGOS DE DECLARAÇÃO

8.1. PREVISÃO LEGAL

Os embargos de declaração estão previstos no art. 897-A da CLT. Além deste, são aplicados, subsidiariamente, os arts. 1.022 a 1.026 do CPC.

8.2. HIPÓTESES DE CABIMENTO

No Processo do Trabalho, os embargos de declaração representam o meio adequado para impugnar qualquer decisão que apresente omissão, obscuridade, contradição ou manifesto equívoco na análise dos pressupostos extrínsecos do recurso.

Os erros materiais também poderão ser corrigidos de ofício ou a requerimento de qualquer das partes (art. 897-A, § 1º, da CLT).

8.3. PRAZO

O prazo para oposição dos embargos de declaração é de 5 dias. Para as pessoas jurídicas de direito público, o prazo para oposição de embargos de declaração é contado em dobro, conforme previsto no Decreto-lei nº 779/69 e na OJ 192 da SDI-I do TST.

8.4. JULGAMENTO DOS EMBARGOS

Os embargos de declaração serão julgados pelo mesmo órgão do Poder Judiciário que proferiu a decisão embargada, sendo dirigido diretamente ao juiz que proferiu a sentença embargada, e, no Tribunal, ao relator, não havendo, portanto, folha de rosto.

8.5. INTERRUPÇÃO DO PRAZO PARA OUTROS RECURSOS

A interposição dos embargos de declaração interrompe o prazo para interposição de outros recursos para as duas partes, voltando a contar o prazo para interposição do recurso principal a partir da publicação da decisão de embargos, salvo quando intempestivos, irregular a representação da parte ou ausente a sua assinatura (art. 897-A, § 3º, da CLT).

8.6. EFEITO MODIFICATIVO

Consoante exposto, os embargos de declaração visam apenas suprir uma omissão, obscuridade, contradição ou manifesto equívoco na análise dos pressupostos extrínsecos. Nas hipóteses de omissão, contradição e manifesto equívoco na análise dos pressupostos extrínsecos do recurso, os embargos de declaração podem modificar a decisão embargada.

> Como citar como o exemplo o caso em que a ré argui prescrição na contestação, e a sentença, omissa quanto a esse ponto, julga procedente o pedido do reclamante. Interpostos os embargos declaratórios pela ré contra tal omissão, e se eles forem providos para sanar a omissão, o juiz pode, de fato, pronunciar a prescrição e julgar extinto o processo com resolução do mérito, nos termos do artigo 487, II, do CPC. Houve, assim, a reforma da sentença e, nesse caso, o recurso de embargos declaratórios devolveu ao juiz o conhecimento da matéria impugnada.

8.7. MANIFESTAÇÃO DA OUTRA PARTE

Em regra, **não há manifestação** da outra parte nos embargos de declaração. Entretanto, se o juiz vislumbrar efeito modificativo no julgado, deverá permitir a manifestação da outra parte em 5 (cinco) dias, sob pena de **nulidade** da decisão, com base no art. 897-A, § 2º, da CLT e OJ 142 da SDI-1 do TST.

8.8. COMPLEMENTAÇÃO DO RECURSO ORDINÁRIO

À luz do art. 1.024, § 4º, do CPC, caso o acolhimento dos embargos de declaração implique a modificação da decisão embargada, o embargado, que já tiver interposto outro recurso contra a decisão originária, tem o direito de complementar ou alterar suas razões, nos exatos limites da modificação, no prazo de 15 dias, contado da intimação da decisão dos embargos de declaração.

8.9. MULTA POR EMBARGOS PROTELATÓRIOS

Caso os embargos sejam manifestamente protelatórios, nos termos do parágrafo único do art. 1.026 do CPC, o juiz ou o tribunal, declarando que o são, condenará o embargante a pagar ao embargado multa não excedente de 2% (dois por cento) sobre o valor da causa.

Na reiteração de embargos protelatórios, a multa é elevada a até 10%, ficando condicionada a interposição de qualquer outro recurso ao depósito do valor respectivo, à exceção da Fazenda Pública e do beneficiário de gratuidade da justiça, que a recolherão ao final (art. 1.026, § 3º, do CPC).

Frise-se: apenas na circunstância de reiteração de embargos protelatórios, a interposição do recurso é condicionada ao depósito da multa.

> **Art. 1.026 do CPC.** Os embargos de declaração não possuem efeito suspensivo e interrompem o prazo para a interposição de recurso.
>
> § 1º A eficácia da decisão monocrática ou colegiada poderá ser suspensa pelo respectivo juiz ou relator se demonstrada a probabilidade de provimento do recurso ou, sendo relevante a fundamentação, se houver risco de dano grave ou de difícil reparação.
>
> § 2º Quando manifestamente protelatórios os embargos de declaração, o juiz ou o tribunal, em decisão fundamentada, condenará o embargante a pagar ao embargado multa não excedente a dois por cento sobre o valor atualizado da causa.
>
> § 3º Na reiteração de embargos de declaração manifestamente protelatórios, a multa será elevada a até dez por cento sobre o valor atualizado da causa, e a interposição de qualquer recurso ficará condicionada ao depósito prévio do valor da multa, à exceção da Fazenda Pública e do beneficiário de gratuidade da justiça, que a recolherão ao final.
>
> § 4º Não serão admitidos novos embargos de declaração se os 2 (dois) anteriores houverem sido considerados protelatórios.

8.10. EMBARGOS PREQUESTIONADORES – SÚMULA 297 DO TST

O prequestionamento é um pressuposto exclusivo dos recursos de natureza extraordinária (recurso de revista, embargos ao TST e recurso extraordinário).

Os embargos de declaração também são cabíveis com o propósito de prequestionar a matéria, nos termos da Súmula 297 do TST:

> **Súmula 297 do TST.**
>
> I – Diz-se prequestionada a matéria ou questão quando na decisão impugnada haja sido adotada, explicitamente, tese a respeito.
>
> II – Incumbe à parte interessada, desde que a matéria haja sido invocada no recurso principal, opor embargos declaratórios objetivando o pronunciamento sobre o tema, sob pena de preclusão.

III – Considera-se prequestionada a questão jurídica invocada no recurso principal sobre a qual se omite o Tribunal de pronunciar tese, não obstante opostos embargos de declaração.

8.11. EMBARGOS DECLARATÓRIOS DE DECISÃO MONOCRÁTICA DO RELATOR – SÚMULA 421 DO TST

Os arts. 932, III, do CPC e 894, § 3º, da CLT apresentam algumas situações em que o relator, por meio de uma decisão monocrática, poderá negar seguimento ou dar provimento a um recurso.

Segundo a Súmula 421 do TST, nestas hipóteses, se a parte pretende tão somente juízo integrativo retificador da decisão e, não, modificação do julgado, será cabível os embargos de declaração.

Por sua vez, a mesma súmula, determina que se a parte postular a revisão no mérito da decisão monocrática, cumpre ao relator converter os embargos de declaração em agravo, em face dos princípios da fungibilidade e celeridade processual, submetendo-o ao pronunciamento do Colegiado, após a intimação do recorrente para, no prazo de 5 (cinco) dias, complementar as razões recursais, de modo a ajustá-las às exigências do art. 1.021, § 1º, do CPC de 2015.

> Súmula 421 do TST. EMBARGOS DE DECLARAÇÃO. CABIMENTO. DECISÃO MONOCRÁTICA DO RELATOR CALCADA NO ART. 932 DO CPC DE 2015. ART. 557 DO CPC DE 1973 (atualizada em decorrência do CPC de 2015) – Res. 208/2016, DEJT divulgado em 22, 25 e 26.04.2016. I – Cabem embargos de declaração da decisão monocrática do relator prevista no art. 932 do CPC de 2015 (art. 557 do CPC de 1973), se a parte pretende tão somente juízo integrativo retificador da decisão e, não, modificação do julgado. II – Se a parte postular a revisão no mérito da decisão monocrática, cumpre ao relator converter os embargos de declaração em agravo, em face dos princípios da fungibilidade e celeridade processual, submetendo-o ao pronunciamento do Colegiado, após a intimação do recorrente para, no prazo de 5 (cinco) dias, complementar as razões recursais, de modo a ajustá-las às exigências do art. 1.021, § 1º, do CPC de 2015.

8.12. ESTRUTURA DOS EMBARGOS DE DECLARAÇÃO

Os embargos de declaração têm apenas uma folha dirigida ao juiz que proferiu a decisão.

Segue o exemplo:

AO DOUTO JUÍZO DA ____ VARA DO TRABALHO DE ____

Processo nº

NOME DO EMBARGANTE, já qualificado nos autos em epígrafe, em que contende com **NOME DO EMBARGADO**, também qualificado, vem, respeitosamente, perante Vossa Excelência, por intermédio de seu advogado adiante assinado, com fulcro **nos arts. 897-A, 769 da CLT e 1.022 e seguintes do CPC, PROPOR:**

EMBARGOS DE DECLARAÇÃO

pelas razões de fato e de direito a seguir expostas.

I – DA OMISSÃO/OBSCURIDADE/CONTRADIÇÃO OU MANIFESTO EQUÍVOCO NA ANÁLISE DOS PRESSUPOSTOS EXTRÍNSECOS DO RECURSO

A respeitável sentença julgou procedente o pedido do embargado, condenando a ora embargante ao pagamento de férias e horas extras. Apesar de alegar, na contestação, a prescrição bienal e juntar o termo de rescisão do contrato de trabalho, a decisão é omissa quanto à prejudicial de mérito.

Diante do exposto, requer que a omissão da sentença seja sanada, de modo que este Juízo pronuncie-se acerca da prescrição para acolhê-la e determinar a extinção do processo com resolução do mérito, nos termos do art. 487, II, do CPC.

II – REQUERIMENTOS FINAIS

Isto posto, requer o recebimento destes embargos, a **intimação da outra parte** para manifestar-se no prazo de 5 dias, à luz do art. 897-A, § 2º, da CLT, bem como o **provimento** do presente recurso, para que seja sanada a omissão apontada.

Nestes termos,

pede deferimento.

Local e data.

Advogado

OAB nº

8.13. EXERCÍCIO DE EMBARGOS DE DECLARAÇÃO

8.13.1. Primeiro exercício de embargos de declaração

(CESPE – 128º OAB/SP – Adaptado) Em ação processada na cidade de São Paulo, foi indeferido o processamento do recurso ordinário interposto pelo reclamante, o que motivou a apresentação de recurso de agravo de instrumento. Ocorre que o último dia do prazo para a interposição do referido agravo de instrumento correspondia a 25 de janeiro, feriado municipal na cidade de São Paulo, de modo que a petição somente foi apresentada no dia seguinte, isto é, 26 de janeiro. Ao julgar o agravo de instrumento, o Tribunal Regional do Trabalho, não se recordando e não verificando que o recurso tratava do vencimento do prazo no dia 26/01, diante da existência do feriado municipal no dia 25 de janeiro, por lapso, considerou o agravo de instrumento intempestivo e dele não conheceu.

Elabore, na condição de advogado do reclamante, a peça processual adequada ao caso.

RESOLUÇÃO

EXCELENTÍSSIMO SENHOR DOUTOR DESEMBARGADOR RELATOR ___ QUE COMPÕE A ___ TURMA DO EGRÉGIO TRIBUNAL REGIONAL DO TRABALHO DA 2ª REGIÃO.

Processo nº

NOME DO EMBARGANTE, já qualificado nos autos em epígrafe, em que contende com **NOME DO EMBARGADO**, também qualificado, vem, respeitosamente, perante Vossa Excelência, por intermédio de seu advogado abaixo assinado, com base nos **arts. 897-A e 769 da CLT e 1.022 e seguintes do CPC, PROPOR:**

EMBARGOS DE DECLARAÇÃO

pelas razões de fato e de direito a seguir expostas.

I – DA TEMPESTIVIDADE

A respeitável decisão considerou o agravo de instrumento interposto pela ora embargante intempestivo e dele não conheceu, entendendo que o último dia do prazo recaiu em 25/01, entretanto, nesta data é feriado municipal.

Houve manifesto equívoco na análise dos pressupostos extrínsecos do recurso.

Nos termos do art. 775 da CLT, os prazos contam-se em dias úteis, de modo que o prazo recursal não pode se encerrar em dia de feriado. Logo, o último dia do prazo recaiu no dia 26/01.

Ressalte-se que, quando da interposição do agravo de instrumento, o agravante comprova que 25/01 é dia de feriado municipal, observando o disposto na Súmula 385, I, do TST.

Diante do exposto, requer que seja declarado o manifesto equívoco na análise do pressuposto extrínseco do recurso de agravo de instrumento, no que tange a tempestividade, a fim de que o mesmo seja conhecido e a ele seja dado seguimento.

II – REQUERIMENTOS FINAIS

Isto posto, requer o conhecimento do presente recurso, a intimação da outra parte para apresentar manifestação aos embargos, no prazo de 5 dias, nos moldes do art. 897-A, § 2º, da CLT, bem como o provimento do presente recurso, para que seja declarado o equívoco na análise do pressuposto extrínseco do recurso de agravo de instrumento, devendo o mesmo ser conhecido e a ele dado seguimento.

Nestes termos,

pede deferimento.

Local e data.

Advogado

OAB nº

ESPELHO DE CORREÇÃO

	QUESITOS AVALIADOS	FAIXA DE VALORES	ATENDIMENTO AO QUESITO
1. Endereçamento	Endereçamento ao relator do TRT (0,20); Qualificação das partes (0,20); Indicação da espécie do recurso (0,20); Fundamento: arts. 897-A, 769, ambos da CLT e 1.022 e segs. do CPC (0,40).	0,00/ 0,20/ 0,40/ 0,60/ 1,00	
2. Razões	Alegar que houve manifesto equívoco na análise dos pressupostos extrínsecos do recurso (0,50); Afirmar que os prazos são contados em dias úteis, de modo que o último dia do prazo não pode recair em feriado municipal (1,00); Art. 775 da CLT (1,00).	0,00/ 0,50/ 1,50/ 2,00/ 2,50	
3. Requerimentos finais	Requerer o reconhecimento do recurso (0,50); Requerer a intimação da outra parte para manifestar-se em 5 dias (0,50); Requerer o provimento do recurso (0,50).	0,00/ 0,50/ 1,00/ 1,50	
TOTAL			

CAPÍTULO 9
RECURSO ADESIVO

9.1. HIPÓTESES DE CABIMENTO

O recurso adesivo não é um novo recurso, mas sim uma forma de interposição dos recursos, em que este adere ao recurso independente, ficando subordinado a ele.

O recurso adesivo é compatível com o Processo do Trabalho e cabe, no prazo de 8 dias, nas hipóteses de interposição de recurso ordinário, de agravo de petição, de revista e de embargos, sendo desnecessário que a matéria nele veiculada esteja relacionada com a do recurso interposto pela parte contrária (Súmula 283 do TST).

A CLT é omissa quanto ao tema, sendo aplicável o art. 997, § 2º, do CPC no Processo do Trabalho.

O recurso adesivo exige, basicamente, dois requisitos: sucumbência recíproca e a interposição do recurso por uma das partes.

A partir da interposição de um recurso, o Juízo que proferiu a decisão recorrida analisará a presença dos pressupostos de admissibilidade. Se preenchidos tais pressupostos, abre-se vista à parte para que apresente as contrarrazões no prazo de 8 (oito) dias, momento em que, se quiser, deverá interpor o recurso adesivo (art. 997, § 2º, I, do CPC).

Portanto, o prazo para a interposição do recurso adesivo é o mesmo que a parte dispõe para contrarrazoar o recurso principal.

Assim como o recurso principal, o recurso adesivo enfrentará a análise dos pressupostos de admissibilidade e, posteriormente, abrir-se-á vista à outra parte para que ofereça as contrarrazões.

Note que o processamento do recurso adesivo é o mesmo do recurso principal.

Contudo, o recurso adesivo é dependente do recurso principal, de forma que se o recurso principal não for conhecido, o adesivo estará prejudicado, ou se a parte desistir do recurso principal, o adesivo também não será analisado (art. 997, § 2º, III, do CPC).

A interposição na forma adesiva não dispensa o recorrente do preparo (depósito e custas) quando lhe caiba fazê-lo (art. 997, § 2º, do CPC).

O recurso adesivo não será recebido nas seguintes circunstâncias:

a) quando não recebido o recurso principal;

b) quando não recebido o próprio recurso adesivo;

c) caso haja desistência do recurso principal. Ressalte-se que é dispensável a concordância da parte ex-adversa para desistência do recurso.

9.2. ESTRUTURA DO RECURSO ADESIVO

9.2.1. Folha de Rosto

O recurso adesivo é formado pela folha de rosto e pela folha de razões, exatamente como um recurso independente.

A folha de rosto é dirigida ao juízo que proferiu a decisão. Ele fará a primeira análise dos pressupostos de admissibilidade.

Segue o exemplo:

AO DOUTO JUÍZO DA ____ VARA DO TRABALHO DE ____

Processo nº

NOME DO RECORRENTE, já qualificado nos autos em epígrafe, em que contende com **NOME DO RECORRIDO**, também qualificado, vem, respeitosamente, perante Vossa Excelência, por intermédio de seu advogado adiante assinado, com fulcro no **art. 895, I, da CLT, na Súmula 283 do TST, nos arts. 997, § 2º, do CPC e 769 da CLT, INTERPOR:**

RECURSO ORDINÁRIO ADESIVO

para o Egrégio Tribunal Regional do Trabalho da ____ Região.

Encontram-se presentes todos os pressupostos de admissibilidade do recurso, dentre os quais se destacam:

a) o **depósito recursal:** recolhido, no valor de R$ ____, conforme guia anexa;

b) as **custas processuais:** recolhidas, no valor de R$ ____, correspondentes a 2% do valor da condenação, conforme guia anexa;

c) a **interposição de recurso principal e sucumbência recíproca;**

d) **a tempestividade:** o recurso é tempestivo, uma vez que foi interposto no prazo das contrarrazões, nos termos do art. 997, § 2º, I, do CPC.

Diante do exposto, requer o recebimento do presente recurso, a intimação da outra parte para apresentar as contrarrazões ao recurso ordinário adesivo no prazo de 8 dias, nos moldes do art. 900 da CLT, e a posterior remessa ao Egrégio Tribunal Regional do Trabalho da ___ Região.

Nestes termos,

pede deferimento.

Local e data.

Advogado

OAB n°

EGRÉGIO TRIBUNAL REGIONAL DO TRABALHO DA ____ REGIÃO

RAZÕES DO RECURSO ORDINÁRIO ADESIVO

I – PRELIMINAR DE MÉRITO

1. Do cerceamento de defesa

O Juízo "a quo" julgou procedente o pedido de adicional de periculosidade do recorrido, sem, no entanto, produzir a prova pericial. A decisão fundamentou-se somente na falta de contestação específica dos fatos.

Com base no art. 195, § 2°, da CLT, se requerido o adicional de periculosidade, o juiz designará a produção da prova pericial. A ausência de tal prova implica o cerceamento de defesa e, portanto, a violação ao art. 5°, LV, da CF/88.

Diante do exposto, requer a nulidade da sentença e a remessa dos autos para o juízo que proferiu a decisão, a fim de que seja produzida a prova pericial.

II – PREJUDICIAIS

O juízo "a quo" julgou....

A sentença não merece ser mantida, pois....

Diante do exposto, requer a reforma da sentença, a fim de....

III – MÉRITO

1. Do adicional de periculosidade

O juízo "a quo" julgou....

A sentença não merece ser mantida, pois....

Diante do exposto, requer a reforma da sentença, a fim de....

IV – REQUERIMENTOS FINAIS

Diante do exposto, requer o conhecimento do presente recurso, bem como o acolhimento da preliminar de mérito para que seja determinada a nulidade da sentença e o retorno dos autos ao juízo de primeiro grau, a fim de que seja reaberta a instrução e, sucessivamente, no mérito, o seu provimento, para fins de reforma da sentença, para que seja afastada da condenação a base de cálculo do adicional de periculosidade sobre a remuneração do reclamante.

Nestes termos,

pede deferimento.

Local e data.

Advogado

OAB nº

9.3. EXERCÍCIO DE RECURSO ADESIVO

9.3.1. Primeiro exercício de recurso adesivo

O empregador, ao comparecer pessoalmente, sem advogado, à audiência de uma ação em que é cobrado o pagamento de horas extras e do adicional de periculosidade calculado sobre a remuneração paga ao empregado, aduz simplesmente nada dever ao empregado. Encerrada a instrução, sem produção de outras provas, sob a alegação de falta de contestação específica dos fatos, é proferida sentença de acolhimento do pedido, com condenação do empregador apenas ao pagamento do adicional de periculosidade, calculado sobre a remuneração do empregado. O empregador intimado da sentença, embora com ela não concorde, não a impugna. O empregado, por sua vez, oferece recurso ordinário, postulando o pagamento das horas extraordinárias. **Na condição de advogado contratado pelo empregador, no momento em que recebida a intimação para oferecer sua resposta, tome a providência processual cabível com a intenção de afastar a sucumbência do reclamado.**

RESOLUÇÃO

AO DOUTO JUÍZO DA ____ VARA DO TRABALHO DE ____

Processo nº

NOME DO RECORRENTE, já qualificado nos autos em epígrafe, em que contende com **NOME DO RECORRIDO**, também qualificado, vem, respeitosamente, perante Vossa Excelência, por intermédio de seu advogado adiante assinado, com base no **art. 895, I, da CLT, na Súmula 283 do TST e nos arts. 997, § 2º, do CPC e 769 da CLT, INTERPOR:**

RECURSO ORDINÁRIO ADESIVO

para o Egrégio Tribunal Regional do Trabalho da ____ Região.

Encontram-se presentes todos os pressupostos de admissibilidade do recurso, dentre os quais se destacam:

a) o **depósito recursal:** recolhido, no valor de R$ ____, conforme guia anexa;

b) as **custas processuais:** recolhidas, no valor de R$ ____, correspondentes a 2% do valor da condenação, conforme guia anexa;

c) a **interposição de recurso principal e sucumbência recíproca;**

d) **a tempestividade:** o recurso é tempestivo, uma vez que foi interposto no prazo das contrarrazões, à luz do art. 997, § 2°, I, do CPC.

Diante do exposto, requer o recebimento do presente recurso, a intimação da outra parte para apresentar as contrarrazões ao recurso ordinário adesivo no prazo de 8 dias, nos moldes do art. 900 da CLT, e a posterior remessa ao Egrégio Tribunal Regional do Trabalho da ___ Região.

Nestes termos,

pede deferimento.

Local e data.

Advogado

OAB n°

EGRÉGIO TRIBUNAL REGIONAL DO TRABALHO DA ____ REGIÃO

RAZÕES DO RECURSO ORDINÁRIO ADESIVO

I – PRELIMINAR DE MÉRITO

1. Do cerceamento de defesa

O Juízo "a quo" julgou procedente o pedido de adicional de periculosidade do recorrido, sem, no entanto, produzir a prova pericial. A decisão fundamentou-se somente na falta de contestação específica dos fatos.

Com fundamento no art. 195, *caput*, e § 2°, da CLT, se requerido o adicional de periculosidade, o juiz designará a produção da prova pericial. A ausência de tal prova implica o cerceamento de defesa e, portanto, a violação ao art. 5°, LV, da CF/88.

Diante do exposto, requer a nulidade da sentença e a remessa dos autos para o juízo que proferiu a decisão, a fim de que seja produzida a prova pericial.

II – MÉRITO

1. Do adicional de periculosidade

O Juízo "a quo" julgou procedente o pedido do recorrido, condenando a reclamada ao pagamento do adicional de periculosidade calculado sobre a remuneração do empregado.

A sentença não merece ser mantida, pois, nos termos do art. 193, § 1°, da CLT e da Súmula 191, I, do TST, o adicional de periculosidade incide apenas sobre o salário básico e não sobre este acrescido de outros adicionais.

Diante do exposto, requer a reforma da sentença, a fim de excluir da condenação o pagamento do adicional calculado sobre a remuneração do empregado, de modo a ser calculado exclusivamente sobre o salário básico do reclamante.

III – REQUERIMENTOS FINAIS

Diante do exposto, requer o conhecimento do presente recurso, bem como o acolhimento da preliminar de mérito para que seja determinada a nulidade da sentença e o retorno dos autos ao juízo de primeiro grau, a fim de que seja reaberta a instrução e, sucessivamente, no mérito, o seu provimento, para fins de reforma da sentença, para que seja afastada da condenação a base de cálculo do adicional de periculosidade sobre a remuneração do reclamante.

Nestes termos,

pede deferimento.

Local e data.

Advogado

OAB n°

ESPELHO DE CORREÇÃO

	QUESITOS AVALIADOS	FAIXA DE VALORES	ATENDIMENTO AO QUESITO
1. Fundamentação e consistência	**a)** Indicação da peça processual adequada: Recurso Ordinário Adesivo com fulcro no art. 895, I, da CLT, na Súmula 283 do TST e no art. 997, § 2º, do CPC c/c o art. 769 da CLT (0,50); **b)** petição de endereçamento: pedido de recebimento do apelo e remessa ao TRT (0,50); menção à interposição de recurso principal e sucumbência recíproca (1,00).	0,00/ 0,50/ 1,00/ 1,50/ 2,00	
2. Preliminar de mérito	**a) Cerceamento de defesa:** ausência de prova pericial (0,60); **b) adicional de periculosidade:** incidência sobre o salário básico e não sobre este acrescido de outros adicionais (0,00/ 1,20).	0,00/ 0,60/ 0,90/ 1,20/ 1,80	

	QUESITOS AVALIADOS	FAIXA DE VALORES	ATENDIMENTO AO QUESITO
3. Requerimentos finais	Conhecimento do recurso e provimento do mesmo (0,60), com a reforma da sentença (0,60).	0,00/ 0,60/ 1,20	
TOTAL			

CAPÍTULO 10

CONTRARRAZÕES

10.1. PREVISÃO LEGAL

As contrarrazões ao recurso estão previstas no art. 900 da CLT e têm o propósito de impugnar as razões recursais, defendendo a decisão recorrida.

10.2. FOLHA DE ROSTO

As contrarrazões são constituídas pela folha de rosto e pela folha de contrarrazões, sendo a primeira destinada ao juízo que proferiu a decisão recorrida.

Segue o exemplo:

AO DOUTO JUÍZO DA ____ VARA DO TRABALHO DE ____

Processo nº

NOME DO RECORRIDO, já qualificado nos autos em epígrafe, em que contende com **NOME DO RECORRENTE**, também qualificado, vem, respeitosamente, perante Vossa Excelência, por intermédio de seu advogado adiante assinado, com fulcro no **art. 900 da CLT, OFERECER:**

CONTRARRAZÕES AO RECURSO ORDINÁRIO

para o Egrégio Tribunal Regional do Trabalho da ____ Região.

Diante do exposto, requer o **recebimento** das contrarrazões apresentadas e sua remessa ao Egrégio Tribunal Regional do Trabalho.

Nestes termos,

pede deferimento.

Local e data.

Advogado

OAB n°

10.3. FOLHA DE CONTRARRAZÕES

As contrarrazões têm a seguinte estrutura:

I – Preliminares;

II – Prejudiciais;

III – Mérito; e

IV – Requerimentos Finais.

Segue o exemplo:

EGRÉGIO TRIBUNAL REGIONAL DO TRABALHO DA ____ REGIÃO

CONTRARRAZÕES AO RECURSO ORDINÁRIO

I – PRELIMINAR DE MÉRITO

Arguir a ausência dos pressupostos de admissibilidade, requerendo que seja denegado seguimento ao recurso.

II – PREJUDICIAIS MÉRITO

O recorrente postula a reforma da sentença quanto à prescrição para que ....

A sentença merece ser mantida, pois ....

Diante do exposto, requer que a sentença seja mantida para ....

III – MÉRITO

O recorrente postula a reforma da sentença para ....

A sentença merece ser mantida, pois ....

Diante do exposto, requer que a sentença seja mantida para ....

IV – REQUERIMENTOS FINAIS

Diante do exposto, requer o recebimento das contrarrazões, o acolhimento da preliminar de mérito para negar seguimento ao recurso por .... . Sucessivamente, quanto à prejudicial de mérito e o mérito, que seja negado provimento ao recurso, para que seja mantida a sentença.

Nestes termos,

pede deferimento,

Local e data

Advogado

OAB n°

10.4. CONTRARRAZÕES NO EXAME DE ORDEM

10.4.1. Exame de Ordem XX – Porto Velho – reaplicação (adaptado)

Renato trabalhou como motorista para o Restaurante Amargo Ltda., tendo sempre recebido salário fixo no valor de R$ 1.600,00 mensais. Diariamente dirigia um veículo com as refeições solicitadas pelos clientes, as quais eram entregues por um ajudante. Foi dispensado imotivadamente após dois anos de serviço. Ajuizou ação trabalhista distribuída à 99ª Vara do Trabalho de Teresina/PI, pleiteando diferenças salariais decorrentes da aplicação do piso salarial estipulado para os funcionários em bares e restaurantes, conforme a convenção coletiva firmada pelo sindicato dos bares e restaurantes com o sindicato dos garçons e ajudantes em bares e restaurantes, ambos do estado do Piauí.

Pleiteou salário *in natura* pelo uso de veículo do empregador, o qual ficava com Renato ao longo da semana útil, devendo deixá-lo na garagem do empregador durante o fim de semana de folga, bem como nas férias.

Pleiteou, ainda, a integração de diárias para viagem, recebidas no valor de R$ 400,00 por cada viagem ocorrida, relatando que ao longo do contrato viajou a serviço por três ocasiões, em três diferentes meses.

Por último, pleiteou diferenças salariais decorrentes de equiparação salarial com outro motorista, o qual inicialmente trabalhava como maître, mas por força de decisão do INSS, por limitação física, teve sua função alterada, quando percebia R$ 2.000,00 mensais.

Na audiência, após a apresentação de defesa com documentos, foram dispensados os depoimentos pessoais. A parte autora declarou não ter outras provas.

Dez dias após o encerramento normal da audiência, o juiz prolatou sentença de improcedência total dos pedidos, com custas fixadas em R$ 500,00. Inconformado, Renato, 15 dias após haver sido notificado da decisão de improcedência dos pedidos, apresentou a medida jurídica cabível para tentar revertê-la, sem juntar qualquer documento.

Você foi notificado como advogado(a) da empresa para apresentar a peça prático-profissional em nome de seu cliente. Redija a mesma apresentando os argumentos pertinentes. (Valor: 5,00)

RESOLUÇÃO

AO DOUTO JUÍZO DA 99ª VARA DO TRABALHO DE TERESINA/PI

Processo nº

RESTAURANTE AMARGO LTDA., já qualificado nos autos em epígrafe, em que contende com **RENATO**, também qualificado, vem, respeitosamente, perante Vossa Excelência, por seu advogado adiante assinado, com fulcro no **art. 900 da CLT, OFERECER:**

CONTRARRAZÕES AO RECURSO ORDINÁRIO

para o Egrégio Tribunal Regional do Trabalho 22ª Região.

Diante do exposto, requer o recebimento das contrarrazões apresentadas e sua posterior remessa ao E. Tribunal Regional do Trabalho.

Nestes termos,

pede deferimento.

Local e data.

Advogado.

OAB nº

EGRÉGIO TRIBUNAL REGIONAL DO TRABALHO DA 22ª REGIÃO

CONTRARRAZÕES AO RECURSO ORDINÁRIO

I – PRELIMINAR

1. Intempestividade e deserção

Somente 15 dias após haver sido notificado da decisão de improcedência dos pedidos, o recorrente interpôs o presente recurso e o fez sem juntar o comprovante de recolhimento das custas processuais, fixadas em R$ 500,00.

O prazo para interposição do recurso ordinário no Processo do Trabalho é de 8 dias, nos termos do art. 895, I, da CLT. Uma vez que o recurso foi interposto apenas no 15º dia após a notificação da decisão é intempestivo, razão pela qual não merece ser conhecido.

Outrossim, o art. 789, II e § 1º, da CLT estabelece que, no caso de total improcedência dos pedidos, o recorrente deve recolher 2% sobre o valor da causa, o que nesse caso corresponde a R$ 500,00, no prazo do recurso. Como o mesmo não juntou qualquer documento, nota-se que não houve recolhimento das custas processuais, sendo, portanto, o recurso deserto.

Diante do exposto, requer o não recebimento do presente recurso por ausência dos pressupostos de admissibilidade, tempestividade e/ou deserção.

II – MÉRITO

1. Diferenças salariais – piso salarial

O recorrente postula a reforma da sentença de improcedência quanto ao pedido de diferenças salariais decorrentes da aplicação do piso salarial estipulado para os funcionários em bares e restaurantes, de acordo com a convenção coletiva firmada pelo sindicato dos bares e restaurantes com o sindicato dos garçons e ajudantes em bares e restaurantes, ambos do estado do Piauí.

A sentença merece ser mantida, pois o autor, como motorista, é de categoria diferenciada, logo não é aplicável a ele a convenção coletiva firmada pelo sindicato dos bares e restaurantes com o sindicato dos garçons e ajudantes em bares e restaurantes. Nos moldes do art. 511, § 3º, da CLT, categoria profissional diferenciada é a que se forma pelos empregados que exerçam profissões ou funções diferenciadas por força de estatuto profissional especial ou em consequência de condições de vida singular, como é o caso do recorrente, sendo indevido o pleito de diferenças salariais baseado na norma coletiva mencionada.

Diante do exposto, requer que seja mantida a sentença quanto ao pedido em questão.

2. Salário *in natura*

O recorrente postula a reforma da sentença de improcedência quanto ao pedido de salário *in natura* pelo uso de veículo do empregador, o qual ficava com ele ao longo da semana útil, devendo deixá-lo na garagem do empregador durante o fim de semana de folga, bem como nas férias.

A sentença merece ser mantida, pois, consoante o art. 458, *caput,* CLT e Súmula 367, I, do TST, o autor não usava o veículo para fins privados, mas apenas para o trabalho, não tendo, portanto, caráter contraprestacional da verba.

Diante do exposto, requer que a sentença de improcedência seja mantida ao pedido de salário *in natura*.

3. Diárias de viagem

O recorrente postula a reforma da sentença de improcedência quanto ao pleito de integração de diárias para viagem, recebidas no valor de R$ 400,00 por cada viagem ocorrida, relatando que ao longo do contrato viajou a serviço por três ocasiões, em três diferentes meses.

A sentença merece ser mantida, pois, com base no art. 457, § 2º, da CLT, as diárias de viagem não possuem natureza salarial.

Diante do exposto, requer que seja mantida a sentença de improcedência do pedido de integração das diárias de viagem.

4. Equiparação salarial

O recorrente postula a reforma da sentença que julgou improcedente o pleito de diferenças salariais decorrentes de equiparação salarial com outro motorista, o qual inicialmente trabalhava como maître, mas por força de decisão do INSS, por limitação física, teve sua função alterada, quando percebia R$ 2.000,00 mensais.

A sentença merece ser mantida, pois, à luz do art. 461, § 4º, da CLT, empregado readaptado não pode ser paradigma para fins de equiparação salarial.

Diante do exposto, requer que a sentença de improcedência do pleito de diferenças salariais decorrentes da equiparação salarial seja mantida.

III – REQUERIMENTOS FINAIS

Diante do exposto, requer o acolhimento da preliminar para que seja denegado seguimento ao recurso do autor por deserção e intempestividade e, sucessivamente, no mérito, que seja negado provimento ao recurso, sendo mantida a sentença.

Nestes termos,

pede deferimento.

Local e data.

Advogado.

OAB nº

ESPELHO DE CORREÇÃO

DIREITO DO TRABALHO – PEÇA		
QUESITO AVALIADO	**FAIXA DE VALORES**	**ATENDIMENTO AO QUESITO**
Contrarrazões da ré: Petição endereçada ao juízo do trabalho da 99ª Vara do Trabalho de Teresina/PI (0,10); bem como razões endereçadas ao TRT/PI (0,10).	0,00/ 0,10/ 0,20	
Qualificação do recorrido (0,10) e do recorrente (0,10).	0,00/ 0,10/ 0,20	
Preliminar de intempestividade do recurso (0,40).	0,00/ 0,40	
Preliminar de deserção do recurso (0,40).	0,00/ 0,40	
Inaplicabilidade da norma coletiva invocada por ser categoria diferenciada (0,60); Citação do art. 511 da CLT (0,10).	0,00/ 0,60/ 0,70	

DIREITO DO TRABALHO – PEÇA		
QUESITO AVALIADO	**FAIXA DE VALORES**	**ATENDIMENTO AO QUESITO**
Descabimento do salário *in natura* pelo caráter contraprestacional (0,60); Citação do art. 458 da CLT (0,80).	0,00/ 0,60/ 0,80/ 1,40	
Improcedência da integração das diárias para viagem, pois não têm natureza salarial (0,50); Citação do art. 457, § 2º, da CLT (0,10).	0,00/ 0,50/ 0,60	
Improcedência de diferenças salariais por equiparação salarial, porque o modelo era readaptado, não servindo como paradigma (0,50); Citação do art. 461, § 4º, da CLT (0,10).	0,00/ 0,50/ 0,60	
Renovação do requerimento de acolhimento das preliminares: cerceamento de defesa caso acolhido o recurso do autor (0,10).	0,00/ 0,10	
Intempestividade (0,10).	0,00/ 0,10	
Deserção (0,10).	0,00/ 0,10	
Requerimento de manutenção da sentença (0,10).	0,00/ 0,10	
Local e Data, OAB, Advogado (0,10).	0,00/ 0,10	
TOTAL		

CAPÍTULO 11

EXECUÇÃO

11.1. TÍTULOS EXECUTÁVEIS NO PROCESSO DO TRABALHO

O art. 876 da CLT disciplina os títulos executivos trabalhistas, dividindo-os em judiciais e extrajudiciais. São eles:

a) **judiciais:** sentenças transitadas em julgado; sentenças sujeitas a recurso desprovido de efeito suspensivo; acordos judiciais não cumpridos.

b) **extrajudiciais:** termos de compromisso de ajustamento de conduta firmados perante o Ministério Público do Trabalho, termos de conciliação firmados perante a comissão de conciliação prévia.

Além desses, o cheque e a nota promissória também são títulos executáveis na Justiça do Trabalho. À luz do art. 13 da IN 39/2016 do TST, "por aplicação supletiva do art. 784, I do CPC (art. 15 do CPC), o **cheque e a nota promissória** emitidos em reconhecimento de dívida inequivocamente de natureza trabalhista também são títulos extrajudiciais para efeito de execução perante a Justiça do Trabalho", na forma dos arts. 876 e seguintes da CLT.

Também são títulos executivos extrajudiciais executáveis na Justiça do Trabalho as **multas inscritas na Dívida Ativa da União** provenientes dos autos de infração lavrados pelos Auditores Fiscais do Trabalho (art. 114, VII, da CF/88 e o art. 784, IX, do CPC).

Vale destacar que nos termos do parágrafo único do art. 876 da CLT, da Súmula 368, I, do TST e da Súmula Vinculante 53 do STF, serão executados de ofício pela Justiça do Trabalho os **créditos previdenciários devidos em decorrência das sentenças ou acordos proferidos pelos juízes e Tribunais do Trabalho.**

Impende destacar que a arbitragem é cabível nos dissídios coletivos (art. 114, § 1º, da CF) e nos dissídios individuais cujos contratos de trabalho tenham remuneração superior a duas vezes o limite máximo estabelecido para os benefícios do Regime Geral de Previdência Social, desde que pactuada cláusula compromissória de arbitragem, por iniciativa do empregado ou mediante a sua concordância expressa, antes ou após o término do contrato (art. 507-A da CLT). Portanto, a **sentença arbitral**, quando condenatória, é um título executivo, podendo ser executada na Justiça do Trabalho (art. 31 da Lei nº 9.307/96).

11.2. INÍCIO DA EXECUÇÃO

A execução será promovida pelas partes, permitida a execução de ofício pelo juiz ou pelo Presidente do Tribunal apenas nos casos em que as partes não estiverem representadas por advogado (art. 878 da CLT).

11.3. LEGISLAÇÃO SUBSIDIÁRIA

Na execução do Processo do Trabalho aplicam-se os arts. 876 e seguintes da CLT. Subsidiariamente, aplica-se a Lei de Execução Fiscal (Lei nº 6.830/80) e, posteriormente, o CPC. Assim, ordena o art. 889 da CLT.

> Art. 889 da CLT. Aos trâmites e incidentes do processo da execução são aplicáveis, naquilo em que não contravierem ao presente Título, os preceitos que regem o processo dos executivos fiscais para a cobrança judicial da dívida ativa da Fazenda Pública Federal.

11.4. TRÂMITE DA LIQUIDAÇÃO E EXECUÇÃO

Sempre que a sentença for ilíquida, far-se-á necessária a sua liquidação, que poderá ocorrer em três modalidades: cálculos, arbitramento e pelo procedimento comum (art. 879 da CLT):

a) **Cálculos:** a liquidação mediante cálculos depende apenas de simples operações aritméticas, pois a sentença oferece todos os elementos necessários para determinar o valor condenatório.

b) **Arbitramento:** consiste em exame pericial, de pessoas ou coisas, com a finalidade de apurar o quantum relativo à obrigação pecuniária que deverá ser adimplida pelo devedor, ou, em determinados casos, de individualizar, com precisão, o objeto da condenação. Ressalte-se desde já que, nessa hipótese, o juiz nomeará o perito e fixará o prazo para a entrega do laudo pericial, conforme estabelece o art. 510 do CPC. Constate:

> **Art. 510 do CPC.** Na liquidação por arbitramento, o juiz intimará as partes para a apresentação de pareceres ou documentos elucidativos, no prazo que fixar, e, caso não possa decidir de plano, nomeará perito, observando-se, no que couber, o procedimento da prova pericial.

c) **Procedimento comum:** a liquidação por artigos, mencionada no art. 879 da CLT, teve seu nome trocado para liquidação pelo procedimento comum com o atual Código de Processo Civil, sendo a nova nomenclatura adotada no Processo do Trabalho também. Impõe-se a liquidação pelo procedimento comum quando há necessidade de alegar e provar fatos novos, para quantificar ou individualizar o objeto da condenação (art. 509, II, do CPC). Após a apresentação dos cálculos pelo requerente, o juiz determinará a intimação do requerido, na pessoa de seu advogado ou da sociedade de advogados a que estiver vinculado, para, querendo, apresentar contestação no prazo de 15 (quinze) dias (art. 511 do CPC). Observe:

> **Art. 511 do CPC.** Na liquidação pelo procedimento comum, o juiz determinará a intimação do requerido, na pessoa de seu advogado ou da sociedade de advogados a que estiver vinculado, para, querendo, apresentar contestação no prazo de 15 (quinze) dias observando-se, a seguir, no que couber, o disposto no Livro I da Parte Especial desse Código.

Na liquidação não será possível modificar ou inovar a sentença liquidanda, nem discutir matéria pertinente à causa principal (art. 879, § 1°, da CLT).

Em se tratando de liquidação por cálculos, os cálculos de liquidação, inclusive quanto às contribuições previdenciárias, poderão ser apresentados pelas partes ou pelos órgãos auxiliares da Justiça do Trabalho, ou pelo perito na hipótese de cálculos complexos, a critério do juiz (art. 879, §§ 3° e 6°, da CLT), que, preferencialmente, deverá intimar as partes para apresentá-lo (art. 879, § 1°-B, da CLT).

Após a apresentação dos cálculos, o juiz **deverá** permitir a manifestação das partes quanto aos cálculos no prazo **comum de 8 dias**, sob pena de **preclusão** (art. 879, § 2°, da CLT)[1].

Em seguida, nos termos do § 3° do art. 879 da CLT, a **União** será intimada para se manifestar, no prazo de 10 dias, em relação às contribuições previdenciárias, sob pena de preclusão.

Após o retorno, os autos serão conclusos para apreciação dos cálculos pelo juiz, que em seguida proferirá a **sentença de liquidação.**

Proferida a sentença de liquidação, é expedido **mandado de citação** e penhora, a ser cumprido por oficial de justiça (art. 880, § 2°, da CLT), para que o executado pague ou garanta o juízo, no prazo de 48 horas.

Para garantia do juízo, o executado poderá **depositar o valor da execução**, **nomear bens** à penhora ou **oferecer seguro-garantia judicial** (art. 882 da CLT).

---

1 **Art. 14, IN 41/2018, TST.** A regra inscrita no art. 879, § 2°, da CLT , quanto ao dever de o juiz conceder prazo comum de oito dias para impugnação fundamentada da conta de liquidação, não se aplica à liquidação de julgado iniciada antes de 11 de novembro de 2017.

Caso o executado não pague ou garanta o juízo, o juiz mandará penhorar tantos bens quantos bastem para a garantia do juízo (art. 883 do CLT), observada a ordem de penhora prevista no 835 do CPC.

Art. 835 do CPC. A penhora observará, preferencialmente, a seguinte ordem:

I – dinheiro, em espécie ou em depósito ou aplicação em instituição financeira;

II – títulos da dívida pública da União, dos Estados e do Distrito Federal com cotação em mercado;

III – títulos e valores mobiliários com cotação em mercado;

IV – veículos de via terrestre;

V – bens imóveis;

VI – bens móveis em geral;

VII – semoventes;

VIII – navios e aeronaves;

IX – ações e quotas de sociedades simples e empresárias;

X – percentual do faturamento de empresa devedora;

XI – pedras e metais preciosos;

XII – direitos aquisitivos derivados de promessa de compra e venda e de alienação fiduciária em garantia;

XIII – outros direitos.

§ 1º É prioritária a penhora em dinheiro, podendo o juiz, nas demais hipóteses, alterar a ordem prevista no *caput* de acordo com as circunstâncias do caso concreto.

§ 2º Para fins de substituição da penhora, equiparam-se a dinheiro a fiança bancária e o seguro garantia judicial, desde que em valor não inferior ao do débito constante da inicial, acrescido de trinta por cento.

§ 3º Na execução de crédito com garantia real, a penhora recairá sobre a coisa dada em garantia, e, se a coisa pertencer a terceiro garantidor, este também será intimado da penhora.

A exigência da garantia ou penhora não se aplica às **entidades filantrópicas e/ou àqueles que compõem ou compuseram a diretoria** dessas instituições (art. 884, § 6º, da CLT)[2].

Garantido o juízo, o executado terá 5 dias para apresentar **embargos à execução**, e o exequente, o mesmo prazo para apresentar **impugnação à**

2 **Art. 16, IN 41/2018, TST.** O art. 884, § 6º, da CLT aplica-se às entidades filantrópicas e seus diretores, em processos com execuções iniciadas após 11 de novembro de 2017.

sentença de liquidação, sendo ambas as petições endereçadas ao juiz da execução.

Após a manifestação das partes por meio de embargos à execução e impugnação à sentença de liquidação, o juiz proferirá **decisão** definitiva na execução (art. 884, § 4º, da CLT), na qual serão julgados, concomitantemente, os embargos e a impugnação. A sentença na execução poderá ser impugnada por meio de agravo de petição (art. 897, "a", da CLT).

O acórdão proferido pelo TRT em agravo de petição poderá ser impugnado por meio do recurso de revista para o TST, desde que haja ofensa à Constituição no julgado (art. 896, § 2º, da CLT). Ressalte-se, entretanto, que cabe recurso de revista por violação à lei federal, por divergência jurisprudencial e por ofensa à Constituição Federal nas execuções fiscais e nas controvérsias da fase de execução que envolvam a Certidão Negativa de Débitos Trabalhistas (art. 896, § 10, da CLT).

Após o trânsito em julgado da execução é o momento de satisfazer o crédito do exequente, iniciam-se os **atos de encerramento da execução.**

Nesse momento, devemos observar o que está garantindo o juízo. Assim, se para garantia do juízo o executado depositou a quantia devida em dinheiro, o juiz por simples despacho determinará sua liberação (art. 899, § 1.º, da CLT). Caso, entretanto, o executado tenha nomeado outros bens à penhora, poderá ocorrer a adjudicação, a alienação por iniciativa particular ou o leilão.

O meio expropriatório preferencial é a adjudicação pelo próprio exequente por preço não inferior ao da avaliação (art. 876 do CPC).

Não efetivada a adjudicação, o exequente poderá solicitar a alienação do bem por iniciativa particular ou por intermédio de corretor ou leiloeiro público credenciado perante o órgão judiciário (art. 880 do CPC).

Logo, somente em última hipótese é que se fará a alienação do bem em leilão (art. 886 do CPC), dando preferência para que a alienação seja realizada por meio eletrônico (rede mundial de computadores), com uso de páginas virtuais criadas pelos Tribunais ou por entidades públicas ou privadas; e não sendo possível a sua realização por meio eletrônico, o leilão será presencial (art. 882 do CPC).

Assim, penhorados os bens necessários à garantia do juízo e resolvidos eventuais embargos, o exequente será notificado para manifestar sua intenção ou não pela adjudicação dos bens, nunca por preço inferior ao da avaliação, permitindo-se ao credor, caso não deseje exercer a adjudicação, que requeira a sua alienação por iniciativa própria ou por intermédio de corretor credenciado perante a autoridade judiciária laboral.

A hasta pública deverá ser anunciada em edital afixado na sede do juízo ou tribunal e publicado no jornal local, se houver, com a antecedência de 20 dias (art. 888 da CLT).

A arrematação será realizada pelo maior lance (art. 888, § 1.º, da CLT). Entretanto, não se admitirá preço vil, ou seja, inferior a 50% do valor da avaliação (art. 891 do CPC).

O arrematante deverá garantir o lance com o sinal correspondente a 20% do seu valor, pagando o restante dentro de 24 horas, sob pena de perder o preço da arrematação em benefício da execução, voltando à praça os bens executados (art. 888, §§ 2º e 4.º, da CLT).

Não havendo licitante e não requerendo o exequente a adjudicação dos bens penhorados, poderão eles ser vendidos por leiloeiro nomeado pelo juiz (art. 888, § 3.º, da CLT).

Prefere a adjudicação à remição, que consiste no pagamento tempestivo dos valores devidos, a fim de evitar a expropriação do bem.

11.5. BENS PENHORÁVEIS E IMPENHORÁVEIS

São impenhoráveis, absolutamente **impenhoráveis:**

a) os bens descritos no art. 833 do CPC;

b) o bem de família previsto na Lei nº 8.009/90 (abrange pessoas solteiras, viúvas e separadas – Súmula 364 do STJ); e

c) as contas do FGTS dos trabalhadores (art. 2°, § 2°, da Lei nº 8.036/90).

Acerca da **penhora *on-line*** cumpre ressaltar que:

- Na execução definitiva, o juiz **sempre** pode realizar a penhora *on-line*, inclusive afastando outro bem já nomeado à penhora pelo executado (Súmula 417 do TST).
- Na execução provisória, o juiz só não pode realizar a penhora *on-line* quando o executado nomear outros bens à penhora mais eficazes e menos onerosos, sob pena de manutenção dos atos executivos já determinados (art. 805, parágrafo único, do CPC). Neste caso, se há garantia do juízo, não é possível bloquear dinheiro, pois a execução tem de ocorrer da forma menos gravosa possível para o executado. Nos moldes da OJ 59 da SDI-2 do TST, a carta de fiança bancária e o seguro garantia judicial, desde que em valor não inferior ao do débito em execução, acrescido de 30%, equivalem a dinheiro para efeito de gradação dos bens penhoráveis, estabelecida no art. 835 do CPC de 2015 (art. 655 do CPC de 1973).

Saliente-se que o bloqueio de dinheiro e sua conversão em penhora devem observar o procedimento previsto no art. 854 do CPC:

Art. 854 do CPC. Para possibilitar a penhora de dinheiro em depósito ou em aplicação financeira, o juiz, **a requerimento do exequente**, **sem dar ciência prévia do ato ao executado**, determinará às instituições financeiras, por meio de sistema eletrônico gerido pela autoridade supervisora do sistema financeiro nacional, que torne indisponíveis ativos financeiros existentes em nome do executado, limitando-se a indisponibilidade ao valor indicado na execução.

§ 1º No **prazo de 24 (vinte e quatro) horas** a contar da resposta, de ofício, o **juiz determinará o cancelamento** de eventual indisponibilidade excessiva, o que deverá ser cumprido pela instituição financeira em **igual prazo.**

§ 2º Tornados indisponíveis os ativos financeiros do **executado, este será intimado na pessoa de seu advogado** ou, não o tendo, pessoalmente.

§ 3º Incumbe ao executado, no **prazo de 5 (cinco) dias**, comprovar que:

I – as quantias tornadas indisponíveis são **impenhoráveis**;

II – ainda remanesce **indisponibilidade excessiva** de ativos financeiros.

§ 4º Acolhida qualquer das arguições dos incisos I e II do § 3º, o juiz determinará o cancelamento de eventual indisponibilidade irregular ou excessiva, a ser cumprido pela instituição financeira em 24 (vinte e quatro) horas.

§ 5º Rejeitada ou não apresentada a manifestação do executado, converter-se-á a indisponibilidade em penhora, sem necessidade de lavratura de termo, devendo o juiz da execução determinar à instituição financeira depositária que, no prazo de 24 (vinte e quatro) horas, transfira o montante indisponível para conta vinculada ao juízo da execução.

§ 6º Realizado o pagamento da dívida por outro meio, o juiz determinará, imediatamente, por sistema eletrônico gerido pela autoridade supervisora do sistema financeiro nacional, a notificação da instituição financeira para que, em até 24 (vinte e quatro) horas, cancele a indisponibilidade.

§ 7º As transmissões das ordens de indisponibilidade, de seu cancelamento e de determinação de penhora previstas neste artigo far-se-ão por meio de sistema eletrônico gerido pela autoridade supervisora do sistema financeiro nacional.

§ 8º A instituição financeira será responsável pelos prejuízos causados ao executado em decorrência da indisponibilidade de ativos financeiros em valor superior ao indicado na execução ou pelo juiz, bem como na hipótese de não cancelamento da indisponibilidade no prazo de 24 (vinte e quatro) horas, quando assim determinar o juiz.

§ 9º Quando se tratar de execução contra partido político, o juiz, a requerimento do exequente, determinará às instituições financeiras, por meio de sistema eletrônico gerido por autoridade supervisora do sistema bancário, que tornem indisponíveis ativos financeiros somente em nome do órgão partidário que tenha contraído a dívida executada ou que tenha dado causa à violação de direito ou ao dano, ao qual cabe exclusivamente a responsabilidade pelos atos praticados, na forma da lei.

Em síntese:

- Primeiro ocorre um bloqueio de valores que depois será convolado em penhora, observado o seguinte procedimento:
- a) a requerimento do exequente, sem dar ciência prévia ao executado, o juiz determinará as instituições financeiras a indisponibilidade de valores em nome do executado;
- b) em 24 horas, a contar da resposta da instituição financeira, o juiz determinará o cancelando do excesso;
- c) terá a instituição financeira também 24 horas para promover o cancelamento;
- d) o executado será intimado do bloqueio para se manifestar em 5 dias. A intimação será na pessoa de seu advogado ou pessoalmente, se não houver;
- e) a manifestação só poderá ser em 2 sentidos: excesso de bloqueio ou impenhorabilidade;
- f) a não manifestação em 5 dias implica preclusão;
- g) não apresentada a manifestação ou se rejeitada a manifestação, o bloqueio será convertido em penhora e determinada a transferência do dinheiro para conta vinculada ao juízo.

Com fundamento no art. 866 do CPC de 2015, é admissível a **penhora sobre a renda mensal ou faturamento de empresa**, limitada a percentual, que não comprometa o desenvolvimento regular de suas atividades, desde que não haja outros bens penhoráveis ou, havendo outros bens, eles sejam de difícil alienação ou insuficientes para satisfazer o crédito executado (OJ 93, SDI-2, do TST).

11.6. INCIDENTE DE DESCONSIDERAÇÃO DA PERSONALIDADE JURÍDICA

A desconsideração da personalidade jurídica do executado permite que os atos executórios alcancem os bens particulares dos sócios, segundo duas teorias:

a) quando se verifica a insuficiência do patrimônio societário (teoria menor), e

b) quando se verifica a insuficiência do patrimônio societário e, concomitantemente, restar comprovado o abuso da personalidade jurídica, caracterizado pelo desvio de finalidade, ou pela confusão patrimonial (teoria maior).

A teoria menor está pautada no art. 28, § 5º, do CDC:

> **Art. 28.** O juiz poderá desconsiderar a personalidade jurídica da sociedade quando, em detrimento do consumidor, houver abuso de direito, excesso de poder, infração da lei, fato ou ato ilícito ou violação dos estatutos ou contrato social. A desconsideração também será efetivada quando houver falência, estado de insolvência, encerramento ou inatividade da pessoa jurídica provocados por má administração.
>
> (...)
>
> § 5.º Também poderá ser desconsiderada a pessoa jurídica sempre que sua personalidade for, de alguma forma, obstáculo ao ressarcimento de prejuízos causados aos consumidores.

Por sua vez, a teoria maior está prevista no art. 50 do CC:

> Art. 50. Em caso de abuso da personalidade jurídica, caracterizado pelo desvio de finalidade, ou pela confusão patrimonial, pode o juiz decidir, a requerimento da parte, ou do Ministério Público quando lhe couber intervir no processo, que os efeitos de certas e determinadas relações de obrigações sejam estendidos aos bens particulares dos administradores ou sócios da pessoa jurídica.

A teoria menor, prevista no art. 28, § 5º, do CDC, é aplicável ao Processo do Trabalho, pois está em consonância com os princípios da celeridade, proteção ao trabalhador hipossuficiente, da efetividade da execução trabalhista e do privilégio do crédito laboral, merecendo plena aplicação ao Processo do Trabalho.

Desta forma, basta que se verifique a insuficiência de bens por parte da pessoa jurídica para arcar com a condenação trabalhista, para que seja possível a desconsideração de sua personalidade jurídica da empresa, visto que esta constitui obstáculo ao ressarcimento de prejuízos causados aos consumidores.

O CPC instituiu regras para o seu processamento, nos arts. 133 a 137, e a CLT, no art. 855-A, determina que são aplicáveis ao Processo do Trabalho[3].

Institui o art. 133 do CPC que o incidente de desconsideração da personalidade jurídica será instaurado a pedido da parte ou do Ministério Público.

O requerimento suspende o processo e o requerente deve demonstrar o preenchimento dos pressupostos legais específicos para desconsideração

---

3 **Art. 13, IN 41/2018, TST.** A partir da vigência da Lei nº 13.467/2017, a iniciativa do juiz, na execução de que trata o art. 878 da CLT e no incidente de desconsideração da personalidade jurídica a que alude o art. 855-A da CLT, ficará limitada aos casos em que as partes não estiverem representadas por advogado.

Art. 17, IN 41/2018, TST. O incidente de desconsideração da personalidade jurídica, regulado pelo CPC (arts. 133 a 137), aplica-se ao processo do trabalho, com as inovações trazidas pela Lei nº 13.467/2017.

da personalidade jurídica, ou seja, a insuficiência de patrimônio da pessoa demandada (teoria menor – art. 28, § 5º, do CDC).

A pessoa jurídica ou o sócio será citado para se manifestar e requerer as provas cabíveis no prazo de 15 dias, sendo a decisão interlocutória (art. 135 do CPC).

Acolhido o pedido de desconsideração, a alienação ou a oneração de bens, havida em fraude de execução, será ineficaz em relação ao requerente (art. 137 do CPC).

Ressalte-se que, é possível também a desconsideração inversa da personalidade jurídica (art. 133, § 2º, do CPC), a qual ocorre quando se litiga contra o indivíduo e busca-se bens na pessoa jurídica.

Dispensa-se a instauração do incidente se a desconsideração da personalidade jurídica for requerida na petição inicial, hipótese em que será citado o sócio ou a pessoa jurídica (art.134, § 2º, do CPC).

Quanto aos recursos, esclarece o art. 855-A, § 1º, da CLT que da decisão interlocutória que acolher ou rejeitar o incidente:

a) na fase de cognição, não cabe recurso de imediato, na forma do art. 893, § 1º, da CLT;

b) na fase de execução, cabe agravo de petição, independentemente de garantia do juízo;

c) cabe agravo interno, se proferida pelo relator em incidente instaurado originariamente no tribunal.

A instauração do incidente suspenderá o processo, sem prejuízo de concessão da tutela de urgência de natureza cautelar de que trata o art. 301 do CPC (art. 855-A, § 2º, da CLT), sendo muito utilizada para o bloqueio de contas.

Em síntese:

- O incidente será processado a requerimento da parte ou do Ministério Público do Trabalho;
- O requerimento suspende o processo;
- A pessoa jurídica ou o sócio será citado para manifestar-se e requerer as provas cabíveis no prazo de 15 dias;
- A decisão é interlocutória;
- Se examinado na fase de cognição, não cabe recurso de imediato;
- Se examinado na fase de execução, cabe agravo de petição, independentemente de garantia do juízo;

- Se apreciado pelo relator, em incidente instaurado originariamente no tribunal (CPC, art. 932, inciso VI), caberá agravo interno.

11.7. PRESCRIÇÃO INTERCORRENTE

O art. 11-A, *caput* e §§ 1º e 2º, da CLT[4] torna aplicável a prescrição intercorrente mediante requerimento ou de ofício no Processo do Trabalho, de modo que a Súmula 114 do TST, que determina o contrário, deve ser cancelada.

Observe o disposto no art. 11-A, § 1º, da CLT:

> **Art. 11-A, CLT.** Ocorre a prescrição intercorrente no Processo do Trabalho no prazo de dois anos.
>
> § 1º A fluência do prazo prescricional intercorrente inicia-se quando o exequente deixa de cumprir determinação judicial no curso da execução.
>
> § 2º A declaração da prescrição intercorrente pode ser requerida ou declarada de ofício em qualquer grau de jurisdição.

A prescrição intercorrente é a perda de um direito pelo decurso do tempo, em razão da inércia da parte, que não toma iniciativa no sentido de praticar atos processuais necessários para a execução da dívida, paralisando o processo, por mais de 2 anos.

Ressalte-se que, só há prescrição intercorrente quando o exequente deixar de praticar ato que dependa exclusivamente dele para a continuação da execução. É comum na liquidação por procedimento comum, em que a continuação do processo depende do exequente alegar e provar fatos novos (art. 509, II, do CPC).

A prescrição intercorrente aplica-se nos processos em curso antes da reforma trabalhista quando a intimação para o cumprimento de decisão judicial ocorrer após 11.11.2017 (arts. 2º e 21, IN 41/2018, TST).

11.8. MULTA DO ART. 523, § 1º, DO CPC

O Pleno do Tribunal Superior do Trabalho decidiu (IRR-1786-24.2015.5.04.0000), por maioria, que o art. 523, § 1º, do Código de Processo Civil é incompatível com o processo do trabalho. O dispositivo (antigo art. 475-J do CPC de 1973) prevê multa de 10% sobre o valor do débito caso o pagamento

4 **Art. 2º, IN 41/2018, TST.** O fluxo da prescrição intercorrente conta-se a partir do descumprimento da determinação judicial a que alude o § 1º do art. 11-A da CLT , desde que feita após 11 de novembro de 2017 (Lei nº 13.467/2017).

não seja feito de forma voluntária no prazo de 15 dias. A decisão, por 14 votos a 11, se deu em julgamento de incidente de recurso repetitivo, e o entendimento adotado deverá ser aplicado a todos os casos que tratam de matéria semelhante.

A tese jurídica fixada no julgamento, de observância obrigatória nos demais casos sobre a mesma matéria, foi a seguinte: "A multa coercitiva do artigo 523, parágrafo 1º, do CPC (antigo artigo 475-J do CPC de 1973) não é compatível com as normas vigentes da CLT por que se rege o processo do trabalho, ao qual não se aplica".

11.9. EMBARGOS À EXECUÇÃO

11.9.1. Previsão legal

Os embargos à execução representam a manifestação do executado.

Consoante o § 1° do art. 884 da CLT, poderão ser arguidas nos embargos à execução as seguintes **matérias:** cumprimento da decisão, quitação ou prescrição da dívida (art. 884, § 1º, da CLT).

> **Art. 884, § 1º, da CLT.** A matéria de defesa será restrita às alegações de cumprimento da decisão ou do acordo, quitação ou prescrição da dívida.

O art. 11-A, *caput* e §§ 1º e 2º, da CLT torna aplicável a prescrição intercorrente mediante requerimento ou de ofício no Processo do Trabalho, de modo que a Súmula 114 do TST, que determina o contrário, deve ser cancelada.

Verifique o disposto no art. 11-A, § 1º, da CLT:

> **Art. 11-A, CLT.** Ocorre a prescrição intercorrente no Processo do Trabalho no prazo de dois anos.
>
> § 1º A fluência do prazo prescricional intercorrente inicia-se quando o exequente deixa de cumprir determinação judicial no curso da execução.
>
> § 2º A declaração da prescrição intercorrente pode ser requerida ou declarada de ofício em qualquer grau de jurisdição.

Prescrição intercorrente é a perda de um direito pelo decurso do tempo, em razão da inércia da parte, que não toma iniciativa no sentido de praticar atos processuais necessários para a execução da dívida, paralisando o processo, por mais de 2 anos.

Ressalte-se que, só há prescrição intercorrente quando o exequente deixar de praticar ato que dependa exclusivamente dele para a continuação da execução. É comum na liquidação por procedimento comum em que a continuação do processo depende do exequente alegar e provar fatos novos (art. 509, II, do CPC).

Ressalte-se que, nos embargos, o executado poderá arguir a inexigibilidade do título quando a sentença executada tiver por fundamento lei ou ato normativo declarados inconstitucionais pelo STF ou estiver fundamentada em aplicação ou interpretação tidas por incompatíveis com a constituição. Verifique o teor do art. 884, § 5º, da CLT:

> **Art. 884, § 5º, da CLT.** Considera-se inexigível o título judicial fundado em lei ou ato normativo declarados inconstitucionais pelo Supremo Tribunal Federal ou em aplicação ou interpretação tidas por incompatíveis com a Constituição Federal.

Sua interposição é dependente da garantia do juízo, eis que seu prazo de 5 dias se inicia somente após o cumprimento desse requisito. Os embargos à execução, no Processo do Trabalho, tramitam nos mesmos autos da execução.

11.9.2. Estrutura dos embargos à execução

AO DOUTO JUÍZO DA _________ VARA DO TRABALHO DE _______________.

Processo nº

NOME DO EMBARGANTE, já qualificado nos autos em epígrafe, em que contende com **NOME DO EMBARGADO**, também qualificado, vem, respeitosamente, perante Vossa Excelência, através de seu advogado adiante assinado, com fulcro no **art. 884 da CLT, APRESENTAR:**

EMBARGOS À EXECUÇÃO

pelas razões de fato e de direito a seguir expostos:

I – FATOS

Proferida sentença condenatória transitada em julgado, foi iniciada a fase de liquidação. O sr. perito calculista foi intimado a elaborar a conta, a qual foi homologada pelo juiz. Expedido mandado de citação, o executado nomeou bens à penhora, garantindo o juízo. No prazo legal apresenta os presentes embargos com o objetivo de impugnar os cálculos homologados.

II – REQUISITOS ESPECÍFICOS

Destaca-se o atendimento dos seguintes requisitos dos embargos à execução:

a) a garantia integral do juízo: o embargante garantiu integralmente o juízo através _____, com base no art. 880 da CLT;

b) a tempestividade: os embargos são apresentados no prazo de 5 dias contados da garantia no dia, observado o disposto no art. 884 da CLT;

c) as custas: no valor de R$ 44,26, que serão pagas pelo executado ao final da execução, consoante determinado pelo art. 789-A, V, da CLT;

III – MÉRITO

1. Do adicional de horas extras

Muito embora o reclamado, em sentença transitada em julgado, tenha sido condenado a pagar horas extras diárias, acrescidas de 50%, bem como reflexos, ao elaborar os cálculos, o sr. perito computou 100% de adicional de horas extras e o juiz os homologou nestes termos.

Segundo o art. 879, § 1º, da CLT, não se poderá modificar ou inovar a sentença liquidanda, nem discutir matéria pertinente à causa principal. A homologação dos cálculos contrariando os limites impostos pelo título executivo judicial implica violação à coisa julgada e, portanto, ao art. 5º, XXXVI, da CF.

Diante do exposto, requer a correção dos cálculos apresentados pelo perito, para considerar o adicional de horas extras de apenas 50%.

IV – REQUERIMENTOS FINAIS

Diante do exposto, requer o recebimento dos embargos, a notificação do embargado para manifestar-se no prazo de 5 dias e a procedência dos pedidos formulados.

Nestes termos,

pede deferimento.

Local e data

Advogado

OAB nº

11.10. IMPUGNAÇÃO À SENTENÇA DE LIQUIDAÇÃO

11.10.1. Previsão legal

A impugnação à sentença de liquidação está prevista no art. 884, *caput*, e § 3º, da CLT. Nos termos desse artigo, o exequente, a partir da garantia do juízo, poderá impugnar a sentença de liquidação no prazo de 5 dias.

> **Art. 884 da CLT.** Garantida a execução ou penhorados os bens, terá o executado 5 (cinco) dias para apresentar embargos, cabendo igual prazo ao exequente para impugnação.

(...)

§ 3º Somente nos embargos à penhora poderá o executado impugnar a sentença de liquidação, cabendo ao exequente igual direito e no mesmo prazo.

11.10.2. Estrutura da impugnação à sentença de liquidação

AO DOUTO JUÍZO DA _____ VARA DO TRABALHO DE _____.

Processo no

NOME DO IMPUGNANTE, já qualificado nos autos em epígrafe, em que contende com **NOME DO IMPUGNADO**, também qualificado, vem, respeitosamente, perante Vossa Excelência, através de seu advogado adiante assinado, com fulcro no **art. 884, *caput*, § 3º, da CLT, APRESENTAR:**

IMPUGNAÇÃO À SENTENÇA DE LIQUIDAÇÃO

pelos motivos fáticos e jurídicos a seguir expostos:

I – FATOS

II – REQUISITOS ESPECÍFICOS

A – TEMPESTIVIDADE

A presente medida é tempestiva, posto que observou o prazo legal de 5 dias, contados a partir da ciência da garantia do juízo, previsto no art. 884, *caput*, da CLT.

B – CUSTAS

As custas processuais, fixadas no valor de R$ 55,35, que serão pagas pelo executado ao final da execução, consoante determinado pelo art. 789-A, VII, da CLT;

III – MÉRITO

1. Das horas extras

Muito embora ao reclamante tenha sido assegurado, em sentença transitada em julgado, 2 horas extras por dia, o sr. Perito computou apenas 1 horas extra diária e os cálculos foram homologados nestes termos.

Segundo o art. 879, § 1º, da CLT, não se poderá modificar ou inovar a sentença liquidanda, nem discutir matéria pertinente à causa principal. A homologação dos cálculos contrariando os limites impostos pelo título executivo judicial implica a violação à coisa julgada e, portanto, ao art. 5º, XXXVI, da CF.

Diante do exposto, requer a correção dos cálculos apresentados pelo sr. Perito, a fim de que sejam computadas as 2 horas extras deferidas.

IV – REQUERIMENTOS FINAIS

Diante do exposto, requer o recebimento da impugnação à sentença de liquidação, a notificação do executado para manifestar-se no prazo de 5 dias e a procedência dos pedidos formulados.

Nestes termos,

pede deferimento.

Local e data

Advogado

OAB nº

11.11. EMBARGOS DE TERCEIRO

11.11.1. Previsão legal

A CLT é omissa sobre os embargos de terceiro, motivo pelo qual são aplicados, subsidiariamente, os arts. 674 a 681 do CPC.

À luz do art. 674 do CPC, os embargos de terceiro são a medida cabível para aquele que, não sendo parte no processo, sofrer constrição ou ameaça de constrição sobre bens que possua ou sobre os quais tenha direito incompatível com o ato constritivo, poderá requerer seu desfazimento ou sua inibição por meio de embargos de terceiro:

> **Art. 674 do CPC.** Quem, não sendo parte no processo, sofrer constrição ou ameaça de constrição sobre bens que possua ou sobre os quais tenha direito incompatível com o ato constritivo, poderá requerer seu desfazimento ou sua inibição por meio de embargos de terceiro.
>
> § 1º Os embargos podem ser de terceiro proprietário, inclusive fiduciário, ou possuidor.
>
> § 2º Considera-se terceiro, para ajuizamento dos embargos:
>
> I – o cônjuge ou companheiro, quando defende a posse de bens próprios ou de sua meação, ressalvado o disposto no art. 843;
>
> II – o adquirente de bens cuja constrição decorreu de decisão que declara a ineficácia da alienação realizada em fraude à execução;
>
> III – quem sofre constrição judicial de seus bens por força de desconsideração da personalidade jurídica, de cujo incidente não fez parte;
>
> IV – o credor com garantia real para obstar expropriação judicial do objeto de direito real de garantia, caso não tenha sido intimado, nos termos legais dos atos expropriatórios respectivos.

Os embargos de terceiro possuem natureza jurídica de ação incidental conexa ao processo de conhecimento ou de execução, segundo o caso.

No **processo de conhecimento**, os embargos de terceiro têm lugar enquanto não transitar em julgado a sentença ou acórdão.

Já na **execução**, a ação pode ser ajuizada até 5 dias depois da adjudicação, da alienação por iniciativa particular ou da arrematação, mas sempre antes da assinatura da respectiva carta (art. 675 do CPC).

> **Art. 675 do CPC.** Os embargos podem ser opostos a qualquer tempo no processo de conhecimento enquanto não transitada em julgado a sentença e, no cumprimento de sentença ou no processo de execução, até 5 (cinco) dias depois da adjudicação, da alienação por iniciativa particular ou da arrematação, mas sempre antes da assinatura da respectiva carta.
>
> Parágrafo único. Caso identifique a existência de terceiro titular de interesse em embargar o ato, o juiz mandará intimá-lo pessoalmente.

Os embargos de terceiro tramitam em autos apartados, devendo ser distribuídos "por dependência" aos autos que originaram a constrição dos bens de parte alheia ao processo (art. 676 do CPC).

Além das exigências previstas pelo art. 319 do CPC, a petição inicial dos embargos de terceiro deve atender aos seguintes requisitos específicos (art. 677, *caput*, do CPC):

a) prova sumária da posse do bem em questão;

b) a qualidade ou condição de terceiro legítimo;

c) prova da constrição judicial ou da sua iminência.

> **Art. 677 do CPC.** Na petição inicial, o embargante fará a prova sumária de sua posse ou de seu domínio e da qualidade de terceiro, oferecendo documentos e rol de testemunhas.
>
> § 1º É facultada a prova da posse em audiência preliminar designada pelo juiz.
>
> § 2º O possuidor direto pode alegar, além da sua posse, o domínio alheio.
>
> § 3º A citação será pessoal, se o embargado não tiver procurador constituído nos autos da ação principal.
>
> § 4º Será legitimado passivo o sujeito a quem o ato de constrição aproveita, assim como o será seu adversário no processo principal quando for sua a indicação do bem para a constrição judicial.

Nos moldes do art. 679 do CPC, o prazo para contestar os embargos de terceiro é de 15 (quinze) dias, contados a partir da citação do embargado.

Art. 679 do CPC. Os embargos poderão ser contestados no prazo de 15 (quinze) dias, findo o qual se seguirá o procedimento comum.

É possível o acolhimento liminar dos embargos de terceiro, desde que o juiz julgue suficientemente provada a posse do embargante. Nesta circunstância, será expedido um mandado de manutenção ou de restituição em favor do embargante. O juiz poderá condicionar a ordem de manutenção ou de reintegração provisória de posse à prestação de caução pelo requerente, ressalvada a impossibilidade da parte economicamente hipossuficiente.

> **Art. 678 do CPC.** A decisão que reconhecer suficientemente provado o domínio ou a posse determinará a suspensão das medidas constritivas sobre os bens litigiosos objeto dos embargos, bem como a manutenção ou a reintegração provisória da posse, se o embargante a houver requerido.
>
> Parágrafo único. O juiz poderá condicionar a ordem de manutenção ou de reintegração provisória de posse à prestação de caução pelo requerente, ressalvada a impossibilidade da parte economicamente hipossuficiente.

Caso seja necessário, o juiz realizará a instrução dos embargos de terceiro e, a partir desta, proferirá uma sentença. Visto que esta seja proferida na fase de execução, desafiará agravo de petição.

11.11.2. ESTRUTURA DOS EMBARGOS DE TERCEIRO

AO DOUTO JUÍZO DA _____ VARA DO TRABALHO DE _____.

Distribuição por dependência

Autos nº

NOME DO EMBARGANTE, qualificação e endereço completos, vem, respeitosamente, perante Vossa Excelência, por intermédio de seu advogado adiante assinado **(procuração anexa)**, com escritório profissional no endereço completo, onde recebe intimações e notificações, com fulcro nos **arts. 674 a 681 do CPC e 769 da CLT, PROPOR:**

EMBARGOS DE TERCEIRO

em face de **NOME DO EXEQUENTE**, qualificação e endereço completos; e **NOME DO EXECUTADO**, qualificação e endereço completos, pelas razões de fato e de direito a seguir expostas.

I – FATOS

II – REQUISITOS ESPECÍFICOS

Destaca-se inicialmente o seguinte:

1. Da distribuição por dependência

A distribuição deve ocorrer por dependência perante o mesmo juízo que ordenou a apreensão do bem em questão, com fundamento no art. 676 do CPC.

2. Legitimidade

Nos termos do art. 674 do CPC, esclarecer-se que o embargante é parte legítima para propor o feito, pois não é parte no processo, no entanto seu bem foi apreendido e nomeado à penhora.

Observação: atente-se para os que são considerados terceiros segundo o art. 674, § 2º, do CPC. Por exemplo:

à luz do art. 674, § 2º, III, do CPC, considera-se terceiro "quem sofre constrição judicial de seus bens por força de desconsideração da personalidade jurídica, de cujo incidente não fez parte".

3. Tempestividade

A presente ação é tempestiva, já que foi proposta antes do término do prazo legal de 5 dias, contados da adjudicação, da alienação por iniciativa particular ou da arrematação, de acordo com o art. 675 do CPC.

4. Prova sumária da posse e da constrição judicial (art. 677 do CPC)

A prova sumária da posse do bem em questão se faz pela nota fiscal em anexo. A prova da constrição judicial faz-se pelo autor de penhora e avaliação de folhas ....

5. Custas

As custas processuais, fixadas no valor de R$44,26, que serão pagas pelo executado ao final da execução, consoante determinado pelo art. 789-A, V, da CLT.

III – PRELIMINAR

1. Nulidade por ausência do incidente de desconsideração da personalidade jurídica da empresa

A constrição do patrimônio do embargante ocorreu em virtude de desconsideração da personalidade jurídica da empresa sem o devido incidente de desconsideração da personalidade jurídica. Muito embora o embargante seja ex-sócio da empresa, a constrição de seu patrimônio ocorreu sob o pretexto de que seria sócio, porém sem a instauração do incidente obrigatório.

Nos termos do art. 855-A da CLT, os arts. 133 e seguintes do CPC aplicam-se ao Processo do Trabalho e determinam que, para que possa ocorrer a desconsideração da personalidade jurídica da empresa, deve ser processado previamente o incidente de desconsideração, e o embargante, citado para se manifestar e requerer provas cabíveis em 15 dias, oportunidade em que pode comprovar a sua condição de terceiro, evitando a penhora de seu bem. Tal incidente não ocorreu, sendo portanto, nulos os atos processuais que determinaram a citação e penhora do bem do embargante.

Diante do exposto, requer a declaração de nulidade da penhora, determinando que a constrição judicial indevida seja cancelada, e a reintegração do bem.

Sucessivamente, caso não seja acolhida a preliminar de nulidade, requer a análise do mérito.

IV – MÉRITO

O primeiro embargado ajuizou reclamatória trabalhista, que tramita nesta Vara do Trabalho, em face da Empresa X, pleiteando verbas oriundas de um contrato de trabalho que vigorou desde janeiro de 2004 até outubro de 2009. Transitada em julgado a decisão deste litígio, foi expedido o mandado de citação e penhora. A executada não efetuou o pagamento, tampouco nomeou bens à penhora para garantir o juízo. Tal fato ensejou a penhora de bens dos sócios da empresa, com base em contrato social desatualizado.

É oportuno destacar que o embargante não é sócio da empresa reclamada desde fevereiro de 2000, conforme comprovam os documentos anexos. Logo, o embargado foi admitido na empresa executada 4 anos após o embargante ter se retirado da sociedade.

Saliente-se que, nos termos dos arts. 1.003 e 1.032 do CC e 10-A CLT, o ex-sócio não tem qualquer responsabilidade pelo pagamento das verbas trabalhistas dois anos após averbada a sua retirada da sociedade. Verifique:

Art. 1.032 do CC. A retirada, exclusão ou morte do sócio, não o exime, ou a seus herdeiros, da responsabilidade pelas obrigações sociais anteriores, até dois anos após averbada a resolução da sociedade; nem nos dois primeiros casos, pelas posteriores e em igual prazo, enquanto não se requerer a averbação.

Art. 1.003 do CC. A cessão total ou parcial de quota, sem a correspondente modificação do contrato social com o consentimento dos demais sócios, não terá eficácia quanto a estes e à sociedade.

Art. 10-A da CLT. O sócio retirante responde subsidiariamente pelas obrigações trabalhistas da sociedade relativas ao período em que figurou como sócio, somente em ações ajuizadas até dois anos depois de averbada a modificação do contrato, observada a seguinte ordem de preferência:

I – a empresa devedora;

II – os sócios atuais; e

III – os sócios retirantes.

Parágrafo único. O sócio retirante responderá solidariamente com os demais quando ficar comprovada fraude na alteração societária decorrente da modificação do contrato.

Neste contexto é que foi realizada a penhora do veículo do embargante: marca, cor, ano/modelo, placa, cujo valor corresponde a R$_____, suficiente para garantir integralmente o juízo.

Ante a exposição, requer a restituição na posse do bem e, por conseguinte, a desconstituição da penhora realizada em seu veículo.

V – LIMINAR

À luz do art. 678 do CPC, requer o deferimento liminar dos embargos, ordenando a expedição de mandado de restituição em favor do embargante, tendo em vista que foram atendidos os requisitos do art. 677 do CPC, quais sejam: a comprovação sumária da posse, bem como a constrição judicial.

VI – REQUERIMENTOS FINAIS

Diante do exposto, requer:

a) a distribuição por dependência da presente ação para este douto juízo, apenso aos autos sob nº...;

b) o deferimento liminar dos embargos, segundo o art. 678 do CPC, expedindo o mandado de reintegração (manutenção do bem, se for o caso) do bem em favor do embargante;

c) a citação dos embargados para contestar a presente ação no prazo de 15 dias, consoante estabelece o art. 679 do CPC;

d) a produção de todos os meios de prova em direito admitidos, em especial a prova documental e testemunhal.

Por fim, requer a nulidade da penhora por ausência do incidente de desconsideração da personalidade jurídica e, sucessivamente, a procedência do pedido, confirmando a liminar concedida, determinando que a constrição judicial indevida seja cancelada, ordenando a imediata reintegração (ou a manutenção, se fosse o caso) definitiva do bem, com base no art. 681 do CPC, bem como a condenação dos embargados ao pagamento das custas processuais e honorários advocatícios a razão de 15%, nos moldes do art. 791-A da CLT.

Atribui-se à causa o valor de R$ ______.

Nestes termos,

pede deferimento.

Local e data.

Advogado

OAB nº

11.12. AGRAVO DE PETIÇÃO

11.12.1. Previsão legal

O agravo de petição é o recurso adequado para impugnar as decisões do juiz recorríveis na execução, alicerçado no art. 897, "a", da CLT.

São hipóteses frequentes de cabimento do agravo de petição:

a) em face da sentença de embargos à execução e de impugnação à sentença de liquidação;

b) em face da sentença de embargos de terceiro;

c) em face da decisão interlocutória que acolher ou rejeitar o incidente de desconsideração da personalidade jurídica (art. 855-A, § 1º, II, da CLT).

Este recurso tem um pressuposto de admissibilidade específico: a delimitação das matérias e valores impugnados, sob pena de não ser recebido (art. 897, § 1º, da CLT). A finalidade deste requisito é garantir a imediata e definitiva execução dos valores incontroversos. O TST, na Súmula 416, estabelece que não fere direito líquido e certo do executado o prosseguimento da execução em relação aos valores incontroversos.

Observe o disposto no art. 897, "a", da CLT e na Súmula 416 do TST:

> **Art. 897 da CLT.** Cabe agravo, no prazo de 8 (oito) dias:
>
> a) de petição, das decisões do Juiz ou Presidente, nas execuções;
>
> § 1º O agravo de petição só será recebido quando o agravante delimitar, justificadamente, as matérias e os valores impugnados, permitida a execução imediata da parte remanescente até o final, nos próprios autos ou por carta de sentença.
>
> **Súmula 416 do TST.** Devendo o agravo de petição delimitar justificadamente a matéria e os valores objeto de discordância, não fere direito líquido e certo o prosseguimento da execução quanto aos tópicos e valores não especificados no agravo.

11.12.2. Estrutura do agravo de petição

11.12.2.1. Folha de rosto

A folha de rosto do agravo de petição será endereçada ao Juízo que proferiu a decisão recorrida. Nela, devemos mencionar a presença dos pressupostos de admissibilidade, delimitar as matérias e valores impugnados, como exige o art. 897, § 1º, da CLT, e requerer a intimação do agravado, nos termos do art. 900 da CLT, bem como a remessa do recurso ao Tribunal Regional do Trabalho.

Ressalte-se que não há depósito recursal no agravo de petição, entretanto, se o juízo não estiver integralmente garantido, deve ser feito depósito visando esta garantia.

Veja o exemplo:

AO DOUTO JUÍZO DA ____ VARA DO TRABALHO DE ____.

Processo no

NOME DO AGRAVANTE, já qualificado nos autos em epígrafe, em que contende com **NOME DO AGRAVADO**, também qualificado, vem, respeitosamente, perante Vossa Excelência, por intermédio de seu advogado adiante assinado, com fulcro no **art. 897, "a", da CLT, INTERPOR:**

AGRAVO DE PETIÇÃO

para o Egrégio Tribunal Regional do Trabalho da ___ Região.

Encontram-se presentes todos os pressupostos de admissibilidade do recurso, dentre os quais se destacam:

a) a **garantia integral do Juízo,** na forma exigida pelos arts. 880 e 884 da CLT.

b) **as custas Processuais,** no valor de R$ 44,26, que serão pagas pelo executado ao final da execução, conforme determina o art. 789-A, IV, da CLT.

c) **a delimitação de matérias e valores impugnados, fundamentado no art. 897, § 1°, da CLT:**

i) matérias impugnadas;

ii) valores impugnados. ....

Diante do exposto, requer o recebimento do presente recurso, a intimação da outra parte para apresentar contraminuta ao agravo de petição, no prazo de 8 dias, segundo estabelece o art. 900 da CLT, e a posterior remessa ao Egrégio Tribunal Regional do Trabalho da ___ Região.

Nestes termos,

pede deferimento.

Local e data.

Advogado

OAB n°

11.12.2.2. Folha de razões

A folha de razões, por sua vez, é o recurso propriamente dito e observa a seguinte estrutura de tópicos:

I) Preliminares de Mérito;

II) Prejudiciais de Mérito;

III) Mérito;

IV) Requerimentos Finais.

Segue o exemplo:

EGRÉGIO TRIBUNAL REGIONAL DO TRABALHO DA ____ REGIÃO

MINUTA DO AGRAVO DE PETIÇÃO

I – PRELIMINAR DE MÉRITO

Apontar os erros de procedimento ocorridos na execução.

II – PREJUDICIAIS DE MÉRITO

Arguir a prescrição intercorrente quando o recorrente for o executado (art. 11-A da CLT);

Arguir a prescrição bienal – no caso de ação de execução de título executivo extrajudicial);

Impugnar a sentença que acolhe cálculos incorretos quanto à prescrição.

III – MÉRITO

O juízo da execução julgou (im)procedente os **embargos à execução**, sob os seguintes argumentos:

A sentença não merece ser mantida, pois...

Diante do exposto, requer a reforma da sentença de... para...

IV – REQUERIMENTOS FINAIS

Diante do exposto, requer conhecimento do presente recurso e o acolhimento da preliminar de mérito para..., sucessivamente, o acolhimento das prejudiciais de mérito para... e, sucessivamente, no mérito, o provimento, para fins de reforma da sentença para....

Nestes termos,

pede deferimento,

Local e data

Advogado

OAB n°

11.13. AÇÃO DE EXECUÇÃO DE TÍTULO EXECUTIVO EXTRAJUDICIAL

11.13.1. Previsão legal

Consoante já referido, prevê o art. 876 da CLT que são títulos executivos extrajudiciais os **termos de ajuste de conduta** firmados perante o Ministério Público do Trabalho e os **termos de conciliação firmados perante as Comissões de Conciliação Prévia.**

> **Art. 876 da CLT.** As decisões passadas em julgado ou das quais não tenha havido recurso com efeito suspensivo; os acordos, quando não cumpridos; os termos de ajuste de conduta firmados perante o Ministério Público do Trabalho e os termos de conciliação firmados perante as Comissões de Conciliação Prévia serão executada pela forma estabelecida neste Capítulo.

Com fundamento no art. 13 da IN 39/2016 do TST, por aplicação supletiva do art. 784, I (art. 15 do CPC), o **cheque e a nota promissória** emitidos em reconhecimento de dívida inequivocamente de natureza trabalhista também são títulos extrajudiciais para efeito de execução perante a Justiça do Trabalho, na forma dos arts. 876 e seguintes da CLT.

Também são títulos executivos extrajudiciais executáveis na Justiça do Trabalho as **multas inscritas na Dívida Ativa da União** provenientes dos autos de infração lavrados pelos Auditores Fiscais do Trabalho (art. 114, VII, da CF/88 e o art. 784, IX, do CPC).

Por fim, é título executivo a sentença arbitral condenatória (art. 31 da Lei nº 9.307/96), do empregado que recebia, no curso do contrato, duas vezes o limite máximo estabelecido para os benefícios do Regime Geral de Previdência Social quando pactuada cláusula compromissória de arbitragem, por iniciativa do empregado ou mediante a sua concordância expressa, antes ou após o término do contrato (art. 507-A da CLT).

Para a execução de um título executivo extrajudicial, o interessado deverá propor perante o juízo que teria competência para julgar o processo de conhecimento (art. 877-A da CLT) ação de execução de título executivo extrajudicial.

> **Art. 877-A da CLT.** É competente para a execução de título executivo extrajudicial o juiz que teria competência para o processo de conhecimento relativo à matéria.

11.13.2. Estrutura da ação de execução de título executivo extrajudicial

Para a análise da estrutura da ação de execução de título executivo extrajudicial, segue abaixo um exemplo prático:

Marli laborou durante 4 anos para a empresa ABC Ltda., contudo, quando foi despedida sem justa causa, não recebeu nenhum valor a título de verbas rescisórias, salvo o saldo de salário. Diante dessa situação, Marli resolveu propor uma reclamação trabalhista, a qual foi submetida à Comissão de Conciliação Prévia do Sindicato, onde as partes celebraram acordo no valor de R$ 5.000,00 (cinco mil reais), que seriam pagos em cinco parcelas todo o dia 03 dos meses seguintes. Ocorre que a empresa jamais depositou qualquer valor à reclamante. Na qualidade de advogado(a) da empregada, proponha a medida judicial cabível.

AO DOUTO JUÍZO DA _____ VARA DO TRABALHO DE _____.

MARLI, qualificação e endereço completos, vem, respeitosamente, perante Vossa Excelência, por intermédio de seu advogado adiante assinado **(procuração anexa)**, com escritório profissional no endereço completo, onde recebe intimações e notificações, com fulcro nos **arts. 625-E, parágrafo único, e 876, *caput*, ambos da CLT, PROPOR:**

AÇÃO DE EXECUÇÃO DE TÍTULO EXTRAJUDICIAL

em face de ABC Ltda., qualificação e endereço completos, pelas razões de fato e de direito a seguir expostas.

I – FATOS

A autora celebrou um acordo trabalhista com a empresa ré perante a Comissão de Conciliação Prévia. No termo de conciliação ficou acordado que seria pago a demandante o valor total de R$ 5.000,00, em cinco parcelas, de acordo com documento anexo. Ocorre que a empresa ré não cumpriu com suas obrigações, tendo em vista que jamais depositou qualquer valor para a autora.

II – MÉRITO

O art. 625-E, parágrafo único, da CLT, sustenta que o termo de conciliação é um título executivo extrajudicial e terá eficácia liberatória geral, exceto quanto às parcelas expressamente ressalvadas. Ademais, o art. 876, *caput*, da CLT afirma que a Justiça do Trabalho executará os termos de conciliação firmados perante a Comissão de Conciliação Prévia.

Diante o exposto, requer, conforme o art. 880 da CLT, a expedição de mandado de citação, penhora e avaliação no valor total do acordo, de R$ 5.000,00, atualizado com juros e correção monetária, para que a executada pague em 48 horas, sob pena de imediata penhora dos bens e posterior alienação judicial.

III – REQUERIMENTOS FINAIS

A exequente requer que seja expedido o mandado de citação, com cópia do termo do acordo não cumprido, ordenando o pagamento no prazo de 48 horas, sob pena da penhora de bens, nos moldes do art. 880, *caput* e § 1º, da CLT, e a condenação da executada ao pagamento de custas e honorários advocatícios de 15%, com fundamento no art. 791-A da CLT.

Protesta pela produção de todos os meios de prova em direito admitidos, em especial a documental e testemunhal.

Atribui-se à causa o valor de R$ 5.000,00.

Nestes termos,

pede deferimento.

Local e data.

Advogado

OAB nº

11.14. EXCEÇÃO DE PRÉ-EXECUTIVIDADE

A exceção ou objeção de pré-executividade é proveniente de construção doutrinária e jurisprudencial, posto que não há previsão legal sobre essa medida. Trata-se de um meio de defesa do devedor, utilizado para atacar o título executivo, sem a necessidade de garantir o juízo.

A matéria passível de ser abordada na exceção de pré-executividade é limitada, tendo em vista que as partes poderão arguir matéria de ordem pública ou temas relevantes. Exemplos: prescrição intercorrente, quitação da dívida, novação da dívida, transação, nulidade ou inexigibilidade do título executivo, entre outras.

As alegações da exceção de pré-executividade devem ser comprovadas por meio de prova cabal, isto é, por meio de prova incontestável, como, por exemplo, o recibo de pagamento. Além disso, deve estar pré-constituída, pois essa medida não pode servir de artifício do devedor para retardar o curso do processo.

Ante a ausência de normas positivadas, a exceção de pré-executividade não possui prazo para a interposição, assim poderá ser empregada a qualquer momento da execução.

Para finalizar, se a exceção de pré-executividade for rejeitada pelo juiz, dessa decisão, por ser tipicamente interlocutória, não caberá nenhum recurso, a teor do § 1º do art. 893 da CLT, sendo certo que as questões suscitadas nesse meio de defesa poderão ser novamente levantadas nos embargos à execução, desde que garantido o juízo da execução. Todavia, se a decisão judicial acolher a exceção de pré-executividade, extinguindo, total ou parcialmente, a execução, estaremos diante de uma autêntica "decisão terminativa do feito", o que, a nosso ver, desafia a interposição do agravo de petição.

11.15. EXERCÍCIOS DE PEÇAS PROCESSUAIS PRÓPRIAS DA EXECUÇÃO

11.15.1. Exercício de Embargos à execução

Rômulo Delgado Silva, brasileiro, viúvo, empresário, portador da identidade nº 113, CPF: 114, residente e domiciliado na Avenida Brás Montes, casa 72 – Boa Vista – Roraima – CEP: 222, em entrevista com seu advogado, declara que recebeu a visita de um Oficial de Justiça em sua residência, que da primeira vez o citou para pagamento de uma dívida trabalhista de R$ 150.000,00, oriunda da 50ª Vara do Trabalho de Boa Vista, no Processo nº xxx e, em seguida, 48 horas depois, retornou e penhorou o imóvel em que reside, avaliando-o, pelo valor de mercado, em R$ 180.000,00; tem apenas esse imóvel, no qual reside com sua filha, já que é viúvo; e o Oficial de Justiça informou que há uma execução movida pela ex-empregada Sônia Cristina de Almeida contra ele.

Relata que nas contas homologadas foi verificado que a correção monetária foi calculada considerando o mês da prestação dos serviços; ao retornar para penhorar o imóvel, o oficial informou que a dívida havia aumentado em 10%, porque o juiz aplicou a multa do art. 523, § 1º, do CPC.

Diante do exposto, elabore a medida judicial adequada para a defesa dos interesses do entrevistado, sem criar dados ou fatos não informados. (Valor: 5,0)

AO DOUTO JUÍZO DA 50ª VARA DO TRABALHO DE BOA VISTA, RORAIMA

Processo nº xxx

RÔMULO DELGADO SILVA, já qualificado nos autos em epígrafe, em que contende com SÔNIA CRISTINA DE ALMEIDA, também qualificada, vem, respeitosamente, perante Vossa Excelência, por intermédio de seu advogado adiante assinado, com fulcro no **art. 884 da CLT**, **APRESENTAR:**

EMBARGOS À EXECUÇÃO

pelas razões de fato e de direito a seguir expostas:

I – DOS FATOS

O embargante foi surpreendido com a visita de um Oficial de Justiça em sua residência, que da primeira vez o citou para pagamento de uma dívida trabalhista de R$ 150.000,00, oriunda da 50ª Vara do Trabalho de Boa Vista, no Processo nº xxxx e, em seguida, 48 horas depois, retornou e penhorou o imóvel em que reside, avaliando-o, pelo valor de mercado, em R$ 180.000,00.

II – DOS REQUISITOS ESPECÍFICOS

Destaca-se o atendimento dos seguintes requisitos dos embargos à execução:

a) **a garantia integral do juízo**: o embargante garantiu integralmente o juízo através do imóvel em que reside com sua filha, avaliado em R$ 180.000,00;

b) **a tempestividade:** os embargos são apresentados no prazo de 5 dias contados da garantia do juízo, observado o disposto no art. 884 da CLT;

c) **as custas**: fixadas no valor de R$ 44,26, que serão pagas pelo executado ao final da execução, consoante determinado pelo art. 789-A, V, da CLT;

III – MÉRITO

1. Impenhorabilidade do bem de família

Na reclamação trabalhista em questão, o embargado, viúvo, teve penhorado o único imóvel que possui e em que reside com sua filha, avaliado, pelo valor de mercado, em R$ 180.000,00.

Nos termos do art. 1º da Lei nº 8.009/90, o imóvel residencial próprio do casal, ou da entidade familiar, é impenhorável e não responderá por qualquer dívida.

Ressalte-se que, com base na Súmula 364 do STJ, a impenhorabilidade de bem de família abrange também o imóvel pertencente a pessoas viúvas.

Dessa forma, o bem em questão não é passível de penhora, razão pela qual requer que seja desconstituída a penhora realizada.

2. Correção monetária

Observa-se que nas contas homologadas, a correção monetária foi calculada considerando o mês da prestação dos serviços.

À luz da Súmula 381 do TST, a correção monetária deve ser calculada pelo índice do mês subsequente ao da prestação dos serviços.

Diante do exposto, postula-se que os cálculos sejam refeitos no que tange à correção monetária.

3. Multa do art. 523, § 1º, do CPC

O juiz aplicou a multa de 10% prevista no art. 523, § 1º, do CPC.

Ocorre que tal multa é indevida no Processo do Trabalho, uma vez que a aplicação subsidiária do Código de Processo Civil ao Direito Processual do Trabalho, nos termos dos arts. 769 e 889 da CLT, exige dois requisitos: a ausência de disposição na CLT e a compatibilidade da norma supletiva com os princípios do Processo do Trabalho. Não se aplica, portanto, a multa prevista no art. 523, § 1º, do CPC ao Processo Trabalhista, haja vista a existência de disciplina específica na CLT acerca do procedimento de execução de sentença, consoante se observa nos arts. 880, 882 e 883 da CLT, que preveem o prazo e a garantia da dívida, por depósito, ou a penhora de bens quantos bastem ao pagamento da importância da condenação, acrescido das despesas processuais, custas e juros de mora.

Nesse sentido, é o posicionamento do TST firmado no recurso de revista repetitivo nº IRR-1786-24.2015.5.04.0000.

Diante do exposto, requer seja afastada a multa do art. 523, § 1º, do CPC.

IV – REQUERIMENTOS FINAIS

Diante do exposto, requer o recebimento dos embargos, a notificação do embargado para manifestar-se no prazo de 5 dias e a procedência dos pedidos formulados.

Nestes termos,

pede deferimento.

Local e data.

Advogado

OAB n°

11.15.2. Exercício de Impugnação à sentença de liquidação

Tonassiando Neymar ajuizou reclamação trabalhista em face de **Messi Transportadora Ltda.**, alegando que foi admitido em 12.04.2014 e dispensado sem justa causa em 13.12.2016.

Postulou a condenação da reclamada ao pagamento do aviso prévio proporcional.

Notificada, a empresa reclamada compareceu à audiência e apresentou contestação, impugnando todos os pedidos do reclamante.

A reclamada foi **condenada** a pagar o aviso prévio proporcional, considerando a Lei nº 12.506/2011. A sentença não se pronunciou quanto à correção monetária.

Transitada em julgado a decisão, o perito calculista apresentou **cálculos de liquidação** no valor de R$ ... . Sua conta foi realizada computando 30 dias de aviso prévio, sem correção monetária, sob a justificativa de que a sentença não versou sobre ela.

Os cálculos foram **homologados**, após a manifestação das partes.

Expedido **mandado de citação e penhora**, o executado, em 48 horas, nomeou à penhora um veículo marca Fiat, modelo Pálio, ano 2009, garantindo o juízo, sendo o reclamante intimado da constrição judicial.

Na condição de advogado contrato pelo reclamante, apresente a medida processual cabível.

AO DOUTO JUÍZO DA _____ VARA DO TRABALHO DE _____.

Processo nº

TONASSIANDO NEYMAR, já qualificado nos autos em epígrafe, em que contende com **MESSI TRANSPORTADORA LTDA.**, também qualificada, vem, respeitosamente, perante Vossa Excelência, por intermédio de seu advogado adiante assinado, com fulcro no **art. 884,** caput **e § 3º, da CLT, APRESENTAR:**

IMPUGNAÇÃO À SENTENÇA DE LIQUIDAÇÃO

pelas razões de fato e de direito a seguir expostas:

I – DOS FATOS

A executada foi **condenada** a pagar ao exequente o aviso prévio proporcional, considerando a Lei nº 12.506/2011. A sentença não se pronunciou quanto à correção monetária.

Transitada em julgado a decisão, o perito calculista apresentou **cálculos de liquidação** no valor de R$ ... . Sua conta foi realizada computando 30 dias apenas de aviso prévio, sem correção monetária.

Os cálculos foram **homologados**, após a manifestação das partes.

Expedido **mandado de citação e penhora,** o executado, em 48 horas, nomeou à penhora um veículo marca Fiat, modelo Pálio, ano 2009, garantindo o juízo, sendo o exequente intimado da constrição judicial.

II – DOS REQUISITOS ESPECÍFICOS

Destaca-se o atendimento dos seguintes requisitos da impugnação à sentença de liquidação:

a) a tempestividade: a presente medida é tempestiva, posto que observou o prazo legal de 5 dias, contados a partir da ciência da garantia do juízo, previsto no art. 884, *caput,* e § 3º, da CLT.

b) as **custas processuais:** no valor de R$ 55,35, serão pagas pelo executado ao final da execução, consoante determinado pelo art. 789-A, VII, da CLT;

III – MÉRITO

1. Aviso prévio

Muito embora, em sentença transitada em julgado, tenha sido deferido ao reclamante o aviso prévio proporcional, considerando a Lei nº 12.506/2011, o perito calculista incluiu nos cálculos de liquidação apenas 30 dias de aviso prévio, desconsiderando o aviso prévio proporcional devido e o juiz homologou os cálculos.

Segundo o art. 879, § 1º, da CLT, não se poderá modificar ou inovar a sentença liquidanda, nem discutir matéria pertinente à causa principal. A homologação dos cálculos contrariando os limites impostos pelo título executivo judicial implica violação à coisa julgada e, portanto, ao art. 5º, XXXVI, da CF.

Diante do exposto, requer a correção dos cálculos apresentados pelo perito calculista, a fim de que o aviso prévio proporcional seja computado nos cálculos das verbas trabalhistas deferidas.

2. Correção monetária

Não foram incluídos nos cálculos homologados a correção monetária, uma vez que a sentença foi omissa a respeito dela.

Nos termos do art. 322, § 1º, do CPC e da Súmula 211 do TST, a correção monetária inclui-se na liquidação, ainda que omisso o pedido inicial ou a condenação.

Diante do exposto, requer a correção dos cálculos homologados, a fim de que seja computada a correção monetária.

IV – REQUERIMENTOS FINAIS

Diante do exposto, requer o recebimento da impugnação, a intimação do executado para se manifestar no prazo de 5 dias e a procedência do pedido, a fim de se promover as reformas necessárias na conta homologada.

Nestes termos,

Pede deferimento.

Local e data

Advogado

OAB nº

11.15.3 Exercício de Embargos de terceiro

Matheus Dourado ajuizou, perante a 1ª Vara do Trabalho do Rio de Janeiro, reclamatória trabalhista em face de Saraivas Ltda.

Foi proferida sentença pelo juízo da 1ª Vara do Trabalho que acolheu em parte os pedidos formulados.

Transitada em julgado a decisão, foi elaborada a conta geral pelo perito do juízo no montante de R$ xxx.

Os referidos cálculos de liquidação foram homologados, após a manifestação das partes.

Na sequência, determinou o juízo exequendo a citação da executada para, no prazo de 48 horas, cumprir a decisão condenatória ou garantir a execução, sob pena de penhora.

A executada deixou passar *in albis* o prazo determinado pelo juízo e não pagou o valor executado, nem nomeou bens à penhora. A executada não se manifestou em razão de não possuir bens nem numerário suficientes para satisfazer a determinação imposta pela sentença de mérito.

O juízo determinou a penhora de bens da executada que fossem suficientes para garantir a execução, todavia, o oficial de justiça nada encontrou no endereço da reclamada, o que certificou nos autos.

Em razão disso, o reclamante localizou um imóvel de propriedade do sócio da reclamada, sr. Murilo Tonassi, casado sob o regime de comunhão parcial de bens com a sra. Patrícia Minardi, e pediu ao juízo que a penhora recaísse sobre o bem indicado, com endereço na Rua Barcelona nº 222, Rio de Janeiro/RJ.

O juízo da 1ª Vara do Trabalho do Rio de Janeiro acolheu o pedido do autor e determinou a penhora do bem imóvel supramencionado. O oficial de justiça compareceu no endereço indicado pelo reclamante e penhorou o imóvel de propriedade do casal. Constou do mandado de penhora apenas o nome do sr. Murilo Tonassi.

Patrícia Minardi, esposa de Murilo Tonassi, insurgiu-se contra o comando do juízo e, para garantir a intangibilidade de sua propriedade, procurou um advogado que, após detalhada entrevista, concluiu que, não obstante o imóvel não se enquadre no conceito legal de bem de família, merecia defesa em face da condição de mulher do executado e ao regime de comunhão de bens.

A Cliente, na oportunidade, levou consigo uma cópia autenticada da Certidão de Casamento onde consta o regime de bens e o pacto antenupcial, fotocópia autêntica do registro de imóveis indicando o casal como legítimos proprietários do imóvel objeto da penhora, bem como o contrato social da empresa Saraiva Ltda., mostrando que os sócios da referida empresa são: Ana Cristina Bahia e Murilo Tonassi. Os documentos comprovam que o bem penhorado foi adquirido após o enlace matrimonial.

Na qualidade de advogado de Patrícia Minardi, elabore a peça processual adequada para garantir o legítimo direito que a lei assegura à sua constituinte em relação ao imóvel do qual é proprietária.

AO DOUTO JUÍZO DA 1ª VARA DO TRABALHO DE RIO DE JANEIRO/RJ

Distribuição por dependência aos autos nº ...

PATRÍCIA MINARDI, qualificação e endereço completos, vem, respeitosamente, perante Vossa Excelência, por intermédio de seu advogado adiante assinado **(procuração anexa)**, com escritório profissional no endereço completo, onde recebe intimações e notificações, com fulcro nos **arts. 674 a 681 do CPC** e o **art. 769 da CLT, PROPOR:**

EMBARGOS DE TERCEIRO

em face de **MATHEUS DOURADO**, qualificação e endereço completos, e de **SARAIVA LTDA.**, qualificação e endereço completos, pelas razões de fato e de direito a seguir expostas.

I – DOS FATOS

Matheus Dourado ajuizou reclamatória trabalhista em face de Saraiva Ltda.

Transitada em julgado a decisão, foi elaborada a conta geral pelo perito e homologada pelo juízo.

Na sequência, determinou o juízo exequendo a citação da executada para, no prazo de 48 horas, cumprir a decisão condenatória ou garantir a execução, sob pena de penhora.

A executada deixou passar *in albis* o prazo determinado pelo juízo e não pagou o valor executado nem nomeou bens à penhora.

O juízo, então, determinou a penhora de bens da executada que fossem suficientes para garantir a execução, todavia o oficial de justiça nada encontrou no endereço da reclamada, o que certificou nos autos.

Em razão disso, o reclamante localizou um imóvel de propriedade do sócio da reclamada, sr. Murilo Tonassi, casado sob o regime de **comunhão parcial** de bens com a sra. Patrícia Minardi, e pediu ao juízo que a penhora recaísse sobre o bem indicado, com endereço na Rua Barcelona, nº 222, Rio de Janeiro/RJ.

O juízo da 1ª Vara do Trabalho do Rio de Janeiro acolheu o pedido do autor e determinou a penhora do bem imóvel supramencionado.

O oficial de justiça compareceu no endereço indicado pelo reclamante e penhorou o imóvel de propriedade do casal. Constou do mandado de penhora apenas o nome do sr. Murilo Tonassi.

II – REQUISITOS ESPECÍFICOS

Destaca-se inicialmente o seguinte:

1. Da distribuição por dependência

A distribuição deve ocorrer por dependência perante o mesmo juízo que ordenou a apreensão do bem em questão (RT nº ...), à luz do art. 676 do CPC.

2. Legitimidade

Com base do art. 674 do CPC, esclarece-se que a embargante é parte legítima para propor o feito, pois embora não seja parte no processo seu bem foi penhorado.

Segundo demonstra o contrato social da empresa Saraiva Ltda., em anexo, os sócios da empresa executada são: Ana Cristina Bahia e Murilo Tonassi, e o bem penhorado está em nome de Murilo Tonassi e Patrícia Minardi, casados.

Ressalte-se que, nos termos art. 674, § 2º, I, do CPC e da Súmula 134 do STJ, considera-se também terceiro o cônjuge quando defende a posse de bens dotais, próprios, reservados ou de sua meação.

Inquestionável, portanto, que a embargante tem legitimidade para propor estes embargos de terceiro.

3. Tempestividade

A presente ação é tempestiva, uma vez que proposta antes do término do prazo legal de 5 dias, contados a partir da adjudicação, da alienação por iniciativa particular ou da arrematação, de acordo com o art. 675 do CPC.

4. Prova sumária da posse e da constrição judicial (art. 677 do CPC)

Nos termos do art. 677 do CPC, exige-se para a propositura dos embargos de terceiro a prova sumária da posse e da constrição judicial. A prova sumária da posse do bem em questão se faz pela fotocópia autêntica do registro de imóveis indicando o casal, Murilo Tonassi e Patrícia Minardi, como legítimos proprietários do imóvel objeto da penhora.

A prova da constrição judicial faz-se pelo mandado de penhora em anexo, expedido apenas nome do sr. Murilo Tonassi.

4. Custas

As custas processuais, fixadas no valor de R$44,26, que serão pagas pelo executado ao final da execução, consoante determinado pelo art. 789-A, V, da CLT.

III – PRELIMINAR

1. Nulidade por ausência do incidente de desconsideração da personalidade jurídica da empresa

Na reclamação trabalhista autuada sob o nº xxx o juízo determinou a penhora de bens da executada que fossem suficientes para garantir a execução, todavia, o oficial de justiça nada encontrou no endereço da reclamada, o que certificou nos autos.

Em razão disso, a pedido do reclamante, o juiz penhorou um imóvel do sócio da reclamada, sr. Murilo Tonassi, casado sob o regime de **comunhão parcial** de bens com a sra. Patrícia Minardi, ou seja, desconsiderou a personalidade jurídica sem o devido procedimento legal.

Com fundamento nos arts. 133 e segs. do CPC, aplicáveis no Processo do Trabalho como determina o art. 855-A da CLT, para que pudesse ocorrer a desconsideração da personalidade jurídica da empresa deveria ter sido instaurado o incidente de desconsideração e o sr. Murilo Tonassi citado para manifestar-se e requerer provas cabíveis em 15 dias, o que não ocorreu. São, portanto, nulos os atos processuais que determinaram a citação e penhora do bem também pertencente à embargante.

Diante do exposto, requer que seja desfeita a penhora realizada.

Caso não seja esse o entendimento desse D. Juízo, requer a análise do mérito a seguir exposto.

IV – MÉRITO

Na Reclamação Trabalhista nº xxx, foi penhorado um imóvel pertencente a Patrícia Minardi e Murilo Tonassi, muito embora a execução estivesse tramitando contra a empresa Saraivas Ltda., cujos sócios são Ana Cristina Bahia e Murilo Tonassi.

Uma vez que a embargante é casada em regime de comunhão parcial de bens, sua meação não pode ser objeto de penhora em ação movida contra a empresa de que seu cônjuge é sócio, uma vez que, com fulcro no art. 1.666 do CC, as dívidas, contraídas por qualquer dos cônjuges na administração de seus bens particulares e em benefício destes, não obrigam os bens comuns.

A certidão de casamento em anexo e o registro de imóveis demonstram que o bem penhorado foi adquirido pelo casal após o enlace matrimonial.

Nos moldes do art. 843 do CPC, visto que a penhora recaiu sobre um bem indivisível, a meação do cônjuge alheio à execução incidirá sobre o produto da alienação do bem.

Diante do exposto, requer seja ressalvado à embargante 50% do valor que se alcance em futura alienação em hasta pública

V – REQUERIMENTOS FINAIS

Diante do exposto, requer:

a) distribuição por dependência perante o mesmo juízo que ordenou a apreensão do bem em questão (RT nº ...), nos termos do art. 676 do CPC;

b) a citação dos embargados para contestar a presente ação no prazo de 15 dias, conforme estabelece o art. 679 do CPC;

c) o protesto pela produção de todos os meios de prova em direito admitidos, em especial a prova documental e testemunhal;

d) por fim, a procedência do pedido, ressalvando à embargante 50% do valor que se alcance em futura alienação em leilão, à luz do art. 843 do CPC, e condenando as embargadas ao pagamento de honorários advocatícios, a razão de 15%, com base no art. 791-A, da CLT.

Atribui-se à causa o valor de R$ ... .

Nestes termos,

Pede deferimento.

Local e data.
Advogado
OAB no

11.15.4. Exercício de agravo de petição

Tonassiando Maria ajuizou reclamação trabalhista em 28.09.2017, em face de **Porsche Indústria de Automóveis Ltda.**, alegando que foi admitido em 28.09.2010 e dispensado sem justa causa em 28.09.2016.

Pleiteou: a) a condenação da reclamada ao pagamento de horas extras e reflexos, sob a alegação de que trabalhava das 8h às 18h, de segunda a sábado, com 1 (uma) hora de intervalo, e b) adicional de periculosidade e reflexos.

Notificada, a empresa reclamada compareceu à audiência apresentando contestação, impugnando todos os pedidos do reclamante e arguindo prescrição quinquenal.

Em 18.01.2018 (sexta-feira) foi proferida sentença, reconhecendo a prescrição quinquenal a partir do ajuizamento da ação.

A reclamada foi condenada ao pagamento de horas extras, assim consideradas as excedentes da 8ª diária e da 44ª semanais, acrescidas dos reflexos, sob o argumento de que restou comprovado nos autos que o reclamante laborava na jornada descrita na petição inicial.

Também foi deferido o pagamento de adicional de periculosidade de 30% sobre o salário-base do reclamante, acrescido de reflexos.

Transitada em julgado a decisão, o calculista apresentou cálculos de liquidação no valor de R$ 15.000,00.

Sua conta foi realizada da seguinte maneira: a) foram calculadas as verbas deferidas a partir 28.09.2016, em razão do reconhecimento de prescrição quinquenal; b) foram calculadas horas extras a partir da 6ª e da 36ª horas semanais e reflexos; e c) adicional de periculosidade de 30% calculado sobre a totalidade das parcelas de natureza salarial recebidas pela reclamante.

Os cálculos foram homologados após a manifestação das partes.

Após garantido o juízo, o executado apresentou, na forma e no prazo previstos no art. 884, *caput*, da CLT, embargos à execução, impugnando os cálculos homologados, e o valor de R$ 5.000,00 do total da conta apresentada pelo calculista do juízo.

O juízo da execução julgou improcedente o pedido da executada.

Diante do exposto, considerando que a decisão foi publicada na data de ontem, elabore, na condição de advogado da executada, a peça processual cabível para fazer valer os direitos de seu cliente.

AO DOUTO JUÍZO_____ VARA DO TRABALHO DE _____.

Processo nº

PORSCHE INDÚSTRIA DE AUTOMÓVEIS LTDA., já qualificada nos autos em epígrafe, em que contende com **TONASSIANDO MARIA**, também qualificado, vem, respeitosamente, perante Vossa Excelência, por intermédio de seu advogado adiante assinado, com fulcro **no art. 897, "a", da CLT, INTERPOR:**

AGRAVO DE PETIÇÃO

para o Egrégio Tribunal Regional do Trabalho da ____ Região.

Encontram-se presentes todos os pressupostos de admissibilidade do recurso, dentre os quais se destacam:

a) a garantia integral do juízo, nos moldes dos arts. 880 e 884 da CLT;

b) as custas processuais, fixadas no valor de R$ 44,26, que serão pagas pelo executado ao final da execução, consoante determinado pelo art. 789-A, IV, da CLT; e

c) a delimitação de matérias e valores impugnados, nos termos do art. 897, § 1º, da CLT:

i) matérias impugnadas: prescrição quinquenal, horas extras e base de cálculo do adicional de periculosidade;

ii) valor impugnado: R$ 5.000,00. ....

Diante do exposto, requer o recebimento do presente recurso, a intimação da outra parte para apresentar contraminuta ao agravo de petição, no prazo de 8 dias, conforme estabelece o art. 900 da CLT, e a posterior remessa ao Egrégio Tribunal Regional do Trabalho da ____ Região.

Nestes termos,

pede deferimento.

Local e data.

Advogado

OAB nº

EGRÉGIO TRIBUNAL REGIONAL DO TRABALHO DA ____ REGIÃO.

MINUTA DO AGRAVO DE PETIÇÃO

I – PREJUDICIAL DE MÉRITO

1. Da prescrição quinquenal

O juízo a quo julgou improcedentes os embargos à execução, mantendo os cálculos realizados pelo sr. perito, que computou a prescrição quinquenal a partir do dia 28.09.2016, data do término do contrato de trabalho, muito embora a sentença liquidanda tenha acolhido a prescrição a partir da data do ajuizamento da ação.

A sentença de embargos não merece ser mantida, pois, **à luz** do art. 879, § 1°, da CLT, na liquidação não se poderá modificar ou inovar a sentença liquidanda, nem discutir matéria pertinente à causa principal.

Ao julgar improcedentes os embargos, mantendo os cálculos contrários à decisão transitada em julgado, o juízo violou a coisa julgada, prevista no art. 5º, XXXVI, da CF.

Diante do exposto, requer a reforma da sentença de embargos à execução, para que seja determinada a remessa dos autos ao contador judicial para retificação dos cálculos, de modo que compute a prescrição quinquenal a partir da data do ajuizamento da ação, ou seja, a partir de 28.09.2017.

II – MÉRITO

1. Das horas extras

O juízo *a quo* julgou improcedentes os embargos à execução, mantendo os cálculos apresentados pelo sr. perito, que calculou as horas excedentes a 6ª diária e a 36ª semanal, muito embora a sentença liquidanda tenha deferido as horas extras apenas a partir da 8ª diária e 44ª semanal.

A sentença de embargos não merece ser mantida, pois **com fundamento no** art. 879, § 1°, da CLT, na liquidação não se poderá modificar ou inovar a sentença liquidanda, nem discutir matéria pertinente à causa principal.

Ao julgar improcedentes os embargos, mantendo os cálculos contrários à decisão transitada em julgado, o juízo violou a coisa julgada, prevista no art. 5º, XXXVI, da CF.

Diante do exposto, requer a reforma da sentença de embargos, para que seja determinada a remessa dos autos ao contador judicial para retificação dos cálculos, de modo que as horas extras sejam calculadas apenas a partir da 8ª diária e 44ª semanal.

2. Do adicional de periculosidade

O juízo *a quo* julgou improcedentes os embargos à execução, mantendo os cálculos apresentados pelo sr. perito, que computou como base de cálculo do adicional de periculosidade a totalidade das parcelas de natureza salarial, muito embora a sentença liquidanda tenha deferido como base de cálculo do adicional de periculosidade o salário-base do reclamante.

A sentença de embargos não merece ser mantida, pois, nos termos do art. 879, § 1°, da CLT, na liquidação não se poderá modificar ou inovar a sentença liquidanda, nem discutir matéria pertinente à causa principal.

Ao julgar improcedentes os embargos, mantendo os cálculos contrários à decisão transitada em julgado, o juízo violou a coisa julgada, prevista no art. 5°, XXXVI, da CF.

Diante do exposto, requer a reforma da sentença de embargos, para que seja determinada a remessa dos autos ao contador judicial para retificação dos cálculos, de modo que o adicional de periculosidade seja calculado com base no salário-base do reclamante.

III – REQUERIMENTOS FINAIS

Diante do exposto, requer conhecimento do presente recurso, o acolhimento da prejudicial de mérito, para que seja computada a prescrição quinquenal a partir da data do ajuizamento da ação, e, no mérito, o seu provimento, para fins de reforma da sentença de embargos à execução e para que seja determinada a retificação dos cálculos no que diz respeito à prescrição quinquenal, às horas extras e à base de cálculo do adicional de periculosidade.

Nestes termos,

pede deferimento,

Local e data

Advogado

OAB n°

CAPÍTULO 12

AÇÃO MONITÓRIA

12.1. HIPÓTESES DE CABIMENTO

A ação monitória pode ser proposta por aquele que afirmar, com base em prova escrita sem eficácia de título executivo, ter direito de exigir do devedor capaz o pagamento de quantia em dinheiro, a entrega de coisa, de bem móvel ou imóvel ou o adimplemento de obrigação de fazer ou de não fazer.

Como exemplo, podemos citar o cabimento da ação monitória com fundamento em termo de rescisão do contrato de trabalho assinado pelo empregador sem o correspondente pagamento; com fundamento em acordo extrajudicial não submetido à homologação pela Justiça do Trabalho e com respaldo em termo de confissão de dívida.

12.2. PROCEDIMENTO NO PROCESSO DO TRABALHO

A ação monitória deve ser proposta com a prova escrita sem eficácia de título executivo extrajudicial.

O juiz apreciará a inicial e, verificando que é evidente o direito do autor, deferirá a expedição de mandado de pagamento (mandado monitório), de entrega de coisa ou para execução de obrigação de fazer ou de não fazer, concedendo ao réu o prazo de 15 dias para o cumprimento e o pagamento de honorários advocatícios de cinco por cento do valor atribuído à causa (art. 701 do CPC).

Uma vez cumprido o mandado espontaneamente, extinguir-se-á o processo com resolução do mérito.

No lugar do cumprimento, o reclamado poderá apresentar embargos monitórios em audiência no Processo do Trabalho.

Se não realizado o pagamento e não apresentados os embargos, ou se estes forem rejeitados, a prova escrita será constituída em título executivo judicial, seguindo a execução pelas regras da CLT (arts. 701, § 2º e 702, § 8º, do CPC).

12.3. ESTRUTURA DA AÇÃO MONITÓRIA

Verifique a estrutura da petição da ação monitória:

I – Fatos;

II – Requisitos Específicos;

III – Mérito; e

V – Requerimentos Finais.

Segue o exemplo:

AO DOUTO JUÍZO DA _____ VARA DO TRABALHO DE _____

NOME DO RECLAMANTE, qualificação e endereço completos, vem, respeitosamente, perante Vossa Excelência, por intermédio de seu advogado adiante assinado **(procuração anexa)**, com escritório profissional no endereço completo, onde recebe intimações e notificações, com fulcro nos **arts. 700 e seguintes do CPC e 769 da CLT, PROPOR:**

AÇÃO MONITÓRIA

em face de **NOME DO RECLAMADO**, qualificação e endereço completos, pelas razões de fato e de direito a seguir expostas.

I – FATOS

O reclamante deverá narrar os fatos, relatando que, com base em prova escrita sem eficácia de título executivo, pretende o pagamento de quantia em dinheiro, a entrega de coisa fungível ou infungível, ou de bem móvel ou imóvel, ou o adimplemento de obrigação de fazer ou de não fazer.

II – REQUISITOS ESPECÍFICOS

1. Competência da Justiça do Trabalho

Sustentar que a ação monitória é cabível no Processo do Trabalho, pois, nos termos do art. 114, I, da CF, a Justiça do Trabalho é competente para processar e julgar as ações oriundas das relações de trabalho e, uma vez que a CLT é omissa quanto à ação monitória e esta é compatível com o Processo do Trabalho, aplica-se o CPC.

III – MÉRITO

O reclamante deve sustentar que, à luz do art. 700 do CPC, a ação monitória é cabível por aquele que afirmar, com fulcro em prova escrita sem eficácia de título executivo, ter direito de exigir do devedor capaz o pagamento de quantia em dinheiro, a entrega de coisa fungível ou infungível, ou de bem móvel ou imóvel, ou o adimplemento de obrigação de fazer ou de não fazer.

Na sequência, deve mencionar o direito assegurado na prova escrita sem eficácia de título executivo que possui.

Por fim, deve requer a expedição de mandado monitório.

IV – REQUERIMENTOS FINAIS

Diante o exposto, requer:

a) a expedição de mandado monitório para pagamento da importância de ... no prazo de 15 dias, sendo consequentemente extinto o processo com resolução do mérito (art. 701 do CPC);

b) caso não ocorra o cumprimento, que o reclamado possa apresentar os embargos monitórios em audiência (art. 702 do CPC), sob pena de revelia e constituição da prova escrita em título judicial;

c) a produção de todos os meios de provas em direito admitidos, em especial a prova documental;

d) por fim, a improcedência dos embargos eventualmente apresentados e a constituição da prova escrita em título executivo judicial, seguindo a execução pelas regras da CLT (arts. 701, § 2º e 702, § 8º, do CPC), bem como a condenação do reclamado em custas e honorários advocatícios.

Atribui-se à causa o valor de R$ ______.

Nestes termos,

pede deferimento.

Local e data.

Advogado

OAB nº

CAPÍTULO 13

MANDADO DE SEGURANÇA

13.1. PREVISÃO LEGAL

O mandado de segurança está previsto no art. 5º, LXIX, da CF e está disciplinado pela Lei nº 12.016/2009.

Art. 5º, LXIX, da CF/88. Todos são iguais perante a lei, sem distinção de qualquer natureza, garantindo-se aos brasileiros e aos estrangeiros residentes no País a inviolabilidade do direito à vida, à liberdade, à igualdade, à segurança e à propriedade, nos termos seguintes:

(...)

LXIX – Conceder-se-á mandado de segurança para proteger direito líquido e certo, não amparado por *habeas corpus* ou *habeas data*, quando o responsável pela ilegalidade ou abuso de poder for autoridade pública ou agente de pessoa jurídica no exercício de atribuições do Poder Público;

Art. 114, IV, da CF. Compete à Justiça do Trabalho processar e julgar:

(...)

IV – Os mandados de segurança, *habeas corpus* e *habeas data*, quando o ato questionado envolver matéria sujeita à sua jurisdição;

Art. 1º da Lei nº 12.016/2009. Conceder-se-á mandado de segurança para proteger direito líquido e certo, não amparado por *habeas corpus* ou *habeas data*, sempre que, ilegalmente ou com abuso de poder, qualquer pessoa física ou jurídica sofrer violação ou houver justo receio de sofrê-la por parte de autoridade, seja de que categoria for e sejam quais forem as funções que exerça.

§ 1º Equiparam-se às autoridades, para os efeitos desta Lei, os representantes ou órgãos de partidos políticos e os administradores de entidades autárquicas, bem como os dirigentes de pessoas jurídicas ou as pessoas naturais no exercício de atribuições do poder público, somente no que disser respeito a essas atribuições.

§ 2º Não cabe mandado de segurança contra os atos de gestão comercial praticados pelos administradores de empresas públicas, de sociedade de economia mista e de concessionárias de serviço público.

§ 3º Quando o direito ameaçado ou violado couber a várias pessoas, qualquer delas poderá requerer o mandado de segurança.

Este remédio constitucional visa a proteger qualquer direito líquido e certo do cidadão, salvo o direito de locomoção e de acesso às informações pessoais, que são protegidos pelo *habeas corpus* e *habeas data*, respectivamente.

Conclui-se que o mandado de segurança é ação utilizada, diante da inexistência de outro meio jurídico, para proteger um direito líquido e certo, que fora violado por um ato de autoridade. O mandado de segurança pode compelir a autoridade pública a praticar ou deixar de praticar algum ato.

13.2. COMPETÊNCIA DA JUSTIÇA DO TRABALHO

A competência para julgar o mandado de segurança é definida a partir da autoridade coatora. Confira o esquema:

COMPETÊNCIA – MANDADO DE SEGURANÇA	
Autoridade coatora	**Juízo competente**
Auditor fiscal do trabalho; Superintendente regional do trabalho; Membro do Ministério Público do Trabalho (inquéritos civis).	JUIZ
JUIZ	TRT
TRT	TRT
TST	TST

13.3. SÚMULAS E OJS IMPORTANTES RELATIVAS AO MANDADO DE SEGURANÇA

Art. 23 da Lei nº 12.016/2009. O direito de requerer mandado de segurança extinguir-se-á decorridos 120 (cento e vinte) dias, contados da ciência, pelo interessado, do ato impugnado.

Súmula 632 do STF. É constitucional lei que fixa prazo de decadência para a impetração do mandado de segurança.

Súmula 512 do STF. Não cabe condenação em honorários de advogado na ação de mandado de segurança.

Súmula 105 do STJ. Na ação de mandado de segurança não se admite condenação em honorários advocatícios.

Súmula 201 do TST. Da decisão do Tribunal Regional do Trabalho em mandado de segurança cabe recurso ordinário, no prazo de 8 (oito) dias, para o Tribunal Superior do Trabalho, correspondendo igual dilação para o recorrido e interessados apresentarem razões de contrariedade.

Súmula 414 do TST. MANDADO DE SEGURANÇA. TUTELA PROVISÓRIA CONCEDIDA ANTES OU NA SENTENÇA (nova redação em decorrência do CPC de 2015) - Res. 217/2017, DEJT divulgado em 20, 24 e 25.04.2017.

I - A tutela provisória concedida na sentença não comporta impugnação pela via do mandado de segurança, por ser impugnável mediante recurso ordinário. É admissível a obtenção de efeito suspensivo ao recurso ordinário mediante requerimento dirigido ao tribunal, ao relator ou ao presidente ou ao vice-presidente do tribunal recorrido, por aplicação subsidiária ao processo do trabalho do artigo 1.029, § 5º, do CPC de 2015.

II - No caso de a tutela provisória haver sido concedida ou indeferida antes da sentença, cabe mandado de segurança, em face da inexistência de recurso próprio.

III - A superveniência da sentença, nos autos originários, faz perder o objeto do mandado de segurança que impugnava a concessão ou o indeferimento da tutela provisória.

Súmula 417 do TST. MANDADO DE SEGURANÇA. PENHORA EM DINHEIRO (alterado o item I, atualizado o item II e cancelado o item III, modulando-se os efeitos da presente redação de forma a atingir unicamente as penhoras em dinheiro em execução provisória efetivadas a partir de 18.03.2016, data de vigência do CPC de 2015) - Res. 212/2016, *DEJT* divulgado em 20, 21 e 22.09.2016.

I - Não fere direito líquido e certo do impetrante o ato judicial que determina penhora em dinheiro do executado para garantir crédito exequendo, pois é prioritária e obedece à gradação prevista no art. 835 do CPC de 2015 (art. 655 do CPC de 1973).

II - Havendo discordância do credor, em execução definitiva, não tem o executado direito líquido e certo a que os valores penhorados em dinheiro fiquem depositados no próprio banco, ainda que atenda aos requisitos do art. 840, I, do CPC de 2015 (art. 666, I, do CPC de 1973) (ex-OJ nº 61 da SBDI-2 - inserida em 20.09.2000).

Súmula 418 do TST. A homologação de acordo constitui faculdade do juiz, inexistindo direito líquido e certo tutelável pela via do mandado de segurança.

OJ 98 da SDI-2 do TST. É ilegal a exigência de depósito prévio para custeio dos honorários periciais, dada a incompatibilidade com o processo do trabalho, sendo cabível o mandado de segurança visando à realização da perícia, independentemente do depósito.

13.4. ESTRUTURA DO MANDADO DE SEGURANÇA

Verifique a estrutura da petição do mandado de segurança:

I – Fatos;

II – Requisitos Específicos;

III – Mérito;

IV – Liminar; e

V – Requerimentos Finais.

Segue o exemplo:

EGRÉGIO TRIBUNAL REGIONAL DO TRABALHO DA _____ REGIÃO

NOME DO IMPETRANTE, qualificação e endereço completos, vem, respeitosamente, perante Vossa Excelência, por intermédio de seu advogado adiante assinado **(procuração anexa)**, com escritório profissional no endereço completo, onde recebe intimações e notificações, **com fulcro nos arts. 5º, LXIX, e 114, IV, da CF e 1º da Lei nº 12.016/2009, IMPETRAR:**

MANDADO DE SEGURANÇA com pedido de liminar

contra o ato do Juiz da Vara do Trabalho de _________, proferido nos autos da RT nº, em que figura no polo passivo ____________, qualificação e endereço completos, pelas razões de fato e de direito a seguir expostas.

I – FATOS

II – REQUISITOS ESPECÍFICOS

A presente ação foi proposta com observância dos seguintes requisitos:

1. Do cabimento

Ressaltar a súmula ou OJ eventualmente existentes que mencionam o cabimento do mandado de segurança.

2. Da tempestividade

O direito de requerer mandado de segurança extinguir-se-á decorridos 120 dias, contados da ciência, pelo interessado, do ato impugnado (art. 23 da Lei nº 12.016/2009).

Art. 23 da Lei nº 12.016/2009. O direito de requerer mandado de segurança extinguir-se-á decorridos 120 (cento e vinte) dias, contados da ciência, pelo interessado, do ato impugnado.

III – MÉRITO

1. Do direito líquido e certo

Expor o fato, o fundamento e requer a concessão de segurança para suspender o ato da autoridade coatora.

IV – LIMINAR

Destacar que se encontram presentes os requisitos do **art. 7°, III, da Lei nº 12.016/2009**, autorizadores da concessão de segurança em caráter liminar, quais sejam: o relevante fundamento da demanda e o risco de resultar a ineficácia da medida.

Por fim, requerer em caráter liminar, a concessão de segurança para a imediata suspensão do ato que (...)

Art. 7º da Lei nº 12.016/2009. Ao despachar a inicial, o juiz ordenará:

(...)

III – que se suspenda o ato que deu motivo ao pedido, quando houver fundamento relevante e do ato impugnado puder resultar a ineficácia da medida, caso seja finalmente deferida, sendo facultado exigir do impetrante caução, fiança ou depósito, com o objetivo de assegurar o ressarcimento à pessoa jurídica.

V – REQUERIMENTOS FINAIS

Diante do exposto, requer:

a) a concessão da segurança em caráter liminar, conforme previsto no **art. 7º, III, da Lei nº 12.016/2009**, sem a oitiva da outra parte, para que se suspenda de imediato o ato (...);

Art. 7º da Lei nº 12.016/2009. Ao despachar a inicial, o juiz ordenará:

(...)

III – que se suspenda o ato que deu motivo ao pedido, quando houver fundamento relevante e do ato impugnado puder resultar a ineficácia da medida, caso seja finalmente deferida, sendo facultado exigir do impetrante caução, fiança ou depósito, com o objetivo de assegurar o ressarcimento à pessoa jurídica.

b) a notificação da autoridade coatora para que preste informações no prazo de 10 (dez) dias, nos moldes do **art. 7º, I, da Lei nº 12.016/2009;**

Art. 7º da Lei nº 12.016/2009. Ao despachar a inicial, o juiz ordenará:

I – que se notifique o coator do conteúdo da petição inicial, enviando-lhe a segunda via apresentada com as cópias dos documentos, a fim de que, no prazo de 10 (dez) dias, preste as informações;

c) a intimação do sr.(a) ____ (das outras partes no processo) para integrar a lide como litisconsorte(s) passivo(s);

d) se abra vista ao Ministério Público do Trabalho para que se manifeste sobre o feito, no prazo de 10 dias, consoante o **art. 12 da Lei nº 12.016/2009;**

Art. 12 da Lei nº 12.016/2009. Findo o prazo a que se refere o inciso I do *caput* do art. 7º desta Lei, o juiz ouvirá o representante do Ministério Público, que opinará, dentro do prazo improrrogável de 10 (dez) dias.

e) a intimação do Advogado-Geral da União, dando-se ciência da impetração do presente mandado de segurança, nos exatos termos do **art. 7º, II, da Lei nº 12.016/2009;**

Art. 7º da Lei nº 12.016/2009. Ao despachar a inicial, o juiz ordenará:

II – que se dê ciência do feito ao órgão de representação judicial da pessoa jurídica interessada, enviando-lhe cópia da inicial sem documentos, para que, querendo, ingresse no feito;

f) oportuno salientar que as provas pré-constituídas dos fatos alegados que asseguram o direito líquido e certo se encontram anexas, quais sejam: (se a proposta fizer referência a algum tipo de prova é aconselhável mencioná-las nesse momento);

g) a concessão da segurança em caráter definitivo, confirmando-se os termos da liminar anteriormente referida.

Atribui-se à causa o valor de R$_____.

Nestes termos,

pede deferimento,

Local e data.

Advogado

OAB nº

13.5. EXERCÍCIO DE MANDADO DE SEGURANÇA

13.5.1. Primeiro exercício de mandado de segurança

Lázaro Ramos propôs perante a 2ª Vara do Trabalho de Ubá/MG uma reclamação trabalhista em face de sua ex-empregadora, Na Minha Pele Ltda., postulando o pagamento de adicional de periculosidade.

No dia da audiência, Lázaro requereu a produção da prova pericial. O juiz, entretanto, condicionou a realização da perícia ao depósito prévio de R$ 1.500,00 a título de honorários periciais, tendo o inconformismo do reclamante ficado registrado na ata de audiência, que ocorreu ontem.

Uma vez que o reclamante não tem condições de arcar com os honorários referidos, formule, então, a peça processual cabível em favor do seu cliente, visando à produção da prova pericial independentemente da antecipação dos honorários periciais.

RESOLUÇÃO

EGRÉGIO TRIBUNAL REGIONAL DO TRABALHO DA _____ REGIÃO

LÁZARO RAMOS, qualificação e endereço completos, vem, respeitosamente, perante Vossa Excelência, por intermédio de seu advogado adiante assinado

(procuração anexa), com escritório profissional no endereço completo, onde recebe intimações e notificações, com fulcro nos **arts. 5°, LXIX, e 114, IV, da CF e 1° da Lei nº 12.016/2009, IMPETRAR:**

MANDADO DE SEGURANÇA, com pedido liminar

contra o ato do Juiz da 2ª Vara do Trabalho de Ubá/MG, proferido nos autos da RT n°..., em que figura no polo passivo Na Minha Pele Ltda., qualificação e endereço completos, pelas razões de fato e de direito a seguir expostas.

I – DOS FATOS

Lázaro Trajando a Rigor propôs perante a 2ª Vara do Trabalho de Ubá/MG uma reclamação trabalhista em face de sua ex-empregadora, Na Minha Pele Ltda., postulando o pagamento de adicional de periculosidade.

No dia da audiência, Lázaro requereu a produção da prova pericial. O juiz, entretanto, condicionou a realização da perícia ao depósito prévio de R$ 1.500,00 a título de honorários periciais, tendo o inconformismo do reclamante ficado registrado na ata de audiência.

II – REQUISITOS ESPECÍFICOS

A presente ação foi proposta com observância dos seguintes requisitos:

1. Do cabimento

Ressalte-se que, com base na OJ 98 da SDI-2 do TST contra a decisão interlocutória do juiz, que condiciona a prova pericial ao depósito prévio dos honorários periciais, é cabível o mandado de segurança.

2. Da tempestividade

À luz do art. 23 da Lei nº 12.016/2009, o direito de impetrar mandado de segurança extinguir-se-á decorridos 120 dias, contados da ciência, pelo interessado, do ato impugnado, o qual foi observado no caso em tela.

III – MÉRITO

1. Do direito líquido e certo

Conforme referido, o juiz condicionou a produção da prova pericial ao depósito prévio dos honorários do perito, apesar do inconformismo do reclamante, em violação à legislação processual trabalhista.

Nos termos do art. 790-B, § 3º, da CLT, "o juízo não poderá exigir adiantamento de valores para realização de perícias".

Segundo o art. 790-B, *caput*, da CLT, "a responsabilidade pelo pagamento dos honorários periciais é da parte sucumbente na pretensão objeto da perícia..."

Desta forma, a satisfação dos honorários deve ocorrer apenas após conhecida a parte sucumbente no pedido que levou à produção da prova pericial, ou seja, após a decisão.

É, portanto, ilegal a exigência de depósito prévio de honorários periciais, sendo cabível o mandado de segurança contra o ato do juiz. Nesse sentido, temos o entendimento do TST, consubstanciado na OJ 98 da SDI-2 do TST.

Diante do exposto, requer a concessão da segurança para suspender o ato do juiz que condicionou a prova pericial ao depósito prévio dos honorários periciais.

IV – LIMINAR

Encontram-se presentes os requisitos do art. 7°, III, da Lei nº 12.016/2009, autorizadores da concessão de segurança em caráter liminar, quais sejam: relevante fundamento da demanda e possibilidade de resultar a ineficácia da medida. Verifique:

O relevante fundamento da demanda verifica-se pela violação ao art. 790-B, § 3º, da CLT, que, consoante já referido, determina que é ilegal a exigência de adiantamento de valores para realização de perícias.

A possibilidade de resultar a ineficácia da medida verifica-se porque sem a suspensão do ato do juiz a prova pericial não será produzida, comprometendo a demonstração da periculosidade existente no curso do contrato de trabalho, podendo levar inclusive ao injusto indeferimento do pedido.

Diante do exposto, requer, em caráter liminar, a concessão da segurança para a imediata suspensão do ato que determinou o depósito prévio dos honorários periciais.

V – REQUERIMENTOS FINAIS

Diante do exposto, requer:

a) a concessão da segurança em caráter liminar, de acordo com o previsto no art. 7º, III, da Lei nº 12.016/2009, sem a oitiva da outra parte, para que se suspenda de imediato o ato do juiz que condicionou a prova pericial ao depósito prévio dos honorários periciais;

b) a notificação da autoridade coatora, para que preste informações no prazo de 10 dias, à luz do art. 7º, I, da Lei nº 12.016/2009;

c) a intimação da empresa Na Minha Pele Ltda., para integrar a lide como litisconsorte passivo;

d) que se abra vista ao Ministério Público do Trabalho para que se manifeste sobre o feito, no prazo de 10 dias, conforme o art. 12 da Lei nº 12.016/2009;

e) a intimação do Advogado-Geral da União, dando-se ciência da impetração do presente mandado de segurança, nos exatos termos dos arts. 6º e 7º, II, da Lei nº 12.016/2009;

f) que as provas pré-constituídas dos fatos alegados que asseguram o direito líquido e certo se encontram anexas;

g) a concessão da segurança em caráter definitivo, confirmando-se os termos da liminar anteriormente referida.

Atribui-se à causa o valor de R$ 1.500,00.

Nestes termos,

pede deferimento.

Local e data.

Advogado.

OAB nº

CAPÍTULO 14

AÇÃO RESCISÓRIA

14.1. PREVISÃO LEGAL

A ação rescisória está prevista no art. 836 da CLT, o qual determina que se apliquem os arts. 966 a 975 do CPC.

A ação rescisória no Processo Civil, de acordo com o art. 968, II, do CPC, está sujeita a um depósito prévio de 5% sobre o valor da causa. No entanto, no Processo do Trabalho o depósito prévio é de 20% sobre o valor da causa, salvo prova de miserabilidade (art. 836 da CLT).

14.2. HIPÓTESES DE CABIMENTO

As hipóteses de cabimento da ação rescisória no Processo do Trabalho estão previstas no art. 966 do CPC. Confira:

> **Art. 966 do CPC.** A decisão de mérito, transitada em julgado, pode ser rescindida quando:
>
> I – se verificar que foi proferida por força de prevaricação, concussão ou corrupção do juiz;
>
> II – for proferida por juiz impedido ou por juízo absolutamente incompetente;
>
> III – resultar de dolo ou coação da parte vencedora em detrimento da parte vencida ou, ainda, de simulação ou colusão entre as partes, a fim de fraudar a lei;
>
> IV – ofender a coisa julgada;
>
> V – violar manifestamente norma jurídica;
>
> VI – for fundada em prova cuja falsidade tenha sido apurada em processo criminal ou venha a ser demonstrada na própria ação rescisória;
>
> VII – obtiver o autor, posteriormente ao trânsito em julgado, prova nova cuja existência ignorava ou de que não pôde fazer uso, capaz, por si só, de lhe assegurar pronunciamento favorável;
>
> VIII – for fundada em erro de fato verificável do exame dos autos.
>
> § 1º Há erro de fato quando a decisão rescindenda admitir fato inexistente ou quando considerar inexistente fato efetivamente ocorrido, sendo indispensá-

vel, em ambos os casos, que o fato não represente ponto controvertido sobre o qual o juiz deveria ter se pronunciado.

§ 2º Nas hipóteses previstas nos incisos do *caput*, será rescindível a decisão transitada em julgado que, **embora não seja de mérito**, impeça:

I – nova propositura da demanda; ou

II – admissibilidade do recurso correspondente.

§ 3º A ação rescisória pode ter por objeto apenas 1 (um) capítulo da decisão.

§ 4º Os atos de disposição de direitos, praticados pelas partes ou por outros participantes do processo e homologados pelo juízo, bem como os atos homologatórios praticados no curso da execução, estão sujeitos à anulação, nos termos da lei.

§ 5º Cabe ação rescisória, com fundamento no inciso V do *caput* deste artigo, contra decisão baseada em enunciado de súmula ou acórdão proferido em julgamento de casos repetitivos que não tenha considerado a existência de distinção entre a questão discutida no processo e o padrão decisório que lhe deu fundamento. (Incluído pela Lei nº 13.256, de 2016) (Vigência)

§ 6º Quando a ação rescisória fundar-se na hipótese do § 5º deste artigo, caberá ao autor, sob pena de inépcia, demonstrar, fundamentadamente, tratar-se de situação particularizada por hipótese fática distinta ou de questão jurídica não examinada, a impor outra solução jurídica.

Art. 486 do CPC. O pronunciamento judicial que não resolve o mérito não obsta a que a parte proponha de novo a ação.

§ 1º No caso de extinção em razão de litispendência e nos casos dos incisos I, IV, VI e VII do art. 485, a propositura da nova ação depende da correção do vício que levou à sentença sem resolução do mérito.

14.3. PRAZO

O direito de propor a ação rescisória se extingue em 2 anos (prazo decadencial), contados do trânsito em julgado da decisão rescindenda (art. 975 do CPC e Súmula 100 do TST).

14.4. COMPETÊNCIA DA AÇÃO RESCISÓRIA

A ação rescisória é de competência originária dos Tribunais, conforme tabela a seguir:

COMPETÊNCIA – AÇÃO RESCISÓRIA	
Decisão a ser desconstituída	**Juízo competente**
Sentença	TRT
TRT	TRT
TST	TST

14.5. TUTELA CAUTELAR E TUTELA ANTECIPADA – ART. 969 DO CPC

Poderá ser requerida a tutela provisória à luz do art. 969 do CPC:

> **Art. 969 do CPC.** A propositura da ação rescisória não impede o cumprimento da decisão rescindenda, ressalvada a concessão de tutela provisória.

14.6. PEDIDO DE NOVO JULGAMENTO

O art. 968, I, do CPC estabelece como requisito da petição inicial de uma ação rescisória **o pedido de rescisão do julgado, bem como, se for o caso, o pedido de novo julgamento**, visto que este último pedido não será considerado implícito ao primeiro. Portanto, fique atento, pois não são em todos os casos que há necessidade de pleitear um novo julgamento. Quando a ação rescisória é proposta por ofensa à coisa julgada e incompetência absoluta, deve-se pedir apenas a desconstituição da sentença, sendo desnecessário novo julgamento dos pedidos pelo Tribunal.

14.7. ESTRUTURA DA PETIÇÃO DE AÇÃO RESCISÓRIA

A estrutura da petição de ação rescisória é composta por:

I – Fatos;

II – Requisitos Específicos;

III – Mérito;

IV – Liminar; e

V – Requerimentos Finais.

Segue o exemplo:

14.8. EXERCÍCIO DE AÇÃO RESCISÓRIA

Murilo Adeus dispensado com justa causa ajuíza reclamação trabalhista contra Emiko Boaprova Ltda. postulando, entre outros direitos, o pagamento de férias vencidas, acrescidas de 1/3, no valor de R$ 4.000,00. Em sentença, os pedidos formulados na exordial são rejeitados em sua integralidade, sob o fundamento de que a falta grave praticada (agressão física ao superior hierárquico) afasta possibilidade de qualquer crédito ao empregado, mesmo no que tange ao pedido de férias vencidas.

Considerando que transcorreu o prazo legal para a interposição de recurso ordinário, sem que houvesse qualquer manifestação do reclamante e que este relata que já conseguiu novo emprego em que recebe um pouco acima do teto dos benefícios do Regime Geral da Previdência Social apresente a medida processual cabível para defender os interesses do reclamante, ciente de que o trânsito em julgado ocorreu há pouco mais de 1 mês.

RESOLUÇÃO

EGRÉGIO TRIBUNAL REGIONAL DO TRABALHO DA _____ REGIÃO.

Processo nº

MURILO ADEUS, qualificação e endereço completos, vem, respeitosamente, perante Vossa Excelência, por intermédio de seu advogado adiante assinado **(procuração anexa)**, com escritório profissional no endereço completo, onde recebe intimações e notificações, com fulcro no **art. 836 da CLT** e **no art. 966, V, do CPC, PROPOR:**

AÇÃO RESCISÓRIA

em face de **EMIKO BOAPROVA LTDA.**, qualificação e endereço completos, pelas razões de fato e de direito a seguir expostas.

I – DOS FATOS

O autor, dispensado com justa causa pelo Réu, ajuíza reclamação trabalhista postulando, entre outros direitos, o pagamento de férias vencidas. Em sentença, os pedidos formulados na exordial são rejeitados em sua integralidade, sob o fundamento de que a falta grave praticada (agressão física ao superior hierárquico) afasta possibilidade de qualquer crédito ao empregado mesmo no que tange ao pedido de férias vencidas. A decisão transitou em julgado.

II – REQUISITOS ESPECÍFICOS

A presente ação rescisória foi proposta com observância das disposições legais. Atente-se:

a) **Legitimidade:** uma vez que o autor foi parte na ação cuja decisão se pretende desconstituir, sendo, portanto, parte legítima a propor a presente ação rescisória, com base no art. 967, I, do CPC.

b) **Tempestividade:** tendo em vista que o trânsito em julgado ocorreu há pouco mais de um mês, a presente ação é tempestiva, uma vez que foi observado o prazo decadencial de 2 anos para a sua propositura, previsto no art. 975 do CPC e na Súmula 100, I, do TST.

c) **Depósito prévio:** o depósito prévio foi realizado no importe de R$ 800,00, correspondente a 20% do valor da causa da ação rescisória, como determina o art. 836 da CLT.

III – MÉRITO

1. Da violação literal à norma jurídica

O autor foi dispensado com justa causa, sem receber qualquer verba rescisória. Ajuizou reclamação trabalhista postulando, entre outros direitos, a condenação da reclamada ao pagamento das férias vencidas acrescidas de 1/3. O juiz rejeitou tal pedido, tendo a sentença transitado em julgado.

A decisão viola literal disposição do art. 146 da CLT, segundo o qual "na cessação do contrato de trabalho, qualquer que seja a sua causa, será devida ao empregado a remuneração simples ou em dobro, conforme o caso, correspondente ao período de férias cujo direito tenha adquirido".

Nesta hipótese de ofensa à literal disposição de lei, a sentença merece ser rescindida, nos termos do art. 966, V, do CPC.

Diante do exposto, requer a desconstituição da sentença neste particular.

2. Honorários advocatícios

À luz do art. 791-A da CLT e da Súmula 219, II, do TST, requer a condenação da ré ao pagamento de honorários advocatícios a razão de 15%.

IV – REQUERIMENTOS FINAIS

Diante do exposto, requer:

a) a citação da reclamada para apresentar contestação no prazo fixado pelo relator, não inferior a 15, nem superior a 30 dias, com base no art. 970 do CPC, sob pena de revelia;

b) a produção de todos os meios de provas em direito admitidos, em especial a documental, nos termos do art. 972 do CPC; e

c) por fim, o julgamento procedente da ação rescisória, a fim de rescindir a decisão transitada em julgado e um novo julgamento do pedido pelo Tribunal da causa (art. 968, I, do CPC).

Atribui-se à causa o valor de R$ 4.000,00.

Nestes termos,

pede deferimento.

Local e data.

Advogado

OAB nº

CAPÍTULO 15

AÇÕES POSSESSÓRIAS

15.1. PREVISÃO LEGAL

As ações possessórias são as ações de reintegração de posse, de manutenção de posse e o interdito proibitório. Todas são de competência das varas do trabalho.

As ações referidas estão previstas nos arts. 554 a 568 do CPC. Os arts. 560 e 466 do CPC versam sobre as ações de manutenção e reintegração de posse. Já os arts. 567 e 568 referem-se ao interdito proibitório. O art. 568 do CPC estabelece que as regras atinentes à manutenção e reintegração de posse também se aplicam ao interdito proibitório.

Observe a legislação referida:

CAPÍTULO III
DAS AÇÕES POSSESSÓRIAS

Seção I
Disposições Gerais

(...)

Art. 555. É lícito ao autor cumular ao pedido possessório o de:

I – condenação em perdas e danos;

II – indenização dos frutos.

Parágrafo único. Pode o autor requerer, ainda, imposição de medida necessária e adequada para:

I – evitar nova turbação ou esbulho;

II – cumprir-se a tutela provisória ou final.

(...)

Seção II
Da Manutenção e da Reintegração de Posse

Art. 560. O possuidor tem direito a ser mantido na posse em caso de turbação e reintegrado em caso de esbulho.

Art. 561. Incumbe ao autor **provar:**

I – a sua posse;

II – a turbação ou o esbulho praticado pelo réu;

III – a data da turbação ou do esbulho;

IV – a continuação da posse, embora turbada, na ação de manutenção, ou a perda da posse, na ação de reintegração.

Art. 562. Estando a petição inicial devidamente instruída, o juiz deferirá, **sem ouvir o réu, a expedição do mandado liminar de manutenção ou de reintegração**, caso contrário, determinará que o autor justifique previamente o alegado, citando-se o réu para comparecer à audiência que for designada.

Parágrafo único. Contra as pessoas jurídicas de direito público não será deferida a manutenção ou a reintegração liminar sem prévia audiência dos respectivos representantes judiciais.

Art. 563. Considerada suficiente a justificação, o juiz fará logo expedir mandado de manutenção ou de reintegração.

Art. 564. Concedido ou não o mandado liminar de manutenção ou de reintegração, o autor promoverá, nos 5 (cinco) dias subsequentes, a citação do réu para, querendo, **contestar** a ação no prazo de 15 (quinze) dias.

Parágrafo único. Quando for ordenada a justificação prévia, o prazo para contestar será contado da intimação da decisão que deferir ou não a medida liminar.

Seção III
Do Interdito Proibitório

Art. 567. O possuidor direto ou indireto que **tenha justo receio de ser molestado na posse poderá requerer ao juiz que o segure da turbação ou esbulho iminente**, mediante **mandado proibitório** em que se comine ao réu determinada pena pecuniária caso transgrida o preceito.

Art. 568. Aplica-se ao interdito proibitório o disposto na Seção II deste Capítulo.

15.2. HIPÓTESES DE CABIMENTO

São ações possessórias: as ações de reintegração de posse, no caso de esbulho; de manutenção de posse, na hipótese de turbação e de interdito proibitório, na hipótese de ameaça de esbulho ou de turbação.

No âmbito trabalhista, a ação possessória vem sendo utilizada pelos empregadores em casos de greve, a fim de garantir a sua posse, diante de uma ameaça (interdito proibitório); ou de manter a sua posse, em caso de turbação (ação de manutenção da posse); ou de retomar a posse, em caso de esbulho (ação de reintegração de posse).

O Supremo Tribunal Federal, por meio da Súmula Vinculante 23, esclarece que compete à Justiça do Trabalho processar e julgar as ações possessórias ajuizadas em decorrência do exercício do direito de greve da iniciativa privada, *in verbis*:

> **Súmula Vinculante 23 do STF.** A Justiça do Trabalho é competente para processar e julgar ação possessória ajuizada em decorrência do exercício do direito de greve pelos trabalhadores da iniciativa privada.

É comumente utilizada também quando o empregado se recusa a sair do imóvel em que morava, por força do contrato de trabalho, após a rescisão contratual.

15.3. ESTRUTURA BÁSICA DA PETIÇÃO DE AÇÕES POSSESSÓRIAS

A estrutura da petição de ações possessórias é composta por:

I – Fatos;

II – Requisitos Específicos;

III – Mérito;

IV – Liminar; e

V – Requerimentos Finais.

Segue o exemplo:

AO DOUTO JUÍZO DA _____ VARA DO TRABALHO DE _____

NOME DA EMPRESA, qualificação e endereço completos, vem, respeitosamente, perante Vossa Excelência, por intermédio de seu advogado adiante assinado **(procuração anexa)**, com escritório profissional no endereço completo, onde recebe intimações e notificações, com fulcro nos **arts. 554 e seguintes do CPC, PROPOR:**

INTERDITO PROIBITÓRIO OU AÇÃO DE MANUTENÇÃO DE POSSE ou AÇÃO DE REINTEGRAÇÃO DE POSSE, COM PEDIDO DE LIMINAR

em face..., qualificação e endereço completos, pelas razões de fato e de direito a seguir expostas.

I – FATOS

II – REQUISITOS ESPECÍFICOS

1. Da competência da Justiça do Trabalho

No caso de greve, convém destacar o disposto no art. 114, II, da CF e na Súmula Vinculante 23 do STF, conforme modelo a seguir.

À luz da **Súmula Vinculante 23 do STF e do art. 114, II, da CF,** a Justiça do Trabalho é competente para processar e julgar ação possessória ajuizada em decorrência do exercício do direito de greve pelos trabalhadores da iniciativa privada.

2. Prova da posse, do esbulho, da data do esbulho e da perda da posse

A prova da posse, do esbulho ou da turbação são exigidas pelo art. 561 do CPC para as ações de manutenção de posse e de reintegração.

No caso de interdito proibitório, cabe ao autor provar a posse e a iminência de esbulho ou de turbação, uma vez que o art. 568 do CPC institui a aplicação das mesmas regras que são válidas para a ação de manutenção e de reintegração.

Art. 568 do CPC. Aplica-se ao interdito proibitório o disposto na Seção II deste Capítulo.

Art. 561 do CPC. Incumbe ao autor provar:

I – a sua posse;

II – a turbação ou o esbulho praticado pelo réu;

III – a data da turbação ou do esbulho;

IV – a continuação da posse, embora turbada, na ação de manutenção, ou a perda da posse, na ação de reintegração.

III – LIMINAR

Nos casos de **ação de manutenção ou de reintegração de posse**, requerer, com fundamento no art. 562 do CPC, a expedição de mandado liminar de manutenção ou de reintegração, sem ouvir o réu.

Art. 562 do CPC. Estando a petição inicial devidamente instruída, o juiz deferirá, sem ouvir o réu, a expedição do mandado liminar de manutenção ou de reintegração, caso contrário, determinará que o autor justifique previamente o alegado, citando-se o réu para comparecer à audiência que for designada.

Na hipótese de **interdito proibitório**, requerer o mandado proibitório em que se comine ao réu determinada pena pecuniária caso transgrida o preceito, nos termos do art. 567 do CPC.

Art. 567 do CPC. O possuidor direto ou indireto que **tenha justo receio de ser molestado na posse poderá requerer ao juiz que o segure da turbação ou esbulho iminente**, mediante **mandado proibitório** em que se comine ao réu determinada pena pecuniária caso transgrida o preceito.

IV – REQUERIMENTOS FINAIS

Diante do exposto, requer:

a) a concessão do mandado liminar de manutenção ou de reintegração, sem oitiva da parte contrária, com base no art. 562 do CPC (no caso de ação de manutenção ou de reintegração de posse), OU a concessão de mandado proibitório em que se comine ao réu determinada pena pecuniária caso transgrida o preceito, à luz do art. 567 do CPC (no caso de interdito proibitório);

b) a citação do réu, nos termos do art. 564 do CPC;

Art. 564 do CPC. Concedido ou não o mandado liminar de manutenção ou de reintegração, o autor promoverá, nos 5 (cinco) dias subsequentes, a citação do réu para, querendo, contestar a ação no prazo de 15 (quinze) dias.

c) a produção de todos os meios de provas em direito admitidos, em especial a prova documental, depoimento pessoal e oitiva de testemunhas;

d) o julgamento procedente da ação de interdito proibitório ou de manutenção de posse, ou de reintegração de posse, confirmando os termos da liminar requerida, e, se for o caso da proposta, condenando o réu ao pagamento de indenização por perdas e danos, à luz do art. 555, I, do CPC.

Art. 555 do CPC. É lícito ao autor cumular ao pedido possessório o de:

I – condenação em perdas e danos;

Atribui-se à causa o valor de R$ _____.

Nestes termos,

pede deferimento.

Local e data.

Advogado

OAB nº

15.4. EXERCÍCIO DE AÇÃO POSSESSÓRIA

15.4.1. Primeiro exercício de ação possessória

Rafael Tonassi e **Aryanna Linhares**, todos trabalhadores da empresa **Desejam Boa Sorte Ltda.**, com o apoio do Sindicato Profissional de categoria, resolvem aderir à greve deflagrada pela categoria, objetivando pressionar a empresa a conceder reajuste salarial de 15%. Ocorre que eles invadiram a sede da empresa, acamparam no local e passaram a impedir que o empregador e outros empregados que não aderiram à greve ingressassem no estabelecimento. Outrossim, destruíram totalmente o automóvel da empresa avaliado em R$ 40.000,00. Na qualidade de advogado(a) da empresa Desejam Boa Sorte Ltda., promova a medida judicial cabível objetivando garantir o acesso do empregador e demais empregados à empresa.

RESOLUÇÃO

AO DOUTO JUÍZO DA VARA DE TRABALHO DE _____

DESEJAM BOA SORTE LTDA., qualificação e endereço completos, vem, respeitosamente, perante Vossa Excelência, por intermédio de seu advogado adiante assinado **(procuração anexa)**, com escritório profissional no endereço completo, onde recebe intimações e notificações, com fulcro nos **arts. 554 e seguintes do CPC, PROPOR:**

AÇÃO DE REINTEGRAÇÃO DE POSSE COM PEDIDO DE LIMINAR

em face de **ARYANNA LINHARES,** qualificação e endereço completos, **e RAFAEL TONASSI**, qualificação e endereço completos, e do **SINDICATO...**, na pessoa do seu presidente, Sr. ....., qualificação e endereço completos, pelas razões de fato e de direito a seguir expostas.

I – DOS FATOS

Rafael Tonassi e Aryanna Linhares, trabalhadores da empresa Desejam Boa Sorte Ltda., com o apoio do Sindicato Profissional de categoria, resolveram aderir à greve deflagrada pela categoria, objetivando pressionar a empresa a conceder reajuste salarial de 15%.

Outrossim, destruíram totalmente o automóvel da empresa avaliado em R$ 40.000.00.

II – DOS REQUISITOS ESPECÍFICOS

1. Da competência da justiça do trabalho

Nos termos da **Súmula Vinculante 23 do STF e do art. 114, II, da CF,** a Justiça do Trabalho é competente para processar e julgar ação possessória ajuizada em decorrência do exercício do direito de greve pelos trabalhadores da iniciativa privada.

2. Prova da posse, do esbulho, da data do esbulho e da perda da posse

Os documentos anexos comprovam a posse, o esbulho, a data deste e a perda da posse pela tomada dos trabalhadores e sindicatos da empresa, acampando na mesma, nos moldes do art. 561 do CPC.

III – MÉRITO

1. Reintegração

O art. 560 do CPC estabelece que o possuidor tem direito a ser reintegrado na posse no caso de esbulho.

Da mesma forma, o art. 1.210 do CC/2002 institui que o possuidor tem direito a ser mantido na posse em caso de turbação, restituído no de esbulho, e segurado de violência iminente, se tiver justo receio de ser molestado.

Embora o movimento grevista seja garantido constitucionalmente (art. 9º da CF/88) e previsto na Lei nº 7.783/89, à luz do art. 6º, § 1º, da Lei nº 7.783/89, o mesmo deve ser pacífico, sendo que os meios adotados pelos empregados não poderão violar ou constranger os direitos e garantias fundamentais de outrem.

Por outro lado, dispõe o mesmo art. 6º, § 3º, da Lei nº 7.783/89 que as manifestações e atos de persuasão utilizados pelos grevistas não poderão impedir o acesso ao trabalho nem causar ameaça ou dano à propriedade ou pessoa.

No presente caso, os atos praticados pelos trabalhadores grevistas, incentivados pelo Sindicato Profissional, constituem abuso do direito de greve e flagrante esbulho possessório, a ser imediatamente repelido por este juízo através da expedição do competente mandado de liminar da reintegração de posse, uma vez que a demandante vem sofrendo prejuízo irreparável, seja pela destruição do seu patrimônio, seja pela impossibilidade de cumprir seus compromissos e gerenciar a empresa, em face do ilegal esbulho praticado.

2. Indenização por perdas e danos

Consoante referido, os trabalhadores, com o apoio do sindicato, destruíram totalmente o automóvel da empresa avaliado em R$ 40.000,00.

Encontram-se presentes os requisitos da responsabilidade civil, previstos nos arts. 186 e 927 do CC, quais sejam: culpa, dano e nexo. Veja:

A culpa resta caracterizada pelo fato de ser ilícita a conduta dos trabalhadores de destruírem o automóvel da empresa, uma vez que, nos termos do art. 6º, § 1º, da Lei nº 7.783/89, os grevistas não poderão violar ou constranger os direitos e garantias fundamentais de outrem.

O dano verifica-se pela destruição de um automóvel da empresa causando-lhe um prejuízo de R$ 40.000,00. E, por fim, o nexo também está presente, visto que o dano decorreu da conduta ilícita dos trabalhadores e seu sindicato.

Consoante preceitua o art. 555, I, do CPC, é possível cumular pedido possessório com o de indenização por perdas e danos.

Diante do exposto, requer a condenação dos réus ao ressarcimento do valor do prejuízo.

IV – LIMINAR

Requer, com fundamento no art. 562 do CPC, a expedição do mandado de reintegração de posse, sem ouvir o réu.

V – REQUERIMENTOS FINAIS

Diante do exposto, requer:

a) a concessão do mandado de reintegração, em caráter liminar, sem oitiva da parte contrária, com base no art. 562 do CPC;
b) a citação do réu, à luz do art. 564 do CPC, para, querendo, contestar a ação no prazo de 15 (quinze) dias;

c) a produção de todos os meios de provas em direito admitidos, em especial a prova documental, depoimento pessoal e oitiva de testemunhas;

d) por fim, o julgamento procedente da ação de reintegração de posse, bem como a fixação de pena em caso de novo esbulho possessório e a condenação solidária dos demandados à indenização no valor de R$ 40.000,00 (quarenta mil reais), em virtude de eles terem destruído um veículo da empresa.

Atribui-se à causa o valor de R$ ______

Nestes termos,

pede deferimento.

Local e data

Advogado

OAB nº

CAPÍTULO 16

AÇÃO DE CUMPRIMENTO

16.1. OBJETIVO

A ação de cumprimento é, pois, uma ação cognitiva destinada à defesa de direitos ou interesses dos trabalhadores, cujo propósito é a condenação do(s) empregador(es) na(s) obrigação(ões) de dar, pagar, fazer, não fazer ou entregar coisa constante de título judicial (sentença normativa) ou de instrumento normativo de autocomposição (convenção coletiva ou acordo coletivo).

16.2. COMPETÊNCIA

À luz do art. 114, III, da CF, compete à justiça do trabalho processar e julgar as "ações sobre representação sindical entre sindicatos, entre sindicatos e trabalhadores e entre sindicatos e empregadores".

Também a Lei nº 8.984/95, em seu art. 1º, estabelece que "compete à justiça do trabalho conciliar e julgar os dissídios que tenham origem no cumprimento de convenções coletivas de trabalho ou acordos coletivos de trabalho, mesmo quando ocorram entre sindicatos ou entre sindicato de trabalhadores e empregador".

A ação de cumprimento deve ser proposta perante o juiz do trabalho.

16.3. LEGITIMIDADE

Por força do art. 872 e seu parágrafo único da CLT, podem propor a ação de cumprimento os empregados individualmente, ou em litisconsórcio ativo facultativo, e o sindicato da categoria. Constate:

> **Art. 872, parágrafo único, da CLT.**
>
> Quando os empregadores deixarem de satisfazer o pagamento de salários, na conformidade da decisão proferida, **poderão os empregados ou seus sindicatos**, independentes de outorga de poderes de seus associados, juntando certidão de tal decisão, **apresentar reclamação à junta ou juízo competente**, observado o processo previsto no capítulo II deste título, sendo vedado, porém, questionar sobre a matéria de fato e de direito já apreciada na decisão.

Com base na Súmula 286 do TST, o sindicato pode propor ação de cumprimento visando não só à observância de sentença normativa, mas também de acordo ou convenção coletivos. Verifique:

> Súmula 286 do TST. Sindicato. Substituição processual. Convenção e acordo coletivos (mantida) – Res. 121/2003, *DJ* 19, 20 e 21.11.2003. A legitimidade do sindicato para propor ação de cumprimento estende-se também à observância de acordo ou de convenção coletivos.

16.4. ESTRUTURA DA AÇÃO DE CUMPRIMENTO

A estrutura da ação de cumprimento é composta por:

I – Fatos;

II – Requisitos específicos;

III – Mérito; e

IV – Requerimentos Finais.

Segue o modelo:

AO DOUTO JUÍZO DA _____ VARA DO TRABALHO DE _______

SINDICATO, qualificação e endereço completos, vem, respeitosamente, perante Vossa Excelência, por intermédio de seu advogado adiante assinado **(procuração anexa)**, com escritório profissional no endereço completo, onde recebe intimações e notificações, com fulcro nos **arts. 872 da CLT e 1º da Lei nº 8.984/95 PROPOR:**

AÇÃO DE CUMPRIMENTO

em face de NOME DA EMPRESA, qualificação e endereço completos, pelas razões de fato e de direito a seguir expostas.

I – FATOS

Mencionar qual é a cláusula prevista pela sentença normativa (ou acordo coletivo ou convenção coletiva) que está sendo desrespeitada pela empresa.

II – REQUISITOS ESPECÍFICOS

1. Legitimidade

Ressaltar a legitimidade da parte para propor ação de cumprimento, nos termos do art. 872, parágrafo único, da CLT e da Súmula 286 do TST.

2. Cabimento

Uma vez que a ação de cumprimento é cabível para fazer cumprir cláusula de acordo coletivo de trabalho, convenção coletiva ou sentença normativa, é importante destacar que um desses instrumentos está sendo inobservado.

Se a proposta mencionar que há recurso ordinário no TST, pendente de julgamento, interposto em face da decisão normativa, deve-se mencionar a Súmula 246 do TST, a qual institui que "é dispensável o trânsito em julgado da sentença normativa para a propositura da ação de cumprimento".

III – MÉRITO

Na ação de cumprimento não é permitido às partes a discussão sobre questões de fato e de direito, tendo em vista que já foram apreciadas pela sentença normativa ou estipuladas em acordo coletivo ou convenção coletiva de trabalho. Assim, os fatos da ação de cumprimento restringem-se à violação da sentença normativa, acordo coletivo ou convenção coletiva de trabalho, pelo empregador, enquanto o mérito limita-se à inviolabilidade de tal decisão.

O candidato deve requerer que a empresa seja compelida a cumprir os termos da sentença normativa.

IV – REQUERIMENTOS FINAIS

Diante do exposto, requer:

a) a notificação;

b) a produção de provas; e

c) o julgamento procedente da ação de cumprimento, a fim de compelir a empresa a cumprir com a(s) cláusula(s) da sentença normativa.

Atribui-se à causa o valor de R$ ______.

Nestes termos,

pede deferimento.

Local e data.

Advogado

OAB nº

CAPÍTULO 17

HOMOLOGAÇÃO DE ACORDO EXTRAJUDICIAL

17.1. PREVISÃO LEGAL

A homologação de acordo extrajudicial está prevista nos arts. 855-B a 855-E da CLT.

Trata-se de um procedimento de jurisdição voluntária, cujo propósito é o de submeter o acordo extrajudicial à homologação por um juiz do trabalho.

O processo de homologação de acordo extrajudicial terá início por petição conjunta, sendo obrigatória a representação das partes por advogados distintos (art. 855-B, *caput* e § 1º, da CLT).

Por se tratar de processo de jurisdição voluntária, não há sucumbência, logo cada parte arca com os honorários de seu advogado (art. 88 do CPC).

A decisão que analisa o acordo é uma sentença.

A sentença que homologa o acordo extingue o processo com resolução do mérito (art. 487, III, do CPC). Trata-se de decisão irrecorrível para as partes, que transita em julgado na data de sua homologação (art. 831, parágrafo único, da CLT e Súmula 100, V, do TST). Com base na Súmula 259 do TST, os termos de conciliação desafia ação rescisória, se presentes uma das hipóteses do art. 966 do CPC.

A sentença que não homologa o acordo extingue o processo sem resolução do mérito (art. 485, VI, do CPC), sendo cabível o recurso ordinário.

17.2. ESTRUTURA DO PEDIDO DE HOMOLOGAÇÃO DE ACORDO EXTRAJUDICIAL

A estrutura do pedido de homologação de acordo extrajudicial é composta por:

I – Fatos;

II – Requisitos específicos;

III – Mérito; e

IV – Requerimentos Finais.

Segue o modelo:

AO DOUTO JUÍZO DA _____ VARA DO TRABALHO DE _______

NOME DO EMPREGADO, qualificação e endereço completos e **NOME DO EMPREGADOR**, qualificação e endereço completos, vem, respeitosamente, perante Vossa Excelência, por intermédio de seus advogados adiante assinados **(procurações anexas)**, com escritórios profissionais nos endereços completos, onde recebem intimações e notificações, com fulcro nos **arts. 855-B a 855-E da CLT, REQUERER:**

HOMOLOCAÇÃO DE ACORDO EXTRAJUDICIAL

pelas razões de fato e de direito a seguir expostas.

I – FATOS

Relatar os dados essenciais do contrato de trabalho: data de admissão, função, salário e data da dispensa.

Segue exemplo:

O ex-empregado (primeiro requerente) foi contratado pela ex-empregadora (segunda requerente) no dia.........., para exercer a função de.........., recebendo salário de R$........... O contrato encerrou em.........., com a dispensa sem justa causa do ex-empregado.

Os requerentes celebram acordo extrajudicial nos termos a seguir expostos e requererem a homologação por este juízo.

II – REQUISITOS ESPECÍFICOS

A partes requerem a homologação do acordo extrajudicial com a observância das seguintes disposições legais:

1. Petição conjunta e advogados distintos

Em observância ao disposto no art. 855-B da CLT, este pedido de homologação de acordo extrajudicial é formulado em petição conjunta e subscrito por advogados distintos.

III – MÉRITO

As partes voluntariamente celebram acordo nos seguintes termos:

1) é objeto do presente acordo:

comissões.......... – R$.......... ;

horas extras.......... – R$.......... ;

2) a Empresa (segunda requerente).......... pagará ao ex-empregado (primeiro requerente) a importância líquida de R$..........) em.......... parcelas de

R$.......... (.......... reais), vencendo a primeira no dia.......... e as demais nos mesmos dias dos meses subsequentes;

3) o pagamento será feito através de depósito bancário, cujos dados são os seguintes: Banco.........., agência.........., titular.........., CPF..........;

4) o inadimplemento de qualquer das parcelas implicará o vencimento antecipado das demais (art. 891 da CLT), acrescidas de multa de 50% sobre o valor total das parcelas vincendas;

5) cada parte arcará com os honorários de seus procuradores, à luz do art. 88 do CPC.

Diante do exposto, requer em a homologação do acordo extrajudicial, declarando quitados os direitos nele especificados.

IV – REQUERIMENTOS FINAIS

Requerer a homologação do acordo, nos termos suprarreferidos, e após o seu cumprimento a extinção do processo com resolução do mérito.

Atribui-se à causa o valor de R$ ______.

Nestes termos,

pede deferimento.

Local e data.

Advogado dos requerentes:

OAB nº

CAPÍTULO 18

QUESTÕES

1. Em ação trabalhista, a parte reclamante postulou a condenação da empresa reclamada ao pagamento de horas extraordinárias e sua projeção nas parcelas contratuais e resilitórias especificadas na inicial. Ao pregão da Vara Trabalhista respondeu o empregado-reclamante, assistido do seu advogado. Pela empresa, compareceu o advogado, munido de procuração e defesa escrita, que explicou ao juiz que o preposto do empregador-reclamado estaria retido no trânsito, conforme telefonema recebido. Em face dessa situação hipotética, responda, de forma fundamentada, às indagações a seguir.

   A) **O juiz deve receber a defesa e os documentos apresentados pelo advogado da reclamada?**

   Resposta: Nos termos do art. 844, § 5º, da CLT, ainda que ausente o reclamado, presente o advogado na audiência, serão aceitos a contestação e os documentos eventualmente apresentados.

   B) **O preposto precisa ser empregado da empresa.**

   Resposta: À luz do art. 843, § 3º, da CLT[1], o preposto não precisa ser empregado da empresa.

QUESITOS AVALIADOS	FAIXA DE VALORES	NOTA
ITEM A. Ainda que ausente o reclamado, presente o advogado na audiência, serão aceitos a contestação e os documentos eventualmente apresentados. (0,55). Citação do art. 855, § 5º, da CLT (0,10).	0,00/ 0,55/ 0,65	
ITEM B. O preposto não precisa ser empregado da empresa. (0,50). Citação do art. 843, § 3º, da CLT (0,10).	0,00/ 0,50/ 0,60	

2. Um ex-empregado ajuíza reclamação trabalhista contra a ex-empregadora (a empresa "A") e outra que, segundo alega, integra o mesmo grupo

---

1 **Art. 12, IN 41/2018, TST.** Os arts. 840 e 844, §§ 2º, 3º e 5º, da CLT, com as redações dadas pela Lei nº 13.467, de 13 de julho de 2017 , não retroagirão, aplicando-se, exclusivamente, às ações ajuizadas a partir de 11 de novembro de 2017.

§ 1º Aplica-se o disposto no art. 843, § 3º, da CLT somente às audiências trabalhistas realizadas após 11 de novembro de 2017.

econômico (a empresa "B"). Em defesa a empresa "A" afirma que pagou tudo ao reclamante, nada mais lhe devendo, enquanto a empresa "B" sustenta sua ilegitimidade passiva, negando a existência de grupo econômico.

Considerando que: 1) as reclamadas possuem advogados diferentes e estes pertencem a escritórios de advocacia diferentes; 2) não se trata de PJe; 3) que o pedido foi julgado procedente, condenando-se solidariamente as rés; e 3) que a empresa "A" recorreu efetuando o recolhimento das custas e depósito recursal, responda às indagações a seguir.

A) **O prazo para recurso das empresas é diferenciado, haja vista terem procuradores diferentes? Como é contado o prazo? (Valor: 0,65)**

Resposta: Mesmo possuindo procuradores diferentes, o prazo não será diferenciado, porque o TST entende que o disposto no art. 229 do CPC é inaplicável ao processo do trabalho, conforme OJ nº 310 da SDI-1 do TST. Os prazos são contados em dias úteis, como determina o art. 775 da CLT.

B) **A empresa "B" deverá efetuar depósito recursal para viabilizar o recurso, no qual insistirá na sua absolvição por não integrar com a litisconsorte um grupo econômico? (Valor: 0,60)**

Resposta: Será desnecessário o depósito recursal pela empresa "B", pois havendo condenação solidária e já havendo recolhimento pela empresa "A", que não requereu sua exclusão da lide, o depósito por ela feito poderá ser aproveitado pela empresa "B", na forma da Súmula 128, III, do TST.

QUESITOS AVALIADOS	FAIXA DE VALORES	NOTA
ITEM A. Mesmo possuindo procuradores diferentes, o prazo não será diferenciado, porque o TST entende que o disposto no art. 229 do CPC é inaplicável ao processo do trabalho. Os prazos são contados em dias úteis. (0,55). Citação da OJ 310, da SDI-1, do TST e do art. 775, da CLT (0,10).	0,00/ 0,55/ 0,65	
ITEM B. Será desnecessário o depósito recursal pela empresa "B", pois havendo condenação solidária e já havendo recolhimento pela empresa "A", que não requereu sua exclusão da lide, o depósito por ela feito poderá ser aproveitado pela empresa "B" (0,50), Súmula 128, III, do TST (0,10).	0,00/ 0,50/ 0,60	

3. Reginaldo ingressou com ação contra seu ex-empregador, e, por não comparecer, o feito foi arquivado. Trinta dias após, ajuizou nova ação com os mesmos pedidos, mas dela desistiu porque não mais nutria confiança em seu advogado, o que foi homologado pelo magistrado. Contratou um novo profissional e, 60 dias depois, demandou novamente, mas, por não ter cumprido exigência determinada pelo juiz para emendar a petição inicial, o feito foi extinto sem resolução do mérito. Com base no relatado, responda aos itens a seguir, empregando os argumentos jurídicos apropriados e a fundamentação legal pertinente ao caso.

A) Para propor uma nova ação, Reginaldo deverá aguardar algum período? Em caso afirmativo, qual seria? (Valor: 0,65)

Resposta: Não, pois não ocorreram dois arquivamentos seguidos da reclamação trabalhista por não comparecer em audiência, hipótese que implicaria o ajuizamento de nova ação pelo prazo de 6 meses, nos termos do art. 732 da CLT.

B) Quais são as hipóteses que ensejam a perempção no processo do trabalho? (Valor: 0,60)

Resposta: Ocorre perempção no processo do trabalho quando o reclamante dá causa a dois arquivamentos seguidos por ausência à audiência inaugural, nos termos do art. 732 da CLT, e distribui reclamação verbal, mas não comparece à Secretaria da Vara, em 5 dias, sem justificativa, para reduzi-la a termo, conforme estabelece o art. 731 da CLT.

QUESITOS AVALIADOS	FAIXA DE VALORES	NOTA
ITEM A. Não, pois não ocorreram dois arquivamentos, o que afasta a perda do prazo de 6 meses do direito de reclamar perante a Justiça do Trabalho (0,40). Citação do art. 732 da CLT (0,25).	0,00/ 0,25/ 0,40/ 0,65	
ITEM B. Quando o reclamante dá causa a dois arquivamentos por ausência à audiência inaugural (0,25), nos termos do art. 732 da CLT (0,05) e quando distribui reclamação verbal, mas não comparece à Secretaria da Vara, em 5 dias, sem justificativa, para reduzi-la a termo (0,25), conforme art. 731 da CLT (0,05).	0.00/ 0,25/0,30/ 0,50/0,55/ 0,60	

4. **(OAB/FGV – XV EXAME)** Determinado empregado ajuizou ação trabalhista em face de seu empregador (empresa de serviço fornecedora de mão de obra na área de limpeza), logo após haver sido dispensado. Na ação aduziu que era detentor de estabilidade decorrente de doença

acidentária, supostamente causada pelo trabalho. Para tanto, juntou aos autos carta de concessão de benefício previdenciário por doença comum, não produzindo qualquer outra prova. A empregadora ré apenas negou que a doença era decorrente do trabalho desempenhado.

Sobre o caso apresentado, utilizando os argumentos jurídicos apropriados e a fundamentação legal pertinente ao caso, responda aos itens a seguir.

A) Indique, sob o aspecto da distribuição do ônus da prova, a quem caberia comprovar se a doença do empregado decorre ou não do trabalho. (Valor: 0,65)

Resposta: O ônus da prova cabe à parte autora, pois trata-se de fato constitutivo de seu direito, nos termos do art. 818, I, da CLT.

B) Qual o outro meio de prova passível de utilização no caso em tela? (Valor: 0,60)

Resposta: O nexo de causalidade precisa ser demonstrado por meio de prova pericial médica, nos termos do art. 156 do CPC, segundo o qual: "O juiz será assistido por perito quando a prova do fato depender de conhecimento técnico ou científico."

QUESITOS AVALIADOS	FAIXA DE VALORES	NOTA
ITEM A. O ônus da prova cabe à parte autora (0,35), pois se trata de fato constitutivo de seu direito OU alegado pelo autor (0,20). Indicação do art. 818, I, da CLT (0,10).	0,00/ 0,20/ 0,30/ 0,35/ 0,45 /0,55 / 0,65	
ITEM B. Prova pericial (0,50). Indicação do art. 156 do CPC (0,10).	0,00/ 0,50/ 0,60	

5. **(OAB/FGV – XIV EXAME)** Sérgio Alcântara moveu ação contra a empresa Delta Promoções e Imagens, da qual foi empregado, pleiteando o pagamento de indenização por dano moral de R$ 10.000,00 e horas extras. Na sentença foi deferido o pagamento de indenização por dano moral de R$ 5.000,00 e as horas extras no quantitativo desejado na petição inicial. Somente a empresa interpôs recurso ordinário, e o TRT da Região manteve a sentença em todos os seus aspectos. Então, o reclamante interpôs recurso de revista pretendendo a majoração da indenização por dano moral para R$ 10.000,00, tal qual desejado na exordial.

Diante da situação, responda, fundamentadamente, aos itens a seguir.

A) Analise a possibilidade de Sérgio interpor recurso de revista no caso apresentado, justificando. (Valor: 0,65)

Resposta: Não é cabível o recurso de revista por parte do reclamante, uma vez que houve aceitação tácita em relação à sentença, na forma do art. 1.000, do CPC, quando não interpôs o recurso ordinário.

B) Caso a empresa opusesse embargos declaratórios contra o acórdão proferido pelo TRT, informe em que situação, à luz da jurisprudência consolidada, o autor teria de ser intimado para se manifestar. (Valor: 0,60)

Resposta: Se nos embargos de declaração houvesse pedido de efeito modificativo, conforme a OJ nº 142, I, do TST e o art. 897-A, § 2º, da CLT.

QUESITOS AVALIADOS	FAIXA DE VALORES	NOTA
ITEM A. Não seria possível porque houve aceitação tácita em relação à sentença (0,45). Indicação do art. 1.000 do CPC. (0,20)	0,00/ 0,40/ 0,65	
ITEM B. Caso houvesse pedido de efeito infringente OU efeito modificativo (0,40). Indicação da OJ nº 142, I, do TST (0,20).	0,00/ 0,45/ 0,60	

6. (OAB/FGV – XIII EXAME) Jocimar é auxiliar de laboratório, ganha R$ 2.300,00 mensais e ajuizou reclamação trabalhista contra a empresa Recuperação Fármacos Ltda., sua empregadora, requerendo o pagamento dos adicionais de insalubridade e periculosidade. Designada perícia pelo juiz, foi constatado pelo expert que no local de trabalho o frio era excessivo, sem a entrega de equipamento de proteção individual adequado, além de perigoso, pois Jocimar trabalhava ao lado de um tanque da empresa onde havia grande quantidade de combustível armazenado. Contudo, a empresa impugnou expressamente o laudo pericial, afirmando que o perito designado era um engenheiro de segurança do Trabalho, e não um médico do trabalho, como deveria ser.

Diante do caso, responda:

A) Analise, de acordo com a CLT, a possibilidade de condenação da empresa nos dois adicionais desejados, justificando. (Valor: 0,65)

Resposta: Na forma do art. 193, § 2º, da CLT é impossível o deferimento de ambos os adicionais cumulativamente. O empregado poderá optar pelo adicional de insalubridade ou periculosidade que porventura lhe seja devido.

B) Caso Jocimar postulasse o adicional de insalubridade, alegando que o ruído era excessivo, analise se seria possível o deferimento do adicional se a perícia constatou que o único elemento insalubre presente no local era o frio. Justifique. (Valor: 0,60)

Resposta. Seria possível, pois o juiz não fica adstrito ao agente agressor indicado pela parte, na forma da Súmula 293 do TST.

QUESITOS AVALIADOS	FAIXA DE VALORES	NOTA
ITEM A. Impossível o deferimento de ambos os adicionais cumulativamente (0,45). Indicação do art. 193, § 2º, da CLT (0,20).	0,00/ 0,45/ 0,65	
ITEM B. Seria possível, pois o juiz não fica adstrito ao agente agressor indicado pela parte (0,40). Indicação da Súmula 293 do TST (0,20).	0,00/ 0,40/ 0,60	

7. **(OAB/FGV – XII EXAME)** O juiz deferiu o pagamento de férias vencidas + 1/3 em reclamação trabalhista, sob o fundamento de inexistência de comprovação de fruição ou pagamento destas, já que a empresa ré não produziu qualquer prova da alegação de que o empregado gozara ou recebera as férias. Transitada em julgado a decisão, a ré ajuizou ação rescisória juntando recibo da época da rescisão do contrato de trabalho do autor, no qual estava comprovado o pagamento do período de férias objeto da condenação. Alegou tratar-se de documento novo, mas que não foi juntado por esquecimento do advogado.

A) Qual o entendimento do TST acerca de documento novo para efeitos de ajuizamento de Ação Rescisória? Fundamente. (Valor: 0,65)

Resposta: Documento novo é aquele que já existia ao tempo da ação ou da sentença que se quer rescindir, mas não era do conhecimento da parte ou era impossível a sua utilização, nos termos da Súmula 402 do TST.

B) Qual deverá ser a decisão sobre o cabimento ou não da Ação Rescisória nesta hipótese? Fundamente. (Valor: 0,60)

Resposta: O pedido da ação rescisória deve ser julgado improcedente, pois a hipótese não se refere a documento novo, nos termos da Súmula 402 do TST.

QUESITOS AVALIADOS	FAIXA DE VALORES	NOTA
ITEM A. Documento novo é aquele que já existia ao tempo da ação ou da sentença que se quer rescindir, mas não era do conhecimento da parte ou era impossível a sua utilização (0,45), nos termos da Súmula 402 do TST (0,20).	0,00/ 0,45/ 0,65	
ITEM B. O pedido da ação rescisória deve ser julgado improcedente, pois a hipótese não se refere a documento novo (0,40), nos termos da Súmula 402 do TST (0,20).	0,00/ 0,40/ 0,60	

8. **(OAB/FGV – XII EXAME)** Serafim Almeida ajuizou reclamação trabalhista contra o ex-empregador postulando o pagamento de horas extras e verbas resilitórias. Em audiência, entabulou acordo com o reclamado, que foi homologado judicialmente, no qual conferiu quitação geral quanto ao extinto contrato de trabalho. Tempos depois contratou novo advogado e ajuizou nova demanda contra a mesma empresa, desta feita pedindo apenas diferença em razão de equiparação salarial – verba não perseguida na 1ª ação.

Diante desse quadro, responda aos itens a seguir.

A) **Analise a validade, ou não, de um acordo judicial no qual a parte concede quitação sobre objeto que não foi postulado na petição inicial, justificando em qualquer hipótese. (Valor: 0,85)**

Resposta: É válido conferir quitação mesmo de verba não postulada, conforme OJ nº 132 da SDI-2 do TST.

B) **Informe o fenômeno jurídico que inviabiliza o prosseguimento da 2ª ação ajuizada, apresentando o fundamento legal respectivo. (Valor: 0,40)**

Resposta: Ocorrerá o fenômeno da coisa julgada, visto que se reproduz ação anteriormente ajuizada, já decidida por sentença, de que não cabe recurso, nos termos dos arts. 337, §§ 1º e 4º, e 502 do CPC.

QUESITOS AVALIADOS	FAIXA DE VALORES	NOTA
ITEM A. É válido conferir quitação mesmo de verba não postulada (0,65). Indicação da OJ nº 132 da SDI-2 do TST (0,20).	0,00/ 0,65/ 0,85	
ITEM B. Ocorrerá a coisa julgada (0,30). Indicação dos arts. 337, § 1º, OU 337, § 4º, OU 502, todos do CPC (0,10).	0,00/ 0,30/ 0,40	

9. **(OAB/FGV – X EXAME)** DEMÉTRIO ajuizou reclamação trabalhista pleiteando o pagamento de multas previstas no instrumento normativo de sua categoria, cujo destinatário é o empregado lesado, em virtude do descumprimento, pelo empregador, da quitação do adicional de 50% sobre as horas extras e do acréscimo de 1/3 nas férias. Em contestação, a reclamada sustentou que tais multas eram indevidas porque se tratava de meras repetições de dispositivo legal, sendo que a CLT não prevê multa para o empregador nessas hipóteses. Adiciona e comprova que, no tocante à multa pelo descumprimento do terço de férias, isso já é objeto de ação anterior ajuizada pelo mesmo reclamante e que tramita em outra Vara, atualmente em fase de recurso. Responda, justificadamente, aos itens a seguir. A simples menção ou transcrição do dispositivo legal não pontua.

A) Analise se são válidas as multas previstas no instrumento normativo. (Valor: 0,65)

Resposta: As multas previstas no instrumento normativo são válidas e aplicáveis em caso de descumprimento de obrigação prevista em lei, mesmo que a norma coletiva seja mera repetição de texto legal, na forma da Súmula 384, II, do TST.

B) Informe que fenômeno jurídico processual ocorreu em relação ao pedido de multa pela ausência de pagamento do terço das férias. (Valor: 0,60)

Resposta: Ocorreu o fenômeno jurídico da litispendência, previsto no art. 337, §§ 1° e 3°, do CPC.

QUESITOS AVALIADOS	FAIXA DE VALORES	NOTA
ITEM A. São válidas, mesmo que a norma coletiva seja mera repetição de texto legal OU são válidas, pois não afrontam os patamares mínimos previstos em Lei nem se referem a normas de ordem pública (0,45). Indicação da Súmula 384, II, do TST (0,20).	0,00/ 0,45/ 0,65	
ITEM B. Litispendência (0,40). Indicação do CPC, art. 337, V OU § 1º, OU § 3º (0,20).	0,00/ 0,40/ 0,60	

10. **(OAB/FGV – X EXAME)** Numa reclamação trabalhista movida em litisconsórcio passivo, o autor e a empresa reclamada "X" (sociedade de economia mista) foram vencidos reciprocamente em alguns pedidos, tendo ambos se quedado inertes no prazo recursal. Porém, a empresa reclamada "Y" (pessoa jurídica de direito privado), vencida também em

relação a alguns pedidos na referida ação trabalhista, interpôs recurso ordinário, com observância dos pressupostos legais de admissibilidade, tendo inclusive efetuado o preparo. Em seguida, o Juiz do Trabalho notificou as partes para que oferecessem suas razões de contrariedade, em igual prazo ao que teve o recorrente. Considerando os fatos narrados acima, responda, de forma fundamentada, aos itens a seguir. A simples menção ou transcrição do dispositivo legal não pontua.

A) **Analise a possibilidade de o autor recorrer, ou não, dos pedidos em que foi vencido, e de que maneira isso se daria, se possível for. (Valor: 0,65)**

Resposta: Ainda é possível ao reclamante manifestar seu inconformismo, que deverá materializar-se num recurso ordinário adesivo, já que é aplicável o art. 997, § 2º, do CPC em sede trabalhista.

B) **Caso ambas as empresas tivessem recorrido ordinariamente, e tendo a empresa "Y" requerido sua exclusão da lide, analise e justifique quanto à necessidade, ou não, de a reclamada "X" efetuar preparo. (Valor: 0,60)**

Resposta: A empresa "X", por ser sociedade de economia mista, estará obrigada a efetuar o preparo, pois não é dele isento (Súmula 170 do TST), porquanto os recursos são independentes e não há condenação solidária (Súmula 128, I, do TST).

QUESITOS AVALIADOS	FAIXA DE VALORES	NOTA
ITEM A. É possível interpor recurso adesivo OU recurso ordinário adesivo (0,45). Indicação do art. 997, § 2º, do CPC OU Súmula 283 do TST (0,20).	0,00/ 0,45/ 0,65	
ITEM B. A empresa "X" estará obrigada a efetuar o preparo porque os recursos são independentes ou há necessidade de preparo, pois a condenação não foi solidária (0,40). Indicação do art. 173, § 1º, II, da CF/88; OU Súmula 170 do TST; OU Súmula 128, I ou III, do TST (0,20).	0,00/ 0,40/ 0,60	

11. **(OAB/FGV – XI EXAME – resposta adaptada em razão da legislação trabalhista vigente)** Numa reclamação trabalhista, o autor formulou pedido de verbas resilitórias e horas extras. Na 1ª audiência, ocorrida 40 dias após o desligamento, a empresa reconheceu que não pagou as verbas devidas pela saída, e requereu o seu adiamento, em face da ausência de suas testemunhas, o que foi deferido. Na 2ª audiência, agora com a presença das testemunhas, ofereceu, no início da sessão, o pagamento

das verbas resilitórias incontroversas adicionadas da multa do art. 477, § 8º, da CLT. Diante dessa situação, responda: A simples menção ou transcrição do dispositivo legal não pontua.

A) Comente se a empresa, nesta situação, fica sujeita a algum pagamento adicional em relação às verbas da ruptura. Justifique sua resposta. (Valor: 0,65)

Resposta: Não tendo quitado os direitos devidos na 1ª audiência, ficará sujeita ao pagamento de 50% das verbas resilitórias, conforme art. 467, *caput*, da CLT.

B) Analise, na mesma situação, caso o empregador do autor fosse um Município, se haveria algum pagamento adicional. Justifique sua resposta. (Valor: 0,60)

Atenção! Modificamos a resposta da Banca para deixá-la em consonância com a atual legislação.

Resposta: Caso o empregador fosse um Município, da mesma forma, seria aplicável, o art. 467 da CLT, sendo devida a multa de 50% das verbas rescisórias incontroversas não pagas em primeira audiência.

Ressalte-se que a Lei nº 10.272/2001 modificou o art. 467 da CLT, excluindo o parágrafo único, que estabelecia que a multa prevista no *caput* não se aplicava à União, aos Estados, ao Distrito Federal, aos Municípios e suas respectivas autarquias e fundações públicas. Dessa forma, tal multa é devida também por estes entes.

QUESITOS AVALIADOS	FAIXA DE VALORES	NOTA
ITEM A. Se sujeitará ao pagamento de multa de 50% das verbas resilitórias (0,45). Indicação do art. 467 da CLT OU da Lei nº 10.272/2001 (0,20).	0,00/ 0,45/ 0,65	–
ITEM B. Sim. (0,40). Indicação do art. 467 da CLT (0,20).	0,00/ 0,40/ 0,60	–

12. (OAB/FGV – XV EXAME) O sindicato dos empregados nas usinas de açúcar de Linhares (ES) entabulou convenção coletiva contemplando diversos direitos para os trabalhadores, dentre os quais a entrega de uma cesta básica mensal. Porém, logo após, iniciou-se divergência sobre a quantidade e a qualidade dos produtos que deveriam integrar a referida cesta básica, tendo o sindicato dos empregados decidido ajuizar ação na Justiça do Trabalho.

Diante desse quadro, responda aos itens a seguir.

A) De acordo com a lei, é necessário, ou não, comum acordo para que seja instaurado dissídio coletivo de natureza jurídica? (Valor: 0,85)

Resposta: É desnecessário o comum acordo, pois a CF/88 o exige apenas nos dissídios coletivos de natureza econômica, conforme seu art. 114, § 2º.

B) De acordo com a lei, qual é o prazo máximo de vigência de uma sentença normativa? Apresente fundamento legal que justifique sua resposta. (Valor: 0,40)

Resposta: O prazo máximo é de 4 anos, conforme art. 868, parágrafo único, da CLT. No mesmo sentido, temos o PN 120 do TST.

QUESITOS AVALIADOS	FAIXA DE VALORES	NOTA
ITEM A. Desnecessário o comum acordo por não se tratar de dissídio de natureza econômica OU Desnecessário o comum acordo por se tratar de dissídio de natureza jurídica (0,75). Indicação do art. 114, § 2º, da CF/88 (0,10).	0,00 / 0,75 / 0,85	
ITEM B. Quatro anos (0,30). Indicação do art. 868, parágrafo único, da CLT ou PN 120 da SDC/TST (0,10).	0,00 / 0,30 / 0,40	

13. (OAB/FGV – XVIII EXAME) Plínio foi empregado da sociedade empresária Marca Alimentos S/A. Ele prestou serviços nos estados do Rio de Janeiro, São Paulo e Minas Gerais, residindo hoje neste último. Ao ser dispensado, ajuizou reclamação trabalhista em face da sociedade empresária, a qual foi distribuída à 99ª Vara do Trabalho de Belo Horizonte/MG. A sociedade empresária apresentou exceção de incompetência, alegando que a ação deveria ter sido ajuizada em São Paulo, local da contratação e sede da ré. Diante disso, responda aos itens a seguir.

A) Observadas as regras de competência territorial, onde Plínio deveria ajuizar a ação? (Valor: 0,60)

Resposta: Plínio poderá ajuizar a ação em qualquer dos três estados, nos termos do art. 651, *caput*, da CLT.

B) No caso de acolhida a exceção pelo juiz, como advogado de Plínio, que medida você adotaria? (Valor: 0,65)

Resposta: Poderá interpor recurso ordinário, pois o processo será remetido para TRT diverso daquele ao qual estava subordinado o juízo excepcionado, à luz da Súmula 214, "c", do TST.

QUESITOS AVALIADOS	FAIXA DE VALORES	NOTA
ITEM A. Poderá ajuizar a ação em qualquer dos três Estados (MG, SP ou RJ) onde prestou serviços (0,50). Citação do art. 651, *caput* OU § 3º da CLT (0,10).	0,00/ 0,55/ 0,65	
ITEM B. Recurso Ordinário (0,55). Citação do art. 895, I, da CLT OU da Súmula 214, "c", do TST (0,10).	0,00/ 0,50/ 0,60	

14. (OAB/FGV – XX EXAME) Em sede de ação trabalhista movida por Célio em face da Madeireira Ltda., transitada em julgado a decisão de conhecimento, após a apresentação de cálculos pelas partes e homologado determinado valor, o juiz abriu prazo para a manifestação específica das partes em relação à sua decisão. Ambas se quedaram inertes. Posteriormente, em sede de embargos à execução, a parte ré quis impugnar os valores do débito. Na qualidade de advogado do autor, tendo você concordado com os cálculos homologados pelo juiz, responda:

A) O que você deverá alegar em sede de resposta aos embargos à execução? Fundamente. (Valor: 0,65)

Resposta: A parte autora deverá alegar a preclusão para impugnar a conta de liquidação em sede de embargos à execução, conforme art. 879, § 2°, da CLT. Nos termos desse artigo, o juiz deverá intimar as partes para se manifestarem sobre a conta de liquidação, sob pena de preclusão. Tal dispositivo, cotejado com o art. 884, § 3°, deixa evidente que, se o juiz abrir prazo e a parte nada fizer, ocorrerá a preclusão e a matéria não poderá ser arguida em sede de embargos à execução.

B) Qual o recurso cabível da decisão dos embargos à execução? Fundamente. (Valor: 0,60)

Resposta: Caberá agravo de petição, conforme art. 897, "a", da CLT.

ESPELHO DE CORREÇÃO

QUESITOS AVALIADOS	FAIXA DE VALORES	NOTA
ITEM A. Alegação de preclusão (0,55). Indicação do art. 879, § 2º, da CLT (0,10).	0,00/ 0,55/ 0,65	
ITEM B. Caberá agravo de petição (0,50). Indicação do art. 897, "a", da CLT (0,10)	0,00/ 0,50/ 0,60	
TOTAL		

15. **(OAB/FGV – XX EXAME)** Rafael trabalha há 5 anos na empresa Come Come Gêneros Alimentícios S/A no Município de Niterói/RJ, como auxiliar administrativo. Entretanto, sem qualquer razão aparente, seu empregador decidiu transferi-lo para Taubaté/SP, onde se localiza uma das filiais da empresa. Apesar das ponderações de Rafael ao empregador, este se manteve irredutível. Diante disso, responda aos itens a seguir.

A) **Analise se é possível a transferência de Rafael sob o aspecto da legalidade. Fundamente. (Valor: 0,60)**

Resposta: A transferência é ilícita, pois não houve concordância do empregado, não foi demonstrada real necessidade de serviço, nem extinção de estabelecimento, nos termos do art. 469, *caput*, e § 3º, da CLT.

B) **Considerando o risco iminente da transferência, na qualidade de advogado de Rafael, qual a medida a ser adotada por você? Fundamente. (Valor: 0,65)**

Resposta: Deverá ser ajuizada uma reclamação trabalhista com pedido de antecipação de tutela (tutela de urgência, ou pedido liminar) a fim de suspender a transferência até a decisão do processo, nos termos do art. 659, inciso IX, da CLT.

ESPELHO DE CORREÇÃO

QUESITOS AVALIADOS	FAIXA DE VALORES	NOTA
ITEM A. Não é possível, pois não houve concordância do empregado (0,50). Indicação do art. 468 OU do art. 469, ambos da CLT. (0,10)	0,00/ 0,50/ 0,60	
ITEM B. Ajuizar reclamação trabalhista com pedido de liminar para suspender a transferência (0,55). Indicação do art. 659, IX, da CLT (0,10) OU Tutela de urgência (0,55). Indicação do art. 300 do CPC (0,10) OU Tutela antecipada (0,55). Indicação do art. 303 do CPC (0,10).	0,00/ 0,55/ 0,65	
TOTAL		

16. **(OAB/FGV – XX EXAME – PORTO VELHO)** Em sede de reclamação trabalhista o empregado pleiteou o recolhimento das contribuições previdenciárias não realizadas pelo empregador no curso do contrato de trabalho. Diante disso, responda:

A) **Na qualidade de advogado(a) da empresa, o que você deverá alegar inicialmente, partindo do pressuposto que seu cliente realmente não fez os recolhimentos pretendidos? Fundamente. (Valor: 0,65)**

Resposta: Deverá ser arguida preliminar de incompetência absoluta em razão da matéria, consoante dispõe o art. 876, parágrafo único, da CLT, Súmula 368, I, do TST e Súmula Vinculante 53 do STF.

B) **Caso o juiz rejeite seu requerimento e julgue procedente o pedido, que medida você deverá adotar? (Valor: 0,60)**

Resposta: A medida a ser adota é o recurso ordinário, nos termos do art. 895, inciso I, da CLT.

QUESITOS AVALIADOS	FAIXA DE VALORES	NOTA
ITEM A. Preliminar de incompetência absoluta em razão da matéria (0,55). Citação da Súmula 368 do TST OU do art. 876, parágrafo único, da CLT OU Súmula Vinculante nº 53 do STF (0,10).	0,00/ 0,55/ 0,65	
ITEM B. Recurso Ordinário. (0,50). Citação do art. 895, inciso I, da CLT (0,10).	0,00/ 0,50/ 0,60	

17. (OAB/FGV – XXV EXAME) Rafael, um ano e meio após ser dispensado, ajuizou ação trabalhista em face do empregador, pretendendo horas extras. No dia da audiência, ele, injustificadamente, não compareceu. Um ano depois dessa data, Rafael ajuizou nova ação, com pedido de horas extras e adicional de periculosidade. A audiência foi designada para dois meses depois. Novamente, de forma injustificada, Rafael não compareceu. Quinze dias após, ele ajuizou, mais uma vez, a mesma ação.

Diante disso, na qualidade de advogado(a) da ré, responda aos itens a seguir.

A) Além de apresentar defesa quanto ao mérito propriamente dito dos pedidos, o que você deverá alegar na melhor defesa de seu cliente? Justifique. (Valor: 0,60)

Resposta: Deverá ser arguida a prescrição do pedido de adicional de periculosida-de, pois a primeira demanda interrompeu o curso do prazo prescricional apenas do pedido de horas extras, nos termos da Súmula 268 do TST e do art. 11, § 3º, da CLT.

B) Indique o fenômeno jurídico processual ocorrido a partir do arquivamento da segunda ação e esclareça se é possível o ajuizamento da terceira ação na forma realizada. Justifique. (Valor: 0,65)

Resposta: Não é possível, pois, em razão da perempção, Rafael deveria aguardar 6 meses, conforme determina o art. 732 da CLT.

QUESITOS AVALIADOS	FAIXA DE VALORES	NOTA
ITEM A. Deverá ser arguida a prescrição do pedido de adicional de periculosidade, pois a primeira demanda interrompeu o curso do prazo prescricional apenas do pedido de horas extras, nos termos da Súmula 268 do TST OU do art. 11, § 3º, da CLT.	0,00/0,60	
ITEM B. Não é possível, pois, em razão da perempção, deveria aguardar 6 meses, conforme o art. 732 da CLT.	0,00/ 0,65	

18. Renato foi contratado no dia 27 de janeiro de 2018 como operador de caixa em um supermercado. Quando da admissão, o empregado recebeu o uniforme da sociedade empresária, sendo que, na camisa, havia a logomarca de dois parceiros comerciais do supermercado: a de uma fabricante de massas e a de uma produtora de achocolatados. Renato foi cientificado de que deveria manter, por sua conta, o uniforme limpo e asseado, para se adequar ao padrão esperado pela sociedade empresária.

Diante da situação apresentada e dos termos da CLT, responda aos itens a seguir.

A) Caso Renato ajuizasse ação postulando indenização pelo uso de imagem (por haver usado em serviço camisa com logomarca de sociedades empresárias que não eram suas empregadoras), que tese você, como advogado(a) do supermercado, sustentaria em juízo? Justifique. (Valor: 0,65)

Resposta: Deverá ser sustentado que, pela regra da CLT, o uso de uniforme com inclu-são de sociedades empresárias parceiras do empregador é lícita e, portanto, não gera direito à indenização por uso de imagem, na forma do art. 456-A da CLT.

B) Qual tese você, como advogado(a) da sociedade empresária, sustentaria, caso Renato ajuizasse ação postulando o ressarcimento do gasto que teve para lavar o seu uniforme (água, sabão em pó e amaciante) ao longo do contrato? Justifique. (Valor: 0,60)

Resposta: Deverá ser sustentado que, pela regra da CLT, a higienização de uniforme de uso comum é de responsabilidade do trabalhador, na forma do art. 456-A, pa-rágrafo único, da CLT.

QUESITOS AVALIADOS	FAIXA DE VALORES	NOTA
ITEM A. Deverá ser sustentado que, pela regra da CLT, o uso de uniforme com inclusão de sociedades empresárias parceiras do empregador é lícita e, portanto, não gera direito à indenização por uso de imagem, na forma do art. 456-A da CLT.	0,00/ 0,65	
ITEM B. Deverá ser sustentado que, pela regra da CLT, a higienização de uniforme de uso comum é de responsabilidade do trabalhador, na forma do art. 456-A, parágrafo único, da CLT.	0,00/ 0,60	

19. Ramiro, auxiliar de serviços gerais, trabalhou para a sociedade empresária Bom Tempo S/A, de 17/12/2017 a 25/02/2018. Cumpria jornada das 8h às 17h, de segunda a sexta-feira, e aos sábados, de 8h às 12h. De segunda a sexta-feira, deveria ter intervalo de uma hora, mas, em razão do volume de trabalho, só conseguia desfrutar de 40 minutos.

Tendo Ramiro procurado você como advogado(a), considerando os exatos termos da legislação trabalhista em vigor, responda aos itens a seguir.

A) O que você deverá pleitear em sede de reclamação trabalhista quanto ao intervalo? Justifique. (Valor: 0,60)

Resposta: Deverá ser requerida a indenização de 20 minutos de intervalo de se-gunda a sexta-feira, com acréscimo de 50%, nos termos do art. 71, § 4º, da CLT.

B) Qual é a natureza jurídica do pagamento do intervalo suprimido de Ramiro? Justifique. (Valor: 0,65)

Resposta: O intervalo suprimido tem natureza jurídica indenizatória, nos termos do art. 71 § 4º, da CLT.

QUESITOS AVALIADOS	FAIXA DE VALORES	NOTA
ITEM A. Deverá ser requerida a indenização de 20 minutos de intervalo de segunda a sexta-feira, com acréscimo de 50%, nos termos do art. 71, § 4º, da CLT.	0,00/ 0,60	
ITEM B. O intervalo suprimido tem natureza jurídica indenizatória, nos termos do art. 71 § 4º, da CLT.	0,00/ 0,65	

20. O juiz, em uma reclamação trabalhista que se encontra na fase de execução, determinou que a sociedade empresária executada apresentasse os cálculos de liquidação, o que foi feito. A seguir, o magistrado abriu vista desses cálculos ao exequente, que não se manifestou. O valor apresentado pela sociedade empresária foi então homologado, e ela foi intimada a depositar a quantia, o que foi feito.

No dia seguinte à garantia do juízo, o exequente apresentou impugnação de credor, apontando falhas nas contas trazidas pela sociedade empresária.

Como advogado(a) da sociedade empresária, de acordo com a previsão contida na CLT, responda aos itens a seguir.

A) Que matéria processual você alegaria em contestação à impugnação de credor? (Valor: 0,65)

Resposta: Deveria alegar a ocorrência de preclusão de que trata o art. 879, § 2º, da CLT.

B) Caso o juiz julgasse procedente a impugnação de credor, você interpusesse agravo de petição no prazo legal e ele tivesse o seguimento negado, que medida deveria ser adotada? (Valor: 0,60)

Resposta: Deveria ser interposto o recurso de agravo de instrumento, previsto no art. 897, alínea "b", da CLT.

QUESITOS AVALIADOS	FAIXA DE VALORES	NOTA
ITEM A. O advogado deveria alegar a ocorrência de preclusão de que trata o art. 879, § 2º, da CLT.	0,00/ 0,65	
ITEM B. Deveria ser interposto o recurso de agravo de instrumento, previsto no art. 897, alínea b, da CLT.	0,00/ 0,60	

21. (OAB/FGV – XIX EXAME) Gustavo é gerente-geral de uma agência bancária e Paula é chefe de tesouraria na mesma agência. Gustavo chefia todos os gerentes da agência e Paula comanda uma equipe de oito pessoas que lhe dá apoio nas atividades diárias. Ambos recebem gratificação de função correspondente a 100% do salário auferido, cumprem jornada de 2ª a 6ª feira das 9h00min às 20h00min e, genuinamente, exercem funções de relevância na agência bancária. Ao serem dispensados, ambos ajuízam reclamação plúrima, postulando o pagamento de horas extras. Em defesa, o banco se insurge em preliminar contra o litisconsórcio ativo e, no mérito, nega o direito às horas extras. Na instrução, os autores conduzem três testemunhas que comprovam a jornada dita na inicial, e o banco não conduz testemunhas nem junta controle de ponto. Diante da situação retratada, considerando a CLT e o entendimento consolidado do TST, responda aos itens a seguir.

A) **Analise os requisitos para a reclamação plúrima e se ela poderia acontecer no caso apresentado. (Valor: 0,65)**

Resposta: Os requisitos para a reclamação plúrima esão previstos no art. 842 da CLT, quais sejam: mesmo empregador e identidade de matérias. Estando presentes os requisitos no caso apresentado, o litisconsórcio é viável.

B) **Analise se Gustavo, diante do panorama processual, pode receber horas extras, justificando em qualquer hipótese. (Valor: 0,60)**

Resposta: Gustavo não tem direito às horas extras por ser gerente-geral e, assim, estar enquadrado na hipótese do art. 62, II, da CLT, conforme institui a Súmula 287 do TST.

QUESITOS AVALIADOS	FAIXA DE VALORES	NOTA
ITEM A. Sim, pode ocorrer porque há identidade de empregador e de matéria (0,55). Indicação do art. 842 da CLT (0,10).	0,00/ 0,55/ 0,65	
ITEM B. Não, porque gerente-geral não tem limite de jornada OU por ser autoridade máxima na agência (0,50). Indicação da Súmula 287 do TST OU do art. 62, II, da CLT. (0,10).	0,00/ 0,50/ 0,60	

22. (OAB/FGV – XIX EXAME) Arnaldo foi dispensado em 10/03/2012, já computada a projeção do aviso-prévio devido. Em 09/03/2014, ajuizou ação trabalhista em face do ex-empregador, pleiteando horas extras e reflexos. No dia da audiência, em 21/01/2015, Arnaldo não compareceu, sendo a ação arquivada. Três semanas depois, foi proposta uma nova ação, idêntica à primeira. Antes da citação, o advogado de Arnaldo, percebendo que a inicial estava incompleta, requereu prazo para aditar a mesma, tendo sido concedidos 10 dias. Nesse prazo, apresentou aditamento à inicial, incluindo os pedidos de indenização por dano moral e adicional de periculosidade. Com base no caso narrado, de acordo com a CLT e o entendimento consolidado do TST, responda aos itens a seguir.

A) **Esclareça se há algum pedido alcançado pela prescrição. Caso positivo, indique qual(is).(Valor: 0,65)**

Resposta: Os pedidos de adicional de periculosidade e de indenização por dano moral estão prescritos, pois o aditamento equivale à nova ação para cada pedido, tendo sido proposta depois do decurso de dois anos, sem que a interrupção da prescrição tivesse alcançado tais pleitos, nos termos da Súmula 268 do TST.

B) **Caso a segunda demanda tivesse sido distribuída a juízo diferente daquele no qual o primeiro caso foi arquivado, o que você, como advogado(a) da empresa, suscitaria em preliminar? (Valor: 0,60)**

Resposta: O advogado deverá suscitar a prevenção do juízo que conheceu da primeira demanda, na forma do art. 286, inciso II, do CPC.

QUESITOS AVALIADOS	FAIXA DE VALORES	NOTA
ITEM A. A1) Sim, apenas os pedidos de adicional de periculosidade (0,15) e de indenização por dano moral (0,15) estão prescritos.	0,00/ 0,15/ 0,30	
A2) Ocorreu a prescrição porque postulados depois de dois anos da extinção do contrato (0,25).	0,00/ 0,25	
A3) Citação da Súmula 268 TST (0,10), desde que respondidos corretamente itens A1 e/ou A2, pois a mera citação de súmula ou dispositivo legal não pontua.	0,00/ 0,10	
B) Prevenção do juízo anterior (0,50). Indicação do art. 286, II, do CPC/73 (0,10).	0,00/ 0,50/ 0,60	

23. (OAB/FGV – XX EXAME) Em sede de reclamação trabalhista, o empregado pleiteou o recolhimento das contribuições previdenciárias não realizadas pelo empregador no curso do contrato de trabalho. Diante disso, responda:

A) **Na qualidade de advogado(a) da empresa, o que você deverá alegar inicialmente, partindo do pressuposto que seu cliente realmente não fez os recolhimentos pretendidos? Fundamente. (Valor: 0,65)**

Resposta: Deverá ser arguida preliminar de incompetência absoluta em razão da matéria, já que, nos termos da Súmula 368 do TST e do parágrafo único do art. 876 da CLT, essa matéria foge à competência da Justiça do Trabalho.

B) **Caso o juiz rejeite seu requerimento e julgue procedente o pedido, que medida você deverá adotar? (Valor: 0,60)**

Resposta: Recurso Ordinário, nos termos do art. 895, inciso I, da CLT.

QUESITOS AVALIADOS	FAIXA DE VALORES	NOTA
ITEM A. Preliminar de incompetência absoluta em razão da matéria (0,55). Citação da Súmula 368 do TST OU do art. 876, parágrafo único, da CLT (0,10).	0,00/ 0,55/ 0,65	
ITEM B. Recurso Ordinário. (0,50). Citação do art. 895, inciso I, da CLT (0,10).	0,00/ 0,50/ 0,60	

24. (OAB/FGV – XX EXAME) Maura foi empregada doméstica durante cinco anos na residência da família Pedrosa. Ao ser dispensada, ela ajuizou reclamação trabalhista, a qual foi julgada procedente, tendo o pedido transitado em julgado. Iniciada a execução, não foi encontrado qualquer bem que pudesse satisfazer o débito total ou parcialmente, exceto o imóvel de residência da família Pedrosa. Requerida a penhora do mesmo, o pedido foi deferido pelo juiz ao julgar improcedentes os embargos à execução opostos por você, advogado(a) da família Pedrosa. Na qualidade de advogado da família Pedrosa, responda aos itens a seguir.

A) Qual o recurso cabível contra a decisão do juiz? (Valor: 0,60)

Resposta: Caberá Agravo de Petição, à luz do art. 897, "a", da CLT.

B) Para fundamentar a reforma da decisão impugnada, o que você deverá alegar no recurso? (Valor: 0,65)

Resposta: Deverá requerer a reforma da decisão, uma vez que, após o advento da Lei Complementar nº 150/2015 (art. 46), também se admite como bem de família o imóvel único, mesmo em caso de trabalho doméstico, dada a revogação expressa da legislação.

QUESITOS AVALIADOS	FAIXA DE VALORES	NOTA
ITEM A. Agravo de petição (0,50). Citação do art. 897, "a", da CLT (0,10).	0,00/ 0,55/ 0,65	
ITEM B. Revogação da impossibilidade de alegação do bem de família (0,55). Citação do art. 46 da LC 150/2015 (0,10).	0,00/ 0,50/ 0,60	

25. (OAB/FGV – XXI EXAME) Lucas é dirigente sindical e empregado da sociedade empresária que o contrata como advogado. Na consulta, resta esclarecido que Lucas praticou falta grave e a sociedade empresária quer dispensá-lo. Com base no caso narrado, responda aos itens a seguir.

A) **Na qualidade de advogado(a) da sociedade empresária, qual a medida a ser adotada a fim de implementar a dispensa de Lucas? Fundamente. (Valor: 0,60)**

Resposta: Será necessário ajuizar um inquérito para apuração de falta grave, nos termos do art. 853 da CLT OU da Súmula 379 do TST.

B) **Necessitando de prova testemunhal para as suas alegações, com quantas testemunhas você poderá contar na implementação da medida acima? Fundamente. (Valor: 0,65)**

Resposta: Cada parte poderá se valer de até seis testemunhas, consoante dispõe o art. 821 da CLT.

QUESITOS AVALIADOS	FAIXA DE VALORES	NOTA
ITEM A. Inquérito (judicial) para apuração de falta grave (0,50). Citação do art. 853 CLT OU da Súmula 379 do TST, OU da Súmula 197 do STF. (0,10).	0,00/ 0,55/ 0,65	
ITEM B. Poderá contar com (até) 6 testemunhas (0,55). Citação do art. 821 da CLT (0,10).	0,00/ 0,50/ 0,60	

26. (OAB/FGV – XXI EXAME) Em sede de ação trabalhista de Sérgio em face da empresa Nova Coleção Ltda., o juiz julgou o rol de pedidos parcialmente procedente, tendo deferido apenas duas das quatro horas extras pretendidas pelo autor da ação. Diante disso, responda aos itens a seguir.

A) **Na qualidade de advogado(a) de Sérgio, que medida você poderia adotar? Fundamente. (Valor: 0,60)**

Resposta: Deverá ser apresentado Recurso Ordinário, nos termos do art. 895, inciso I, da CLT.

B) **Caso você, como advogado(a) de Sérgio, inicialmente não se insurja contra a decisão, mas a empresa sim, ainda haverá alguma medida recursal a ser adotada? Qual? Fundamente. (Valor: 0,65)**

Resposta: Deverá ser apresentado Recurso Adesivo, à luz da Súmula 283 do TST OU do art. 997, § 1º, do CPC/2015.

QUESITOS AVALIADOS	FAIXA DE VALORES	NOTA
ITEM A. Recurso Ordinário (0,50). Citação do art. 895, I, da CLT (0,10).	0,00/ 0,55/ 0,65	
ITEM B. Recurso Adesivo OU Recurso Ordinário Adesivo (0,55). Citação da Súmula 283 do TST OU do art. 997, § 1º, do CPC (0,10).	0,00/ 0,50/ 0,60	

27. (OAB/FGV – XXII EXAME) Um Tribunal Regional do Trabalho, por maioria de votos, manteve a condenação de uma empresa ao pagamento dos adicionais de insalubridade e periculosidade ao reclamante, tal qual requerido e deferido em 1º grau. Diante dessa situação e considerando que você foi contratado para zelar, em juízo, pelos interesses dessa empresa, responda aos itens a seguir.

A) Informe que medida judicial deveria ser interposta na hipótese. (Valor: 0,60)

Resposta: O recurso cabível é o de revista, previsto no art. 896 da CLT, *caput* ou alínea "c", pois ele alveja uma decisão do TRT.

B) Informe que tese jurídica você, como advogado(a) da empresa, sustentaria em defesa do seu cliente. (Valor: 0,65)

Resposta: A tese em defesa da empresa é a da impossibilidade de acúmulo dos adicionais de insalubridade e periculosidade, ou, ainda, que o trabalhador precisa optar por um deles, conforme preconiza o art. 193, § 2º, da CLT.

QUESITOS AVALIADOS	FAIXA DE VALORES	NOTA
ITEM A. Recurso de revista (0,55). Indicação do art. 896 OU do art. 896, "c", da CLT (0,10).	0,00/ 0,55/ 0,65	
ITEM B. Impossibilidade de acúmulo dos adicionais OU obrigatoriedade de opção por um deles (0,50). Indicação do art. 193, § 2º, da CLT (0,10).	0,00/ 0,50/ 0,60	

28. (OAB/FGV – XXII EXAME) Um estudante de Direito, irresignado pelo fato de sua mãe haver perdido uma causa trabalhista, estuda com afinco todos os contornos da lide, a doutrina e a jurisprudência correlatas durante um ano, findo o qual prepara uma ação rescisória, colhe a assinatura de sua mãe na peça e distribui a ação no prazo legal. Considerando a situação retratada e o entendimento consolidado do TST, responda aos itens a seguir.

A) Analise a viabilidade da demanda proposta, justificando em qualquer hipótese. (Valor: 0,65)

Resposta: A demanda nos termos propostos na questão é inviável porque a ação rescisória não pode ser proposta com uso do jus postulandi, consoante prevê a Súmula 425 do TST.

B) Se a mãe do estudante contratasse um(a) advogado(a) para ajuizar a ação rescisória, como se daria a concessão dos honorários advocatícios sucumbenciais? (Valor: 0,60)

Reposta: Seria devida a concessão de honorários advocatícios sucumbenciais, na forma da Súmula 219, inciso II, do TST e do art. 791-A da CLT.

QUESITOS AVALIADOS	FAIXA DE VALORES	NOTA
ITEM A. Inviável, porque a ação rescisória não admite o jus postulandi (0,55). Indicação da Súmula 425 do TST (0,10).	0,00/ 0,55/ 0,65	
ITEM B. Seria devida a concessão de honorários advocatícios sucumbenciais OU os honorários seriam devidos na forma do processo comum (0,50). Indicação da Súmula 219, II OU IV, do TST, OU do art. 5º, IN 27/2005, do TST, OU do art. 85 do CPC (0,10).	0,00/ 0,50/ 0,60	

29. (OAB/FGV – XXIII EXAME) Em uma reclamação trabalhista que se encontra na fase de execução, o exequente apresentou seus cálculos de liquidação, que foram analisados pelo magistrado e homologados, no importe de R$ 10.000,00. Em seguida, o executado foi citado para pagar o valor, mas quedou-se inerte.

O juiz, em razão disso, acionou o sistema Bacen-Jud e conseguiu reter R$ 8.000,00. Dez dias após essa retenção, o executado ajuizou embargos de devedor, afirmando que as contas apresentadas estariam incorretas e que o valor da dívida seria bastante inferior àquele homologado.

Diante da situação apresentada e dos dispositivos da CLT, responda às indagações a seguir.

A) Na condição de advogado(a) do exequente, se você fosse instado(a) a se manifestar sobre os embargos, que matéria preliminar sustentaria? Justifique. (Valor: 0,65)

Resposta: Sustentaria que os embargos não podem ser conhecidos, porque o juízo não está integralmente garantido, sendo esse um dos requisitos legais para a apreciação dos embargos, conforme preceitua o art. 884 da CLT.

B) Caso os embargos de devedor fossem julgados procedentes, que medida judicial poderia ser adotada pelo embargado para reverter a situação? Justifique. (Valor: 0,60)

Resposta: O embargado deverá interpor agravo de petição, na forma do art. 897, alínea "a", da CLT.

QUESITOS AVALIADOS	FAIXA DE VALORES	NOTA
ITEM A. Deverá ser sustentado que os embargos não podem ser conhecidos, porque o juízo não está integralmente garantido (0,55). Indicação do art. 884 da CLT (0,10).	0,00/ 0,55/ 0,65	
ITEM B. O embargado deverá interpor agravo de petição (0,50). Indicação do art. 897, alínea "a", da CLT (0,10).	0,00/ 0,50/ 0,60	

30. (OAB/FGV – XXIII EXAME) João Henrique foi contratado como caseiro para cuidar do sítio de lazer da empresária Maria Fernanda. Ele deveria, para tomar conta do local, limpar a piscina, fazer pequenos reparos no muro divisório e cuidar dos jardins, de segunda a quinta-feira. Maria Fernanda, que, no comando de suas empresas, vivia sob forte estresse, sempre que precisava descansar, ia para seu sítio.

Ocorre que, após dois anos e meio de contrato, João Henrique veio a falecer. Logo após o óbito, Maria Fernanda foi procurada por três mulheres que se intitulavam credoras da indenização devida ao finado: uma delas apresentou uma certidão de casamento mostrando que era viúva de João Henrique; outra afirmou que vivia em união estável com ele, exibindo fotos no Facebook; a terceira disse que não era esposa nem companheira, mas que teve dois filhos com o falecido, sendo que um deles fora reconhecido pelo finado na certidão de nascimento, mas o outro, não, o que motivou o ajuizamento de uma ação de investigação de paternidade. Diante da situação concreta e da Lei, responda às indagações a seguir.

A) Como advogado(a) de Maria Fernanda, que medida judicial você adotaria para equacionar o problema? Justifique. (Valor: 0,65)

Resposta: Diante da dúvida sobre quem legitimamente deva receber o objeto, com receio de que o pagamento seja feito a quem não tem direito, a opção mais adequada é ajuizar ação de consignação em pagamento com citação de todos os interessados, visando obter quitação judicial, na forma do art. 335, inciso IV, do CC e do art. 539 do CPC.

B) Qual a natureza jurídica do trabalho prestado por João Henrique em favor de Maria Fernanda? Justifique. (Valor: até 0,60)

Resposta: A natureza jurídica é de trabalho doméstico, pois a atividade não tinha finalidade lucrativa, consoante dispõe o art. 1º da Lei Complementar nº 150/2015 e art. 7º, "a", da CLT.

QUESITOS AVALIADOS	FAIXA DE VALORES	NOTA
ITEM A. A opção mais adequada é ajuizar ação de consignação em pagamento (0,55), na forma do art. 335, inciso IV, do CC, OU do art. 539 do CPC/2015, OU do art. 547 do CPC/15 (0,10).	0,00/ 0,55/ 0,65	
ITEM B. Natureza jurídica de trabalho doméstico (0,30), pois a atividade não tinha finalidade lucrativa (0,20). Indicação do art. 1º da Lei Complementar nº 150/2015 e do art. 7º, "a", da CLT (0,10).	0,20/ 0,30/0,50/ 0,60	

31. (OAB/FGV – XXIV EXAME) Saulo ajuizou reclamação trabalhista contra seu ex-empregador. Na audiência, após intensa negociação entre as partes e com a colaboração do juiz, foi realizado um acordo de R$ 3.000,00, homologado pelo magistrado.

Dias depois, Saulo encontrou um colega de trabalho, que lhe confidenciou que os demais ex-empregados tinham realizado acordos com a empresa na ordem de R$ 5.000,00. Indignado por ter feito acordo com valor menor, Saulo procurou seu advogado, dizendo que não mais aceitaria o acordo e que ele recorresse ao Tribunal. Diante da situação apresentada e nos termos da CLT, responda aos itens a seguir.

A) Seria possível ao advogado de Saulo interpor recurso ordinário da sentença homologatória do acordo? Justifique. (Valor: 0,65)

Resposta: Não seria possível interpor recurso ordinário, porque a homologação do acordo tem a força de decisão irrecorrível, fazendo coisa julgada, conforme preconiza o art. 831, parágrafo único, da CLT.

B) Caso Saulo ajuizasse uma nova ação idêntica, indique a preliminar que você, contratado pela empresa, suscitaria em contestação. Justifique. (Valor: 0,60)

Resposta: Suscitaria a preliminar de coisa julgada, com fundamento no art. 337, inciso VII, do CPC.

QUESITOS AVALIADOS	FAIXA DE VALORES	NOTA
ITEM A. Não, pois a homologação do acordo tem a força de decisão irrecorrível OU coisa julgada (0,55). Indicação do art. 831, parágrafo único, da CLT (0,10).	0,00/ 0,55/ 0,65	
ITEM B. Coisa julgada (0,50). Indicação do art. 337, VII, do CPC OU do art. 5º, XXXVI, da CF/88 (0,10).	0,00/ 0,50/ 0,60	

32. (OAB/FGV – XXIV EXAME) Sebastiana foi empregada da Escola Preparando para a Vida Ltda. por três anos, findos os quais pediu demissão. Seis meses após a ruptura, Sebastiana ajuizou reclamação trabalhista postulando o pagamento de horas extras, a devolução dos descontos salariais que reputava ilegais e o pagamento de adicional noturno.

Em audiência, os litigantes conciliaram e foi feito o termo respectivo, homologado pelo juiz, pelo qual a escola pagaria R$ 5.000,00 em duas parcelas, e Sebastiana conferiria quitação geral pelo extinto contrato de trabalho. Oito meses depois, Sebastiana ajuizou nova reclamação trabalhista, agora requerendo o pagamento de 13º salário e férias acrescidas de 1/3, sendo designada audiência. Diante da situação apresentada, responda às indagações a seguir.

A) Na condição de advogado(a) da escola, na defesa a ser apresentada na 2ª demanda, que preliminar você suscitaria? Justifique. (Valor: 0,65)

Resposta: Suscitaria a preliminar de coisa julgada (art. 337, VII, do CPC), porque o acordo feito anteriormente, no qual se conferiu quitação geral, abrange inclusive pedidos não formulados, conforme dispõe OJ 132 da SDI-2 do TST.

B) Caso a preliminar fosse acolhida, qual seria a consequência jurídica no 2º processo movido por Sebastiana? Justifique. (Valor: 0,60)

Resposta: A consequência jurídica do acolhimento da preliminar de coisa julgada é a extinção do feito sem resolução do mérito, na forma do art. 485, inciso V, do CPC/2015.

QUESITOS AVALIADOS	FAIXA DE VALORES	NOTA
ITEM A. Preliminar de coisa julgada (0,55). Indicação do art. 337, VII, do CPC/2015, OU da OJ 132, SDI-2, do TST, OU do art. 5º, XXXVI, da CF/88 (0,10).	0,00/ 0,55/ 0,65	
ITEM B. A extinção do processo sem resolução do mérito (0,50). Indicação do art. 485, V, do CPC/2015 (0,10).	0,00/ 0,50/ 0,60	

33. **(OAB/FGV – XXIV EXAME)** Um supermercado contratou, por escrito, uma empresa de reformas e construções para ampliar o refeitório no qual os seus funcionários se alimentam, para, assim, dar-lhes maior conforto e segurança. A obra demorou dois meses.

Tempos depois, em agosto de 2017, o supermercado recebeu a citação para uma demanda, pois um dos pedreiros que trabalhou na obra em questão postulou o pagamento de horas extras da empresa de reformas, com responsabilidade subsidiária do supermercado. Diante dessa situação e considerando que você foi contratado(a) para zelar pelos interesses do supermercado em juízo, responda às indagações a seguir.

A) Informe que tese jurídica você defenderia em favor do seu cliente para tentar evitar a condenação. (Valor: 0,65)

Resposta: A tese a ser defendida é que o supermercado é dono da obra, razão pela qual não tem qualquer responsabilidade pelas obrigações contraídas pelo empreiteiro, na forma da OJ 191 do TST.

B) Se, na ação, houvesse também pedido de recolhimento do INSS do período trabalhado na obra, que preliminar você, por cautela, suscitaria? (Valor: 0,60)

Resposta: Suscitaria a preliminar de incompetência absoluta da Justiça do Trabalho em razão da matéria, nos termos do art. 337, II, do CPC, uma vez que a Justiça do Trabalho é incompetente para a execução do INSS incidente sobre as verbas pagas durante o período contratual, à luz da Súmula Vinculante 53 do STF, da Súmula 368, inciso I, do TST e do art. 876, parágrafo único, da CLT.

QUESITOS AVALIADOS	FAIXA DE VALORES	NOTA
ITEM A. Que o supermercado é dono da obra, não tendo responsabilidade (0,55). Indicação da OJ 191 do TST (0,10)	0,00/ 0,55/ 0,65	
ITEM B. Incompetência absoluta (0,50). Indicação da Súmula Vinculante 53 STF, OU da Súmula 368, I, do TST, OU do art. 114, VIII, da CF/88 (0,10).	0,00/ 0,50/ 0,60	

34. (OAB/FGV – XXV EXAME – REAPLICAÇÃO – PORTO ALEGRE). Na CIPA existente em uma sociedade empresária, o empregado João da Silva foi indicado pelo empregador, e o empregado Antônio Mota, eleito pelos empregados da empresa. Ambos tomaram posse e logo em seguida foram dispensados pelo empregador. Em razão disso, ajuizaram reclamação trabalhista plúrima com pedido comum de reintegração. Diante do caso apresentado, como advogado(a) da sociedade empresária, de acordo com a Lei e o entendimento consolidado do TST, responda aos itens a seguir.

A) Que tese poderia ser articulada em relação à situação retratada para a defesa do seu constituinte? (Valor: 0,65)

Resposta: A tese a ser advogada em relação ao empregado João da Silva é que ele não é portador de garantia no emprego, porque não foi eleito pelos empregados, mas sim indicado pelo empregador. Somente os membros eleitos possuem garantia, na forma do art. 10, II, alínea "a", do ADCT e do art. 165 da CLT.

B) Analise a viabilidade do litisconsórcio ativo entre João da Silva e Antônio Mota, declinando os requisitos legais para que isso aconteça na Justiça do Trabalho. (Valor: 0,60)

Resposta: Seria possível a reclamação plúrima (litisconsórcio ativo), porque há identidade de matéria e se trata do mesmo empregador/ sociedade empresária, cumprindo assim as exigências do art. 842 da CLT.

QUESITOS AVALIADOS	FAIXA DE VALORES	NOTA
ITEM A. Que somente os eleitos pelos empregados são portadores de garantia no emprego (0,55). Indicação do ADCT, art. 10, inciso II, alínea "a" OU do art. 165 da CLT (0,10).	0,00/ 0,55/ 0,65	

QUESITOS AVALIADOS	FAIXA DE VALORES	NOTA
ITEM B. Seria possível a reclamação plúrima (litisconsórcio ativo), porque há identidade de matéria e se trata do mesmo empregador/sociedade empresária (0,50). Indicação do art. 842 da CLT (0,10).	0,00/ 0,50/ 0,60	

35. (OAB/FGV – XXV EXAME – REAPLICAÇÃO – PORTO ALEGRE) Em reclamação trabalhista, o ex-empregado de uma grande empresa com 25 mil empregados postula equiparação salarial com base no art. 461 da CLT, indicando como paradigma o empregado João, sendo que, na unidade em que o reclamante trabalhou, havia 12 pessoas cujo prenome era João. Em audiência, o ex-empregado conduz como testemunha a srta. Camila, que havia sido indicada desde a petição inicial, e que a empresa, em pesquisa junto às redes sociais, verificou ser pessoa que mantinha estreito contato com o autor, já que em postagens estavam frequentemente juntos, em clima de confraternização. De acordo com a legislação em vigor, responda aos itens a seguir.

A) Como advogado(a) da empresa, informe que preliminar suscitaria na defesa. Justifique. (Valor: 0,65)

Resposta: Suscitaria a preliminar de inépcia da petição inicial, na forma dos arts. 330, § 1º, I, e 337, IV, do CPC, por falta de causa de pedir em razão da impossibilidade de identificação do paradigma.

B) Ainda na condição de advogado(a) da empresa, indique a sustentação que deveria ser apresentada em relação à pessoa indicada como testemunha. Justifique. (Valor: 0,60)

Resposta: Seria necessário contraditar a testemunha em razão de amizade, por ser suspeita (art. 829 da CLT e art. 447, § 3º, I, do CPC), nos termos do art. 457, § 1º, do CPC.

QUESITOS AVALIADOS	FAIXA DE VALORES	NOTA
ITEM A. Inépcia, pois o nome incompleto prejudica a ampla defesa OU prejudica o contraditório (0,55). Indicação do art. 330, § 1º, do CPC (0,10).	0,00/ 0,55/ 0,65	
ITEM B. Seria necessário contraditar a testemunha em razão de amizade íntima (0,50). Indicação do art. 829 da CLT, OU do art. 457, § 1º, do CPC, OU do art. 447, § 3º, inciso I, do CPC (0,10).	0,00/ 0,50/ 0,60	

36. **(OAB/FGV – XXV EXAME – REAPLICAÇÃO – PORTO ALEGRE)** Um auditor fiscal do trabalho verificou que uma empresa de grande porte não cumpria os percentuais mínimos de empregados com deficiência e de aprendizes, razão pela qual aplicou-lhe penalidade administrativa.

A empresa não se conformou com a aplicação da multa, afirmando que buscou pessoas com deficiência para que viessem integrar o seu quadro de empregados, mas não encontrou pessoas minimamente qualificadas para tal fim; em relação aos aprendizes, sustentou que possui poucas funções que demandem formação profissional.

De acordo com as regras constitucionais e legais vigentes, como advogado(a) da empresa responda aos itens a seguir.

A) **Para tentar anular o auto de infração lavrado, em qual justiça proporia a ação? Justifique. (Valor: 0,65)**

Resposta: Proporia a ação na Justiça do Trabalho, porque a multa foi aplicada por órgão da fiscalização da relação de trabalho, conforme institui o art. 114, inciso VII, da CF/88.

B) **Caso a empresa contratasse um aprendiz com deficiência, seria possível computar este aprendiz na cota de deficientes? Justifique. (Valor: 0,60)**

Resposta: Não seria possível o cômputo do aprendiz na cota de deficiente, pois a Lei veda tal prática, à luz do art. 93, § 3º, da Lei nº 8.213/91.

QUESITOS AVALIADOS	FAIXA DE VALORES	NOTA
ITEM A. Na Justiça do Trabalho, porque a multa foi aplicada por órgão de fiscalização da relação de trabalho (0,55). Indicação do art. 114, inciso VII, da CF/88 (0,10).	0,00/ 0,55/ 0,65	
ITEM B. Não, pois a Lei proíbe tal prática (0,50). Indicação do art. 93, § 3º, da Lei nº 8.213/91 (0,10).	0,00/ 0,50/ 0,60	

37. **(OAB/FGV – XXV EXAME)** Rafael, um ano e meio após ser dispensado, ajuizou ação trabalhista em face do empregador, pretendendo horas extras. No dia da audiência, ele, injustificadamente, não compareceu. Um ano depois dessa data, Rafael ajuizou nova ação, com pedido de horas extras e adicional de periculosidade. A audiência foi designada para dois meses depois. Novamente, de forma injustificada, Rafael não compareceu. Quinze dias após, ele ajuizou, mais uma vez, a mesma ação.

Diante disso, na qualidade de advogado(a) da ré, responda aos itens a seguir.

A) Além de apresentar defesa quanto ao mérito propriamente dito dos pedidos, o que você deverá alegar na melhor defesa de seu cliente? Justifique. (Valor: 0,60)

Resposta: A prescrição do pedido de adicional de periculosidade, pois a primeira demanda interrompeu o curso do prazo prescricional apenas do pedido de horas extras, nos termos da Súmula 268 do TST e do art. 11, § 3º, da CLT.

B) Indique o fenômeno jurídico processual ocorrido a partir do arquivamento da segunda ação e esclareça se é possível o ajuizamento da terceira ação na forma realizada. Justifique. (Valor: 0,65)

Resposta: Não é possível o ajuizamento da terceira ação, pois quando o reclamante dá causa a dois arquivamentos seguidos do processo, por não comparecer em audiência, ocorre a perempção, à luz do art. 732 da CLT, razão pela qual deveria aguardar seis meses para ajuizar nova reclamação.

QUESITOS AVALIADOS	FAIXA DE VALORES	NOTA
ITEM A. A. prescrição do pedido de adicional de periculosidade (0,50). Citação da Súmula 268 do TST OU do art. 11, § 3º, da CLT (0,10).	0,00/ 0,50/ 0,60	
ITEM B. Em razão da perempção, não é possível o ajuizamento antes de seis meses (0,55). Citação do art. 732 da CLT (0,10).	0,00/ 0,55/ 0,65	

38. (OAB/FGV – XXV EXAME) Renato foi contratado no dia 27 de janeiro de 2018 como operador de caixa em um supermercado. Quando da admissão, o empregado recebeu o uniforme da sociedade empresária, sendo que, na camisa, havia a logomarca de dois parceiros comerciais do supermercado: a de uma fabricante de massas e a de uma produtora de achocolatados. Renato foi cientificado de que deveria manter, por sua conta, o uniforme limpo e asseado, para se adequar ao padrão esperado pela sociedade empresária.

Diante da situação apresentada e dos termos da CLT, responda aos itens a seguir.

A) Caso Renato ajuizasse ação postulando indenização pelo uso de imagem (por haver usado em serviço camisa com logomarca de

sociedades empresárias que não eram suas empregadoras), que tese você, como advogado(a) do supermercado, sustentaria em juízo? Justifique. (Valor: 0,65)

Resposta: Nos termos do art. 456-A, caput, da CLT, o uso de uniforme com inclusão de sociedades empresárias parceiras do empregador é lícita, não gerando direito a qualquer indenização.

B) Qual tese você, como advogado(a) da sociedade empresária, sustentaria, caso Renato ajuizasse ação postulando o ressarcimento do gasto que teve para lavar o seu uniforme (água, sabão em pó e amaciante) ao longo do contrato? Justifique. (Valor: 0,60)

Resposta: À luz do art. 456-A, parágrafo único, da CLT, a higienização de uniforme (de uso comum), como regra, é de responsabilidade do trabalhador.

QUESITOS AVALIADOS	FAIXA DE VALORES	NOTA
ITEM A. O uso de uniforme com inclusão de sociedades empresárias parceiras do empregador é lícita, não gerando direito a qualquer indenização (0,55). Indicação do art. 456-A, *caput*, da CLT (0,10).	0,00/ 0,50/ 0,60	
ITEM B. A higienização de uniforme (de uso comum), como regra, é de responsabilidade do trabalhador (0,50). Indicação do art. 456-A, parágrafo único, da CLT (0,10).	0,00/ 0,50/ 0,60	

39. (OAB/FGV – XXV EXAME) Ramiro, auxiliar de serviços gerais, trabalhou para a sociedade empresária Bom Tempo S/A, de 17/12/2017 a 25/02/2018. Cumpria jornada das 8h às 17h, de segunda a sexta-feira, e aos sábados, das 8h às 12h. De segunda a sexta-feira, deveria ter intervalo de uma hora, mas, em razão do volume de trabalho, só conseguia desfrutar de 40 minutos.

Tendo Ramiro procurado você como advogado(a), considerando os exatos termos da legislação trabalhista em vigor, responda aos itens a seguir.

A) O que você deverá pleitear em sede de reclamação trabalhista quanto ao intervalo? Justifique. (Valor: 0,60)

Resposta: Deverá ser requerida indenização de 20 minutos de intervalo de segunda a sexta-feira, com acréscimo de 50%, nos termos do art. 71, § 4º, da CLT.

B) Qual é a natureza jurídica do pagamento do intervalo suprimido de Ramiro? Justifique. (Valor: 0,65)

Resposta: O intervalo suprimido tem natureza jurídica indenizatória, nos termos do art. 71, § 4º, da CLT.

QUESITOS AVALIADOS	FAIXA DE VALORES	NOTA
ITEM A. Deverá ser requerido o pagamento de 20 minutos diários, acrescidos de 50% (0,50). Indicação do art. 71, § 4º, da CLT (0,10).	0,00/ 0,50/ 0,60	
ITEM B. O intervalo suprimido tem natureza jurídica indenizatória (0,55). Indicação do art. 71, § 4º, da CLT (0,10).	0,00/ 0,55/ 0,65	

40. (OAB/FGV – XXV EXAME) O juiz, em uma reclamação trabalhista que se encontra na fase de execução, determinou que a sociedade empresária executada apresentasse os cálculos de liquidação, o que foi feito. A seguir, o magistrado abriu vista desses cálculos ao exequente, que não se manifestou. O valor apresentado pela sociedade empresária foi então homologado, e ela foi intimada a depositar a quantia, o que foi feito.

No dia seguinte à garantia do juízo, o exequente apresentou impugnação de credor, apontando falhas nas contas trazidas pela sociedade empresária.

Como advogado(a) da sociedade empresária, de acordo com a previsão contida na CLT, responda aos itens a seguir.

A) Que matéria processual você alegaria em contestação à impugnação de credor? (Valor: 0,65)

Resposta: Alegaria a preclusão prevista no art. 879, § 2º, da CLT, pois o exequente foi intimado a se manifestar quantos aos cálculos de liquidação e não o fez no prazo legal.

B) Caso o juiz julgasse procedente a impugnação de credor, você interpusesse agravo de petição no prazo legal e ele tivesse o seguimento negado, que medida deveria ser adotada? (Valor: 0,60)

Resposta: Deveria ser interposto o recurso de agravo de instrumento, nos termos do art. 897, alínea "b", da CLT.

QUESITOS AVALIADOS	FAIXA DE VALORES	NOTA
ITEM A. Deveria alegar a ocorrência de preclusão (0,55). Indicação do art. 879, § 2º, da CLT (0,10).	0,00/ 0,55/ 0,65	
ITEM B. Deveria ser interposto o recurso de agravo de instrumento (0,50). Indicação do art. 897, alínea "b", da CLT (0,10).	0,00/ 0,50/ 0,60	

41. (OAB/FGV – XXVI EXAME) Frederico, piloto da aviação civil, após três anos de trabalho para a Empresa de Transportes Aéreos Voa Alto S/A., foi dispensado sem receber parte das verbas rescisórias, as horas extras e a compensação orgânica. Além disso, foi dispensado dentro do último ano que antecede sua aposentadoria, o que é vedado por norma coletiva.

Em razão disso, ajuizou ação em face do ex-empregador, tendo procurado e constituído você como advogado(a) para todos esses atos. No dia designado para a audiência, para a qual havia requerido antecipação, Frederico não poderá comparecer, pois estará voando para a China, onde conseguiu um novo e rentável trabalho.

Com base na hipótese apresentada, responda aos itens a seguir.

A) **Considerando a necessidade de realização da audiência na data designada pelo juiz e sua condição na qualidade de advogado(a) do autor, qual a medida a ser adotada para evitar o adiamento/arquivamento da audiência? (Valor: 0,60)**

Resposta: Nos termos do art. 843, § 2º, da CLT, o autor poderá fazer-se representar, devidamente comprovada a impossibilidade de seu comparecimento, por outro empregado que pertença à mesma profissão ou pelo seu sindicato.

B) **Considerando tratar-se de piloto da aviação civil, qual o instituto justrabalhista que corresponde aos períodos em que Frederico fica no aeroporto aguardando para, eventualmente, render outra tripulação? Justifique. (Valor: 0,65)**

Resposta: Segundo o art. 44 da Lei nº 13.475/2017 trata-se do instituto da reserva.

QUESITOS AVALIADOS	FAIXA DE VALORES	NOTA
ITEM A. Representação OU Substituição por colega de profissão ou pelo sindicato de classe (0,50). Indicação do art. 843, § 2º, da CLT (0,10).	0,00/ 0,50/ 0,60	
ITEM B. Reserva (0,55). Indicação do art. 44 da Lei nº 13.475/2017 (antigo art. 26 da Lei nº 7.183/84) (0,10) OU Prontidão (0,55). Indicação do art. 244, § 3º, da CLT (0,10).	0,00/ 0,55/ 0,65	

42. (OAB/FGV – XXVI EXAME) Lucas trabalhou em uma rede de restaurantes localizada em determinado Estado da Federação. A sociedade empresária possui 60 empregados, divididos em dez lojas localizadas em municípios diferentes, sendo que cada unidade possui seis empregados.

Após ser dispensado sem justa causa, Lucas ajuizou reclamação trabalhista postulando o pagamento de horas extras, afirmando que cumpria extensa jornada de segunda-feira a sábado, das 7h às 21h, com intervalo de 20 minutos para refeição.

Em contestação, a ex-empregadora negou a jornada dita na petição inicial, afirmando que a labuta respeitava o módulo constitucional. Em audiência, após verificar que os controles de ponto não foram juntados, o advogado do autor requereu a aplicação da confissão em desfavor da reclamada.

Diante da situação retratada, da Lei e do entendimento consolidado pelo TST, responda aos questionamentos a seguir.

A) **Como advogado(a) da sociedade empresária, que tese você sustentaria em relação aos cartões de ponto? Justifique. (Valor: 0,65)**

Resposta: Sustentaria em relação aos cartões de ponto que, uma vez que em cada estabelecimento há menos de 10 empregados, seria desnecessário manter controles por escrito dos horários de entrada e saída dos empregados, conforme previsto no art. 74, § 2º, da CLT e na Súmula 338, I, do TST.

B) **Caso você fosse contratado pelo trabalhador e a sociedade empresária juntasse controles de ponto com marcação de jornada de segunda-feira a sábado, das 8h às 16h, e intervalo de uma hora para refeição em todos os dias, que tese você advogaria em prol do seu cliente? Justifique. (Valor: 0,60)**

Resposta: Sustentaria que na hipótese em que os controles de ponto exibidos têm horários invariáveis, o ônus da prova é transferido para o ex-empregador, nos termos da Súmula 338, III, do TST.

QUESITOS AVALIADOS	FAIXA DE VALORES	NOTA
ITEM A. Que a juntada dos controles era desnecessária, porque o estabelecimento tem menos de 10 empregados (0,55). Indicação do Art. 74, § 2º, da CLT OU Súmula 338, I, do TST (0,10).	0,00/ 0,55/ 0,65	
ITEM B. Que exibindo os controles de ponto com horários invariáveis, o ônus da prova é transferido para o ex-empregador (0,50). Indicação da Súmula 338, III, do TST (0,10).	0,00/ 0,50/ 0,60	

43. (OAB/FGV – XXVI EXAME) Paulo trabalhou na construtora Casa Feliz S.A. como pedreiro por três anos, findos os quais foi dispensado por justa causa sob a alegação de que estava desviando sacos de cimento da obra e vendendo esse material a terceiros. Inconformado, ajuizou reclamação trabalhista postulando horas extras e a anulação da justa causa, com o consequente pagamento das verbas como se a dispensa tivesse sido feita sem justa causa.

Distribuída a demanda em 30/01/2018, foi designada audiência para o dia 10/04/2018. Na hora designada as partes foram apregoadas e sentaram-se à mesa de audiências.

O juiz indagou do preposto qual era a sua relação com a construtora, tendo ele dito que era um terceirizado da empresa que cuidava da parte de limpeza e conservação. O juiz pediu a CTPS do preposto, constatando que ela fora assinada pela Limpa Tudo Serviços Terceirizados Ltda.

Com essa informação, o advogado de Paulo requereu a aplicação da revelia, porque a empresa era uma sociedade anônima e não estaria regularmente representada por um empregado.

Diante da situação retratada e do comando legal vigente, responda às indagações a seguir.

A) Na qualidade de advogado(a) da construtora, que argumentação jurídica você apresentaria em relação ao requerimento do autor? Justifique. (Valor: 0,65)

Resposta: Sustentaria que o preposto não precisa ser empregado da empresa, nos termos do art. 843, § 3º, da CLT.

B) De que modo, na legislação trabalhista, a alegação de desvio dos sacos de cimento para venda a terceiros deve ser juridicamente qualificada? Justifique. (Valor: 0,60)

Resposta: Poderia ser classificado como ato de improbidade, à luz do art. 482, "a", da CLT.

QUESITOS AVALIADOS	FAIXA DE VALORES	NOTA
ITEM A. Que o preposto não precisa ser empregado (0,55). Indicação do art. 843, § 3º, da CLT (0,10).	0,00/ 0,55/ 0,65	
ITEM B. Ato de improbidade (0,50). Indicação do art. 482, "a", da CLT (0,10) OU Mau procedimento (0,50). Indicação do art. 482, "b", da CLT (0,10).	0,00/ 0,50/ 0,60	

44. (OAB/FGV – XXVI EXAME) Uma sociedade empresária do ramo de confecções publicou um anúncio em jornal de grande circulação informando que admitiria vários profissionais para o seu quadro de funcionários, a título de contrato de experiência, desde que comprovada a seguinte exigência profissional: para costureiras, experiência comprovada de cinco meses na função; para estoquistas, experiência comprovada de um ano na função; para auxiliar de serviços gerais, experiência comprovada de dois meses na função; e para administradores, experiência mínima de dois anos na função.

Diante da situação apresentada e dos termos da CLT, responda aos itens a seguir.

A) **A exigência em relação aos estoquistas é válida? Justifique. (Valor: 0,65)**

Resposta: É inválida tal exigência, pois o empregador não poderá exigir experiência superior a seis meses, nos termos do 442-A da CLT.

B) **Informe o prazo máximo admissível no contrato de experiência. (Valor: 0,60)**

Resposta: O prazo máximo de experiência é 90 dias, à luz do art. 445, parágrafo único, da CLT e da Súmula 188 do TST.

QUESITOS AVALIADOS	FAIXA DE VALORES	NOTA
ITEM A. É inválida, porque o empregador não poderá exigir experiência superior a seis meses (0,55). Indicação do art. 442-A da CLT (0,10).	0,00/ 0,55/ 0,65	
ITEM B. 90 dias (0,50). Indicação do art. 445, parágrafo único, da CLT OU da Súmula 188 do TST (0,10).	0,00/ 0,50/ 0,60	

45. (OAB/FGV – XXVII EXAME) Vitor e Vitória trabalham como vigilantes na mesma agência do Banco Cifrão S.A. Ele é vigilante terceirizado e ela é vigilante contratada diretamente pelo banco. Ambos trabalham em escala de 12 x 36 horas, conforme acertado na convenção coletiva da categoria.

De acordo com a situação apresentada e com os termos da CLT, responda aos itens a seguir.

A) **Os empregados citados integram a categoria dos bancários? Justifique. (Valor: 0,65)**

Resposta: Nenhum deles é bancário, porque o vigilante integra categoria profissional diferenciada, conforme institui o art. 511, § 3º, da CLT e a Súmula 257 do TST.

B) Em eventual reclamação trabalhista, com pedido de adicional de periculosidade não pago a ambos os empregados durante o contrato, deveria ser realizada prova pericial? Justifique. (Valor: 0,60)

Resposta: É desnecessária a realização de perícia, porque o vigilante tem direito ao adicional de periculosidade em razão de preceito legal, consoante preceitua o art. 193, inciso II, da CLT.

QUESITOS AVALIADOS	FAIXA DE VALORES	NOTA
ITEM A. Nenhum deles é bancário, porque o vigilante integra categoria profissional diferenciada (0,55). Indicação Art. 511, § 3o, CLT OU Súmula 257 TST (0,10).	0,00/0,55/0,65	
ITEM B. Desnecessária a realização de perícia, porque o vigilante tem direito ao adicional de periculosidade por força de Lei (0,50). Indicação Art. 193, II, CLT OU Anexo III da NR 16 OU Portaria 1.855/2013 (Ministério do Trabalho) (0,10).	0,00/0,50/0,60	

46. (OAB/FGV – XXVII EXAME) Patrícia foi empregada em uma sociedade empresária de gerenciamento de franquias por 8 anos. Inicialmente trabalhou em Maceió/AL e, pelo bom trabalho realizado ao longo do tempo, foi promovida a um cargo de confiança e transferida para São Paulo/SP, com todas as despesas custeadas pela sociedade empresária.

Patrícia mudou-se com a família, comprou um imóvel, matriculou seus filhos numa boa escola paulista e permaneceu em São Paulo por 5 anos. Ao final desse período, a sociedade empresária, afetada pela crise econômica, encerrou suas atividades em 10/10/2018, o que acarretou a dispensa da funcionária. Após a dispensa, Patrícia mudou-se para o Rio de Janeiro, local onde ingressou com ação trabalhista requerendo o pagamento do adicional de transferência pelo período em que trabalhou em São Paulo.

Considerando o caso narrado, como advogado(a) da sociedade empresária, responda aos itens a seguir.

A) Sabendo que a sociedade empresária não possui qualquer unidade no Rio de Janeiro e que nunca manteve atividade nesse local, qual a medida processual que você deverá adotar em relação ao ajuizamento da ação trabalhista nessa unidade da Federação? Justifique. (Valor: 0,65)

Resposta: Deverá ser apresentada exceção de incompetência territorial em 5 dias, na forma do art. 800 da CLT.

B) **Com relação ao pedido da ação, o que você deverá sustentar em defesa? Justifique. (Valor: 0,60)**

Resposta: Deverá ser alegado o não cabimento do adicional de transferência, por esta ser definitiva, conforme dispõe o art. 469, § 3º, da CLT e a OJ 113 da SDI-1 do TST.

QUESITOS AVALIADOS	FAIXA DE VALORES	NOTA
ITEM A. Deverá ser apresentada exceção de incompetência territorial OU em razão do lugar (0,55). Indicação Art. 800, CLT (0,10).	0,00/0,55/0,65	
ITEM B. Deverá ser alegado o não cabimento do adicional de transferência, por esta ser definitiva (0,50). Indicação Art. 469, § 3o, CLT OU OJ 113 TST (0,10).	0,00/0,50/0,60	

47. (OAB/FGV – XXVII EXAME) Ronaldo foi acusado de ato de indisciplina no ambiente da empresa em que trabalha. Em razão dessa acusação, foi suspenso por 60 dias. Ronaldo procurou você como advogado(a) para uma consulta, enquanto ainda estava suspenso, aduzindo que não pretendia continuar trabalhando na empresa.

A partir dos dados apresentados, responda aos itens a seguir.

A) **Qual a consequência jurídica contratual prevista em lei para a punição imposta a Ronaldo? Justifique. (Valor: 0,65)**

Resposta: A punição de suspensão por mais de 30 dias importa na rescisão injusta do contrato de trabalho, com base no art. 474 da CLT.

B) **Em caso de indeferimento dos pedidos formulados por Ronaldo em reclamação trabalhista, qual a medida jurídica a ser adotada? Fundamente. (Valor: 0,60)**

Resposta: Deverá ser interposto recurso ordinário, com base no art. 895, inciso I, da CLT.

QUESITOS AVALIADOS	FAIXA DE VALORES	NOTA
ITEM A. A rescisão injusta OU sem justa causa do contrato (0,55). Indicação Art. 474, CLT (0,10).	0,00/0,55/0,65	
ITEM B. Deverá ser interposto recurso ordinário (0,50). Indicação Art. 895, I, CLT (0,10).	0,00/0,50/0,60	

48. (OAB/FGV – XXVII EXAME) Em determinada reclamação trabalhista, o autor, um ex-empregado, questionou o desconto mensal, a título de contribuição social, previsto na convenção coletiva de sua categoria, que vigorou no ano de 2018 e que foi juntada com a petição inicial.

O reclamante manifestou seu entendimento de que essa cláusula normativa é abusiva e ilegal, devendo ser anulada e, consequentemente, devolvido o valor que lhe foi descontado. Ele requereu, no rol de pedidos, a nulidade da cláusula em comento e a devolução da subtração efetivada sob a rubrica "contribuição social".

Diante da situação retratada e dos ditames da CLT, responda aos itens a seguir.

A) Qual o prazo máximo de vigência de uma convenção coletiva de trabalho? (Valor: 0,65)

Resposta: Uma convenção coletiva de trabalho tem vigência máxima de dois anos, consoante preconiza o art. 614, § 3º, da CLT.

B) Se a ação em questão fosse proposta exclusivamente contra a empresa, que tese processual você, contratado(a) pela empresa, deveria apresentar? Justifique. (Valor: 0,60)

Resposta: A tese a ser apresentada é a de que a participação dos sindicatos de classe na demanda se faz obrigatória, como litisconsortes necessários, na forma do art. 611-A, § 5º, da CLT[2].

QUESITOS AVALIADOS	FAIXA DE VALORES	NOTA
ITEM A. Vigência máxima de dois anos (0,55). Indicação Art. 614, § 3º, CLT (0,10).	0,00/0,55/0,65	
ITEM B. Que se faz obrigatória a participação dos sindicatos de classe como litisconsortes necessários (0,50). Indicação Art. 611-A, § 5o, CLT (0,10).	0,00/0,50/0,60	

49. (OAB/FGV – XXVIII EXAME) Ferdinando era estoquista em uma empresa multinacional havia 22 anos. O empregador, desejoso de reduzir seu quadro de funcionários, lançou, em outubro de 2018, um programa de demissão voluntária, com regras claras e objetivas, fixadas em acordo coletivo assinado com o sindicato de classe dos empregados.

2 **Art. 3º, IN 41/2018, TST.** A obrigação de formar o litisconsórcio necessário a que se refere o art. 611-A, § 5º, da CLT dar-se-á nos processos iniciados a partir de 11 de novembro de 2017 (Lei nº 13.467/2017).

Diante do longo tempo trabalhado, a indenização adicional devida a Ferdinando era generosa. Assim, após refletir e conversar com sua família, ele aderiu ao PDV em questão, sem lançar ressalvas.

Diante da situação apresentada, responda aos itens a seguir.

A) **Caso Ferdinando ajuizasse ação pleiteando horas extras após aderir ao PDV e receber a indenização correspondente, que tese jurídica você, contratado pela empresa para defendê-la em juízo, advogaria na contestação? (Valor: 0,65)**

Resposta: A reclamada deve arguir na contestação que a adesão ao PDV sem ressalva confere quitação plena e irrevogável em relação a todos os direitos decorrentes da relação empregatícia, na forma do art. 477-B da CLT.

B) **Se, em vez de aderir ao PDV, o contrato fosse extinto por acordo entre empregado e empregador, Ferdinando teria direito a receber o seguro-desemprego? Justifique. (Valor: 0,60)**

Resposta: Ferdinando não teria direito ao seguro desemprego em virtude de vedação legal, conforme previsto no art. 484-A, § 2º, da CLT.

50. **(OAB/FGV – XXVIII EXAME)** Carlos, como dirigente sindical, vinha representando ativamente os empregados de uma sociedade empresária na unidade situada em Porto Alegre/RS. No entanto, para sua surpresa, recebeu um comunicado da empresa determinando sua transferência para a unidade de Porto Velho/Rondônia. No comunicado constava que a empresa pagaria apenas o transporte de ida e volta, bem como a moradia em hotel local. O trabalho em Rondônia duraria cerca de 6 meses e seriam mantidos o mesmo salário e a mesma composição remuneratória que ele recebia em Porto Alegre. A mudança deveria ocorrer em 15 dias.

Carlos procura você, como advogado(a), para uma consulta. Observando o texto da CLT, responda aos itens a seguir.

A) **Que medida judicial prevista expressamente na CLT deverá ser adotada a fim de, imediatamente, evitar a transferência de Carlos? Fundamente. (Valor: 0,65)**

Resposta: Deverá ser ajuizada ação trabalhista com pedido de tutela de urgência a fim de sustar a transferência, na forma do art. 659, inciso IX, da CLT.

B) **Caso ocorra a transferência, Carlos terá algum direito trabalhista a reivindicar? Fundamente. (Valor: 0,60)**

Resposta: Deverá ser requerido adicional de transferência, de 25%, na forma do art. 469, § 3º, da CLT.

51. (OAB/FGV – XXVIII EXAME) Gustavo era empregado de uma empresa, quando adoeceu gravemente. Afastado e em gozo de benefício previdenciário, o INSS o aposentou por invalidez. Contudo, dois anos após sua aposentadoria por invalidez, foi constatado, em perícia do respectivo órgão, que Gustavo havia recuperado sua capacidade de trabalho, estando curado, razão pela qual houve o retorno à função que ocupava antes do afastamento.

Ocorre que, nesse ínterim, com cláusula expressa em contrato de trabalho dispondo que a contratação se dava em função da aposentadoria por invalidez de Gustavo, a qual poderia ser temporária, a empresa contratou Aroldo para as funções exercidas por Gustavo, tendo esclarecido acerca da interinidade do contrato.

Com o retorno de Gustavo, Aroldo foi dispensado sem que lhe fosse paga qualquer indenização. Em razão disso, Aroldo ajuizou ação trabalhista em face da empresa, pleiteando indenização.

A) Você foi contratado(a) para contestar o pedido de Aroldo. O que deverá alegar? Fundamente. (Valor: 0,65)

Resposta: Deverá ser alegado que não cabe o pagamento de indenização no caso de contratação provisória para substituição de empregado aposentado por invalidez, na forma do art. 475, § 2, da CLT.

B) Admitindo que o juiz tenha julgado procedente o pedido de Aroldo e que a decisão foi confirmada pelo Tribunal Regional do Trabalho após recurso, mantida inalterada após a oposição de embargos de declaração, que medida jurídica você poderá adotar para defender a empresa? Fundamente. (Valor: 0,60)

Resposta: Deverá ser interposto recurso de revista, pois a decisão viola texto de lei federal (CLT), conforme o Art. 896, C, da CLT.

52. (OAB/FGV – XXVIII EXAME) O gerente de uma rede de restaurantes ajuizou reclamação trabalhista postulando o pagamento de horas extras pelo excesso de jornada e por não ter pausa alimentar regular. Disse o ex-empregado na petição inicial que se ativava na extensa jornada de segunda-feira a sábado, das 8h às 22h, com intervalo de apenas 30 minutos para refeição; que ganhava salário mensal de R$ 8.000,00 (oito mil reais) e comandava a loja, tendo por atribuições fiscalizar o funcionamento da empresa e os funcionários, fazer a escala de férias dos empregados e negociar com fornecedores, além de abrir e fechar a loja (pois tinha a chave da porta e a senha do alarme). O maior salário entre os seus subordinados era de R$ 3.200,00 (três mil e duzentos reais).

Diante da situação retratada e dos ditames da CLT, responda aos itens a seguir.

A) Caso você fosse contratado(a) pela empresa, que tese advogaria em juízo, em favor dela, contra o pedido de horas extras? Justifique. (Valor: 0,65)

Resposta: Arguiria que o empregado ocupa cargo de confiança, sem direito a horas extras, conforme o art. 62, inciso II, da CLT.

B) Se, no dia e na hora designados para a audiência una, nenhuma das partes comparecer ou justificar sua ausência, de acordo com a CLT, o que ocorrerá com a reclamação trabalhista? Justifique. (Valor: 0,60)

Resposta: A reclamação trabalhista será arquivada, o que equivale a uma extinção do processo sem resolução do mérito, na forma do art. 844 da CLT.

Referências Bibliográficas

BARROS, Alice Monteiro. **Curso de direito do trabalho.** 11. ed. atual. por Jessé Claudio Franco de Alencar. São Paulo: LTr, 2017.

BEZERRA LEITE, Carlos Henrique. **Curso de direito processual do trabalho.** 16. ed. São Paulo: LTr, 2019.

CASSAR, Vólia Bomfim. **Direito do trabalho.** 13. ed. São Paulo: Método, 2019.

DIDIER JR., Fredie e CUNHA, Leonardo Carneiro. **Curso de direito processual civil.** 15. ed. v. 3. São Paulo: Juspodivm, 2018.

DELGADO, Maurício Godinho. **Curso de direito do trabalho.** 17. ed. São Paulo: LTr, 2018.

MARTINS, Sergio Pinto. **Direito processual do trabalho**. 39. ed. São Paulo: Atlas, 2017.

NASCIMENTO, Amauri Mascaro Nascimento. **Curso de direito processual do trabalho**. 29. ed. São Paulo: Saraiva, 2014.

PINTO, Raymundo Antônio Carneiro. **Súmulas Comentadas do TST**. 15. ed. São Paulo: LTr, 2017.

SAAD, Eduardo Gabriel; SAAD, José Eduardo Duarte; BRANCO, Ana Maria Saad C. **CLT comentada.** 50. ed. São Paulo: LTr, 2018.

SARAIVA, Renato e LINHARES, Aryanna. **Curso de direito processual do trabalho.** 15. ed. São Paulo: Método, 2019.

SCHIAVI, Mauro. **Manual de direito processual do trabalho.** 13. ed. São Paulo: LTr, 2019.

TEIXEIRA FILHO, Manoel Antônio. **Curso de direito processual do trabalho.** v. 2. São Paulo: LTr, 2009.

ANOTAÇÕES

ANOTAÇÕES

ANOTAÇÕES

ANOTAÇÕES

ANOTAÇÕES

ANOTAÇÕES

ANOTAÇÕES

ANOTAÇÕES

EDITORA
JusPODIVM
www.editorajuspodivm.com.br

Pré-impressão, impressão e acabamento

GRÁFICA
SANTUÁRIO

grafica@editorasantuario.com.br
www.graficasantuario.com.br
Aparecida-SP